SEYDLITZ 2 ERDKUNDE

Autoren:
Frank Broscheit
Werner Klohn
Kurt Dietmar Schmidtke
Wolfgang Mülders
Beate Rappen-Röhlen
Karl H. Reinhardt

Schroedel

INHALT

1 Leben unter extremen Bedingungen

Mit dem Jeep durch die Wüste	6
Geo-Exkurs:	
Lage und Verbreitung von Wüsten	8
Geo-Praxis:	
Wir werten Klimadiagramme aus	9
Oasen – Inseln im Meer der Wüste	10
Geo-Exkurs: Dattelpalme und Kamel –	
Überlebenskünstler in der Wüste	11
Nomaden – Wanderer ohne Zukunft?	12
Geo-Praxis: Bodenversalzung –	
Ursachen und Experimente	14
Bewässerungsfeldbau im Languedoc	16
Ein Tag im tropischen Regenwald	18
Geo-Exkurs: Immer grün –	
immer fruchtbar?	20
Mit der Eisenbahn durch Amazonien	21
Geo-Praxis:	
Wir erstellen ein Kreisdiagramm	24
Geo-Exkurs: Die Tropen in Deutschland?	25
Die Weltreise der Bananen	26
Geo-Praxis:	
Wir werten thematische Karten aus	28
Die Pole: Ähnlichkeiten im Gegensatz	30
Inuit, Überlebenskünstler der Arktis	32
Geo-Exkurs: Wettlauf zu den Polen	34
Wem gehört die Antarktis?	35
Eine Pipeline durch Alaska	36
Geo-Praxis:	
Wir gestalten eine Wandzeitung	38
Geo-Wissen: Leben in extremen Räumen	40

2 Die Zonierung der Erde

Tages- und Jahreszeiten	44
Geo-Exkurs: Weltzeitzonen	45
Die Wärmezonen der Erde	46
Geo-Praxis:	
Wir führen einen Versuch durch	46
Luftströmungen der Erde	48
Geo-Exkurs: Der Passatkreislauf	50
Die Klima- und Vegetationszonen	51
Geo-Exkurs: Von der Trockensavanne	
zur Eisregion	55
Geo-Wissen: Klima- und	
Vegetationszonen der Erde	56

3 Menschen in Bewegung

Fellachen ziehen nach Kairo	60
Warum Menschen nach	
Deutschland kommen	62
Geo-Exkurs:	
Du konntest in der Zeitung lesen	64
Geo-Exkurs: Ausländer in Deutschland –	
Deutsche im Ausland	66
Fremd in Deutschland?	67
Geo-Praxis: Wir erarbeiten ein Rollenspiel	70
Geo-Wissen: Wanderungsbewegungen	71

4 Die Erde – eine Welt?

Kinder, der größte Reichtum?	74
Als Ärztin in einem	
jemenitischen Krankenhaus	76
Geo-Praxis: Wir werten ein Interview aus	78
Tansania – gefangen in der Rohstoff-Falle?	80
Merkmale von Entwicklungsländern	82
Traditioneller Wanderfeldbau in Gabun	84
Angepasste Technik – das Projekt Patecore	86
Frauenalltag in Burkina Faso	88
Geo-Praxis:	
Wir werten Zeichnungen aus	89
Indien – Grüne Revolution und	
industrielle Revolution?	90
Geo-Praxis: Wir werten Bilder aus	92
Vom Touristen zum Entwicklungshelfer	94
Entwicklungshilfe in der Diskussion	100
Brasilien – auf dem Weg zum Industrieland?	102
Geo-Exkurs:	
Itaipu – Strom aus dem Strom	106
Geo-Praxis:	
Wir vergleichen statistische Daten	107
Geo-Wissen:	
Industrie- und Entwicklungsländer	108

5 Menschen prägen den Raum – Das Beispiel GUS

Von der UdSSR... zur GUS	112
Zwischen Kältepol und Wüste	114

INHALT

Geo-Praxis:
    Wie wir Klimadiagramme nutzen können   116
Geo-Exkurs: Industrialisierung nach Plan –   117
Wirtschaftspolitik zur Zeit der Sowjetunion
Schätze aus dem Eiskeller   118
Geo-Exkurs: Ist hohe Produktion
    wichtiger als die Umwelt?   121
„Was wird aus unserer Sowchose?"   122
Ein Kolchosmitglied wird Privatbauer   124
Es muss geholfen werden!   126
Frauen in Russland –
    Lastpferde der Volkswirtschaft?   128
Geo-Praxis:
    Auswertung eines Zeitungstextes   129
Geo-Wissen: Länder der GUS   130

6 Menschen prägen den Raum – Das Beispiel USA

Die USA: Einheit trotz Vielfalt   134
Kalifornien, Fruchtgarten der USA   136
Eine Weizenfarm in den Great Plains   138
Geo-Exkurs: Der Ogallala Aquifer   139
Das große Sterben der Farmen   140
Pittsburgh: Von der Stahlschmiede
    zum Dienstleistungszentrum   142
Geo-Exkurs: Der Manufacturing Belt   143
High-Tech-Industrie im Silicon Valley   144
Los Angeles: Fünfzig Städte
    und kein Zentrum   146
Geo-Praxis: Wir orientieren uns in
    einer US-amerikanischen Stadt   148
Leben in einer amerikanischen Stadt   150
Huron: ein Ort in MexAmerika   152
Geo-Exkurs:
    USA – Armut trotz Reichtum?   153
Geo-Wissen:
    Kennst du dich in Nordamerika aus?   154

7 Menschen prägen den Raum – Das Beispiel Japan

Japan: Yoko oide kudasareta
(Willkommen in meinem Haus)   158
Der Betrieb, eine große Familie   160

Die „Firma Japan"   162
Geo-Exkurs: Japan –
    Spielball von Naturgewalten?   163
Wachstum braucht Platz   164
Geo-Exkurs:
    Verkehrserschließung Japans   167
Der Preis des Wachstums   168
Geo-Wissen:
    Kennst du dich in Japan aus?   169

8 Menschen prägen den Raum – Das Beispiel China

China – Raum voller Gegensätze   172
Was, wenn es ein Mädchen wird?   174
Bauer Zeng lernt um   176
Den Arbeitskittel mit dem
    Anzug vertauschen?   177
Wirtschaftssonderzone Schenzhen   178
Drei Schluchten – ein Staudamm   179
Geo-Exkurs:
    Hongkong, Taiwan, Singapur und Korea –   180
    die „vier kleinen Tiger"
Geo-Wissen: Der pazifische Raum   182

9 Unruhiger Planet

Geo-Praxis: Wir führen Experimente
    zur Ablagerung und Abtragung durch   186
Eis – Gestalter Norddeutschlands   188
Geo-Exkurs: Spuren der Eiszeiten   190
Geo-Praxis: Wir bauen ein Flussmodell   191
Von der Schlucht zum Schwemmland   192
Geo-Exkurs: Fallbeispiel: der Rhein   193
Europas Feuerinseln: Sizilien und Island   194
750 000 Menschen auf der Flucht
    vor dem Pinatubo   196
Erdbeben – auch bei uns?   198
Geo-Exkurs:
    Zur Erdbebengeschichte Europas   199
Geo-Exkurs:
    Die Erdkruste – ein großes Puzzle?   200
Hurrikan Andrew wirbelt in Florida   202
Sintflut in Bangladesch   204
Geo-Wissen: Schwächezonen der Erde   206

1 LEBEN UNTER EXTREMEN BEDINGUNGEN

4.1 Ölfeld in der algerischen Wüste

4.2 Trans-Alaska-Pipeline

LEBEN UNTER EXTREMEN BEDINGUNGEN

5.1 Die Neumayer Forschungsstation in der Antarktis

5.2 Zwei Tuareg am Rande der Wüste

LEBEN UNTER EXTREMEN BEDINGUNGEN

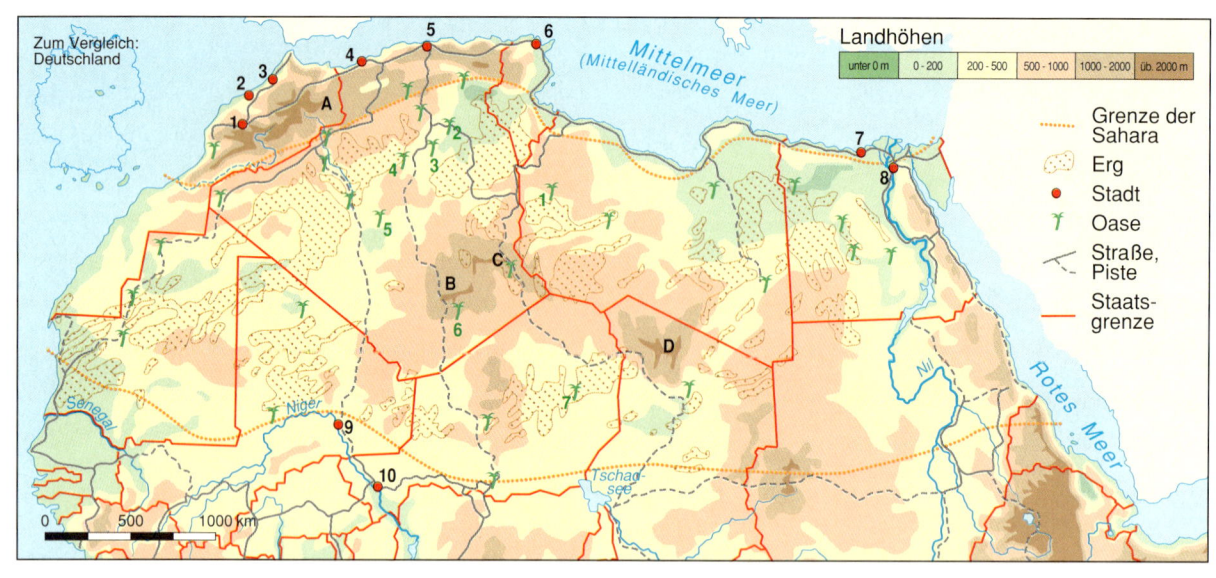

6.1 Die Sahara

Mit dem Jeep durch die Wüste

Nach Abschluss ihrer Mechanikerlehre beschließen die Freunde Conny und Frido aus Bochum, einen langjährigen Traum in die Tat umzusetzen: die Durchquerung der größten Wüste der Erde, der Sahara, mit dem Jeep.
Schon als Kinder haben sie Bücher wie „Durch die Wüste" von Karl May und Reisebeschreibungen fasziniert. Endgültig hat ein Filmbericht über die berühmt-berüchtigte Rallye Paris–Dakar quer durch die Sahara das Interesse der abenteuerlustigen Jungen geweckt.

Conny und Frido wissen um die Gefahren der Wüste und dass eine sorgfältige Planung unverzichtbar ist. In Düsseldorf und in Hamburg besuchen die Freunde deshalb den Rallye-Fahrer Rudi und den Wüstenexperten Harald, um sich Tipps zu holen.
Zu Hause ordnen sie die Tipps sehr sorgfältig. Wichtigster Punkt bei der Planung ist die Ausrüstung des allradgetriebenen Jeeps. Dass der Rallye-Fahrer Rudi zur Mitnahme von genügend Werkzeug und mehreren Reservekanistern mit Benzin rät, ist selbstverständlich. Aber die Freunde müssen sich auch auf die unterschiedlichen Pistenbedingungen einstellen.

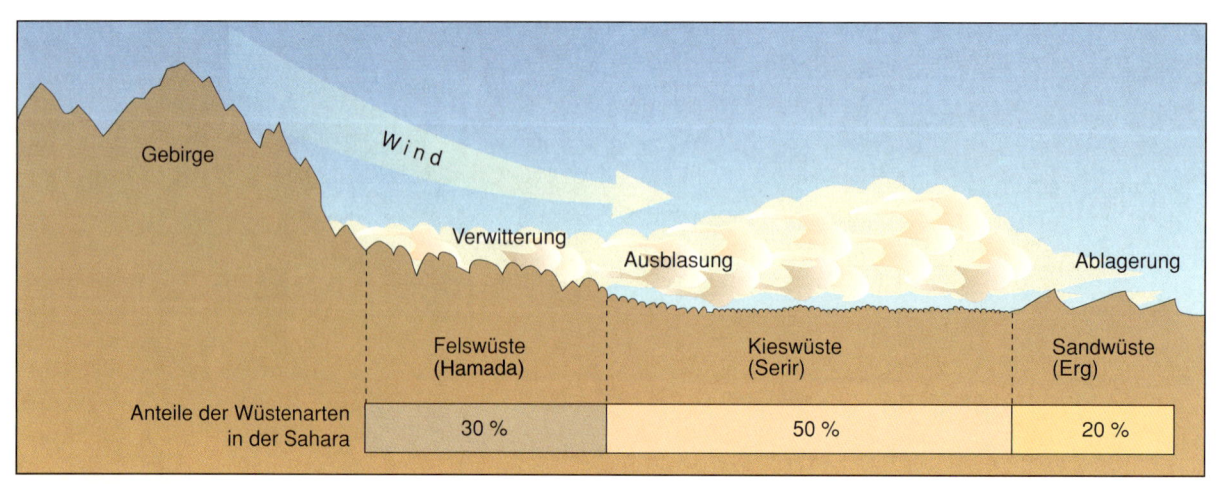

6.2 Wüstenformen

LEBEN UNTER EXTREMEN BEDINGUNGEN

In der Sandwüste (Erg) besteht die Gefahr, sich festzufahren. Reifenbreite Rollketten und Schaufeln werden vorsorglich eingepackt. Der Motor muss gegen Sandstürme geschützt sein. Am besten schmiert man den Wagen mit Abschmierfett ein. So lässt sich vermeiden, dass der Lack vom Sand abgeschmirgelt wird.

Wegen der extremen Temperaturunterschiede zwischen Tag und Nacht entstehen Spannungen im Gestein und der Wüstenfels zerfällt zu scharfkantigem Schutt. Den enormen Belastungen in der Steinwüste (Hamada) halten die Reifen unter Umständen nicht stand. Spezialreifen sowie Reservereifen sind unerlässlich. Aus der Geröll- und Kieswüste (Serir) ist der feine Witterungssand fortgeblasen und anderenorts zu Dünenfeldern aufgeweht worden. Die losen Steine werden durch die Reifen hochgeschleudert. Deshalb muss die Karosserie gegen Steinschlag besonders geschützt werden. Auch das Waschbrettmuster (Rippelmarken) mancher Streckenabschnitte schüttelt Jeep und Fahrer extrem durch, belastet die Karosserie stark. Ein sorgfältig zusammengestelltes Ersatzpaket für die besonders beanspruchten Fahrzeugteile ist lebensnotwendig.

Auf Steinen Eier braten? In der Wüste ertrinken?
Beeindruckt sind Conny und Frido von der Schilderung des Wüstenexperten Harald: „Tagsüber", so führt er aus, „brennt die Sonne unbarmherzig nieder. Die Bodentemperatur steigt bis 80 °C. Wenn ihr wollt, könnt ihr auf dem Gestein Eier braten. Nachts sinkt die Temperatur auf 10 °C, in Winternächten sogar bis minus 10 °C. Um euren Flüssigkeitsverlust auszugleichen, müsst ihr mindestens 6 bis 8 Liter Wasser am Tag trinken. Und vergesst nicht die Salztabletten!" „Aber Salz vergrößert doch den Durst", erwidert Conny. „Das ist richtig, doch euer Salzverlust beim Schwitzen ist so groß, dass die Körperfunktionen ohne Zufuhr von Salz zusammenbrechen."

Manchmal haben Frido und Conny allerdings das Gefühl, dass sie von Harald auf den Arm genommen werden, wenn er erzählt: „Ich habe Autowracks gefunden, die bereits seit vielen Jahren in der Wüste liegen. Sie sind überhaupt nicht verrostet. Ich habe schon Geisterregen gesehen. Er ist über der bodennahen Heißluft verdampft und hat nicht die Erde erreicht. Und bei meiner letzten Reise hat mir ein Nomade versichert, dass in der Wüste mehr Menschen ertrinken als verdursten."

7.1–3 Sand-, Kies-, Steinwüste

Als die beiden ungläubig blicken, fährt Harald fort: „Manchmal gibt es auch wolkenbruchartige Niederschläge. Dann kann der verkrustete, pflanzenlose Boden die Wasserfluten nicht aufsaugen. So strömt eine 20–30 cm hohe Schichtflut den Wadis, den kastenförmigen Trockentälern, entgegen. Dort sammelt sich das Wasser zu 2, teilweise 5 m hohen Fluten und reißt alles mit. So können Karawanen oder Autos von einer gewaltigen Flutwelle fortgespült werden. Der Niederschlag kann aus einer einzigen Wolke in 20 km Entfernung stammen."

LEBEN UNTER EXTREMEN BEDINGUNGEN

8.1 Pegel in einem Wadi

Aufgaben

1. Benenne die bezifferten Gebirge, Städte und Oasen (Abb. 6.1, Atlas).
2. Beschreibe die Wüstenarten in der Sahara (Text, Abb. 6.2, Abb. 7.1–3).
3. Befragt einen Autoclub nach Berichten über die Rallye Paris–Dakar.
4. Erkundige dich nach der Bedeutung des Salzes für die Körperfunktionen (Biologielehrer, Lexikon).
5. Führe eine Mini-Schichtflut im Versuch durch. Begieße einen in der Sonne ausgetrockneten Blumentopf plötzlich mit Wasser. Beschreibe deine Beobachtungen.
6. Schreibe mit Hilfe der Karte und dem vorliegenden Text einen phantasievollen Abenteuerbericht über die Durchquerung der Sahara.
7. Überlege: Warum gibt es im Trockental (Abb. 8.1) einen Pegel?

GEO-EXKURS

Lage und Verbreitung von Wüsten

Eine eindeutige Definition des Begriffes Wüste gibt es nicht. Kennzeichnend sind die Siedlungsfeindlichkeit und die weitgehend fehlende Pflanzendecke. Die Vegetationslosigkeit der Landschaft ist klimatisch bedingt (▷ S. 50).

Die Ursache für die Entstehung der Wüste Sahara liegt in absinkenden, äußerst trockenen Luftmassen über Nordafrika. Sie gehört zu den Wendekreiswüsten, die sich auf beiden Erdhälften etwa zwischen 20 und 30 Grad Breite erstrecken (Abb. 40.1). In der Äquatorregion aufgestiegene Luft sinkt in der Nähe der Wendekreise wieder herab, erwärmt sich dabei ständig (ähnlich wie der Föhnwind) und wird immer trockener. Am Wüstenboden angekommen, beträgt ihre Luftfeuchtigkeit nur noch 5 oder 10 % (in NRW etwa 70 bis 80 %). Die Folge sind geringe Niederschläge und deshalb eine spärliche oder gar keine Vegetation.

Außerdem gibt es Binnenwüsten. Ihre Trockenheit wird durch die Meeresferne und ihre Lage im Regenschatten von Gebirgen bestimmt (z. B. die Wüste Gobi oder im Großen Becken Nordamerikas).

Nenne mit Hilfe des Atlas Binnen- und Wendekreiswüsten.

8.2 Im Großen Becken Nordamerikas

8.3 In der Großen Sandwüste

LEBEN UNTER EXTREMEN BEDINGUNGEN

GEO-PRAXIS

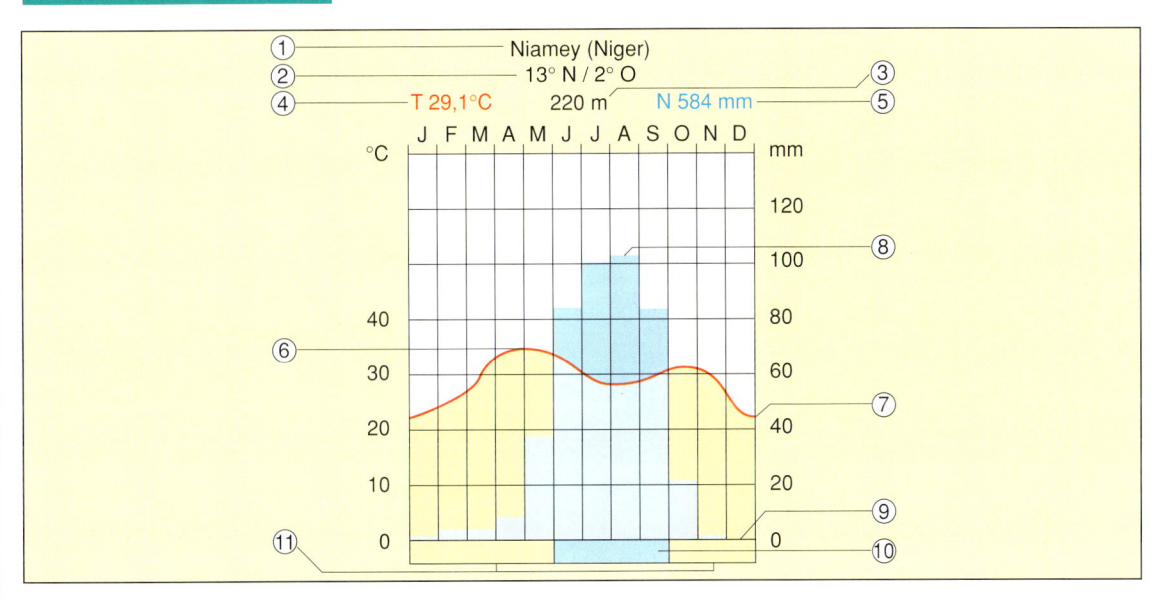

9.1 Aufbau eines Klimadiagrammes

Wir werten Klimadiagramme aus

Wie ein Klimadiagramm erstellt wird, hast du bereits in Band 1 erfahren. Meist sind Klimadiagramme wie in Abb. 9.1 aufgebaut: Hier werden als Maßstab für die senkrechten Skalen 10 °C der Monatstemperatur mit 20 mm Niederschlag gleichgesetzt.

Diese Einteilung (Ergebnis langer Beobachtungen) ermöglicht es zu sagen, ob bei der angegebenen Temperatur mehr oder weniger Niederschlag fällt als Wasser verdunstet. Liegt die Niederschlagskurve über der Temperaturkurve, so fällt mehr Regen als verdunstet. Wir sprechen von feuchten (humiden) Monaten. Liegt sie darunter, verdunstet mehr Wasser als durch Regen dazukommt, so liegen trockene (aride) Monate vor. Eine Besonderheit gilt für Stationen mit hohen Niederschlägen: Damit sich Niederschlagsmengen von monatlich über 100 mm auch noch darstellen lassen, wird alles, was darüber liegt, auf ein Fünftel gestaucht, d. h.: statt 20-mm-Einteilungen folgen nun 100-mm-Einteilungen. (Manchmal wird diese Einteilung auch erst bei Niederschlagsmengen von über 200 mm verändert.)

Neben diesen Angaben enthält ein Klimadiagramm noch mehr Informationen. Stelle anhand Abb. 9.1 fest:

– den Namen der Klimastation (1)
– die geographische Lage des Ortes (2)
– die Höhe über NN (3)
– die Jahresdurchschnittstemperatur (4)
– den durchschnittlichen Jahresniederschlag (5)
– die Jahrestemperaturschwankung (6 + 7)
– die höchste Temperatur (6)
– die niedrigste Temperatur (7)
– das Niederschlagsmaximum (8)
– das Niederschlagsminimum (9)
– humide Monate (10)
– aride Monate (11)

Werte nach dem oben dargestellten Muster Klimadiagramme dieses Buches aus.
Erstelle abschließend aus den Angaben der Tabelle 9.2 auf Millimeterpapier ein Klimadiagramm von Bilma. Vergleiche mit dem Klimadiagramm von Essen (Abb. 19.2).

Station/Land Bilma/Niger Lage 18° 39′ N/13° 23′ O		J	F	M	A	M	J	J	A	S	O	N	D	Jahr
Mittl. Temperatur	in °C	17,0	18,9	23,9	28,8	32,1	33,2	33,4	32,8	31,4	27,3	23,2	17,6	26,6
Mittl. Niederschlag	in mm	<1	0	0	<1	1	1	3	10	5	2	0	0	22

9.2 Klimadaten

LEBEN UNTER EXTREMEN BEDINGUNGEN

10.1 Oase

Oasen – Inseln im Meer der Wüste

Aus dem Reisetagebuch von Conny und Frido: „Unsere Fahrt durch die Sahara mit ihren endlosen Fels-, Kies- und Sandwüsten führt durch einen lebensfeindlichen Raum. Umso paradiesischer erscheint uns jetzt die Oase Nefta in Tunesien, die wir heute erreicht haben. Sie liegt in der Nähe des Salzsees Schott el Djerid. Mit dem üppigen Grün der Pflanzen bildet sie einen wohltuenden Kontrast zur sandfarbenen Wüstenlandschaft. Sie wirkt auf uns wie eine Insel im Meer der Wüste."

Oase, das bedeutet Wasserstelle und zugleich auch Rastplatz, denn nur dort, wo es Wasser gibt, sind Rast und Erholung möglich.

„Vor unserer Reise haben wir uns von Oasen eine falsche Vorstellung gemacht", steht im Tagebuch unserer Abenteurer zu lesen. „Ein Dutzend Palmen um ein Wasserloch, dachten wir. Die Größe der Oase Nefta hat uns überrascht. 152 Quellen versorgen sie mit 70 Eimern Wasser in der Sekunde. Das reicht für 400 000 Dattelpalmen und 15 000 Bewohner!"

Auf die wirtschaftliche Nutzung des kostbaren Wassers konzentrieren sich die Anstrengungen der Oasenbewohner. Von einem Hauptkanal fließt das Wasser über einen Wasserverteiler in kleine Gräben, die es in die einzelnen, von Erdwällen eingefassten Gartenvierecke leiten. Die Wasserzuteilung erfolgt nach altem Wasserrecht. Rang und Einfluss der Bauernfamilien spiegeln sich in der zugeteilten Wassermenge wider. Als besonders wirtschaftliche Wassernutzung erweist sich der stockwerkartige Anbau in den Oasengärten. Getreide- und Gemüsefelder, Henna als Farbstoffpflanze und Luzerne als Viehfutter bilden das unterste Stockwerk. Dazwischen gedeihen Obstbäume, z. B. Granatäpfel, Feigen, Orangen, Zitronen. Als drittes Stockwerk spenden die hochstämmigen Dattelpalmen Schatten für darunter wachsende Kulturen. Übrigens: Um das bewässerungsfähige Land vollständig nutzen zu können, liegt die Siedlung meist außerhalb der Oasenhaine.

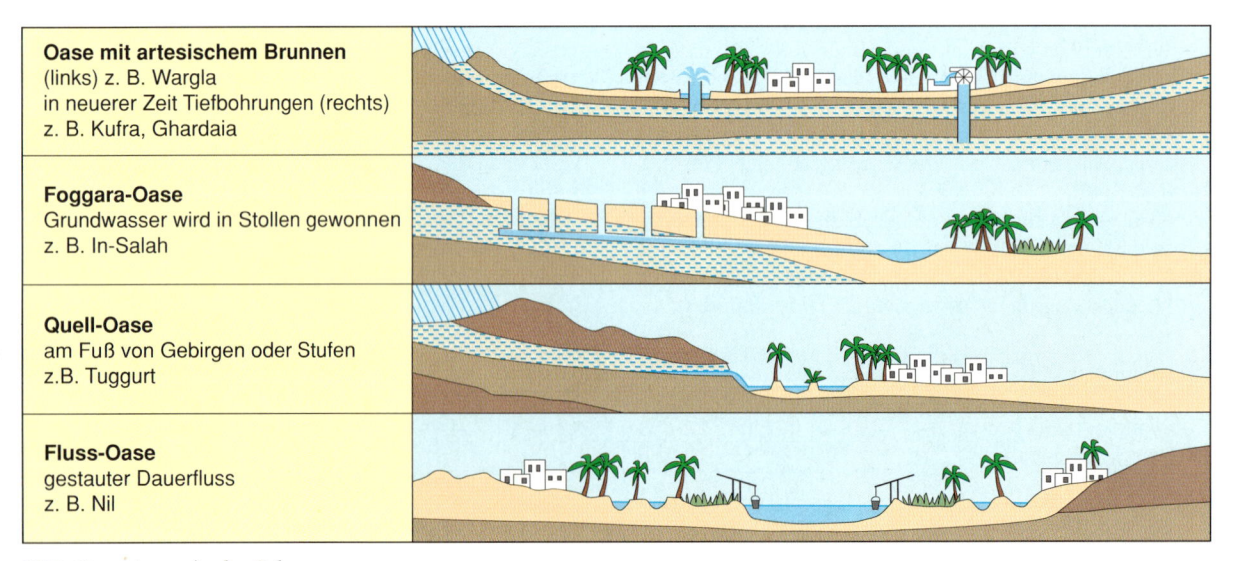

Oase mit artesischem Brunnen
(links) z. B. Wargla
in neuerer Zeit Tiefbohrungen (rechts)
z. B. Kufra, Ghardaia

Foggara-Oase
Grundwasser wird in Stollen gewonnen
z. B. In-Salah

Quell-Oase
am Fuß von Gebirgen oder Stufen
z. B. Tuggurt

Fluss-Oase
gestauter Dauerfluss
z. B. Nil

10.2 Oasentypen in der Sahara

LEBEN UNTER EXTREMEN BEDINGUNGEN

Conny und Frido sind aber nicht nur die exotischen Reize einer Oase aufgefallen: „Sorgen plagen heute viele Oasenbewohner. Der Grundwasserspiegel sinkt; und auch die wachsende Bodenerschöpfung und Bodenversalzung (▷ S. 14) mindern die Erträge. Sofern nicht Arbeitsplätze durch den Tourismus oder durch nahe liegende Ölfelder neue Einnahmequellen erschließen, wandern viele Jugendliche in die küstennahen Städte ab."

Aufgaben

1. Beschreibe, wie das Wasser als kostbarstes Gut Leben, Arbeit und Anbau in der Oase bestimmt.
2. Werte die Zeichnungen in Abb. 10.2 aus. Ordne die Abb. 10.1 einem Oasentyp zu.
3. Ziehe zur Erklärung der Foggara-Oase und der Oase mit artesischem Brunnen ein Lexikon hinzu.

GEO-EXKURS

Dattelpalme und Kamel – Überlebenskünstler in der Wüste

„Als Allah den Menschen erschaffen hatte, blieben zwei Tonklumpen übrig. Aus diesen formte er die Dattelpalme und das Kamel." Diese Legende unterstreicht die Bedeutung und den Nutzen der „Königin unter den Kulturpflanzen" und des „Schiffes der Wüste".

30 m tief treibt die Dattelpalme ihre Wurzeln in die Erde, um an Grundwasser zu gelangen. Hauptzweck ihres Anbaus ist die Gewinnung von Datteln. Deren Qualität steigt, je heißer und trockener der Standort ist. Kopf in der Sonne und Füße im Wasser, das beschreibt ihre idealen Standortbedingungen. Abb. 11.2 zeigt dir weitere Verwendungsmöglichkeiten der Dattelpalme.

Das Kamel ist bestens an das Leben in der Wüste angepaßt. Es kann über eine Woche lang dürsten. Sein Fetthöcker liefert Energiereserven für magere Zeiten. Der bodennahen Heißluftschicht entzieht es sich auf hohen Beinen. Langbewimperte Augen und verschließbare Nüstern helfen, Sandstürme zu ertragen. Dem Menschen dient es in mehrfacher Hinsicht. Aus dem Haar werden Decken, Tücher und Beduinenzelte gewebt. Sein Leder ist nutzbar für Sandalen und Wassersäcke. Fleisch und Milch dienen als Nahrung. Feuer aus Kamelmist wärmt in kühlen Wüstennächten. Im Passgang schaukelt das Wüstenschiff Lasten durch die Wüste, zieht Pflüge, trägt stundenlang seinen Reiter. Aber angesichts moderner Verkehrsmittel sind seine Zukunftsaussichten als Transporttier gering.

11.1 Kamel

11.2 Nutzungsmöglichkeiten der Dattelpalme

Blätter (Palmwedel) Körbe, Besen Matten, Zäune

Stiele Zäune, Böden Bedachungen, Feuerungsmaterial

Holz Bauholz, Feuerungsmaterial, Böden, Decken Fasern: Säcke, Seile

Datteln Tägliche Nahrung, Sirup, Mehl (getrocknet, zerrieben)

Dattelkerne Viehfutter (zerkleinert) Dattelkaffee (geröstet)

Schössling Palmwein

Bewässerung

Grundwasser

LEBEN UNTER EXTREMEN BEDINGUNGEN

12.1 Nomadenzelt

12.2 Nomaden

Nomaden – Wanderer ohne Zukunft?

„Drei Wochen braucht die Salzkarawane von Agades bis Bilma. 600 km legen die Tuareg dabei durch die Wüste in Niger zurück. Das morgendliche Beladen der sich sträubenden Kamele und der tägliche 12-Stunden-Marsch ohne Rast bedeuten härteste Strapazen für Mensch und Tier. Knapp zwei Wochen sind erforderlich, um in der Oase die mitgebrachten Waren (Hirse, Weizen, getrocknetes Fleisch) gegen Geld, Datteln, Salz sowie Wolle oder Felle einzutauschen, ehe der mühevolle Rückweg beginnt. Wehe, wenn eins der Kamele die 150 kg Last nicht mehr schleppen kann! Umladen ist unmöglich, die Waren müssen bei dem verendenden Kamel zurückgelassen werden. Die besten Preise für das Salz aus Bilma werden auf den Märkten in Nordnigeria erzielt. So brechen die Karawanen nach wenigen Erholungstagen im Air-Gebirge dorthin auf, um Salz und Datteln gegen Hirse zu tauschen." (BP-Kurier 4/1980)

Jahrhundertelang zogen die Karawanen der Tuareg durch die Wüste. Doch es gibt immer weniger Nomaden, also Menschen, die mit ihren Tieren und Zelten ständig auf Wanderung sind und keinen festen Wohnsitz haben.
Heute wird der Transport durch die Wüste von LKWs und mit Flugzeugen bewältigt. Auch die Transportgüter sind andere: vor allem moderne Technik aus Europa und wertvolle Rohstoffe aus Nordafrika. Die Handel treibenden Nomaden haben ihre Bedeutung verloren, wurden häufig arbeitslos und gezwungenermaßen sesshaft.
Überwiegend betreiben die Nomaden Viehhaltung. Sie leben in Zelten und begleiten ihre Herde durch die Wüste von Wasserstelle zu Wasserstelle. Sie wandern nicht ziellos, sondern zu den je nach Jahreszeit ergiebigsten Weidegebieten. Doch deren Lebensgrundlage ist bedroht. Ihre Herden sind für die knapper werdenden Weiden zu groß.

Der Sahel – kein rettendes Ufer mehr

Sahel heißt auf arabisch Rand, Ufer. Nach Durchquerung der Wüste fanden die Menschen hier erste Zeichen von Vegetation. Damit hatten sie das rettende Ufer der Savannen (▷ S. 51) erreicht. Heute denkt man beim Begriff Sahel an die sich südwärts ausbreitende Sahara.
Im Sahel treffen Hackbauern aus dem fruchtbaren Süden (bis 300 mm Niederschlag) und Nomaden aus dem trockenen Norden zusammen (Niederschlag etwa 100–200 mm). Angesichts der geringen Niederschläge ist der Nahrung liefernde Graswuchs für die Viehherden äußerst spärlich, der Flächenbedarf der nomadisierenden Herden entsprechend groß, insbesondere, wenn natürliche Dürren die Lebensbedingungen verschärfen.
In den letzten Jahrzehnten hat es in den Ländern der Sahelzone durch die verbesserte medizinische Versorgung einen starken Bevölkerungsanstieg gegeben. Dies führte dazu, dass die Hackbauern die Anbaugrenze des Regenfeldbaus zur Wüste hin vorwärtstrieben. Dadurch wurden aber auch die Nomaden in ungünstigere Gebiete abgedrängt, was sie jedoch nicht veranlasste, den Viehbestand zu verringern. Im Gegenteil, da auch bei ihnen die Bevölkerung wuchs, vergrößerten sie ihre Herden, ohne dass die Weideflächen zunahmen. Konflikte mit den Hackbauern bleiben nicht aus, wenn die Herden aus Futtermangel in die Felder einfallen und alles kahlfressen.

LEBEN UNTER EXTREMEN BEDINGUNGEN

Auch Conny und Frido konnten bei ihrer Saharadurchquerung miterleben, wie sich die Lebensbedingungen geändert haben.

„In Mopti, im Staat Mali, trafen wir ein Team deutscher Ärzte und Entwicklungshelfer. Sie erklärten uns, dass hier die Entwicklungshilfe viel Schaden verursacht hat. Warum? Da mit dem Geld neue Tiefbrunnen (Abb. 13.3) angelegt wurden, vergrößerten die Nomaden ihren Viehbestand. Denn nun brauchten sie ihre Herdengröße nicht aufgrund der bisher in der Trockenzeit versiegenden Brunnen zu begrenzen. ‚Eigentlich‘, schimpfte ein junger Arzt, ‚war das zu erwarten. Man hätte nur die Tradition der Nomaden berücksichtigen müssen. Schließlich gilt noch heute: Nicht die Gesundheit, der Milch- oder Fleischertrag der Herde sind entscheidend für das Ansehen eines Nomaden, sondern die Zahl der Rinder, Schafe und Ziegen. Aber so nahm die menschengemachte Katastrophe ihren Lauf.‘

Die Weideflächen reichten nicht mehr aus, sie wurden in immer kürzeren Abständen aufgesucht. Durch die Überweidung (Abb. 13.2) erhielt das Gras keine Chance, sich zu erholen. Da die Gefräßigkeit der Ziegen auch vor dornenbewehrten Sträuchern nicht Halt macht und selbst Baumkronen für die Kletterkünstler kein Hindernis darstellen (Abb. 13.1) sowie junger Baumbewuchs sofort vernichtet wird, breitet sich die Wüste mit erschreckender Geschwindigkeit aus. Sie wächst heute bis zu 17 km jährlich südwärts.

Man erzählte uns, dass es durch die Störung des natürlichen Gleichgewichts im Sahel in den Jahren 1972/73 und 1982/84 zu erschütternden Hungerkatastrophen kam. Vorausgegangen waren mehrere Dürrejahre. Der Hunger soll so groß gewesen sein, dass Beobachter und Entwicklungshelfer von verzweifelten Menschen berichteten, die Ameisenhaufen aufgruben, um nach Hirsekörnern zu suchen."

■ Aufgaben

1. Beschreibe, wie sich die Nomaden den extremen Lebensbedingungen anpassen. Beziehe die Abbildungen auf den Seiten 12 und 13 mit ein.
2. Die Tuareg nennen sich Imohag, das bedeutet „Freie Unabhängige". Erkläre.
3. Begründe den Rückgang des Karawanenverkehrs.
4. Erläutere die Ursachen des Hungers im Sahel.

13.1 Ziegen fressen Bäume kahl

13.2 Überweidung durch Ziegen

13.3 Bohren eines Tiefbrunnen

LEBEN UNTER EXTREMEN BEDINGUNGEN

GEO-PRAXIS

14.1 Oase Ngoussa

14.2 Salzkrusten

Bodenversalzung – Ursachen und Experimente

In Oasen gibt es auch Entwässerungskanäle. Du magst dich fragen, was es wohl in einer Oase zu entwässern gibt, wo das Wasser doch kostbar und knapp genug ist. Richtig ist, dass Wüsten zum Erblühen gebracht werden, sobald Bewässerung erfolgt. Aber das künstlich zugeleitete Wasser dringt in den Boden ein und löst dort die Bodensalze. Die Luftschichten über der Wüste, den wüstenartigen oder mindestens sommertrockenen Gebieten der Erde entwickeln einen gewaltigen Durst und saugen die Feuchtigkeit wie Löschpapier aus der Erde. Durch die Verdunstungskraft gelangen vom Wasser aufgelöste und von ihm in den Haarröhrchen des Bodens (Kapillaren) transportierte Salze an die Oberfläche. Das Wasser verdunstet, die Salze bleiben übrig.

Auf austrocknenden Bodenoberflächen wird die wachsende Salzkonzentration sichtbar in Form von Salzausblühungen und Salzkrusten (Abb. 14.2). Aus der Bodenversalzung ergeben sich ökologische Folgeschäden, denn die meisten Pflanzen sind außerstande, aus dem Boden Wasser aufzunehmen, wenn der Salzgehalt im Boden höher liegt als in den Wurzeln und Leitungsbahnen der Pflanze selbst. Auf versalzten Flächen verdursten/vertrocknen deshalb die Pflanzen trotz der Zufuhr von Wasser. Zahlreiche gut gemeinte Bewässerungsprojekte in den Trockenzonen der Erde sind gefährdet, weil bei der Planung der wasserwirtschaftlichen Erschließungsmaßnahmen die Wechselwirkung von Wasser, Boden und Sonne nicht oder nicht genügend berücksichtigt wurde. Wegen der zunehmenden Versalzung bewässerter Flächen kommt es zu beträchtlichen Ernteverlusten (teilweise bis zu 50 % der gesamten Bewässerungsfläche) in Pakistan, Afghanistan, Argentinien, Peru, Kalifornien, in Syrien, im Iran, fast in allen Staaten, die innerhalb der Trockengebiete der Erde liegen.

Ein Forscher berichtet: „Allein in Südmesopotamien müsste man, um wieder salzfreien Boden zu bekommen, so viel Salz entfernen, dass ein Güterzug von der dreißigfachen Länge des Erdumfangs damit gefüllt werden könnte, nämlich ca. 1750 Millionen Tonnen. Wenn der Zug mit 50 km/h an einer Bahnschranke vorbeiführe, so müsste man ca. 3 Jahre warten, ehe der letzte Wagen diese Stelle passiert hätte."

Die Frage lautet: Wie kann der Teufelskreis durchbrochen werden? Das Bewässerungssystem ist durch ein Entwässerungssystem zu ergänzen, mit dessen Hilfe die gelösten Salze fortgeschwemmt werden.

Erfolgen kann die Entwässerung durch tiefer angelegte Kanäle oder durch Drainage (Abfluss überschüssigen Sickerwassers durch im Boden verlegte Ton- oder Plastikröhren). Beide Maßnahmen kosten viel Geld, das in den gefährdeten Regionen (es handelt sich zumeist um Entwicklungsländer) in der Regel nicht vorhanden ist.

LEBEN UNTER EXTREMEN BEDINGUNGEN

15.1

Versalzung und Entsalzung lassen sich in einfachen Versuchen darstellen. Trockene warme Luft entzieht dem Boden die Feuchtigkeit. Dabei wirken feine Haarröhrchen im Boden mit. Ihre Bedeutung für den Aufstieg des Grundwassers kannst du mit dem Versuch in Abb. 15.1 ermessen. Verwende am besten Küchenpapier und gefärbtes Wasser.

Den Versalzungsvorgang zeigen die Abbildungen 15.2 und 15.3. Auf den Grund eines Behälters streust du einen Teelöffel Salz. Darüber kommen 5 cm Erde, die angedrückt und so gründlich begossen werden, dass die Lösung des Salzes am Grunde gesichert ist. In die pralle Sonne oder auf einen Heizkörper gestellt, verdunstet das Wasser innerhalb von 24 Stunden. Auf der ausgetrockneten Erde breitet sich ein weißer Salzniederschlag aus. Wenn du mit angefeuchteten Fingerspitzen über die Ausblühung streichst, kannst du dich mit einer Geschmacksprobe vom Salzaufstieg überzeugen.

15.3

In versalzenem Boden wachsen die Pflanzen kümmerlich oder auch gar nicht. Die Pflanze kann wie gesagt nur dann Wasser aufnehmen, wenn der Salzgehalt ihrer Zellsäfte höher liegt als jener im Boden. Fülle ein Glas mit Leitungswasser und eines mit einer Salzlösung. Gib je einen frischen Pflanzentrieb oder eine Blume hinein (Abb. 15.4). Bereits nach einem Tag sind an der Pflanze in der Salzlösung Vertrocknungserscheinungen sichtbar. Wenn du die Pflanzentriebe vor und nach dem Versuch wiegst (Abb. 15.4), wird dir der Gewichtsverlust die Vertrocknung zusätzlich bestätigen.

Die Wirkung der Entwässerung beweist du, indem du den im Versuch erzeugten Salzboden (Abb. 15.3) kräftig begießt. Dadurch werden die Salzausblühungen aufgelöst. Kippe das Lösungswasser weg. Trockne den Boden erneut und du wirst feststellen, dass keine Salzausfällung mehr verbleibt.

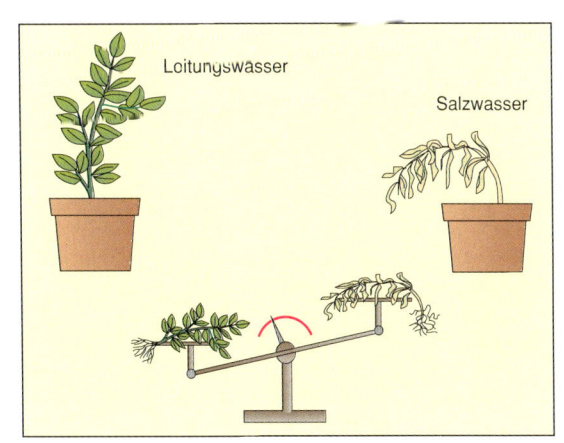

15.2

15.4 Pflanzenvertrocknung im Salzwasser

LEBEN UNTER EXTREMEN BEDINGUNGEN

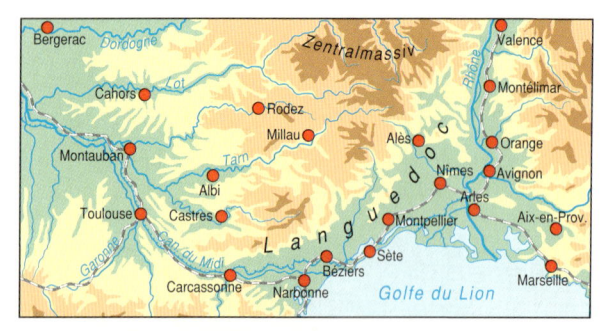

16.1 Lage des Languedoc (Maßstab 1:5 Mio)

16.2 Weinbau auf Flussschotter

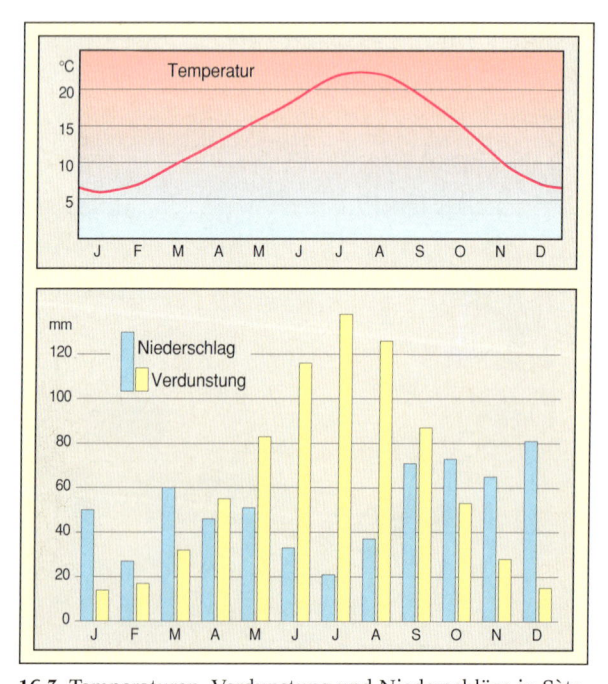

16.3 Temperaturen, Verdunstung und Niederschläge in Sète

Bewässerungsfeldbau im Languedoc

Auch in Europa gibt es Räume, in denen die Trockenheit das menschliche Wirtschaften erschwert. Betroffen ist vor allem die Landwirtschaft im Mittelmeerraum.

Auf Seite 9 hast du Informationen über Klimadiagramme erhalten. Abb. 16.3 zeigt dir eine Ergänzung dazu. Wichtig sind nämlich nicht nur Temperatur und Niederschlag, sondern auch der Grad der Verdunstung, das heißt das Verhältnis der beiden Werte zueinander. Liegt die Niederschlagsmenge höher als die Verdunstung, ist das Klima feucht. Entziehen Sonne und Wärme dem Boden mehr Feuchtigkeit als durch Niederschlag hinzukommt, ist das Klima trocken. So ist in der südfranzösischen Stadt Sète im Juli die Verdunstung siebenmal höher als der Niederschlag. (In Essen beträgt im Juli die Verdunstung nur $1/3$ des Niederschlags.)

Trockene und zugleich heiße Sommerhalbjahre sowie feuchte und milde Winterhalbjahre sind typisch für das Mittelmeerklima (▷ S. 53). Die trockenen Sommermonate erzwingen von den Pflanzen die Fähigkeit zum „Übersommern". Viele verfallen in eine Art Trockenstarre. Da die meisten Kulturpflanzen im Sommer Regen für das Wachstum brauchen, ist hier kein Anbau möglich. Nur wenige Pflanzen wie Weizen, Wein (Abb. 16.2) und Oliven sind dem Klima angepasst und lassen sich mit Erfolg anbauen.

Vom Weinbau zum Gemüsefeldbau

Die südfranzösische Landschaft Languedoc (Abb. 16.1) zählt zu den größten Weinanbaugebieten der Erde. Schon die Römer haben hier Weinanbau betrieben. Bis zum Zweiten Weltkrieg entwickelte er sich in den verbreiteten landwirtschaftlichen Kleinbetrieben als Monokultur, das heißt es wurde nur eine einzige Pflanzenart angebaut. Pflanzenkrankheiten (z. B. Mehltau) und Insekten (z. B. Reblaus) fanden daher ideale Verbreitungsmöglichkeiten.

Viele der vom Weinertrag abhängigen Bauern verarmten deshalb. Trotz der erfolgreichen Zucht und des Anbaus von Reben, die gegen Insektenbefall unempfindlich waren, blieb das Languedoc eine landwirtschaftliche Problemzone in Frankreich. Als dann aus der ehemaligen französischen Kolonie Algerien Wein nach Frankreich importiert wurde, der billiger und besser war als der Languedoc-Wein, verschärfte dies die Existenznot der Landwirte.

Wie sollte Abhilfe geschaffen werden?

LEBEN UNTER EXTREMEN BEDINGUNGEN

Entscheidend war die Lösung der Wasserfrage. Da die winterliche Regenzeit nicht mit der Wachstumsperiode der Pflanzen zusammenfällt, muss Wasser künstlich zugeführt werden. Mit der Rhône, den Flüssen Hérault, Orb und Aude waren die Voraussetzungen dafür gegeben. Hauptkanäle, die viele hundert Kilometer lang waren, wurden gebaut. Ebenso wurden teils unterirdisch verlaufende Zweigkanäle, die Tausende von Kilometern lang waren, und etwa 30 leistungsfähige Pumpstationen (Abb. 17.2) errichtet. Mit staatlicher Hilfe entstand so eine der großen Bewässerungslandschaften Frankreichs.

Das herangeführte Wasser veränderte die Landwirtschaft und verbesserte die Ertragssituation der Bauern. Wo es nicht gelungen war, statt billigem Landwein edle Weine – die höhere Gewinne ermöglichen – anzubauen, stiegen die Bauern auf Gemüse- und Obstkulturen um. Unabhängig geworden von der natürlichen Wasserversorgung, erhalten die Pflanzen für Wachstum und Reife die nötigen Wassermengen (Abb. 17.1). Auf diese Weise lässt sich die Gunst von Sonne und Wärme sowie der verbreitet vorhandenen fruchtbaren Schwemmlandböden hervorragend nutzen. Der Gewinn aus einem Hektar Ackerland steigert sich durch die Umstellung von Wein auf Obst und Gemüse um mehr als das Doppelte, gegenüber Getreide und Oliven sogar um das Vierfache. Noch mehr und vor allem sicheren Gewinn verspricht der Anbau von empfindlichen Gemüsearten unter Folientunneln, die immer mehr Verbreitung finden (Abb. 17.3).

Die Bauern haben sich in Erzeugergemeinschaften organisiert und Zentral- bzw. Versandmärkte (Nîmes, Montpellier) geschaffen, die den Absatz von Obst und Gemüse sichern helfen. Dank der kostenaufwendig entstandenen Bewässerungslandschaft im Languedoc hat sich hier eine vielseitige Landwirtschaft entwickelt. Losgelöst von den Gefahren des monokulturartigen Weinanbaus produzieren die Bauern hochwertiges Gemüse und Obst und können sich vor allem mit dem Gemüse sehr rasch auf die Wünsche der Verbraucher einstellen.

17.2 Pumpstation

■ Aufgaben

1. Erläutere das Niederschlags- und Verdunstungsdiagramm (Abb. 16.3). In wie vielen Monaten liegt die Verdunstung höher als der Niederschlag?
2. Vergleiche die Temperaturen (Abb. 16.3) mit den Werten der Stadt Essen (▷ S. 19).
3. Beschreibe die Lage des Languedoc (Abb. 16.1, Atlas).
4. Erkläre den Jahreslauf des Klimas. Begründe die Notwendigkeit der Bewässerung im Languedoc.
5. Nenne Gefahren von Monokulturen am Beispiel des Weinanbaus im Languedoc. Verschaffe dir Informationen (Lexikon) zur Monokultur.

17.1 Bewässerungskulturen

17.3 Gemüsefeld in Folientunnel

LEBEN UNTER EXTREMEN BEDINGUNGEN

18.1 Quellbewölkung im tropischen Regenwald

Ein Tag im tropischen Regenwald

20. März. Endlich sind wir in Manaus gelandet. Plötzlich, nach mehr als 1000 km Flug über die „Grüne Hölle" des tropischen Regenwalds, liegt die Millionenstadt vor uns. Als ich aus dem klimatisierten Flugzeug aussteige, trifft mich – wie ein Keulenschlag – die feuchte und heiße Treibhausluft. Es ist so schwül, dass ich so schnell wie möglich ins klimatisierte Hotel will.
Der Taxifahrer, der mich ins Hotel bringt, lacht. Jeden Tag hat er Fahrgäste, denen das Wetter zu schaffen macht. „Ich werde Ihnen den Wetterablauf von morgen schildern", sagt er. „Nach kurzer Dämmerung gegen 6 Uhr morgens geht die Sonne auf. Das Thermometer zeigt +21 °C an und der Himmel ist klar. Erst im Laufe des Vormittags ziehen Wolken auf. Bis zum Mittag wird die Schwüle unerträglich, denn mit zunehmender Hitze verdunstet immer mehr Feuchtigkeit. Um 12 Uhr steht die Sonne im Zenit, das heißt, sie scheint nun senkrecht vom Himmel. Inzwischen ist die Temperatur auf 29 °C gestiegen. Am Himmel hat sich eine mächtige, hoch aufgetürmte Quellbewölkung gebildet. Innerhalb der nächsten beiden Stunden bedeckt sich der Himmel völlig. Ungefähr gegen 15 Uhr setzt ein Gewitter ein, das sich durch heftige Windstöße angekündigt hat. Der Himmel verdunkelt sich, Windböen zerren an den Ästen der Bäume. Dann beginnt es, wie aus Eimern zu schütten. Blitze erhellen den trüben Nachmittag. Erst langsam, dann immer schneller verwandeln sich viele Straßen in Morastflächen, die Flüsse schwellen vom rotbraun gefärbten Wasser des abgespülten Bodens bedrohlich an. Nach etwa zwei Stunden ist das Unwetter vorübergezogen. Dennoch bleibt es unerträglich schwül. In dichten Nebelschwaden steigt die Feuchtigkeit aus den Wäldern empor und die Sonne hat kaum Kraft, sich noch einmal durchzusetzen. Deshalb bleibt es dunstig und trübe. Nach ebenso kurzer Dämmerung wie am Morgen geht der Tag in die zwölfstündige Tropennacht über." Fassungslos habe ich zugehört. „Und woher wissen Sie das so genau?" „Ganz einfach", lacht der Taxifahrer, „dieser gleichmäßige Wetterablauf bestimmt fast jeden Tag in den inneren Tropen, jahraus, jahrein."
Im tropischen Regenwald gibt es keine Jahreszeiten, alle Tage ähneln sich im Verlauf von Temperatur und Niederschlag (Abb. 18.2). Da größere Temperatur- und Niederschlagsschwankungen nur im Laufe eines Tages auftreten, spricht man von einem Tageszeitenklima. Im Gegensatz dazu herrscht in unseren Breiten ein Jahreszeitenklima; bei uns sind im Jahresverlauf ausgeprägte Temperaturunterschiede zwischen den Hauptjahreszeiten Sommer und Winter kennzeichnend.

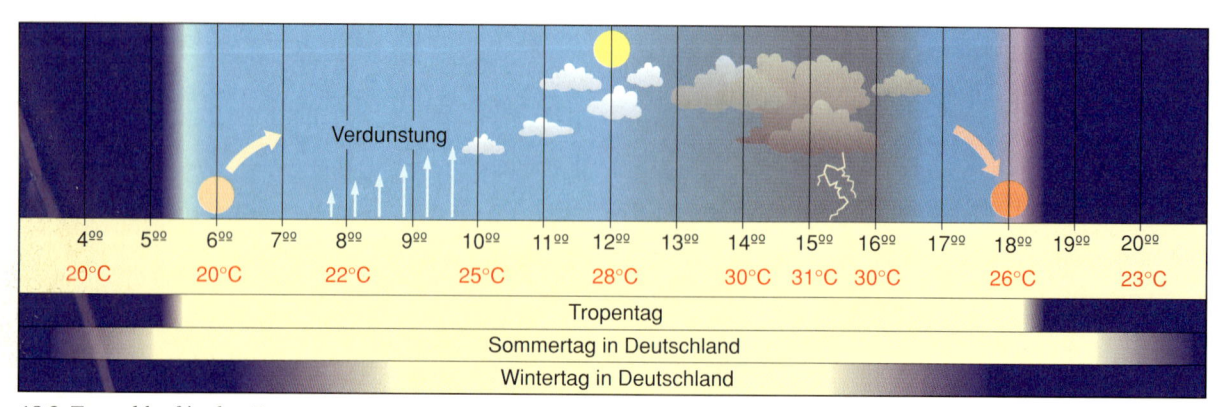

4⁰⁰	5⁰⁰	6⁰⁰	7⁰⁰	8⁰⁰	9⁰⁰	10⁰⁰	11⁰⁰	12⁰⁰	13⁰⁰	14⁰⁰	15⁰⁰	16⁰⁰	17⁰⁰	18⁰⁰	19⁰⁰	20⁰⁰
		20°C	20°C	22°C		25°C		28°C		30°C	31°C	30°C		26°C		23°C

Tropentag
Sommertag in Deutschland
Wintertag in Deutschland

18.2 Tagesablauf in den Tropen

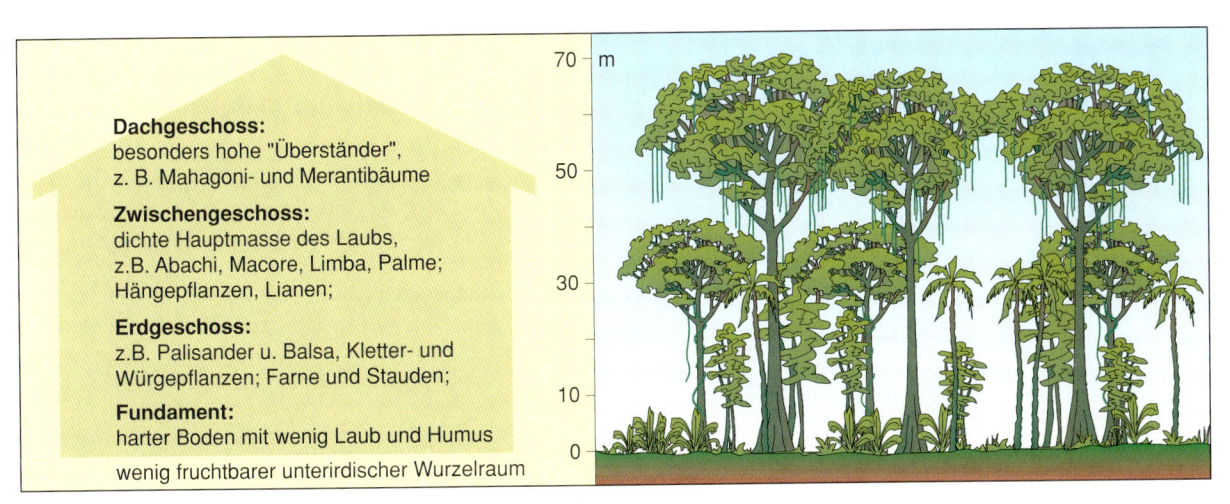

LEBEN UNTER EXTREMEN BEDINGUNGEN

Dachgeschoss:
besonders hohe "Überständer",
z. B. Mahagoni- und Merantibäume

Zwischengeschoss:
dichte Hauptmasse des Laubs,
z.B. Abachi, Macore, Limba, Palme;
Hängepflanzen, Lianen;

Erdgeschoss:
z.B. Palisander u. Balsa, Kletter- und
Würgepflanzen; Farne und Stauden;

Fundament:
harter Boden mit wenig Laub und Humus
wenig fruchtbarer unterirdischer Wurzelraum

19.1 Der Aufbau des Regenwaldes: ein Haus mit Stockwerken

Die Pflanzen- und Tierwelt

Um den Äquator herrschen ganzjährig hohe Temperaturen. Deswegen wird das gleichmäßige Wachstum der Pflanzen nicht unterbrochen, während es bei uns im Winter fast aufhört (Abb. 19.2). Von Bäumen derselben Art kann gleichzeitig einer laublos sein, der zweite blühen und der dritte Früchte tragen. Der tropische Regenwald beherbergt die meisten Pflanzenarten auf unserer Erde. Während man in Mitteleuropa ca. 2700 Arten zählt, sind es hier über 40 000.

Der Wald ist mit seinem Stockwerkbau einem Haus vergleichbar (Abb. 19.1). Oben ist es besonders sonnig, heiß und trocken. Im Zwischengeschoss tummeln sich die meisten Tiere in den dichten Laubmassen der ineinander greifenden Baumkronen. Darunter ist es feucht und dunkel. Es gibt kaum Unterholz und außer Ameisen und Termiten wenig Tiere.

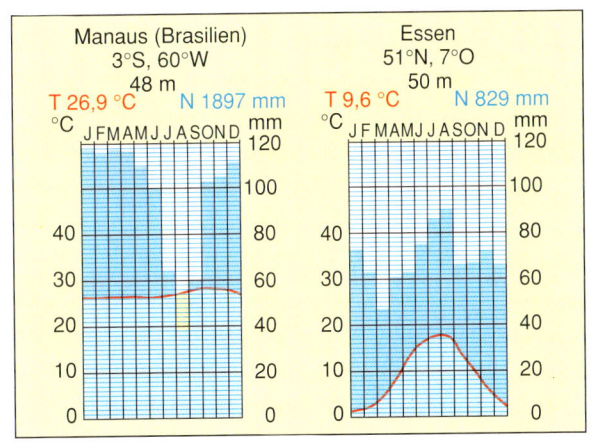

19.2 Klimadiagramme von Manaus und Essen

19.3 Tropisches Holz oder Holz aus Mitteleuropa?

■ Aufgaben

1. Beschreibe den stundenweisen Ablauf des Tropentages und der Tropennacht (Abb. 18.2).
2. Welche Merkmale hat das Tageszeitenklima (Abb. 18.2 und 19.2)?
3. Beschreibe und vergleiche die Klimadiagramme von Manaus und Essen (Abb. 19.2).
4. Berichte über den Stockwerkaufbau des Regenwaldes (Abb. 19.1).
5. Welches Holz stammt aus den Tropen, welches aus unserem Jahreszeitenklima (Abb. 19.3)? Erkläre.

LEBEN UNTER EXTREMEN BEDINGUNGEN

GEO-EXKURS

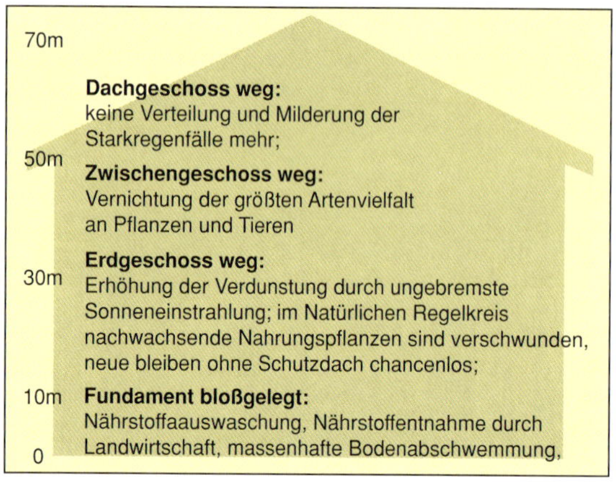

20.1 Wird das „Haus" zerstört? (▷ Abb. 19.1)

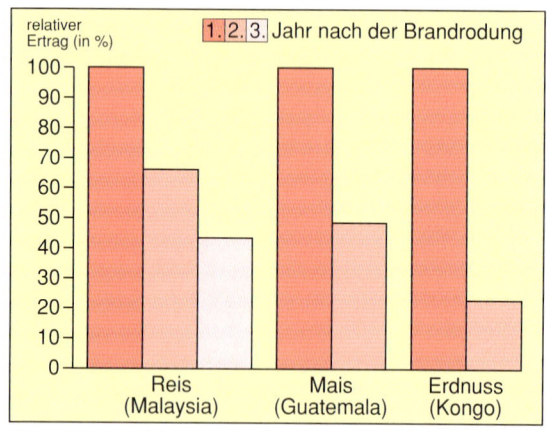

- **Dachgeschoss weg:** keine Verteilung und Milderung der Starkregenfälle mehr;
- **Zwischengeschoss weg:** Vernichtung der größten Artenvielfalt an Pflanzen und Tieren
- **Erdgeschoss weg:** Erhöhung der Verdunstung durch ungebremste Sonneneinstrahlung; im Natürlichen Regelkreis nachwachsende Nahrungspflanzen sind verschwunden, neue bleiben ohne Schutzdach chancenlos;
- **Fundament bloßgelegt:** Nährstoffauswaschung, Nährstoffentnahme durch Landwirtschaft, massenhafte Bodenabschwemmung.

20.2 Ertragsrückgänge in den Tropen bei Ackernutzung

Immer grün – immer fruchtbar?

Man könnte glauben, dass eine Pflanzenfülle wie im tropischen Regenwald nur auf den fruchtbarsten Böden gedeiht. Doch das stimmt nicht. Der Nährstoffkreislauf (Abb. 20.3) beginnt mit abgestorbenen Pflanzen, die zu Boden fallen und im feuchtheißen Klima von Kleinstlebewesen (Bakterien, Insekten) rasch zersetzt werden. Die frei werdenden Nährstoffe werden von einem unterirdischen Pilzgeflecht aufgenommen, wandern in die Feinwurzeln der Bäume und versorgen diese.

Nährstoffe, die in größere Tiefen gewaschen werden, sind für die Pflanzen verloren. Die für das Pflanzenwachstum nötigen Nährstoffe befinden sich also in den Tropen oberflächennah im Bereich zwischen 10 und 30 cm Tiefe. Darunter ist der Boden wenig fruchtbar. Das wundersame Naturgesetz des Regenwaldes lautet: Er lebt aus sich selber (Abb. 20.3). Vergleiche demgegenüber die Verbreitung der Nährstoffe in unseren Breiten!

Wird dieser natürliche Kreislauf gestört, bricht er zusammen und erholt sich nicht mehr (Abb. 20.1). Aus diesem Grund ist ertragreiche Landwirtschaft auf Rodungsflächen unmöglich (▷ S. 84). Schon nach zwei Jahren können Erntemengen sich halbieren. Im dritten Jahr lohnt sich bereits der Anbau nicht mehr (Abb. 20.2). Das fehlende Blätterdach bremst die Wucht des täglichen Starkregens nicht mehr. Die letzten Nährstoffe werden zu tief für jede Wurzel in den Boden eingespült. Der ungeschützte Boden wird zusätzlich durch Regenfluten massenhaft weggeschwemmt und tief zerfurcht.

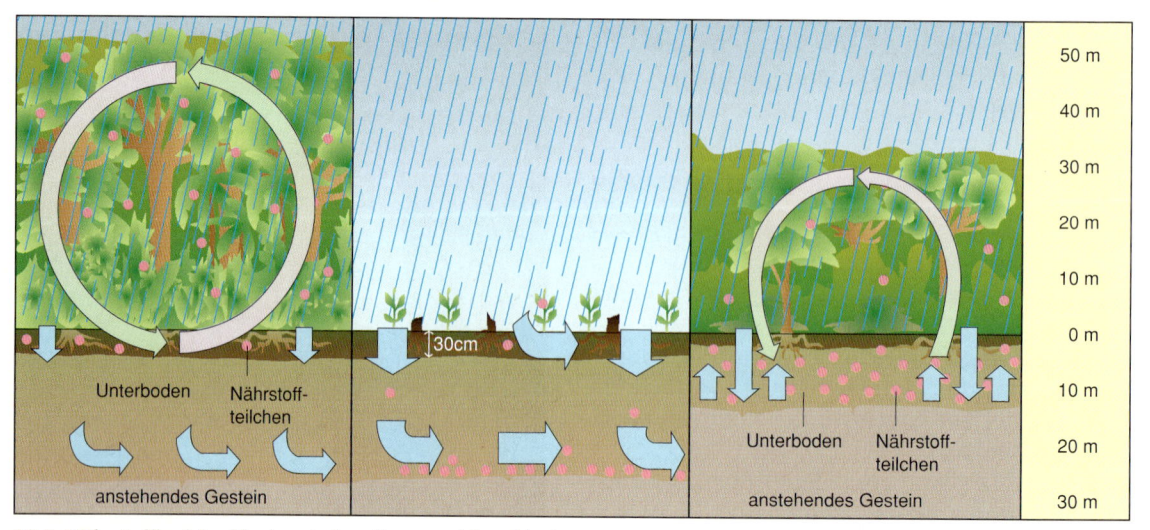

20.3 Nährstoffkreislauf im tropischen Regenwald und bei uns

LEBEN UNTER EXTREMEN BEDINGUNGEN

21.1 Entwicklungsvorhaben in Amazonien

Mit der Eisenbahn durch Amazonien

Station Parauapebas, dichter Nebel, kurz vor 6.00 Uhr morgens, es ist noch dunkel. Mit dem Ingenieur Jose Maria Rosa steige ich ein. Auf der 13-stündigen Fahrt bis zum 890 km entfernten Atlantikhafen Sao Luis bekomme ich aus den Erzählungen Joses einen Einblick in die Sorgen und Probleme seines Landes (Abb. 21.1).

„1986, nach Eröffnung der Linie, trat ich meinen Posten in Sao Luis an. Da stand die grüne Waldwand noch beiderseits der Strecke. Jetzt sind es nur noch Baumruinen. Mehr als 1 Mio Jahre entwickelte sich der Regenwald ungestört. Er garantiert das Gleichgewicht des Weltklimas. Zehntausende Pflanzen- und Tierarten sind sein großer Schatz. Alleine die Heilpflanzen: eine Apotheke für die ganze Welt! Sie werden vernichtet, bevor sie überhaupt Namen von der Wissenschaft bekommen. Alle Welt will Tropenholz. Allein die Japaner werfen jährlich 40 Milliarden daraus gemachte Einweg-Essstäbchen weg. Die Regierung sagt, wir müssten Amazonien erschließen, um Holz und andere Rohstoffe zu verkaufen, Weideland und Äcker zu gewinnen, damit das Volk satt wird."

Station Maraba, 8.20 Uhr

„Hier leben heute, 1993, 250 000 Menschen, zehnmal mehr als 1972. Im Norden liegt der Tucurui-Stausee zur Elektrizitätsgewinnung, über 3000 km² groß." Mir geht durch den Kopf: Das ist ja eine Fläche, größer als das Saarland. „19 000 Menschen mussten weichen, 13 Mio m³ Holz im Wert von 1 Mio $ versanken. Tiere wurden gar nicht gerettet."

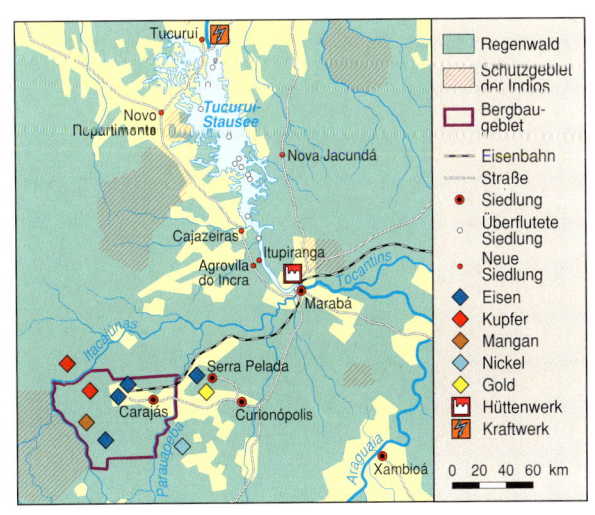

21.2 Das Tucurui-Gebiet

LEBEN UNTER EXTREMEN BEDINGUNGEN

22.1 Elendsquartier am Rand der Minen

22.2 Erschöpftes Brandrodungsland

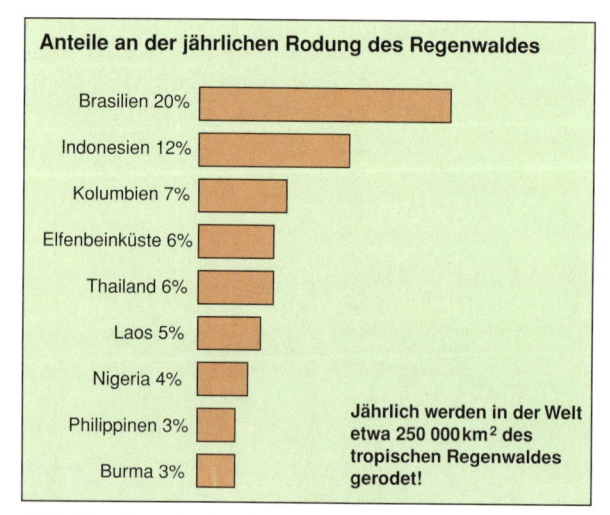

Anteile an der jährlichen Rodung des Regenwaldes

- Brasilien 20%
- Indonesien 12%
- Kolumbien 7%
- Elfenbeinküste 6%
- Thailand 6%
- Laos 5%
- Nigeria 4%
- Philippinen 3%
- Burma 3%

Jährlich werden in der Welt etwa 250 000 km² des tropischen Regenwaldes gerodet!

22.3 Brasilien – Weltmeister im Waldroden

Alle brauchen Strom: Städte, Minen, Hüttenwerke, die Bahn. Wozu haben die Schüler in Carajas Umwelterziehung, wenn zum Beispiel beim Bau des Stausees die Natur auf der Strecke bleibt? In ganz Brasilien gilt Carajas als ökologisches Vorbild nach europäischem Muster. ‚Insel der Fantasie' heißt dieses bodenschatzreiche Gebiet bei denjenigen, die nicht reindürfen. Über 60 000 Glückssucher leben ausgeschlossen vor den Grenzen der Minenstadt im Elend (Abb. 22.1). An den strengen Kontrollen des bewaffneten Werkschutzes kommt aber keiner vorbei. Sogar Soldaten für den Notfall sind da.

Viele heimatlose Zuzügler versuchen es als Bauern. Sie roden den Wald an den Stichstraßen zur Bahn. Längstens drei Jahre bauen sie Bohnen, Reis, Mais und Maniok als Familiennahrung an. Nach drei Jahren verbrennen sie neue Waldstücke, weil die Bodenfruchtbarkeit erschöpft ist (Abb. 22.2). Viel schlimmer treiben es die reichen Großgrundbesitzer, die mit Regierungshilfe Riesenflächen kauften, um sie als Weideland für Rinderherden zu nutzen. Eigentlich Blödsinn, denn hier braucht jedes Tier einen ha, um 50 kg Fleisch im Jahr anzusetzen. Ihr in Deutschland habt den zehnfachen Ertrag."

Station Acailandia, kurz vor 10.00 Uhr

„Viel Betrieb, aber kaum neue Fahrgäste. Die Leute bieten Reiseproviant an und laufen bis zu 30 km, um ein paar Cruzados zu verdienen. Und überall Brandgeruch. Hier sind es Köhler, die Holzkohle für neue Eisenhütten erzeugen. Das verschlingt 6000 km² Wald jährlich. Der Rauch verdunkelt die Sonne, macht die Kinder krank: 10 Jahre weiter, und es gibt kein Brennholz mehr."

Station Nova Vida, 13.00 Uhr

„Alles unbedachte Folgen des ‚Projeto Ferro Carajas', des weltweit größten Entwicklungsplans zur Erzförderung. 890 000 km² Gesamtfläche, 4100 km² Minengelände, 18 Mrd t hochwertiges Eisenerz, dazu noch Kupfer, Mangan, Nickel, Bauxit, Zink, Zinn und Gold."

Station Santa Inês, 16.00 Uhr

„Hier kreuzen Hauptstraßen die Bahnlinie und überall an Verkehrswegen bleibt die Natur auf der Strecke. Allein die zerstörerische Breitenwirkung der Bahn wird auf 150 km pro Seite geschätzt: Stichstraßen, Eisenhütten, Großfarmen, Siedlungen führten so zu über 130 000 km² Waldverlust. Im Süden, Hauptgebiet der Landwirtschaft, sind deshalb

LEBEN UNTER EXTREMEN BEDINGUNGEN

die Trockenzeiten schon länger geworden. Und immer noch wird abgeholzt. Darin sind wir Weltmeister (Abb. 22.3). Um 1970 galt das Motto ‚Land ohne Menschen, für Menschen ohne Land'. Die Indios vergaß man. Yanomami und Kayapo sterben bereits aus. Sie teilen das Schicksal der nordamerikanischen und australischen Ureinwohner, die ebenso dem Land- und Rohstoffhunger zum Opfer fielen."

Endstation Sao Luis, 19.28 Uhr, fahrplanmäßig
„Hier ist Verladehafen für 80 Erzzüge täglich. Da steht so ein 2 km langer Bandwurm mit 200 Waggons und 3 Loks (Abb. 23.1). In 20 Jahren wird der Erzberg Carajas in japanischen und deutschen Hochöfen verschwunden sein." Ein letzter Gedanke drängt sich mir auf: Wir Ausländer sitzen zu Hause auf Tropenholzstühlen. Sorgenvoll geht der Blick aus dem Tropenholzfenster und wir fragen uns bange: Was wird mit dem Erdklima nach Vernichtung der tropischen Regenwälder? (▷ S. 28)
Zu meinem Glück fragte mein Begleiter nicht, wieviel Urwald wir in Deutschland noch hätten. Angesichts unserer trotz Umweltschutz tödlich bedrohten Wälder gilt aber auch in Deutschland die brasilianische Indianerweisheit: „Zuerst sterben die Bäume, danach verschwinden die Menschen."

23.1 Erzzug

23.2 Erzmine im Serra dos Carajas

■ Aufgaben

1. Miss Entfernungen zwischen einigen Orten Amazoniens, z. B. Carajas-Küste (Abb. 21.1 und Atlas). Übertrage die Ergebnisse auf Deutschland und Europa.
2. Vergleiche die Regenwaldverluste (Abb. 22.3) mit der Fläche von Deutschland. Berechne, wie oft die Fläche von Nordrhein-Westfalen (30070 km^2) im jährlichen Waldverlust Brasiliens enthalten ist.
3. Berichte über die Gründe zur Erschließung und Ausbeutung Amazoniens.
4. Schildere die Folgen des Entwicklungsvorhabens „Projeto Ferro Carajas".
5. Erläutere, warum so viele Zuwanderer nach Amazonien kommen, und schildere, was mit der indianischen Urbevölkerung passiert (Abb. 21.2).
6. Warum haben Verkehrsschneisen (Abb. 23.3) besonders schädliche Nebenwirkungen? Vergleiche mit Hauptverkehrswegen in deiner Umgebung.

23.3 Verkehrsschneise im Regenwald

LEBEN UNTER EXTREMEN BEDINGUNGEN

GEO-PRAXIS

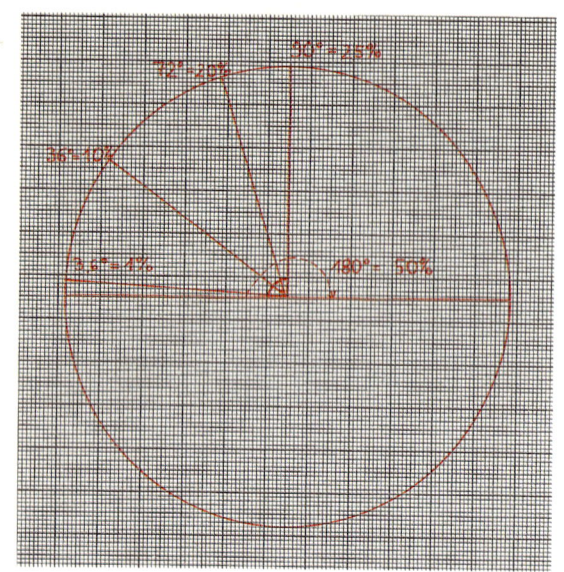

24.1

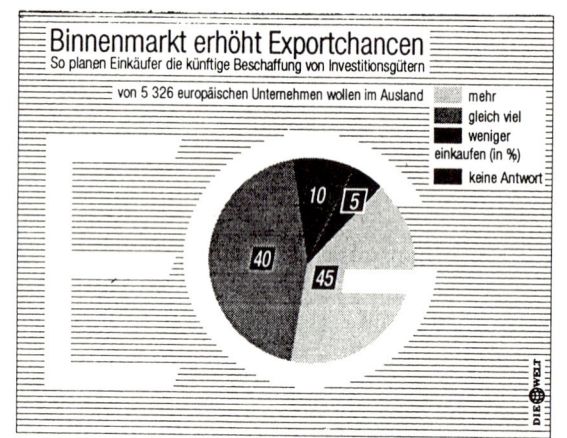

24.2 Aus einer Tageszeitung: Was ist falsch an dem Kreisdiagramm?

Wir erstellen ein Kreisdiagramm

Weißt du noch, was ein Diagramm ist und wie es angefertigt wird? Und erinnerst du dich, was man aus Diagrammen ablesen kann?
Bereits im Band 1 hast du kennen gelernt, wie du Zahlen aus Tabellen in Diagramme umsetzen kannst. In diesem Band hast du das Klimadiagramm (▷ S. 9) kennen gelernt. Wir versuchen nun erneut, eine häufig vorkommende Art von Diagrammen selber zu zeichnen: das Kreisdiagramm.

Der volle Kreis dieses Diagramms stellt jeweils die Gesamtmenge (100 %) dar, der Kreisausschnitt (Segment) den jeweiligen Prozentanteil. Kreisdiagramme sind deshalb besonders geeignet, Anteile an einer Gesamtmenge zu verdeutlichen. Allerdings ist es nicht ohne weiteres möglich, die absoluten Werte abzulesen.

Bei unserem Beispiel 24.1 haben wir der Einfachheit halber einen Kreisdurchmesser gewählt, welcher der Breite deines Winkelmessers entspricht. In dem (verkleinerten) Beispiel sind es 15 cm. Übertrage dieses zunächst auf Millimeterpapier.

Den senkrechten Durchmesser wählen wir als Hilfslinie zum Anlegen des Winkelmessers. Was du schon immer gewusst hast: ein halber „Kuchen" = 50 %, ein viertel „Kuchen" = 25 %. Jetzt brauchen wir nur noch zu wissen, dass jeder Kreis in 360° (Winkelgrade) eingeteilt werden kann.
Schreibe nun auf:
3,6° = 1 %
18,0° = 5 %
36,0° = 10 % und vervollständige diese Reihe in Zehnerschritten bis 360,0°.
Jetzt kannst du jedoch sehr genau viele kleinere Stücke einteilen. Deshalb vervollständige deine eigene Zeichnung so, dass sich zehn gleich große Stücke ergeben.

Nun bist du in der Lage, ein Balkendiagramm in ein Kreisdiagramm umzuwandeln. Nimm das Beispiel von Abb. 22.3.

Ein handwerklicher Vorschlag: Beginne mit Brasilien, das einen Anteil von 20 % aufweist. Berechne die Winkelgrade (72°). Füge dann Indonesien und die anderen Staaten hinzu. Wenn du richtig gerechnet und sorgfältig gezeichnet hast, bleibt ein Rest von 34 % für die anderen tropischen Länder übrig.

Da du nun schon geübt bist, kannst du sicher erkennen, was beim Kreisdiagramm (24.2), das in einer Zeitung abgedruckt wurde, falsch ist.

Zwei kleine Abschlußtests zu deinen weiter entwickelten praktischen Fähigkeiten: Zeichne die absoluten Werte der Abb. 74.3 als Kreisdiagramm. Erstelle eines für das Jahr 1990 und eines für 2025.

Noch schneller geht es natürlich, ein Diagramm am Computer zu erstellen. Wenn ihr in der Schule die Möglichkeit dazu habt, nutzt diese.

LEBEN UNTER EXTREMEN BEDINGUNGEN

GEO-EXKURS

25.1 Tropische Nahrungsmittel

Die Tropen in Deutschland

Schau dich ganz bewusst und sehr genau einen Tag lang nach tropischen Erzeugnissen um, von denen hier berichtet wird. Fertige ein Protokoll deiner Begegnungen an und vergiss nicht, Ort, Zeit und Umfang der Entdeckungen anzugeben.

„Unser täglich Brot gib uns heute": Viele Leute sind sich oft nicht bewusst, dass dies für andere Kontinente, Kulturen und Klimaräume anstelle von Brot ganz anders heißen müsste. Wenn man zunächst einige wichtige pflanzliche Nahrungsmittel der Tropenbewohner nennt, die auch in Deutschland verzehrt werden, so wird man beim aufmerksamen Einkaufen bald feststellen: Erzeugnisse aus den Tropen gibt es überall in Deutschland.

Ananas, Banane, Dattel, Erdnuss, Kaffee, Kakao, Kokosnuss, Mais, Palmöl, Reis, Tee und Zucker sind nur die bekanntesten Beispiele (Abb. 25.1). Oft sind sie versteckt oder verändert, z. B. als Schokolade, Popcorn oder Brotaufstrich.

Durch Pflanzungsversuche oder Züchtungen gelang es, ursprünglich außertropische Pflanzen in den Tropen heimisch zu machen (z. B. Dattelpalme). Umgekehrt wanderten Tropenpflanzen in außertropische Zonen (z. B. Erdnuss, Reis, Mais).

Kautschuk (Naturgummi), Baumwolle oder Jute (Hanf) sind gleichfalls tropische Zutaten unseres Alltags.

Besonders gut kennen wir tropische Hölzer (Abb. 25.2) aus Möbelläden und Baumärkten. Vielleicht entdecken wir sogar zu Hause Fensterrahmen, Türen, Fußböden, Wand- und Deckenverkleidungen oder Frühstücksbrettchen aus Tropenholz. Möglich, dass uns einige Bastelarbeiten aus Abachi, Balsa oder Limba nun nicht mehr so gut gefallen: Der Gedanke an ehemals bis zu 70 m hohe jahrhundertealte Baumriesen, die auf Kleinformat zersägt wurden, kann traurig machen. Dabei hätten wir es nicht nötig, wegen Verbrauchs tropischer Hölzer mitschuldig (▷ S. 28) an der Regenwaldvernichtung zu werden. Einheimische Hölzer wie Ahorn, Birke, Buche, Eibe, Eiche, Fichte, Kastanie, Kiefer, Kirsche, Nussbaum, Tanne und Ulme sind mindestens genauso schön und nützlich. Unser Wald kann sich nach einem Holzeinschlag erholen, aber Regenwald nicht.

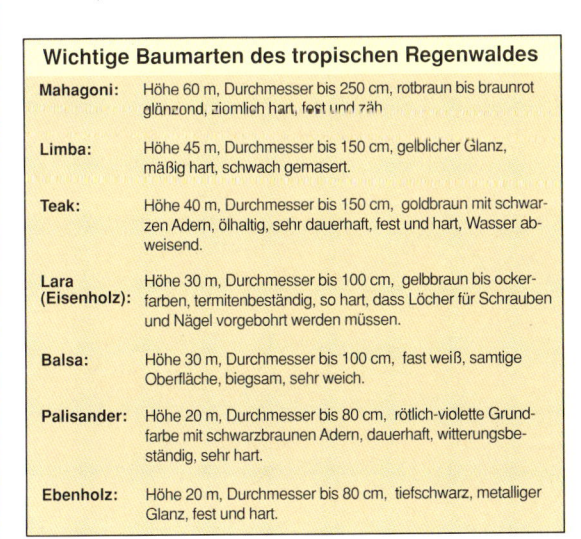

Wichtige Baumarten des tropischen Regenwaldes	
Mahagoni:	Höhe 60 m, Durchmesser bis 250 cm, rotbraun bis braunrot glänzend, ziemlich hart, fest und zäh.
Limba:	Höhe 45 m, Durchmesser bis 150 cm, gelblicher Glanz, mäßig hart, schwach gemasert.
Teak:	Höhe 40 m, Durchmesser bis 150 cm, goldbraun mit schwarzen Adern, ölhaltig, sehr dauerhaft, fest und hart, Wasser abweisend.
Lara (Eisenholz):	Höhe 30 m, Durchmesser bis 100 cm, gelbbraun bis ockerfarben, termitenbeständig, so hart, dass Löcher für Schrauben und Nägel vorgebohrt werden müssen.
Balsa:	Höhe 30 m, Durchmesser bis 100 cm, fast weiß, samtige Oberfläche, biegsam, sehr weich.
Palisander:	Höhe 20 m, Durchmesser bis 80 cm, rötlich-violette Grundfarbe mit schwarzbraunen Adern, dauerhaft, witterungsbeständig, sehr hart.
Ebenholz:	Höhe 20 m, Durchmesser bis 80 cm, tiefschwarz, metalliger Glanz, fest und hart.

25.2 Wichtige Baumarten des tropischen Regenwaldes

25.3 Abtransport von Tropenholz

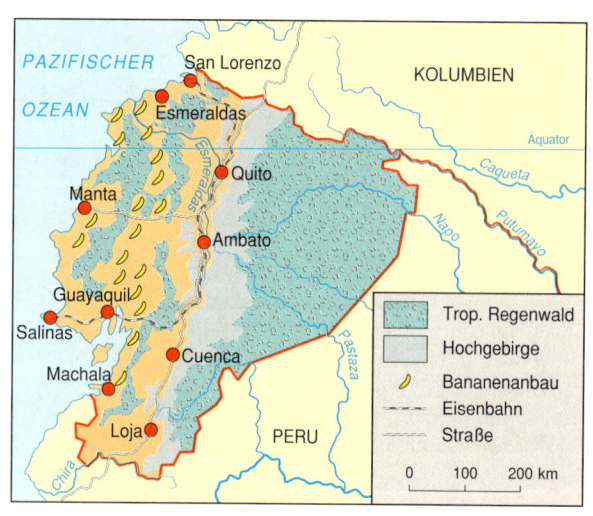

LEBEN UNTER EXTREMEN BEDINGUNGEN

Die Weltreise der Bananen

Es ist gerade 100 Jahre her, dass man in Deutschland die erste importierte Banane zu essen bekam. In ihrer süd-ostasiatischen Heimat wurde sie bereits 327 v. Chr. von Alexander dem Großen auf seinem Feldzug in Indien verzehrt. Um 650 n. Chr. gelangte sie nach Afrika und um das Jahr 1500 nach Mittel- und Südamerika. Von dort ausgehend, ist sie nach Kaffee heute bedeutendste Frucht des Welthandels (Abb. 26.4). Die lateinamerikanischen Länder haben zu drei Viertel Anteil am Weltexport. Aus Ecuador kommen die meisten Früchte. In Deutschland werden weltweit die meisten gegessen: 17,4 kg pro Kopf jährlich (1991).
Ecuadors Exportwirtschaft hängt zu einem Viertel von der Banane ab. 610 000 Menschen (= 5,6 % der 11 Mio Ew) haben dadurch Arbeit.

26.1 Bananenanbaugebiete in Ecuador

(Höhe über NN: 4 m)													
Monat	J	F	M	A	M	J	J	A	S	O	N	D
°C	26	26	26	26	26	26	26	26	26	26	25	26
mm	430	299	242	371	442	303	203	197	169	164	136	172

26.2 Klimawerte von Esmeraldas

(Höhe über NN: 56 m)													
Monat	J	F	M	A	M	J	J	A	S	O	N	D
°C	2	3	6	9	14	17	18	18	15	10	6	3
mm	32	45	46	49	52	65	81	70	54	64	55	63

26.3 Klimawerte von Köln

Als tropische Pflanze fühlt sich die 3–6 m hohe Bananenstaude in Ecuador (nach dem Äquator benannt) besonders wohl. Bei viel Wärme (wenigstens durchschnittlich 22 °C im Monat), Licht und Feuchtigkeit (mindestens 100 mm monatliche Niederschläge) gedeiht sie am besten (Abb. 26.2). Wärme und Niederschläge sollten möglichst gleichmäßig über das ganze Jahr verteilt sein. Sehr bedenklich ist allerdings, dass für die Anlage der Plantagen der Regenwald vernichtet wurde.
Die Bananenstaude vermehrt und verjüngt sich durch Schösslinge aus der Wurzelknolle. Ab dem 6. Monat entwickeln sich Blüten, aus denen Früchte zunächst erd-, dann himmelwärts streben. Dabei

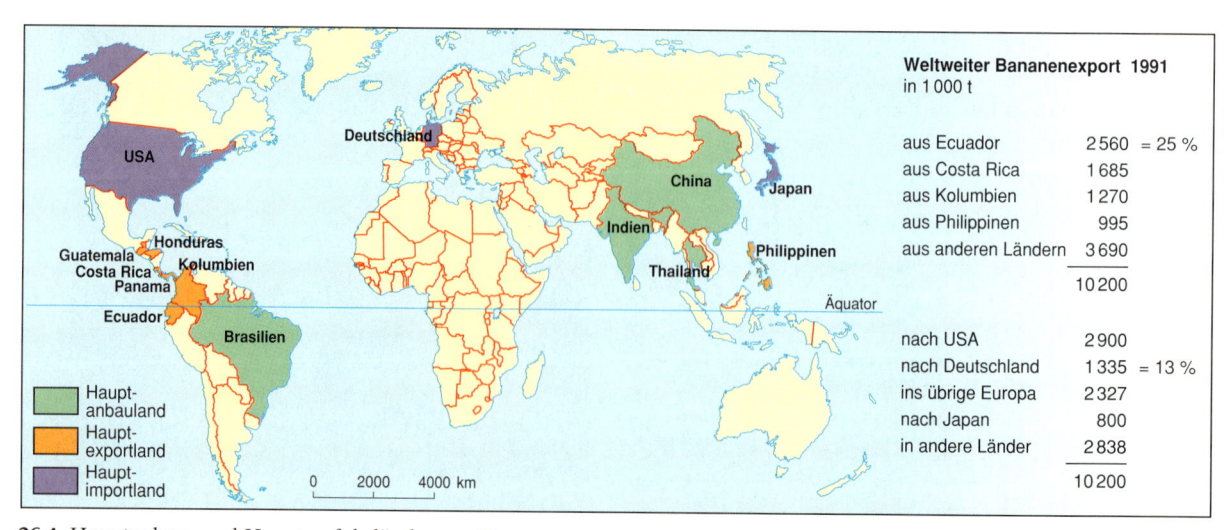

Weltweiter Bananenexport 1991
in 1 000 t

aus Ecuador	2 560	= 25 %
aus Costa Rica	1 685	
aus Kolumbien	1 270	
aus Philippinen	995	
aus anderen Ländern	3 690	
	10 200	
nach USA	2 900	
nach Deutschland	1 335	= 13 %
ins übrige Europa	2 327	
nach Japan	800	
in andere Länder	2 838	
	10 200	

26.4 Hauptanbau- und Hauptausfuhrländer von Bananen

LEBEN UNTER EXTREMEN BEDINGUNGEN

verbiegen sie sich und wir wissen endlich, warum die Banane krumm ist! 12 Wochen später werden die 35–60 kg schweren Fruchtbüschel mit durchschnittlich 200 Bananen grün und unreif geerntet. Innerhalb von nur 36 Stunden müssen sie in Kartons verpackt und auf Kühlschiffe verladen sein. Bei genau +13,2 °C dauert die Reise bis Hamburg höchstens 12 Tage: Die Früchte erwachen aus dem „Kühlschlaf" und können endlich ausreifen.
Inzwischen werden in Ecuador die alten Stauden bereits umgehackt. Die nur aus Blattschichten bestehenden Scheinstämme bis 30 cm Durchmesser vergehen rasch zu neuem Humus. Die alte Wurzelknolle hat schon neue Sprößlinge getrieben. So kann aus einem Wurzelstock über Jahrzehnte zu jedem beliebigen Zeitpunkt des immer gleichförmigen Tropenjahres neue Frucht wachsen: Wir können zu jeder Jahreszeit frische Bananen genießen.

In Ecuador sind die Bananenpflanzer ausschließlich Inländer. Ausländer dürfen keine Pflanzungen anlegen. Jeder Exporteur muss 40 % der Ausfuhrmenge von Privatbauern beziehen. Mehr als die Hälfte aller 5000 Pflanzungen besteht aus Klein- und Mittelbetrieben von 1–50 ha. Ihr Anteil an den 116 000 ha Betriebsfläche beträgt sogar 60 %.

1993 wurden in der Europäischen Union (EU) die Einfuhrbestimmungen für Bananen neu geregelt. Die Erzeuger in den EU-Mitgliedstaaten (vor allem Spanien) sowie die ehemals französischen Kolonien (vor allem im karibischen Raum) wurden begünstigt. Die Staaten außerhalb der EU dürfen nur noch bestimmte Mengen in die EU einführen. Deshalb stiegen die Import- und Verbraucherpreise, der Kauf von Bananen ging deutlich zurück. Durch diese Entwicklung haben die Kleinbauern, auch in Ecuador, den größten Schaden.

Aufgaben

1. Stelle eine Tabelle zusammen nach
   Hauptausfuhr-,
   Hauptanbau-,
   Haupteinfuhrländern.
2. Schildere Ausfuhr- und Einfuhr-Abhängigkeit und stelle die Unterschiede heraus.
3. Nenne Wachstumsbedingungen der Banane. Warum kann sie bei uns nicht wachsen (Abb. 26.3)?

27.1 Bananenstaude

27.2 Packstation einer Bananenplantage

27.3 Bananenkühlschiff in Hamburg

LEBEN UNTER EXTREMEN BEDINGUNGEN

GEO-PRAXIS

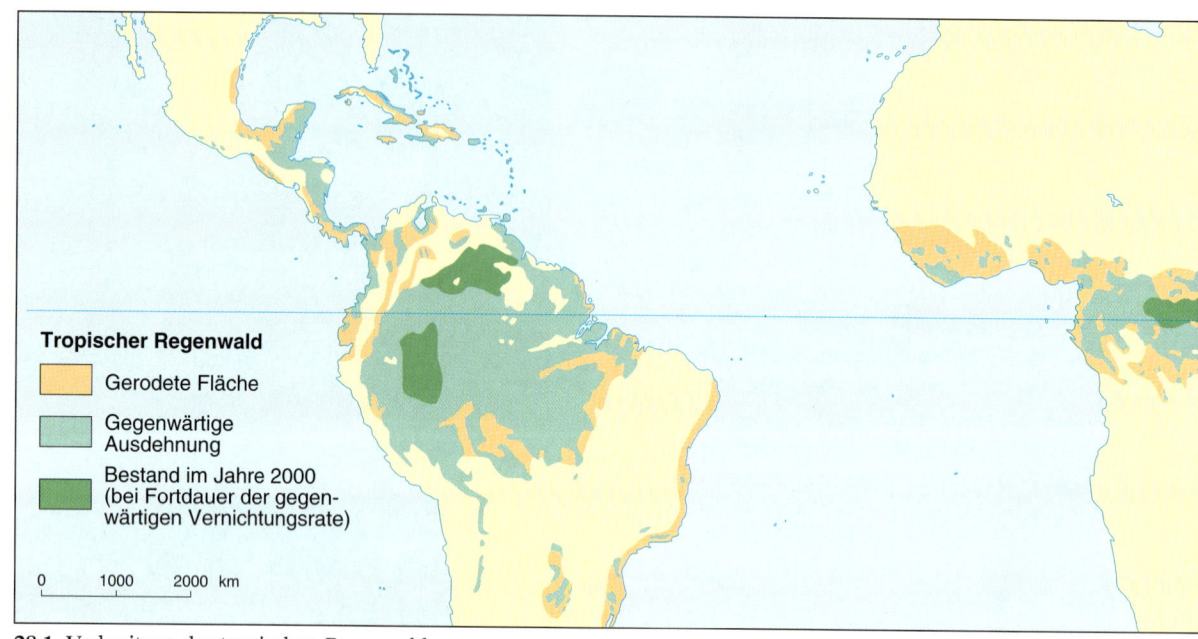

Tropischer Regenwald
- Gerodete Fläche
- Gegenwärtige Ausdehnung
- Bestand im Jahre 2000 (bei Fortdauer der gegenwärtigen Vernichtungsrate)

0   1000   2000 km

28.1 Verbreitung des tropischen Regenwaldes

Sägen bringt keinen Segen

Der immergrüne tropische Regenwald machte vor 30 Jahren noch fast die Hälfte der gesamten Waldfläche der Erde aus. Er entwickelte sich ungestört in Jahrmillionen dort, wo Trockenmonate fehlen (▷ S. 51). Je gleichmäßiger reichliche Niederschläge und hohe Temperaturen sind, desto üppiger gedeiht er.

Von den Küsten- und Flussniederungen bis in 600 m Höhe reichen die Kerngebiete kaum über 10° nördliche oder südliche Breite hinaus. Ideal sind hier monatliche Durchschnittstemperaturen von 24 °C bis 28 °C sowie mindestens 1800 mm Jahresniederschlag. Ab 600 m Höhe, nicht selten sogar bis 2500 m hoch, kann es bei monatlichen Durchschnittstemperaturen von 10 °C noch artenreiche immergrüne Wälder geben.

Seit 1950 ist die Fläche des tropischen Regenwaldes durch Raubbau halbiert worden. In jeder Sekunde der Kartenbetrachtung (Abb. 28.1) werden weltweit 6600 m^2 abgeholzt. Das entspricht der Größe eines Fußballplatzes. In einem Jahr kommt so die Fläche aller westdeutschen Bundesländer zusammen (250 000 km^2). In Schulbüchern aus früheren Jahren wird dafür lediglich die Staatsfläche der Niederlande (41 500 km^2) angegeben.

Man sagt zu Recht, die Holzeinfuhrländer seien für den Rückgang des Regenwaldes mitverantwortlich. Allerdings: Der Weltexport an wertvollem Stamm-, Schnitt-, Sperr- und Furnierholz macht nur 15 % der Gesamtmenge aus.

Die Lieferländer verbrauchen das meiste, das minderwertige, Holz selber und davon wiederum den höchsten Anteil für Brennholz.

Nigeria, das bevölkerungsreichste Land Afrikas (114 Mio Ew), hat bereits über 90 % seiner Wälder vernichtet. Es kann nicht einmal mehr seinen Eigenbedarf an Holz decken.

Ecuador (▷ S. 26) opferte für den Weltmeistertitel als Bananenexporteur seine Regenwälder. Bis zum Jahr 2000 wird das Land eine weitere Hälfte seines schon jetzt dürftigen Waldrestes verlieren.

Die Elfenbeinküste (Côte d'Ivoire) besitzt von ursprünglich 150 000 km^2 Regenwald vielleicht noch 10 %. Der einstige Hauptlieferant für Holz muss nun selber welches für den Eigenbedarf einführen. Kaffee, Kakao oder Ananas als Folgefrüchte auf ehemaligem Regenwaldland sind wegen des Überangebots nur schwer verkäuflich. Andere Länder machten nämlich denselben Fehler. Erst „verkauften" sie den Wald, das verdarb den Boden (Abb. 20.2). Danach produzierten sie im Übermaß Folgefrüchte. Das verdarb die Preise. Wer ist schuld?

LEBEN UNTER EXTREMEN BEDINGUNGEN

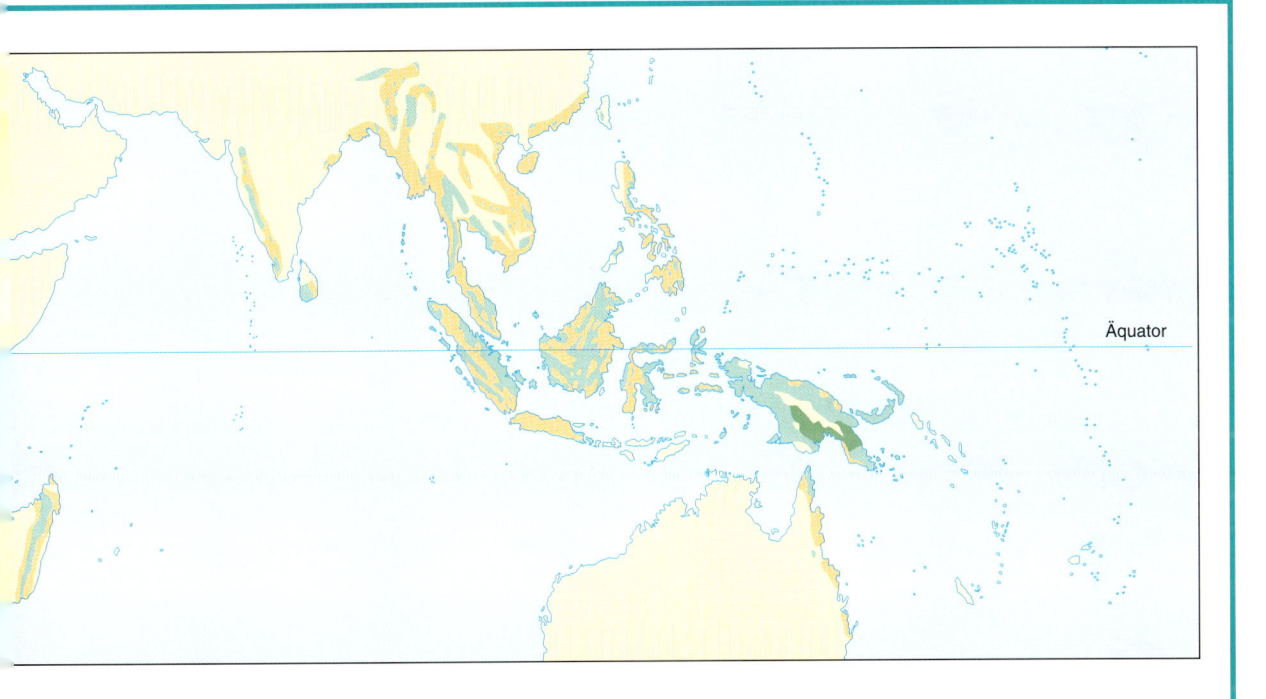

Wir werten thematische Karten aus

Karten, die nicht in erster Linie der allgemeinen Orientierung auf der Erdoberfläche dienen, nennen wir thematische Karten. Sie befassen sich mit einem eng begrenzten Thema in einem Raum. Solche Karten sind besonders dann schwer zu lesen, wenn mehrere Sachverhalte auf einmal dargestellt sind, viele Kartenzeichen die Übersicht erschweren oder, wie in diesem Beispiel, die Verbreitung eines Sachverhaltes zu verschiedenen Zeitpunkten abgebildet wird. Wir wollen die Karte über die Verbreitung des tropischen Regenwaldes in zwei großen Schritten erarbeiten. Den ersten Schritt solltest du grundsätzlich bei allen Kartenauswertungen vornehmen.

Beim zweiten Schritt hilft dir auch der ergänzende Text von Seite 28, „Sägen bringt keinen Segen". Überhaupt: Wann immer möglich, ziehe zur Erklärung von Karten zusätzliches Arbeitsmaterial (z. B. auch Bilder, Tabellen) hinzu.

1. Schritt: Orientierung
a) Ermittle den Kartenmaßstab.
b) Stelle in der Legende fest, welche Bedeutung die Farben und Zeichen der Karte haben.
c) Stelle anhand des Atlas fest, welchen Ausschnitt der Erde die Karte behandelt.
d) Gib mit eigenen Worten wieder, welche Themen in der Karte dargestellt werden.

2. Schritt: Beschreibung und Erklärung
a) Ermittle einige Entfernungen, z. B. die ursprüngliche Nord-Süd- und Ost-West-Ausdehnung des tropischen Regenwaldes sowie die voraussichtliche Ausbreitung im Jahre 2000 in Südamerika.
b) Erkläre die Verbreitung der Regenwälder entlang des Äquators.
c) Überlege, warum es z. B. in Ostafrika keine großflächigen Regenwälder gibt (physische Karte!)
d) Stelle bei einem Vergleich mit einer politischen Weltkarte fest, in welchen Ländern der Regenwald besonders stark abgeholzt wurde (▷ Abb. 22.3).
e) Nenne Gründe für die Vernichtung der tropischen Regenwälder (▷ S. 28).
f) Ermittle die wichtigsten Käuferländer von Tropenholz (Abb. 29.1).

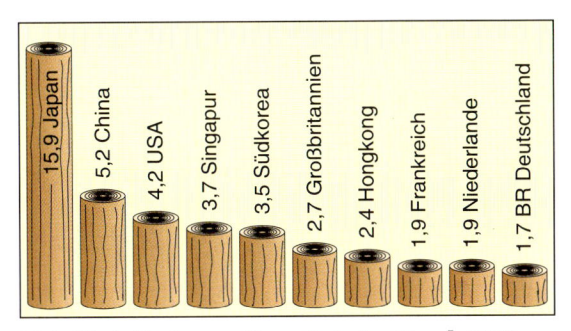

29.1 Käuferländer von Tropenholz (in Mio m³, 1987)

15,9 Japan · 5,2 China · 4,2 USA · 3,7 Singapur · 3,5 Südkorea · 2,7 Großbritannien · 2,4 Hongkong · 1,9 Frankreich · 1,9 Niederlande · 1,7 BR Deutschland

LEBEN UNTER EXTREMEN BEDINGUNGEN

30.1 Eisbär

30.5 Arktis: Lage und Bodenschätze

Legende zur Karte:
- Kohle
- Au Gold
- Cu Kupfer
- Pb Blei
- ganzjährige Verbreitung von Meereis
- 10 °C-Juli-Isotherme (etwa Baumgrenze)

Arktis	
Nordpolarmeer	22,1
Landfläche	14,3
kanadischer Anteil	7,8
russischer Anteil	2,7
Grönland	2,3
US-Anteil (Alaska)	2,2
skandinavischer Anteil	0,4
	0,2

Korrektur:

Arktis	
	22,1
Nordpolarmeer	14,3
Landfläche	7,8
kanadischer Anteil	2,7
russischer Anteil	2,3
Grönland	2,2
US-Anteil (Alaska)	0,4
skandinavischer Anteil	0,2

Antarktis	
	51,8
Südpolarmeer	39,4
international beanspruchter Kontinent Antarktika	12,4

30.2 Größe der Polargebiete (in Mio km²)

	Arktis	Antarktis
Oberfläche	eisbedecktes, landumrahmtes Meer Land z. T. vergletschert Nordpol über 4290 m Wasser	meerumrahmtes Land mit 5140 m Gipfelhöhen und Eiskappen bis 5000 m Dicke (▷ Abb. 31.2) Südpol über 2800 m dickem Eis
Klima	geringe Niederschläge Jahresmitteltemperaturen Nordpol −18 °C (Januar −32 °C, Juli 0 °C)	nahezu immer trocken Jahresmitteltemperaturen Südpol −49 °C (Januar −29 °C, Juli −59 °C)
Bewohner	7 Millionen, davon 100 000 Eskimos als Urbevölkerung	höchstens 4000 in 59 Forschungsstationen, keine Ureinwohner
Bodenschätze	im industriellen Abbau, Geologen vermuten hier 15 % der Weltvorräte des Erdöls und 50 % des Erdgases	erst z. T. erforscht, nicht im Abbau
andere Nutzung	Hochseefischerei	Wal- und Krillfang

30.3 Arktis und Antarktis im Vergleich

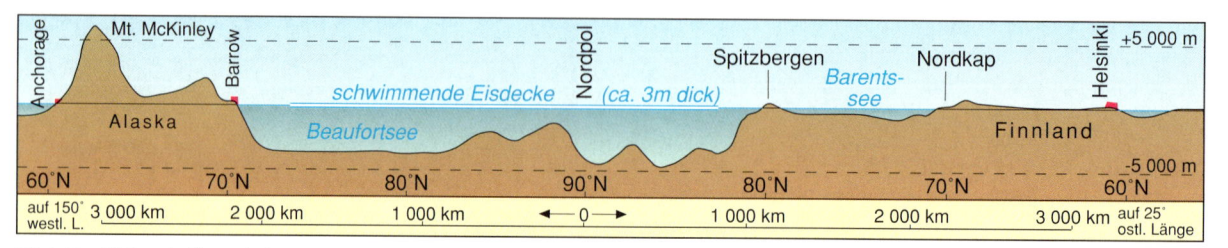

30.4 Profil durch die Arktis

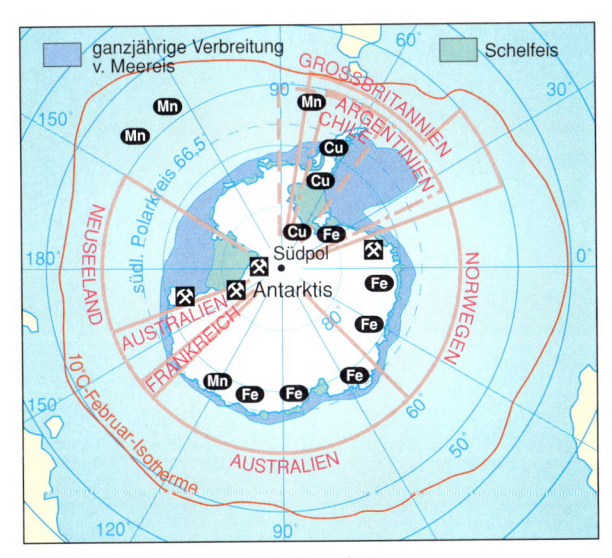

LEBEN UNTER EXTREMEN BEDINGUNGEN

31.1 Antarktis: Lage und Bodenschätze

31.3 Pinguine

Die Pole: Ähnlichkeiten im Gegensatz

Warum jagen eigentlich Eisbären keine Pinguine? Die Bezeichnungen Arktis für den Nordpolarraum und Antarktis für das südliche Gegenstück verraten es dir: „Arktos" ist das griechische Wort für „Bär". Der Eisbär kommt als größtes Landraubtier nur im Norden vor. Umgekehrt bevölkern die Pinguine, diese flugunfähigen Vögel, ausschließlich „das andere Ende der Welt". Natürlich ist das nicht der einzige Unterschied zwischen der Arktis und der Antarktis. Antarktika ist von allen Kontinenten der abgelegenste. Selbst von den Südspitzen der Südkontinente betragen die Entfernungen zum Südpol zwischen 3600 und 4100 km. So wundert es kaum, dass dieser völlig menschenleere Erdteil überhaupt erst seit 1820 bekannt ist (▷ S. 34).

In der Antarktis herrschen unwirtliche Lebensbedingungen. Auf der Forschungsstation Wostok wurde der bislang niedrigste Luft-Temperaturwert gemessen: −88,3 °C. Selbst im Sommer liegen die Durchschnittstemperaturen im Minusbereich. Die Antarktis birgt über 90 % des gesamten Eises der Erde. Bei plötzlicher Erwärmung und vollständigem Abtauen würde das im Eis gebundene Wasser den Meeresspiegel um 70 m ansteigen lassen.

Auch das Gebiet um den Nordpol wird vom Eis bestimmt. Die klimatischen Verhältnisse sind aber nicht so extrem wie um den Südpol (Tab. 30.3). Verschiedene Völker haben sich diesen Bedingungen angepasst und nutzen seit Jahrtausenden zumindest die Randgebiete (▷ S. 32).

Aufgaben

1. Ermittle Entfernungen zum Südpol (Atlas) von Punta Arenas, Kapstadt und Melbourne aus.
2. Sprich über die Größenunterschiede zwischen Arktis und Antarktis. Vergleiche die Anteile von Meer und Land miteinander (Tab. 30.2).
3. Beschreibe die natürlichen Bedingungen der Polargebiete. Beurteile Gegensätze und Gemeinsamkeiten (Tab. 30.3) von Arktis und Antarktis.
4. Warum sind die Polargebiete trotz lebensfeindlicher Kälte wertvoll (Abb. 30.5, 31.1)?

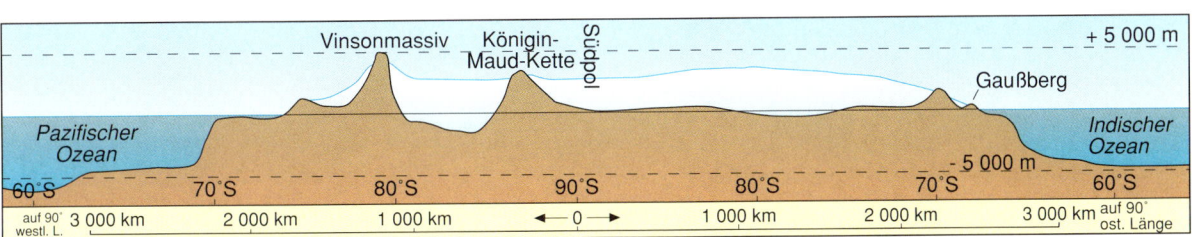

31.2 Profil durch die Antarktis

LEBEN UNTER EXTREMEN BEDINGUNGEN

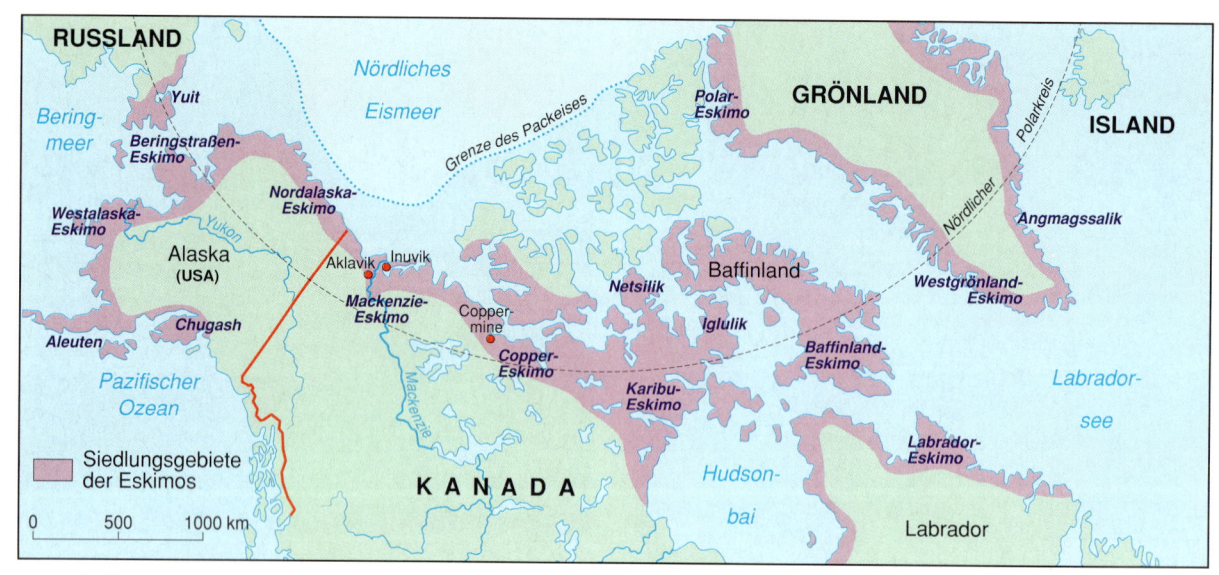

32.1 Siedlungsgebiete der Eskimos

Monat	J	F	M	A	M	J	J	A	S	O	N	D
°C	-10	-12	-14	-7	+1	+5	+8	+7	+2	-4	-8	-9
mm	10	13	14	15	20	19	35	34	41	29	21	18

32.2 Niederschläge und Temperaturen in Jakobshavn

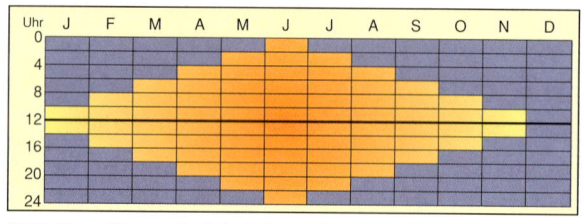

32.3 Tageslängen in Jakobshavn (vereinfacht)

Inuit, Überlebenskünstler der Arktis

„Eskimo" ist das indianische Wort für „Rohfleischesser". In ihrer eigenen Sprache bezeichnen sie sich als „Inuit", d. h. Mensch. Das kleine Volk mit ungefähr 100 000 Menschen (▷ Tab. 30.3) lebt – über zwei Kontinente verteilt – in Alaska, Kanada und Sibirien (Abb. 32.1). Die Hälfte der Eskimos ist auf Grönland, der größten Insel der Erde (2,2 Mio km^2) beheimatet. Der größte Teil der Inselfläche ist unter einem durchschnittlich 1500 m dicken Eispanzer begraben. Die eisfreien Zonen (342 000 km^2) sind nur auf 150 000 km^2 bewohnbar.
Wörter der Inuit sind weltweit verbreitet: Anorak,

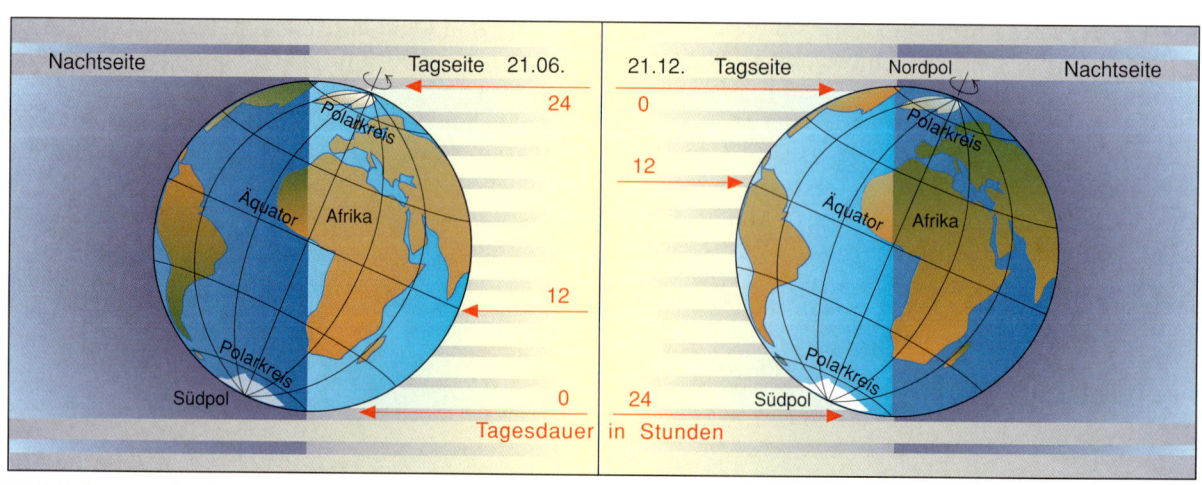

32.4 Polartag und Polarnacht am Nordpol

LEBEN UNTER EXTREMEN BEDINGUNGEN

Iglu, Kajak und Husky. Kleidung, Wohnung, Fahrzeug und Schlittenhund sind Hinweise auf eine besonders naturnahe Lebensart. Sie ermöglicht das Überleben in einer feindlichen lichtarmen Kältezone (Abb. 32.2–4). Die Sprache der Eskimos kennt hingegen kein Wort für Bequemlichkeit, denn die haben sie nie kennen gelernt.

Das Vordringen europäischer und nordamerikanischer Wirtschafts- und Lebensweisen veränderte jedoch das Dasein der Inuit. Die Einkaufszettel der Ureinwohner beweisen den Niedergang ihrer Kultur aufgrund fremder Einflüsse (Abb. 33.3). Noch bis 1920 war der Seehund überwiegende Lebensgrundlage. Er deckte fast alle Bedürfnisse des Jägervolkes (Abb. 33.2). Später vereinten die dänischen Kolonialherren die verstreut wohnende Bevölkerung in größeren Siedlungen (Abb. 33.4). Doch dieser Umzug führte zur Entwurzelung: Die Eskimos konnten nicht mehr ihr ungebundenes Leben führen. Viele wurden mit der neuen Lage nicht fertig. Sie leben häufig von Arbeitslosenunterstützung, verfallen dem Alkohol.

■ Aufgaben

1. Beschreibe Zusammenhänge zwischen Tageslängen und Temperatur (Abb. 32.2–4).
2. Informiere dich über die Inuit-Begriffe Anorak, Iglu, Kajak und Husky (Lexikon). Was kannst du daraus über deren Leben erfahren?
3. Vergleiche das frühere Leben der Inuit mit dem heutigen (Abb. 33.1–4).

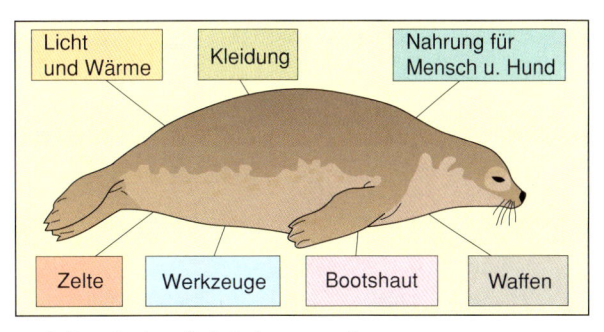

33.2 Der Seehund als Lebensgrundlage

33.3 Fortschritt oder Niedergang?

33.1 Eskimos beim Jagen

33.4 Eskimosiedlung Jakobshavn (Grönland)

LEBEN UNTER EXTREMEN BEDINGUNGEN

GEO-EXKURS

34.1 Amundsen am Südpol

34.3 Forschungsstation am Südpol

Wettlauf zu den Polen

Um die Jahrhundertwende begann der Wettlauf um das Erreichen des Südpols. Zwei Namen sind mit diesem dramatischen Kampf besonders eng verbunden: Roald Amundsen und Robert Scott.

Amundsen galt als der geborene Forscher, den schon von Kindheit an die Erforschung des Nordpols lockte. Der Marineoffizier Scott dagegen war ein genialer Organisator, den erst spät die Besessenheit packte, als erster Mensch den Südpol zu erreichen.

Beide Expeditionen erreichen im Januar 1911 das Ross-Schelfeis, ein riesiges Packeisfeld, benannt nach dem Briten Ross, einem Polarforscher des 18. Jahrhunderts. Sie überwintern in der Antarktis und starten im Spätherbst 1911 – in dieser Region Spätfrühling – Richtung Pol.

Amundsen und seine vier Begleiter kommen mit ihren Hundeschlitten zügig voran. Unterwegs legen sie in regelmäßigen Abständen Lebensmitteldepots für den Rückweg an. Dasselbe macht auch Scott, jedoch sind er und seine zehn Kameraden auf ihrer Route nicht so schnell. Die Kraftanstrengungen unter den schlechten Witterungsbedingungen kosten schon auf dem Hinweg fünf seiner Leute das Leben. Als sie am 17. Januar 1912 den Südpol erreichen, weht hier bereits die norwegische Fahne.

Die Enttäuschung ist groß und kostet Kraft. Alle fünf kommen auf dem Rückweg um, nachdem die Vorräte erschöpft sind und das nächste Depot in Kälte und Sturm nicht mehr zu erreichen ist. Über weitere abenteuerliche Forschungsreisen zu den Polen informiert Tab. 34.2.

Arktis	Antarktis
345–325 v. Chr. Der Grieche Pytheas aus Massilia (Marseille) dringt zum nördlichen Polarkreis vor. Eine entdeckte Insel nennt er Thule.	1819–21 Der Deutsche Bellingshausen entdeckt als Leiter einer russischen Expedition den letzten Kontinent.
986: Der Isländer Erik Rauda betritt die größte Insel der Erde und nennt sie Grönland.	1908–09 Erster Vorstoß zum Südpol von Shackleton
1893–96 Nansen driftet mit der „Fram" am Nordpol vorbei. Er erreicht dabei 83° 24' nördlicher Breite.	1911/12 Amundsen (14. 12. 1911) und Scott (18. 1. 1912) erreichen den Südpol.
1909 Der Amerikaner Peary erreicht mit Hundeschlitten als erster den Nordpol.	1929 Byrd unternimmt den ersten Flug über den Südpol.
1958 Erstes Unterseeboot mit Atomantrieb („Nautilus", USA) unterquert den Nordpol.	1956 Beginn der antarktischen Forschungen auf breiter internationaler Grundlage.
1991 Der deutsche Forschungseisbrecher „Polarstern" erreicht als erstes nicht atomar angetriebenes Schiff den Nordpol.	1989/90 Durchquerung der Antarktis ohne Motorschlitten durch Messner und Fuchs.
	1993 Der Norweger Kagge erreicht zu Fuß nach 1310 km und 50 Tagen den Südpol.

34.2 Zeittafel zur Erforschung und Entdeckung der Polargebiete

LEBEN UNTER EXTREMEN BEDINGUNGEN

Wem gehört die Antarktis?

Die Expeditionen von Scott und Amundsen (▷ S. 34) waren Auftakt für weitere. Seit den 50er Jahren gibt es Dauerstationen zur Erforschung der Antarktis (Abb. 35.2).

Sieben Staaten erheben Gebietsansprüche (Abb. 35.1). Entdeckung, frühe Erforschung oder entfernte Nachbarschaft werden als Gründe angeführt. Die USA und die Nachfolgestaaten der UdSSR stellen zwar keine Gebietsforderungen, erkennen aber auch andere nicht an. Zwölf Staaten schlossen 1959 den Antarktisvertrag. Seit 1961 für zunächst 30 Jahre in Kraft getreten, gilt er noch heute und soll auch nicht auslaufen. Die Bundesrepublik Deutschland wurde 1981 wegen der Forschungsverdienste als Vollmitglied zugelassen und richtete die Georg-von-Neumayer-Forschungsstation ein. Übergeordnete Vertragsziele sind die friedliche Nutzung und die wissenschaftliche Erforschung. Außerdem wurden Zusatzabkommen abgeschlossen zum Schutz der Pflanzen und Tiere (1964), der Robben (1978) und der Meerestiere (1982). Dennoch: Japan als Mitunterzeichner tötet immer noch mehr Wale als vereinbart.

1981 entdeckten britische Forscher das antarktische „Ozonloch". Wie ist es entstanden? FCKW (Fluorchlorkohlenwasserstoff), ein in Treibgasen (z. B. für Spraydosen) und Kühlmitteln eingesetzter Stoff, gelangt in die obere Atmosphäre. Dort zerstört es die Ozonschicht. Diese hält teilweise die gefährliche ultraviolette Strahlung des Sonnenlichtes zurück. Bilden sich in der Ozonschicht Schwachstellen, so steigt die UV-Belastung und bei starker Sonnenbestrahlung wächst das Gesundheitsrisiko. Es kann zu Hautkrebs kommen. Kann eine Vergrößerung des Ozonlochs verhindert werden, so wäre von der Erforschung der Antarktis eine Leben rettende Entdeckung für die Menschheit ausgegangen.

■ Aufgaben

1. Nenne Staaten, die Gebietsansprüche in der Antarktis stellen.
2. Schildere das Leben auf einer Forschungsstation (Abb. 35.2).
3. Erläutere das Interesse an der Erforschung der Polargebiete (▷ Abb. 30.5 und 31.1).

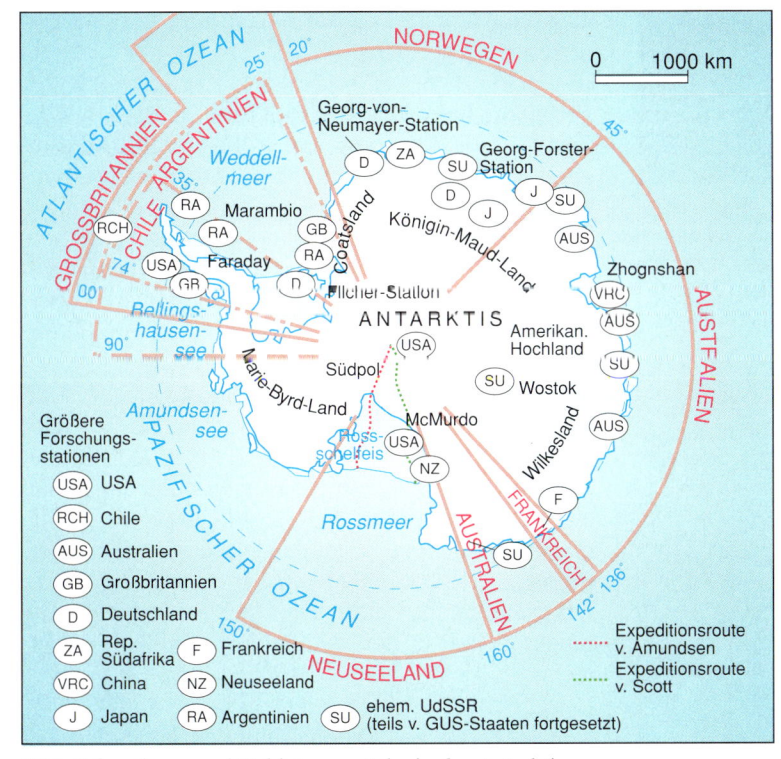

Die Station kann im Normalbetrieb 30 bis 40 Personen in der Sommersaison aufnehmen. Für die Zeit des antarktischen Winters wird die Stationsbesatzung jeweils auf 7 bis 10 Personen verringert. Die zwei parallelen Röhren von je 50 m Länge und 7,5 m Durchmesser sind vollkommen eingeschneit. Nur die Einstiegs- und Lüftungsschächte schauen aus dem Schnee heraus. Für den Energiebedarf der Station werden vier Dieselgeneratoren eingesetzt. Die Lager für Treibstoff und Lebensmittel liegen außerhalb der Röhren im Freien. Die Generatoren-Abwärme wird zur zentralen Stationsbeheizung genutzt. Der Wasserbedarf der Station (60 l pro Person und Tag) wird durch Schmelzen von Schnee unter Nutzung der Abwärme der Dieselgeneratoren gewonnen. Abwässer werden aufgefangen, Altöle und Abfallstoffe werden gesammelt und zurücktransportiert. Außerhalb der Station steht für den Katastrophenfall eine Überlebensinsel bereit.

35.1 Erforschung und Gebietsansprüche in der Antarktis

35.2 Die Neumayer-Forschungsstation

LEBEN UNTER EXTREMEN BEDINGUNGEN

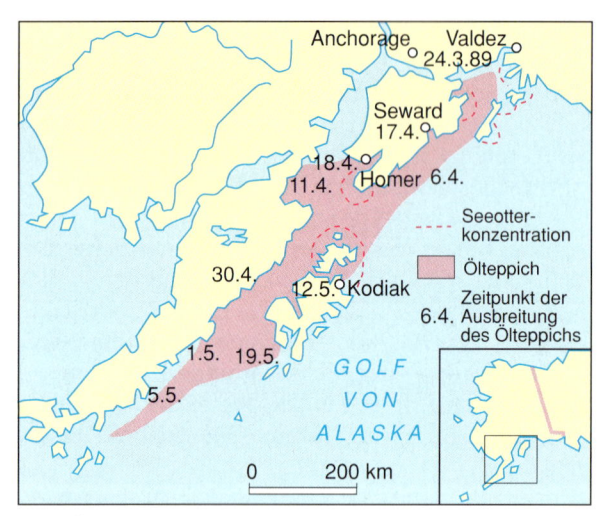

36.1 Ölpest in Südalaska 1989

36.2 Verunglückter Öltanker

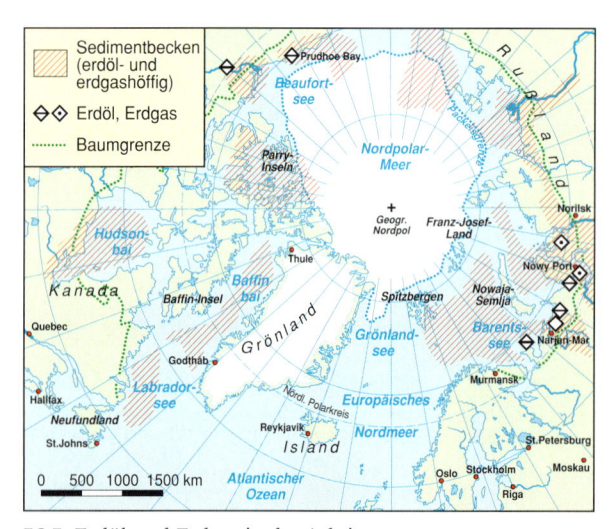

36.3 Erdöl und Erdgas in der Arktis

Eine Pipeline durch Alaska

Jährlich fließen durch Absicht, Leichtsinn und Unfälle 6 Mio t Erdöl in die Weltmeere. Tankerunfälle haben daran den gefährlichsten Anteil, denn große Ölmengen verseuchen in kürzester Zeit die Küste. Am 24. 3. 1989 flossen 45 Mio l Öl (42 000 t) in den Prince William Sound in Süd-Alaska. Die Tankschiffkatastrophe der „Exxon Valdez" (Abb. 36.1 und 2) ist längst nicht vorbei. Für viele Jahre sind alle Wasser- und Landlebewesen bedroht. Heringe und Lachse im fischreichsten Gebiet Alaskas sowie der Nachwuchs aller Tierarten sind stark zurückgegangen. Viele Lebewesen sind todkrank und verkrüppelt. Ist das die Zukunft der Arktis? Bringt der Öldurst der Industriestaaten jetzt eine Katerstimmung bei den Förderländern?

Allein im amerikanischen Gebiet liegen Energiereserven, die größer sind als die Saudi-Arabiens (▷ Tab. 30.3). Um das Öl aus dem ganzjährig unschiffbaren Packeis über der Lagerstätte abzutransportieren, wurde eine Rohrleitung gebaut (Abb. 37.1). Von 1975 bis 1977 war sie mit 10 Mrd $ das bislang teuerste Vorhaben der amerikanischen Privatwirtschaft. Naturschützer kämpften jahrelang gegen die Zerstörung des letzten und größten Naturreservats der USA.

Probleme beim Bau der Pipeline

Der Bau der Pipeline stellte große Herausforderungen an die Bauingenieure. Das 80 °C heiße Öl aus der Bohrstelle in 3000 m Tiefe erreicht nach 4 bis 5 Tagen mit 30 °C Valdez. Eine normale Erdleitung würde sich wie ein Heizfaden in den Dauerfrostboden fressen und versinken. Deshalb waren oberirdisch Stelzen und unterirdisch isolierende Betonwannen erforderlich (Abb. 37.2).

Die Arbeitsbedingungen für die Arbeiter waren hart: Arbeitszeiten bis 12 Stunden am Tag, im Winter wochenlang bei Scheinwerferlicht. Bei Temperaturen bis −60 °C kann man sich beim Luftholen eine Lungenentzündung holen, ohne Gesichtsmaske können in Sekunden Nase und Ohren erfrieren.

Und im Sommer kann man sich kaum gegen die Stechmücken in der versumpften Tundra (▷ S. 54) wehren.

Die Ureinwohner, besonders die Inuit, und die Tierwelt sind von den Baumaßnahmen besonders betroffen: Uralte Wanderwege von Hunderttausenden

LEBEN UNTER EXTREMEN BEDINGUNGEN

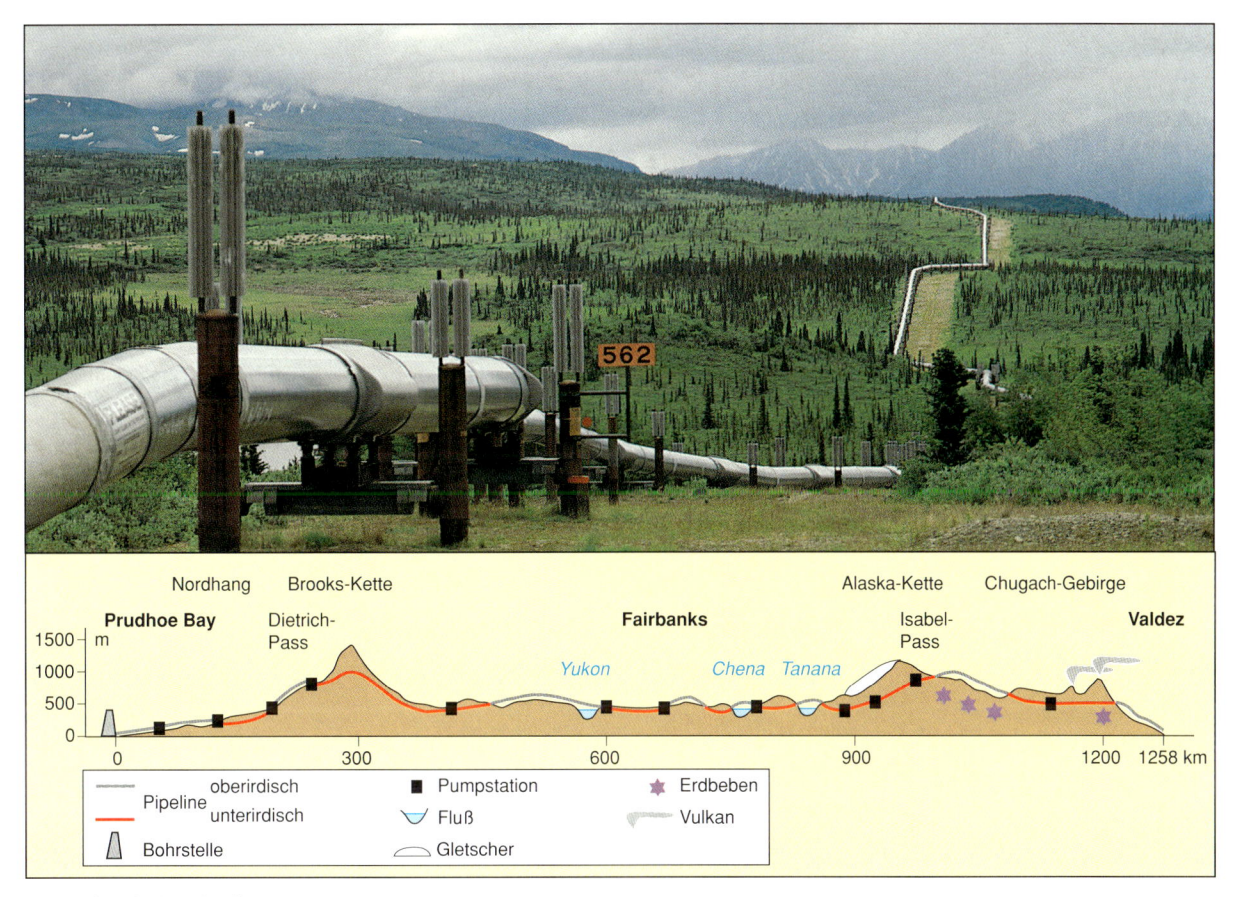

37.1 Die Alaska-Pipeline

von Elchen und Karibus wurden unterbrochen. Deshalb wurden für die Tiere Rampen und Unterführungen gebaut. Wie in Grönland (▷ S. 32) zogen viele Ureinwohner in die Städte (z. B. Anchorage und Fairbanks). Auch hier folgten dem Aufgeben der naturnahen Jägerkultur häufig Arbeitslosigkeit, Armut, Kriminalität und Alkoholismus. Ist das alles der Preis für den weltweiten Öldurst?

■ Aufgaben

1. Beschreibe und begründe, warum die Alaska-Ölpipeline naturgemäß erforderlich und deshalb einzigartig ist.
2. Welche langfristigen Unglücksfolgen nehmen wir beim Stillen des Öldurstes in Kauf?
3. Welche Folgen hat der Öltransport für die Urbevölkerung und einheimische Herdentiere?
4. Nenne weitere Staaten in der Arktis, in denen Erdöl oder Erdgas gefördert werden (Abb. 36.3).

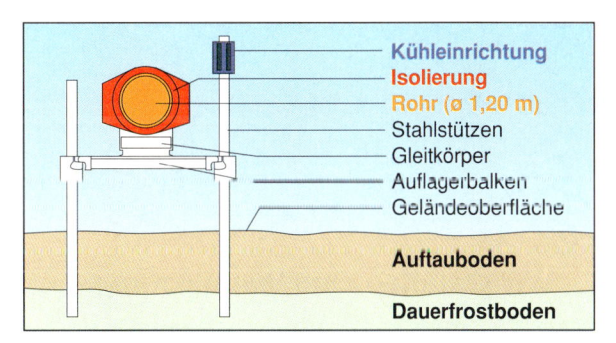

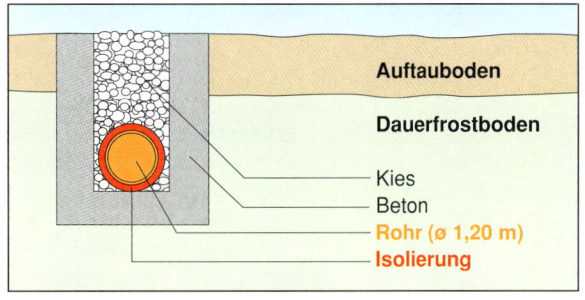

37.2 Ober- und unterirdische Pipeline-Verlegung

LEBEN UNTER EXTREMEN BEDINGUNGEN

GEO-PRAXIS

Weltrekorde der Minustemperaturen

−88,3 °C Forschungsstation Wostok (Antarktis)
−77,8 °C Oimjakon (NO-Sibirien), ein ganzjährig bewohnter Ort!
101,7 °C = größter Unterschied zwischen den höchsten und tiefsten Temperaturen im Laufe des Jahres (Werchojansk in O-Sibirien)

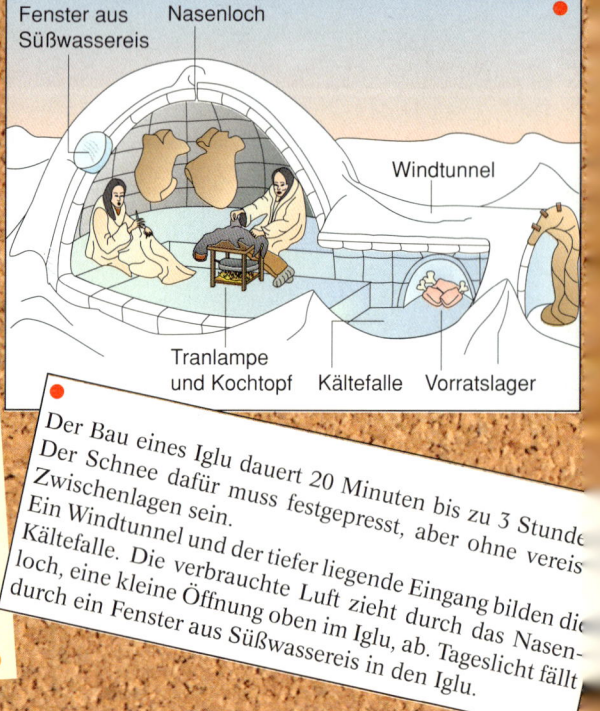

Schulfrei ab minus 51 Grad

Leben und Überleben am Kältepol

In kompakten Siedlungen mit allen Segnungen der Zivilisation ist Kälte nur bis minus 35 Grad gut zu ertragen. Schrumpft das Quecksilber weiter, fällt Atmen schwer, gefrieren Bewegungen zum Kriechgang. Motoren machen schlapp. Metall kann brechen wie Glas. Unter 50 °C minus sind Bauarbeiten im Freien lebensgefährlich. Jedes kleine Gewichtheben erfordert einen Schwerathleten. Ab minus 51 Grad fällt in der 200 000-Seelen-Stadt Jakutsk der Unterricht an Grundschulen aus. Minus 55 Grad bedeutet Flugverbot für kleinere Maschinen.
Zehn bis 15 Tage jährlich versinkt eine ganze Stadt in den Winterschlaf, versucht sich so wenig wie möglich zu rühren.
(Kieler Nachrichten, 20. 10. 93)

Der Bau eines Iglu dauert 20 Minuten bis zu 3 Stunden. Der Schnee dafür muss festgepresst, aber ohne vereiste Zwischenlagen sein.
Ein Windtunnel und der tiefer liegende Eingang bilden die Kältefalle. Die verbrauchte Luft zieht durch das Nasenloch, eine kleine Öffnung oben im Iglu, ab. Tageslicht fällt durch ein Fenster aus Süßwassereis in den Iglu.

Labels: Fenster aus Süßwassereis, Nasenloch, Windtunnel, Tranlampe und Kochtopf, Kältefalle, Vorratslager

Wir gestalten eine Wandzeitung

Für die Erarbeitung erdkundlicher Themen benutzt ihr vor allem schulische, aber auch außerschulische Hilfsmittel wie Zeitungen und Zeitschriften. Manchmal ist die Materialfülle so groß, dass sie für einen Einzelnen kaum zu überschauen und zu nutzen ist. In dem Fall bietet sich die gemeinsame Gestaltung einer Wandzeitung an. Ist eine Arbeit besonders gut gelungen, kann die Wandzeitung auch einmal einer größeren Öffentlichkeit vorgeführt werden. Sie könnte als Bestandteil einer Ausstellung ein Beispiel für das Leben und Arbeiten in der Schule darstellen.

Für die Zusammenstellung einer Wandzeitung solltet ihr euch an bestimmte Arbeitsschritte halten:

1. Die Vorbereitung:

a) Sammeln von Ideen zum Thema im Klassenverband.
b) Arbeitsgruppen bilden und Beschaffungsaufträge verteilen.
c) Entwurf eigener Grafiken und Zeichnungen in den Arbeitsgruppen.
d) Beschaffung einer Kork- oder Hartfaserplatte, an der ihr die Materialien der Wandzeitung anbringen könnt.

LEBEN UNTER EXTREMEN BEDINGUNGEN

Die Kältezonen der Erde

Fernsehtips

25.10. Lebenskünstler in der Arktis
ZDF 19.25 Uhr

2.11. Grönland – die größte Insel der Welt
ARD 20.15 Uhr

7.11. Wem gehört die Antarktis?
West 3 17.30 Uhr

Pummelige Pinguine wegen Treibhauseffekt?

Wissenschaftler wollen bei mehr als 100 Pinguinen in der Antarktis ständig das Gewicht kontrollieren, um festzustellen, ob der Treibhauseffekt indirekt für eine Gewichtszunahme sorgt. In drei Pinguinkolonien sollen Waagen aufgestellt werden, über die die Tiere auf dem Weg zum Wasser gehen müssen. Der Forschungsleiter Wilson erklärte am Dienstag, eine durch den Treibhauseffekt bedingte leichte Erwärmung des Wassers scheine dafür gesorgt zu haben, dass die maritime Nahrungskette in der Antarktis reichhaltiger geworden sei. Dadurch habe sich auch die Zahl der Pinguine stark vergrößert. Luftaufnahmen zeigten, dass die Zahl der brütenden Paare von 400 000 vom Jahr 1981 bis heute auf mehr als eine Million zugenommen habe.
(Nachrichtenagentur ap, 18. 8. 93)

Mammutkadaver im arktischen Dauerfrostboden – eine Legende taut auf

Erstaunliches aus der Tierwelt
Felle und Fettschichten von Eisbär, Wolf und Rentier isolieren so gut, dass darauf liegen bleibender Schnee – trotz der Körperwärme der Tiere – stundenlang nicht schmilzt.

2. Die Ausführung:

Bereits bei der Vorbereitung, besonders aber bei der konkreten Zusammenstellung der Wandzeitung müsst ihr stets an den Leser bzw. Betrachter denken. Eine ansprechende und einprägsame Gestaltung ist für die Wandzeitung unerlässlich, wenn sie die Aufmerksamkeit des Betrachters, seine Neugier und seine Bereitschaft zur Auseinandersetzung mit dem Thema erreichen will. Litfaßsäulen und Werbewände geben euch dazu die Hinweise:

a) Sorgt für Schlagzeilen, die neugierig machen.
b) Verwendet Informationen bzw. Materialien (Bilder, Texte), mit denen ihr die Gefühle der Betrachter ansprecht; sie können ihn z. B. verwundern, erfreuen, ärgerlich machen.
c) Verbessert die Lesbarkeit von Zeitungsmeldungen durch Vergrößerung.
d) Ein Bild sagt mehr als tausend Worte.
e) Überladet die Wandzeitung nicht.
f) Sorgt für eine übersichtliche Gestaltung und plaziert die Inhalte überschaubar.
g) Gebt Anregungen zur weiteren Auseinandersetzung mit dem Thema (Fernsehprogramm, Bücher).

Versucht nach diesen Hinweisen die Gestaltung einer Wandzeitung zum Leben in der Wüste oder in den Tropen.

LEBEN UNTER EXTREMEN BEDINGUNGEN

GEO-WISSEN

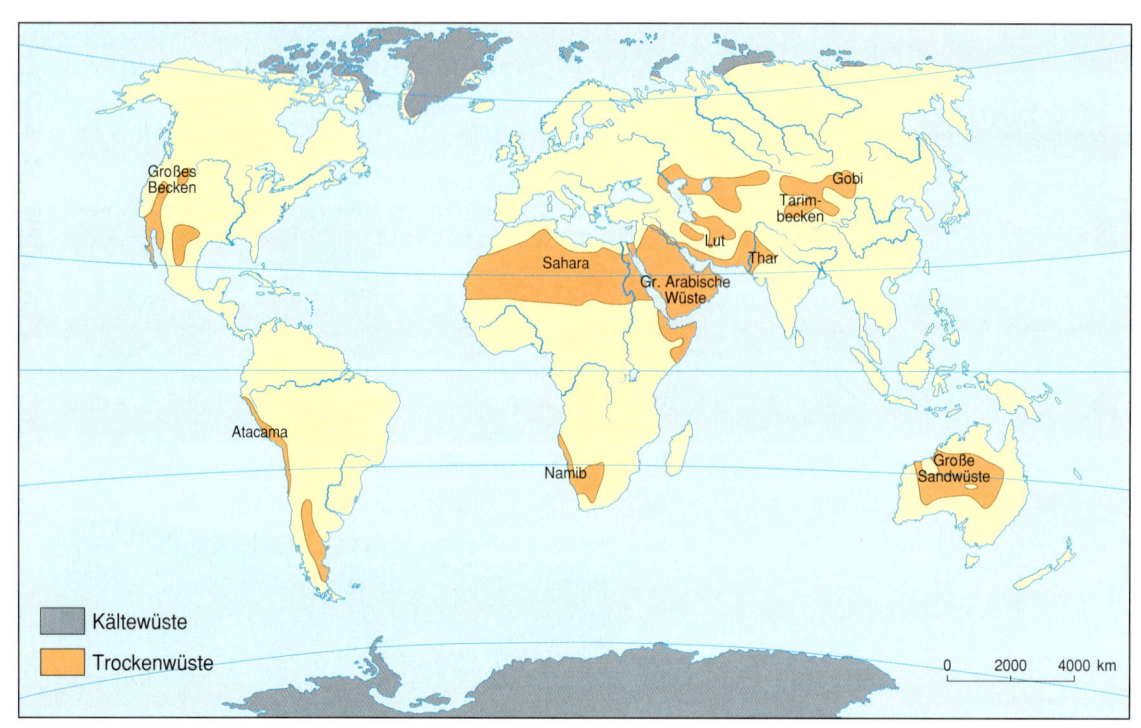

40.1 Verbreitung der Wüsten auf der Erde

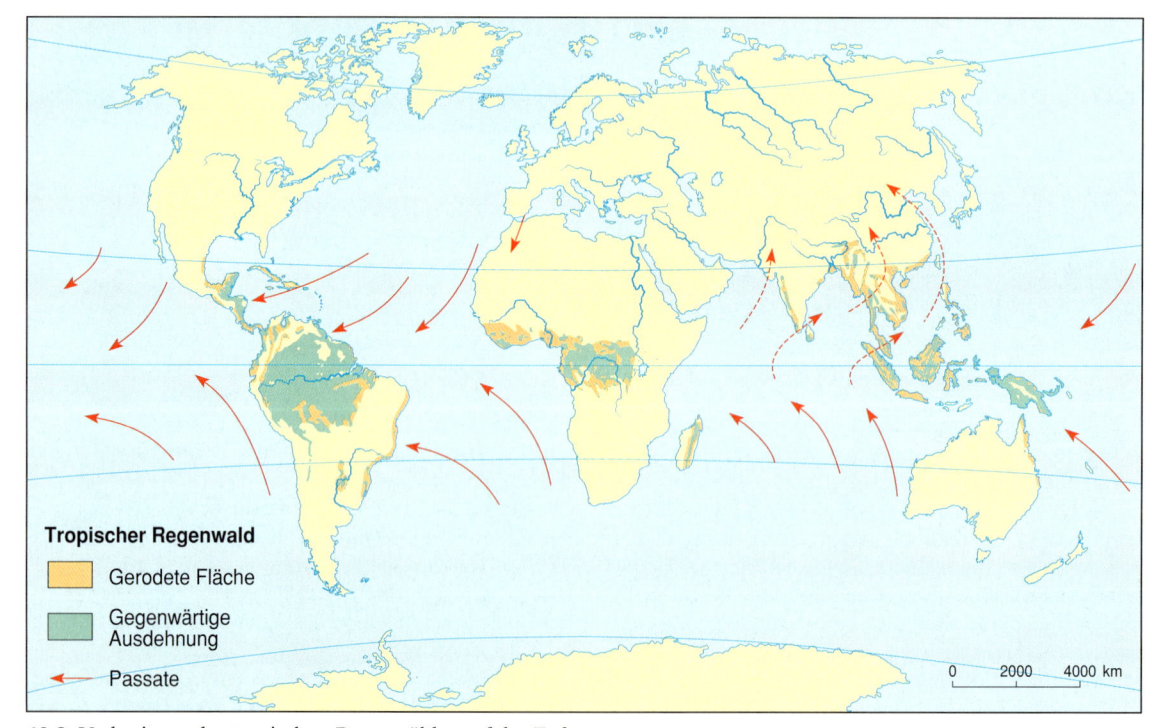

40.2 Verbreitung der tropischen Regenwälder auf der Erde

LEBEN UNTER EXTREMEN BEDINGUNGEN

Leben in extremen Räumen

1. Die Karten 40.1 und 2 zeigen dir noch einmal die Lage extremer Klima- und Vegetationszonen unserer Erde. Stelle fest, über welche Kontinente sie sich erstrecken, und nenne wichtige Länder, die ganz oder überwiegend in ihnen liegen. Kontrolliere und ergänze deine Aussage mit Hilfe einer Staatenkarte im Atlas.
2. Abb. 41.1a–d enthält die Temperatur- und Niederschlagswerte von vier Klimastationen ohne Ortsangaben. Ordne sie den Klimaten des tropischen Regenwaldes, der Wüste und den Polarregionen zu. Eine Station lässt sich dort nicht unterbringen. Begründe dies und äußere eine Lagevermutung. Zeichne von den drei Extremklimaten die Klimadiagramme.
3. Wie wird der Mensch mit den schwierigen Klimaverhältnissen in den Polargebieten, in den Wüsten und in den inneren Tropen fertig? Schildere Anpassungen des Menschen, die das Leben in Kälte, trockener und feuchter Hitze erträglich machen.

		J	F	M	A	M	J	J	A	S	O	N	D	Jahr
Mittl. Temperatur	in °C	22,2	22,2	22,5	22,5	22,2	21,7	21,4	21,1	21,7	22,8	22,8	22,5	22,1
Mittl. Niederschlag	in mm	937	574	564	320	142	157	71	79	71	89	292	462	3752

41.1 a

		J	F	M	A	M	J	J	A	S	O	N	D	Jahr
Mittl. Temperatur	in °C	17,0	18,9	23,9	28,8	32,1	33,2	33,4	32,8	31,4	27,3	23,2	17,6	26,6
Mittl. Niederschlag	in mm	<1	0	0	<1	1	1	3	10	5	2	0	0	22

41.1 b

		J	F	M	A	M	J	J	A	S	O	N	D	Jahr
Mittl. Temperatur	in °C	1,7	2,1	5,3	9,0	13,2	16,3	18,0	17,6	14,6	10,1	5,9	2,9	9,7
Mittl. Niederschlag	in mm	64	56	44	50	55	64	86	79	70	65	64	60	757

41.1 c

		J	F	M	A	M	J	J	A	S	O	N	D	Jahr
Mittl. Temperatur	in °C	-28,6	-27,4	-22,3	-12,7	-0,4	9,6	13,8	10,8	3,6	-7,1	-19,5	-27,3	-8,9
Mittl. Niederschlag	in mm	12	11	11	8	8	18	34	36	20	32	21	24	235

41.1 d

4. Zwischen Polarkreis und Pol gibt es Tage, an denen die Sonne weder auf- noch untergeht.
In Norilsk könnte der Staatsanwalt fragen: „Angeklagter, wo waren Sie in der Nacht zwischen dem 1. 12. und dem 15. 1.?" Im Gefängnis hätte der Verurteilte dort vom 25. 5. bis zum 31. 7. bei immer währendem Sonnenlicht Zeit, seine Tat zu bereuen. Erläutere die Entstehung dieser Zeiträume (bei der Erklärung von Polartag und Polarnacht hilft dir das Kapitel S. 32).

5. Viele unserer täglichen Nahrungs- und Genussmittel kommen aus weit entfernten Zonen der Erde. Woher sie stammen, verraten manchmal schon die Namen. Zwar ist die Liste lang, aber sie erschwert deshalb nicht die Rätselfragen:
Welche Nahrungs- und Genussmittel oder Bestandteile davon sind aus den Tropen?: Eismeerkrabben, Ostseehering, Kapweintrauben, Bananen, Apfelsinen, Schwedenlachs, Kakao, Kartoffeln, Kamillentee, Ceylon-Tee, Haselnüsse, Kokosnüsse, Ananas, Kabeljau, Cayenne-Pfeffer, Kaffee, Erdnussbutter, Rum, Cognac, Coca-Cola, Mokkaschokolade? Welche davon erkennst du im Bild wieder (Abb. 41.2)?

41.2 Lebensmittel

2 DIE ZONIERUNG DER ERDE

42.1 Oase in der Wüste Sahara

42.2 In der Arktis

DIE ZONIERUNG DER ERDE

43.1 In Mitteleuropa (Hildesheimer Börde)

43.2 Im tropischen Regenwald (Ceylon)

DIE ZONIERUNG DER ERDE

44.1 Die Erde um 6 Uhr, 12 Uhr MEZ

Tages- und Jahreszeiten

„Im Osten geht die Sonne auf, im Süden steigt sie hoch hinauf, im Westen wird sie untergehn, im Norden ist sie nie zu sehen."

Du kennst wahrscheinlich diesen Merkvers, aber er ist irreführend. Nicht die Sonne bewegt sich, sondern die Erde dreht sich in 24 Stunden einmal von Westen nach Osten um sich selbst. Dabei wird immer nur eine Hälfte von der Sonne beschienen, auf ihr ist es Tag; die andere liegt im Schatten, auf ihr ist es Nacht (Abb. 44.1). Die Bewegung um die eigene Achse nennen wir Erdrotation. Wie du aus Erfahrung weißt, sind Tag- und Nachtzeiten jedoch nicht das ganze Jahr gleich lang. Neben der Erddrehung vollführt die Erde eine zweite Bewegung: Sie bewegt sich auf einer kreisrunden Bahn um die Sonne (Abb. 44.2). Für einen Bahndurchlauf benötigt sie 365,25 Tage, also ein Jahr.

Die Erdachse steht dabei auf dieser Umlaufbahn, der Ekliptik, nicht senkrecht, sondern sie ist um 23,5° geneigt (Schiefe der Ekliptik). Dies hat zur Folge, dass im Laufe des Jahres nicht alle Teile der Erde gleich viel Licht und Wärme von der Sonne erhalten. Einmal ist die nördliche Halbkugel mehr der Sonne zugeneigt, dann ist dort Sommer und auf der südlichen Winter. Ist die südliche Halbkugel mehr der Sonne zugeneigt, dann ist dort Sommer und auf der nördlichen Winter. Es kommt zu einer unterschiedlich starken Erwärmung, die wir als Jahreszeiten spüren (Einfallswinkel, ▷ S. 47). Mit zunehmender Breite werden die Schwankungen der Tageslängen größer. An den Polarkreisen geht die Sonne einmal im Jahr nicht auf (Polarnacht) oder unter (Polartag). An den Polen dauern Polartag und -nacht jeweils ein halbes Jahr.

■ Aufgaben

1. Ermittle aus einem Kalender den Sonnenaufgang und Sonnenuntergang jeweils zum Monatsersten. Berechne die Tageslängen.
2. Erläutere die Ursache für die Entstehung der Jahreszeiten.
3. Zweimal im Jahr bekommen die Nord- und Südhalbkugel gleich viel Licht und Wärme. Wann?
4. Überlege die Auswirkungen, wenn die Erdachse senkrecht auf der Umlaufbahn stehen würde.

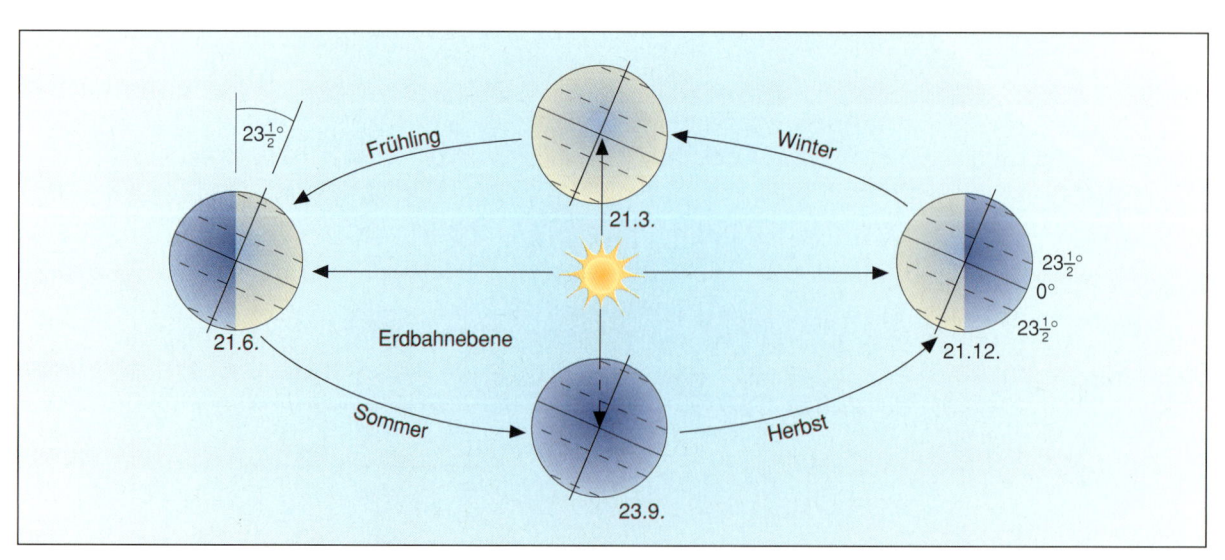

44.2 Umlaufbahn der Erde um die Sonne

DIE ZONIERUNG DER ERDE

GEO-EXKURS

Weltzeitzonen

„Es ist 10.00 Uhr Weltzeit. Im Deutschlandfunk hören Sie Nachrichten." Bei dieser Ansage blicken viele Urlauber verdutzt auf ihre Armbanduhren und stellen fest, dass es bei ihnen bereits 11.00 Uhr ist. – Dennoch ist diese Ansage richtig. Mit Weltzeit ist nämlich die Zeit gemeint, die bei Durchgang der Sonne durch den Nullmeridian (Greenwich-Zeit) gemessen wird. Da die Erde sich in 24 Stunden um 360° dreht, lässt sich leicht errechnen, dass für die Drehung um 15° eine Stunde benötigt wird.

Bereits 1839 wurden aufgrund einer internationalen Vereinbarung Streifen von je 15° Längengraden zu Zeitzonen zusammengefasst. Seit dieser Zeit haben alle Orte in dieser Zone die gleiche Uhrzeit. Um jedoch innerhalb kleiner und mittelgroßer Staaten keine unterschiedlichen Zeiten zu haben, wurden die Zeitzonen nicht gradlinig gezogen, sondern sehr häufig den Staatsgrenzen angepasst. Bei sehr großen Ländern wie USA, Russland und China gibt es mehrere Zeitzonen. In Mitteleuropa haben sich mehrere Staaten auf eine einheitliche Zeit geeinigt (MEZ).

Um das Weltdatum genau bestimmen zu können, hat man die Datumsgrenze auf den 180. Längengrad festgelegt. Überschreitet man diese Linie von Ost nach West, muss ein Tag und Datum übersprungen werden.

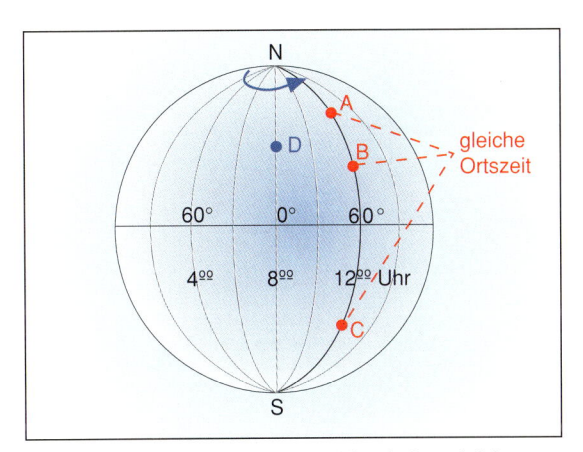

45.2 Orte auf dem gleichen Meridian haben gleiche Ortszeit

Bewegt man sich von West nach Ost, so muss das Datum doppelt gezählt werden. Hättest du an diesem Tag Geburtstag, könntest du auf diese Weise zwei Tage lang feiern!

Prüfe dies nach: Wie viel Uhr ist es in New York, San Francisco, Tokio, Bangkok, Buenos Aires, Sydney, London, Paris, Johannesburg, wenn es in Köln 12.00 Uhr mittags ist (Abb. 45.1)?

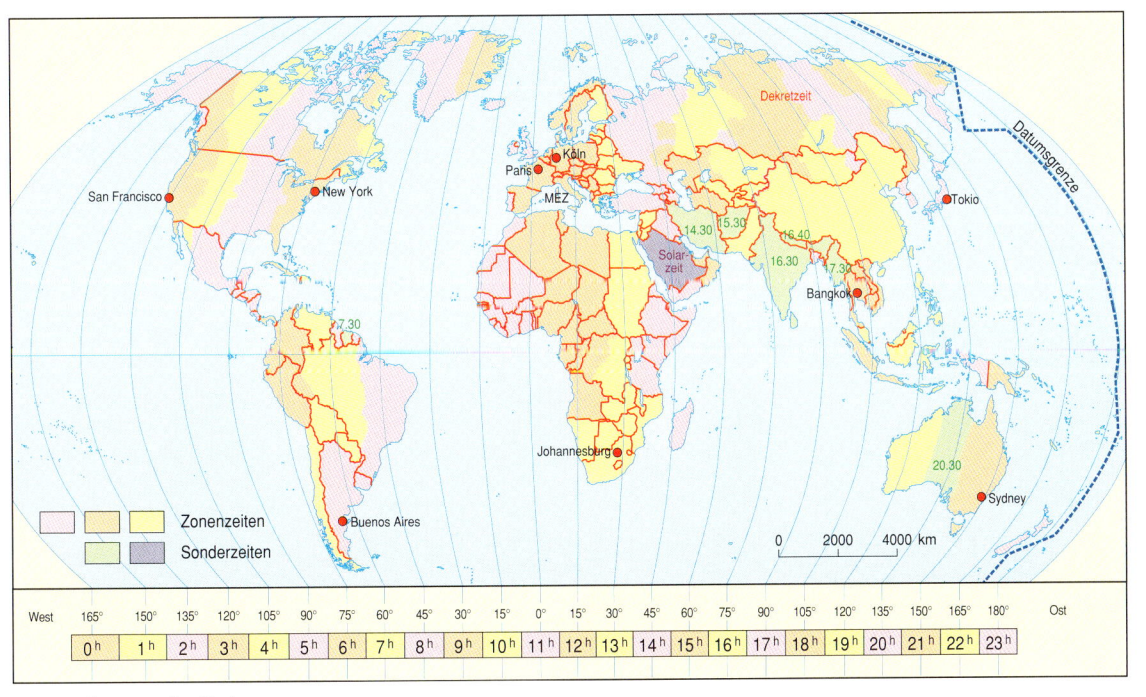

45.1 Zeitzonen der Erde

DIE ZONIERUNG DER ERDE

46.1 Weihnachten in der Sonne?

Die Wärmezonen der Erde

Die Malediven liegen in der Nähe des Äquators. In diesen Breiten ist es das ganze Jahr sommerlich warm. Um dies zu verstehen, müssen wir die Beleuchtung und Wärmebestrahlung der Erde durch die Sonne genauer betrachten.

Zweimal im Jahr steht die Sonne über dem Äquator im Zenit, das heißt, die Sonnenstrahlen fallen zur Mittagszeit senkrecht ein. Dann ist die Erwärmung am größten. Im Laufe des Jahres wandert der Zenitstand der Sonne zwischen den Wendekreisen 23 1/2° nördlicher und südlicher Breite (Abb. 47.1). In allen anderen Breiten fallen die Sonnenstrahlen je nach Jahreszeit mehr oder weniger schräg ein oder erreichen eine Zeitlang die Erdoberfläche überhaupt nicht (▷ Polarnacht, S. 32).

Je steiler die Wärmestrahlen einfallen, desto größer sind die Energiedichte und Erwärmung. Je schräger die Strahlen auftreffen, desto geringer erwärmen sie die Erde. Dies ist damit zu erklären, dass sich bei schrägem Auftreffen die Energie auf einer größeren Fläche verteilt (Geo Praxis). Dazu kommt noch, dass der schräge Weg durch die Atmosphäre länger ist und ein Teil der Strahlen erst gar nicht auf der Erde ankommt.

So ergeben sich durch die unterschiedlichen Beleuchtungsverhältnisse strahlungsbedingte Temperaturzonen: die tropische Zone, die gemäßigten Zonen und die Polarzonen (Abb. 47.2).

Diese Einteilung ist jedoch schematisch auf die Einstrahlung der Sonnenenergie berechnet. Das wirkliche Klima auf unserer Erde wird durch viele andere Faktoren mitbestimmt, wie z. B. Höhenlage, Land- und Wasserflächen und vorherrschende Windrichtungen (▷ S. 48).

Liebe Oma!

Viele Grüße aus dem Weihnachtsurlaub auf den Malediven! Bei strahlendem Sonnenschein und nach einem ausgiebigen Bad im Meer haben wir den Heiligen Abend mit einem Weihnachtsbaum auf der Terrasse verbracht.

Leider wurden die Kerzen bei der Hitze krumm und auch unsere festliche Kleidung haben wir schnell wieder gegen T-Shirt und Bermudashorts ausgetauscht, weil wir arg schwitzten. So richtige Weihnachtsstimmung wollte nicht aufkommen. Ich glaube, nächstes Jahr feiern wir wieder in den Bergen bei Schnee und Kälte.

Deine Ute

46.2

GEO-PRAXIS

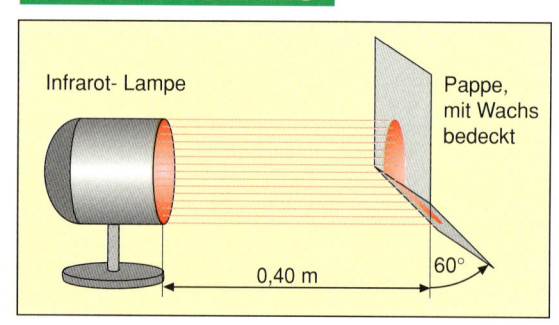

46.3 Versuchsaufbau

Wir führen einen Versuch durch

Bestreiche ein Stück Pappe mit flüssigem Kerzenwachs. Knicke sie wie in Abb. 46.3 angegeben um ca. 60°. Bestrahle nun diese Pappe mit einer Infrarotlampe, so wie dargestellt.

Beobachte:
– An welchen Stellen schmilzt das Wachs zuerst?
– Was ist nach einer längeren Einstrahlungsdauer festzustellen?
– Inwiefern lässt sich dieser Versuch auf die Temperaturverhältnisse der Erde übertragen?

DIE ZONIERUNG DER ERDE

47.1 Zenitstände der Sonne in den Tropen

Aufgaben

1. Drei gleich große Strahlenbündel (A, B, C) bescheinen auf der Erdoberfläche unterschiedliche Flächen (a, b, c). Wo ist die Erwärmung am stärksten (Abb. 47.3)?
2. Nenne Kontinente, die Anteil an allen Wärmezonen der Erde haben (Atlas).
3. Begründe die unterschiedliche Erwärmung der Temperaturzonen (Abb. 47.2).
4. Wie oft steht die Sonne im Jahr in Nairobi, Quito, Washington und Berlin im Zenit? Ermittle die Breitenlage. Vergleiche dazu Abb. 47.1.
5. Erkläre die Bedeutung der Wende- und Polarkreise.

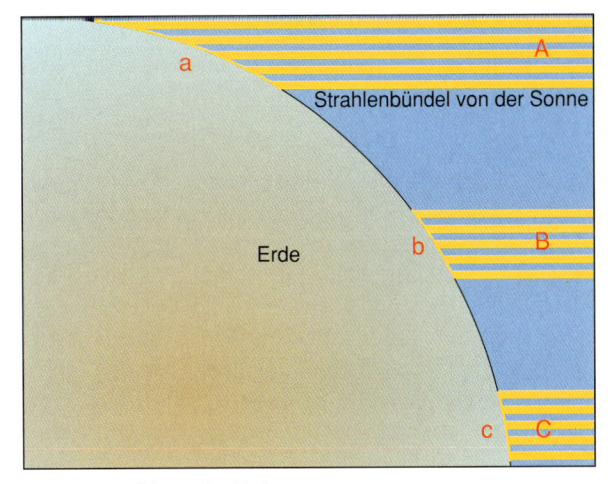

47.3 Bestrahlung der Erde

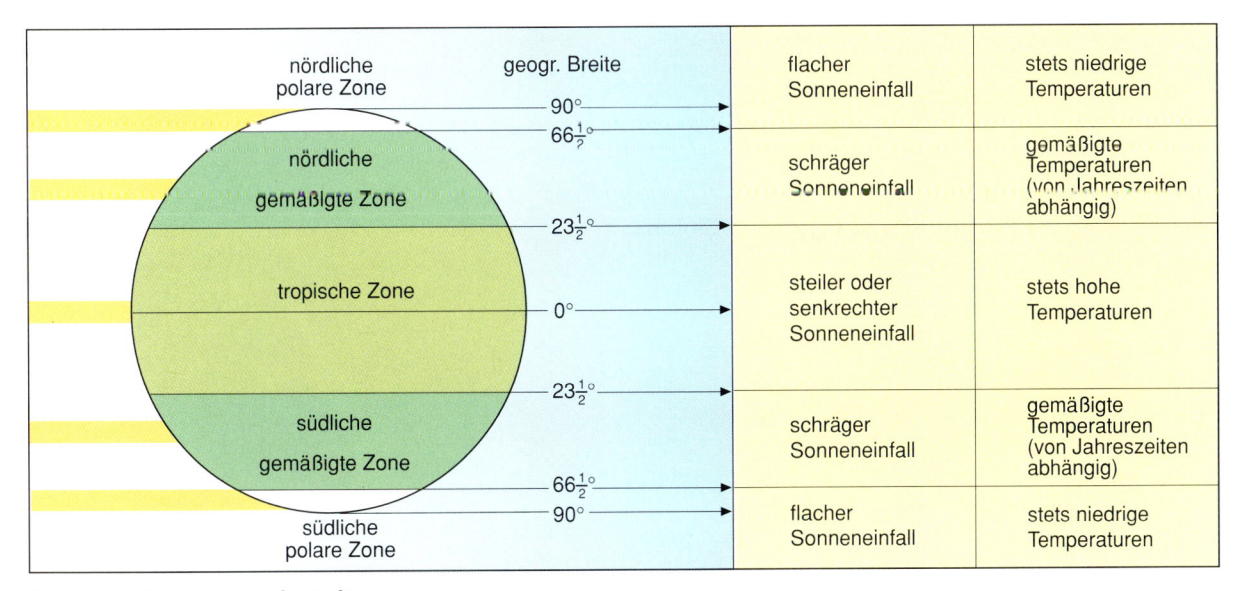

47.2 Beleuchtungszonen der Erde

DIE ZONIERUNG DER ERDE

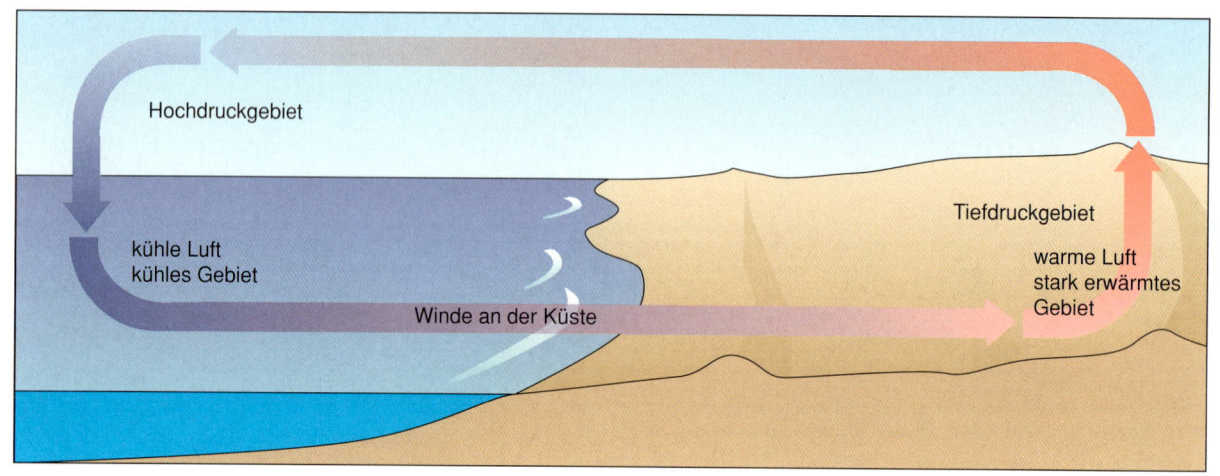

48.1 Land-See-Wind an der Küste

Luftströmungen

In der letzten Woche der Sommerferien war es noch einmal richtig heiß geworden. Simon und Rebecca waren an die niederländische Küste gefahren. Am Strand lagen schon viele Menschen. Als erstes bemerkten die beiden, dass sich viele Urlauber eine Art Sandburg gebaut und sich hinter den Sandhügeln eingegraben hatten. Andere hatten einen Windschutz aufgestellt. Es dauerte nicht lange und Simon und Rebecca spürten, warum. Ständig wehte ihnen ein Wind den feinen Sand in die Augen. Nur gut, dass der Wind kühl war, so merkte man die Hitze nicht so.

Trotzdem wollte Simon von seinem Vater wissen, ob der Wind nicht mal aufhören könnte. „Nein", meinte der Vater. „Dieser Wind wird wohl den ganzen Tag wehen. Aber vielleicht geht ihr einfach näher zum Wasser, da fliegt euch der Sand nicht ins Gesicht."

Den Wind, der Simon und Rebecca so störte, kann man nicht abstellen. Verursacht wird dieser Wind durch die Sonneneinstrahlung. Dabei erwärmt die Sonne das Land schneller als das Wasser des Meeres. Über dem heißen Sand steigt die erwärmte Luft hoch. Zum Ausgleich für die entweichende Luft strömt ständig kühlere Luft vom Meer zum Land. In der Höhe geht der Austausch in umgekehrter Richtung. Es entsteht ein Kreislauf verschieden warmer und kühler Luftmassen (Abb. 48.1).

Im Bereich aufsteigender Luft entsteht ein Tiefdruckgebiet, die absteigende Luft lässt ein Hochdruckgebiet entstehen.

Atmosphärische Zirkulation

Die Windzirkulation an der Küste findet nur in einem begrenzten Raum statt. Großräumig entsteht auf der Erde ein Luftaustausch zwischen den stark erwärmten Bereichen am Äquator und den sehr kalten Gebieten an den Polen. Du weißt bereits, dass die Kugelgestalt der Erde der Grund für diese unterschiedliche Erwärmung ist (▷ S. 47).

Über dem tropischen Bereich steigt die warme Luft auf und fließt in großen Höhen polwärts. Der Kreislauf schließt sich, weil von den Polargebieten kalte Luftmassen nach Süden fließen (Abb. 48.2).

Die polwärts fließende Luft kühlt sich in der Frontalzone, den Breiten zwischen 35° und 65°, außergewöhnlich ab. Dabei entsteht ein besonders heftiger Wind. Er weht aber auf der Nordhalbkugel nicht nach Norden (bzw. auf der Südhalbkugel nach S), sondern wird durch die Drehung der Erde abgelenkt. So entstehen in den gemäßigten Breiten der Nord- und Südhalbkugel die Westwindzonen.

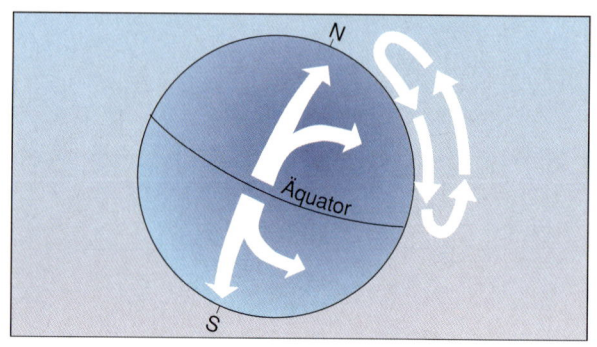

48.2 Globaler Luftaustausch

DIE ZONIERUNG DER ERDE

„Vorwiegend westliche Winde"

Das hast du bestimmt schon öfter im Wetterbericht gehört. Bei uns wehen schließlich fast das ganze Jahr über die Winde aus westlicher Richtung.

Durch die unterschiedliche Erwärmung von Land und Wasser entstehen Hoch- und Tiefdruckgebiete, die innerhalb der Westwindzone um die Erde wandern. Beim Überqueren großer Gebirge und Landmassen wird der Westwind abgebremst, wodurch er nach Norden oder Süden auslenkt. Dabei entstehen wellenförmige Zugbahnen (Abb. 49.2).

Das schnelle Aufeinanderfolgen der unterschiedlichen Druckgebilde führt zu den wechselhaften Wetterlagen, die für unsere Breiten typisch sind. Der Wind bringt dabei auch die Regenwolken mit, die uns oft die Freude an Wochenenden und in den Ferien verderben.

Luftdruckgebiete der Erde

Neben dem äquatorialen Tiefdruckgürtel und den polaren Hochdruckgebieten gibt es weitere Luftdruckgebiete. Die in der Frontalzone gebildeten Tiefdruckgebiete wandern zur polwärtigen, die Hochdruckgebiete zur äquatorwärtigen Seite der Westströmung. So entsteht auf der Nord- und Südhalbkugel zwischen etwa 50° und 70° eine Ansammlung von Tiefdruckgebieten (subpolarer Tiefdruckgürtel). Daneben bildet sich zwischen etwa 35° und 25° ein subtropischer Hochdruckgürtel (Abb. 49.1).

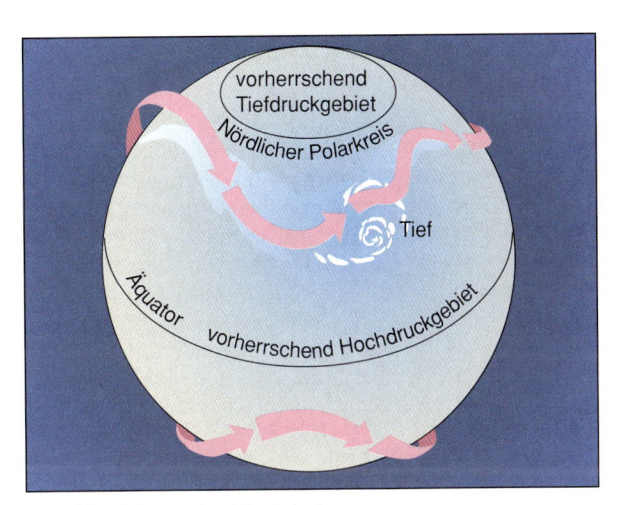

49.2 Zugbahnen des Westwindes

Aufgaben

1. Beschreibe mit Hilfe der Abb. 48.1 und 48.2 die Luftbewegungen in kleinen und großen Räumen.
2. Finde für die Zirkulation verschiedener Luftmassen Beispiele aus deinem Lebensbereich.
3. Sammle Wetterberichte aus der Zeitung. Achte dabei besonders auf die Windrichtung.
4. Beschreibe die Luftdruckverteilung auf der Erde (Abb. 49.1).
5. Erläutere den Zusammenhang zwischen Luftdruckgebieten und Windgürteln.

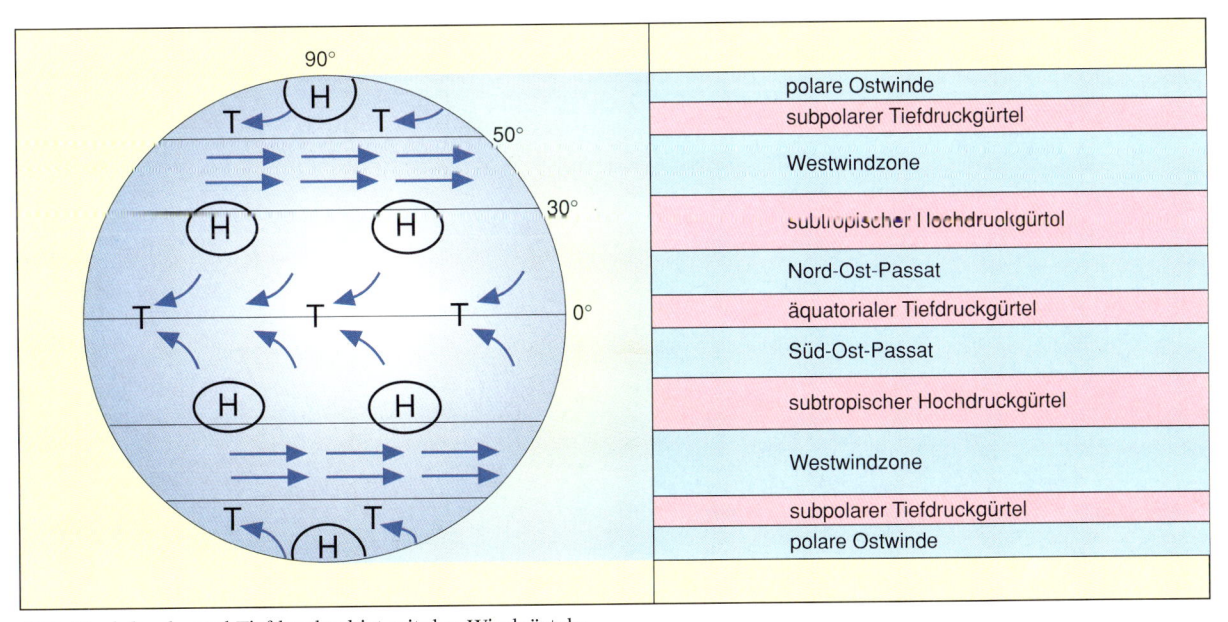

49.1 Hochdruck- und Tiefdruckgebiet mit den Windgürteln

DIE ZONIERUNG DER ERDE

GEO-EXKURS

Der Passatkreislauf

Einige Winde hatten früher in der Seefahrt eine große Bedeutung: die Passate (passate = portugiesisch Überfahrt) oder trade-winds, wie sie im Englischen heißen. Diese das ganze Jahr hindurch in gleiche Richtung wehenden Winde sind beiderseits des Äquators bis zu 30° nördlicher und südlicher Breite anzutreffen.

Die Entstehung dieser Winde lässt sich vereinfacht so erklären: Durch die starke Erwärmung der bodennahen Luftschichten am Äquator steigt dort die Luft wie in einem Kamin nach oben. Es entsteht am Boden ein Gebiet mit niedrigem Druck, in das von der Nord- und Südhalbkugel Luftmassen strömen. Diese werden jedoch durch die Erddrehung so beeinflusst, dass die von Norden kommenden Luftmassen nach rechts abgelenkt werden (Nordostpassat), die von Süden kommenden nach links (Südostpassat).

In Äquatornähe strömen die Passate wieder zusammen. Sie werden zum Aufstieg gezwungen und gelangen schnell in hohe, kältere Schichten. Da kalte Luft weniger Feuchtigkeit halten kann als warme, kondensiert die Feuchtigkeit. Es bilden sich mächtige Wolkentürme. Nachdem die Sonne im Zenit gestanden hat, setzen wolkenbruchartige Regengüsse ein. (Sie werden Zenitalregen genannt, ▷ S. 18). Mit der jahreszeitlichen Verlagerung der Sonnenhöchststände zwischen den Wendekreisen wandern auch die Zenitalregen (Abb. 50.1). An den Rändern der Tropenzone entstehen dadurch Regen- und Trockenzeiten (▷ S. 51).
Die absinkende Luft im Bereich der Wendekreise ruft keinen Wind hervor. Daher war diese Zone früher bei den Seeleuten gefürchtet. Die Segelschiffe lagen oft wochenlang fest, Wasser- und Nahrungsvorräte wurden knapp. Mitunter mussten Pferde notgeschlachtet werden. Daher werden diese windstillen Zonen bis heute Rossbreiten genannt.

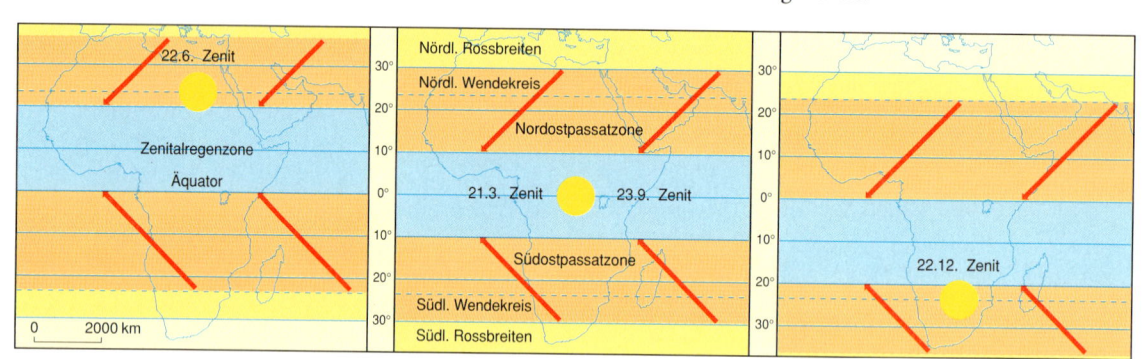

50.1 Jahreszeitliche Verlagerung des Passats in Afrika

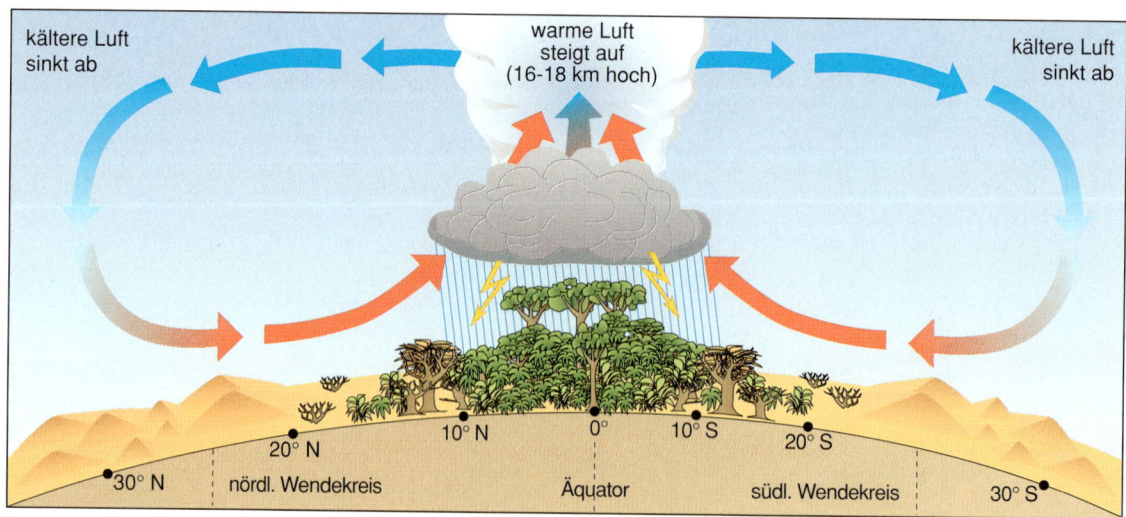

50.2 Der Passatkreislauf

DIE ZONIERUNG DER ERDE

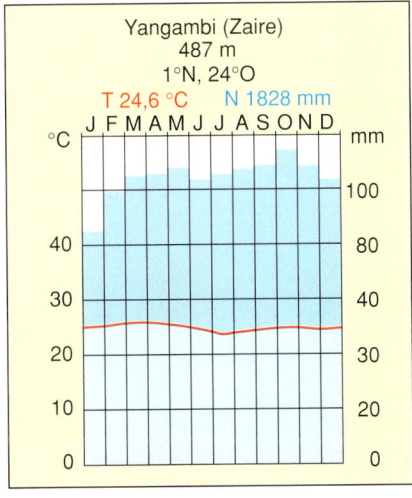

51.1 Klimadiagramm Yangambi

51.2 Tropischer Regenwald (Amazonasbecken)

Die Klima- und Vegetationszonen

Auf der Erde verlaufen nur die mathematisch ermittelten Beleuchtungszonen (Abb. 47.3) als Gürtel um die Erde. Die tatsächliche Verbreitung der Klimazonen weicht davon stark ab, da die Verteilung von Land und Wasser, Winde, Meeresströmungen und die Lage von Gebirgen das Klima abwandeln.
Deshalb wurde die Abfolge Tropenzone, gemäßigte Zone und polare Zone durch zwei Übergangszonen ergänzt: die subtropische und die subpolare Zone.

Die tropische Klimazone
Immerfeuchte Tropen: Der äquatornahe Bereich erhält ganzjährig hohe Niederschläge. Bei gleichmäßig hohen Temperaturen wiederholt sich der Wetterablauf täglich (▷ Tageszeitenklima, S. 18). In diesem feuchtheißen Klima gedeihen die Pflanzen des tropischen Regenwaldes. Hier ist die artenreichste Lebensgemeinschaft der Erde entstanden (▷ S. 19). Pflanzenarten aller Größen sind am Stockwerkbau des Regenwaldes beteiligt. Blüten und Früchte, alte und junge Blätter sind häufig gleichzeitig an einer Pflanze zu beobachten.
Nur wenige Menschengruppen sind an das Leben im und um den Regenwald angepasst. Sie leben als Jäger und Sammler oder betreiben auf kleinen, durch Brandrodung geschaffenen Flächen Ackerbau zur Selbstversorgung (▷ S. 84). Der tropische Regenwald ist aber durch Holzeinschlag (▷ S. 28), Bergbauprojekte (▷ S. 22) und weitere Ausbeutungsmaßnahmen gefährdet.

Wechselfeuchte Tropen: Der Bereich nördlich und südlich der immerfeuchten Tropen ist durch eine zu den Wendekreisen hin zunehmend längere Trockenzeit gekennzeichnet (▷ S. 52).
Bei einer Trockenzeit von 2 1/2 bis 5 Monaten kann ein lichter Wald mit wenig Unterholz oder auch mehrere Meter hohes Gras wachsen. Diese Vegetationsformation ist die Feuchtsavanne. Das hohe Gras der afrikanischen Savanne ist Lebensraum für Tiere wie Löwen, Zebras und Elefanten. Je länger die Trockenzeit dauert, umso ungünstiger sind die Wachstumsbedingungen für die Bäume. In der Trockensavanne fällt bis zu 7 Monate im Jahr kein Regen. In der anschließenden Dornsavanne dauert die Trockenheit bis zu 10 Monate. Der Niederschlag der kurzen Regenzeit reicht nur noch zum inselartigen Wachstum kniehoher Grasbüschel und Dornensträucher. Spezialisten unter den Pflanzen wie Kakteen können Wasser speichern, um die lange Trockenzeit zu überdauern.

In der Feuchtsavanne ist neben der Selbstversorgerlandwirtschaft, bei der zum Teil zwei Ernten im Jahr möglich sind, auch ein marktorientierter Anbau vorhanden (Kaffee, ▷ S. 80).
In der Trockensavanne ist nur eine Ernte im Jahr möglich und das bei einem hohen Ernterisiko. Nomadische Viehhaltung konkurriert mit dem Ackerbau.
In der Dornsavanne kann nur noch mit künstlicher Bewässerung Ackerbau betrieben werden. Ansonsten ist nomadische Viehhaltung möglich (▷ S. 12).

DIE ZONIERUNG DER ERDE

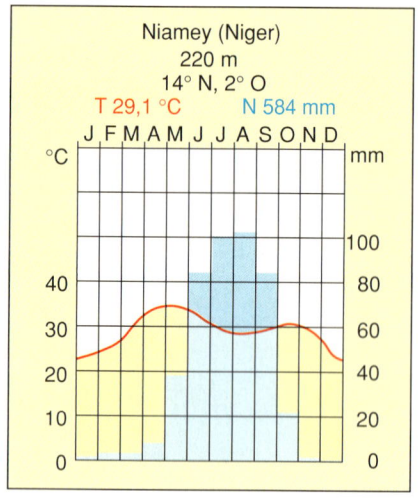

52.1 Klimadiagramm Niamey

52.2 Savanne

Die subtropischen Klimazonen

Trockengebiete: Diese schließen im Norden und Süden an die Dornsavannen an. Da hier die Wolken absinken (▷ S. 50, Passatkreislauf), erwärmen sie sich sehr stark. Da warme Luft viel Feuchtigkeit aufnehmen kann, werden die Wolken aufgelöst. Die Wolkenarmut hat neben der täglichen hohen Sonneneinstrahlung aber auch eine große nächtliche Wärmeabstrahlung zur Folge: Vor allem im Winter können die Nächte in der Wüste sehr kühl sein.

Diese Temperaturschwankungen bewirken ein ständiges Erhitzen und Ausdehnen bzw. Abkühlen und Zusammenziehen des Gesteins, das somit rasch verwittert (▷ S. 6).

Leben ist in der Wüste nur dort möglich, wo Wasser zur Verfügung steht. Nomaden nutzen mit ihren Herden die Weideplätze in der Nähe verschiedener Wasserstellen, in den Oasen reicht das Wasser für den ganzjährigen Anbau vieler Früchte (▷ S. 10).

Winterregengebiete: Auf den Westseiten der Kontinente geraten die Randgebiete der Subtropen in den Wintermonaten in den Einflussbereich der Westwindzone. Da dann Niederschläge fallen, werden sie auch als Winterregengebiete bezeichnet. Genügend Wasser zum Wachstum finden die Pflanzen nur im Winter. Die Sommer sind hingegen heiß und trocken. Vor zu starkem Wasserverlust schützen kleine, ledrige, behaarte oder wachsüberzogene

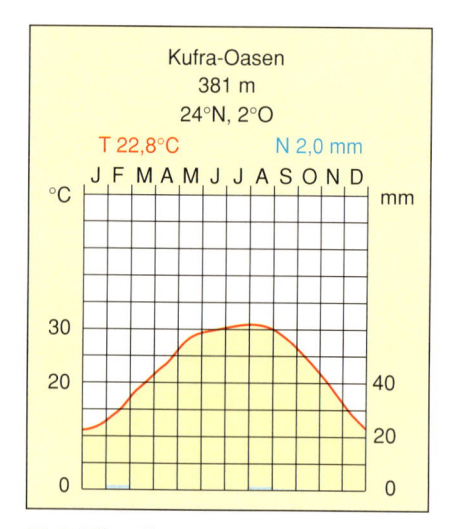

52.3 Klimadiagramm Kufra-Oasen

52.4 Wüste

DIE ZONIERUNG DER ERDE

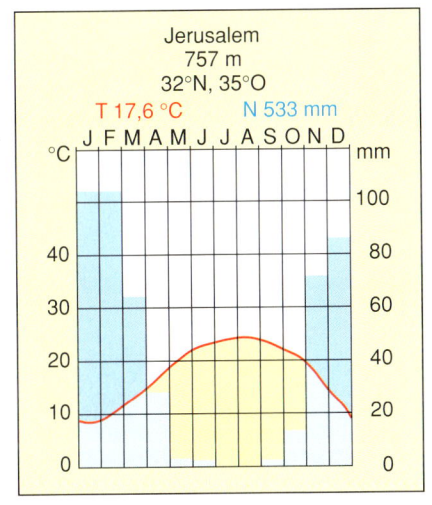

53.1 Klimadiagramm Jerusalem

53.2 Zone der Hartlaubgewächse

Blätter. Die ursprüngliche Vegetation aus immergrünen oder sommergrünen Laubwäldern ist z. B. in Südeuropa durch Abholzung der Macchie einem Buschwald gewichen. Wenn genügend Niederschlag fällt, gibt es vielfältigen Anbau: Weizen, Wein, Ölbäume, Mandeln (▷ S. 137), Zitrusfrüchte; auf Bewässerungsland sind sogar mehrere Ernten hochwertiger Gemüsearten im Jahr möglich (▷ S. 16).

Große Bedeutung hat das europäische Winterregengebiet als Urlaubslandschaft im niederschlagsarmen Sommer. Auf den Ostseiten der Kontinente bringen Seewinde ganzjährig Niederschläge in diese subtropischen Gebiete. So können artenreiche immerfeuchte Wälder gedeihen.

Die gemäßigten Klimazonen

Diese liegen im Einflussbereich der außertropischen Westwinde (▷ S. 49). Jahreszeitliche Temperaturschwankungen bestimmen den Klimaverlauf.

Kühlgemäßigte Zonen: Im polwärts an die Subtropen anschließenden Bereich verringern sich Temperaturen und Niederschlag mit der Entfernung zu einem westlich gelegenen Ozean (Kontinentalität). Im Westen fällt ganzjährig viel Niederschlag, gleichzeitig wirkt das Meer ausgleichend auf die Temperatur (ozeanisches Klima). Wegen der guten Anbaubedingungen musste der ursprünglich vorhandene Laub- und Mischwald einer intensiven Landwirtschaft weichen. Hier leben besonders viele Menschen.

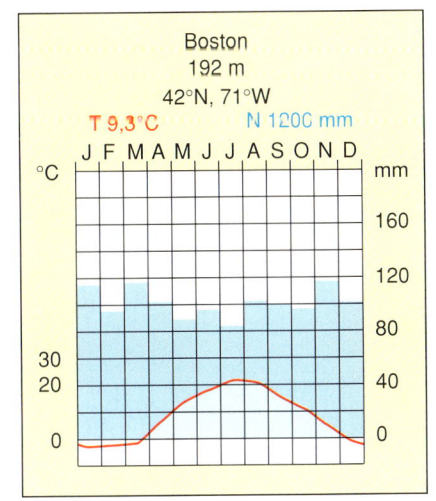

53.3 Klimadiagramm Boston

53.4 Laub- und Mischwaldzone

DIE ZONIERUNG DER ERDE

Mit zunehmender Kontinentalität oder im Schatten von Gebirgen kann die Niederschlagsmenge so gering werden, dass statt der Wälder Grassteppen entstehen (z. B. Kasachensteppe, Great Plains, Pampas).

Wenn die Niederschläge noch ausreichen, ist Getreideanbau (▷ S. 115, 138), sonst nur Weidewirtschaft möglich. Bei noch weiter abnehmenden Niederschlägen gibt es sogar Wüsten wie die Karakum (Turkmenistan) oder Gobi (China).

Kaltgemäßigte Zone: Die kaltgemäßigte Zone ist nur auf der Nordhalbkugel ausgebildet. Auf durchschnittlich 10–20 °C warme Sommermonate folgen lange, kalte Winter. In den kontinentalen Bereichen Sibiriens können die Temperaturen auf −70 °C sinken. Eine lang anhaltende Schneedecke bedeckt den Boden. Eine Folge der niedrigen Temperaturen ist, dass weite Gebiete durch Dauerfrostboden gekennzeichnet sind (▷ S. 36).

Die Vegetation wird von borealen (nördlichen) Nadelwäldern wie der russischen Taiga (▷ S. 114) bestimmt. Dem Ackerbau sind durch die niedrigen Temperaturen Grenzen gesetzt.

Polare Zonen

Subpolare Zonen: Aufgrund des niedrigen Sonnenstandes ist hier die Erwärmung gering. Der Boden taut im kurzen Sommer (2 Monate) nur oberflächlich auf. Schnee bedeckt den Boden bis zu zehn Monate im Jahr. Nur Zwergsträucher, Moose, Flechten, Gräser und andere kälteangepasste Pflanzen können noch gedeihen. Diese baumlose Tundra bildet die Sommerweide der Rentierherden in Skandinavien, Sibirien und Nordamerika (▷ S. 36, 114).

Hochpolare Zonen: Polwärts schließen sich vegetationslose Frostschuttgebiete an, die in die polaren Eiswüsten (z. B. in Grönland, Antarktis) übergehen (▷ S. 30).

■ Aufgaben

1. Suche die Klimastationen auf den Seiten 51–54 im Atlas.
2. Beschreibe die Klimadiagramme der einzelnen Stationen und vergleiche sie miteinander.
3. Ordne die Klimastationen den Klimazonen zu. Begründe deine Antwort.
4. Fasse in einer Übersicht die Merkmale der Klimazonen zusammen. Erweitere Tabelle 54.3.
5. Nenne zu jeder Klimazone zwei Staaten auf der Nord- und Südhalbkugel (Atlas).
6. Nenne Merkmale der Vegetation auf den Abbildungen S. 51–54.
7. Erläutere, durch welche klimatischen Bedingungen die jeweilige Vegetation geprägt wird.

Klimazone	Merkmale	Vegetation	Beispiele
immerfeuchte Tropen	Zenitalregen Tageszeitenklima	tropischer Regenwald	Amazonasbecken

54.3

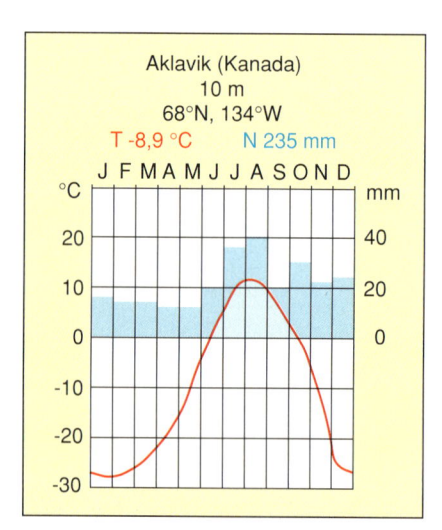

54.1 Klimadiagramm Aklavik

54.2 Tundra

DIE ZONIERUNG DER ERDE

GEO-EXKURS

Von der Trockensavanne zur Eisregion

Ein solches Abenteuer wollte Susanne Clemens aus Bottrop nicht versäumen, als sie im Nordosten von Tansania Urlaub machte: zu Fuß den höchsten Berg Afrikas zu besteigen. Im Reiseprospekt stand: „Der Kilimandscharo (5895 m ü. NN) kann auch von ungeübten, gesunden Bergwanderern bestiegen werden. Mehrere tausend Menschen erklimmen jährlich die Gipfelregion."

Hören wir Susannes Bericht:
„Früh am Morgen beginnt der Aufstieg. Wir sind zehn Teilnehmer, die von einem ortsansässigen Bergführer geleitet werden. Zunächst geht es durch die Savannen, die teilweise intensiv landwirtschaftlich genutzt werden. Je höher wir steigen, desto dichter wird die Vegetation. Wir gelangen in die Region des Bergwaldes, der schließlich immer feuchter wird und dann in üppigen Nebelwald übergeht. Das Geschrei von exotischen Tieren macht einige von uns ängstlich. Doch der Bergführer erklärt uns, dass Raubtiere schon längst von den vielen Bergwanderern verscheucht worden sind.
In noch größerer Höhe ist nur noch am Sonnenstand zu erkennen, dass wir uns in den Tropen befinden. Es ist empfindlich kalt. Büsche, harte Gräser, Schopf- und Wollkerzenpflanzen bestimmen das Bild. Wenn auch die Wege markiert sind, wird der Aufstieg schwieriger. Schließlich hört der Pflanzenwuchs fast vollständig auf; wir sind in der Felsregion.
Auch wenn wir in Berghütten übernachten, die sogar über Elektrizität aus Solarenergie verfügen, spüren wir doch die Anstrengung. Der Bergführer erzählt, dass viele Touristen vor dem Gipfel umgekehrt sind, weil ihr Kreislauf zusammengebrochen ist. Schließlich beträgt der Höhenunterschied von Moschi, am Fuße des Kilimandscharo, bis zum Gipfel über 5000 m. Die Luft am Gipfel wird schon ganz schön dünn, denn sie enthält nur noch halb so viel Sauerstoff wie auf Meereshöhe.

Am vierten Tag beginnen wir weit vor Sonnenaufgang mit der letzten Etappe. Es ist kalt und der Weg ist gefährlich glatt. Als wir den schnee- und eisbedeckten Gipfel erreichen, habe ich alle Mühsal vergessen. Wie viel schwieriger muss es gewesen sein, als 1889 der Deutsche Hans Meyer als erster den Kilimandscharo bestieg."

Ordne die Höhenangaben von der Zeichnung 55.1 den Beschreibungen von Susanne zu und vergleiche Temperaturen und Niederschlagsmengen in den verschiedenen Höhenstufen.
Wenn du schon einmal in den Alpen gewandert bist, hast du sicherlich auch schon bemerkt, dass sich mit zunehmender Höhe die Vegetation ändert. Berichte darüber.

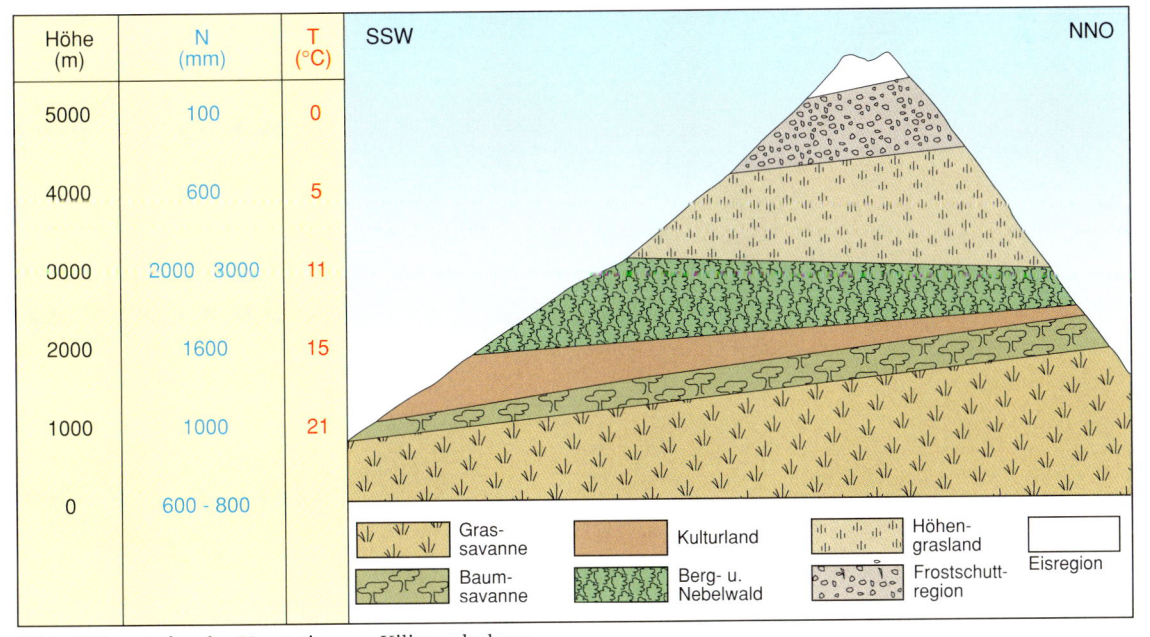

Höhe (m)	N (mm)	T (°C)
5000	100	0
4000	600	5
3000	2000 3000	11
2000	1600	15
1000	1000	21
0	600 - 800	

55.1 Höhenstufen der Vegetation am Kilimandscharo

DIE ZONIERUNG DER ERDE

GEO-WISSEN

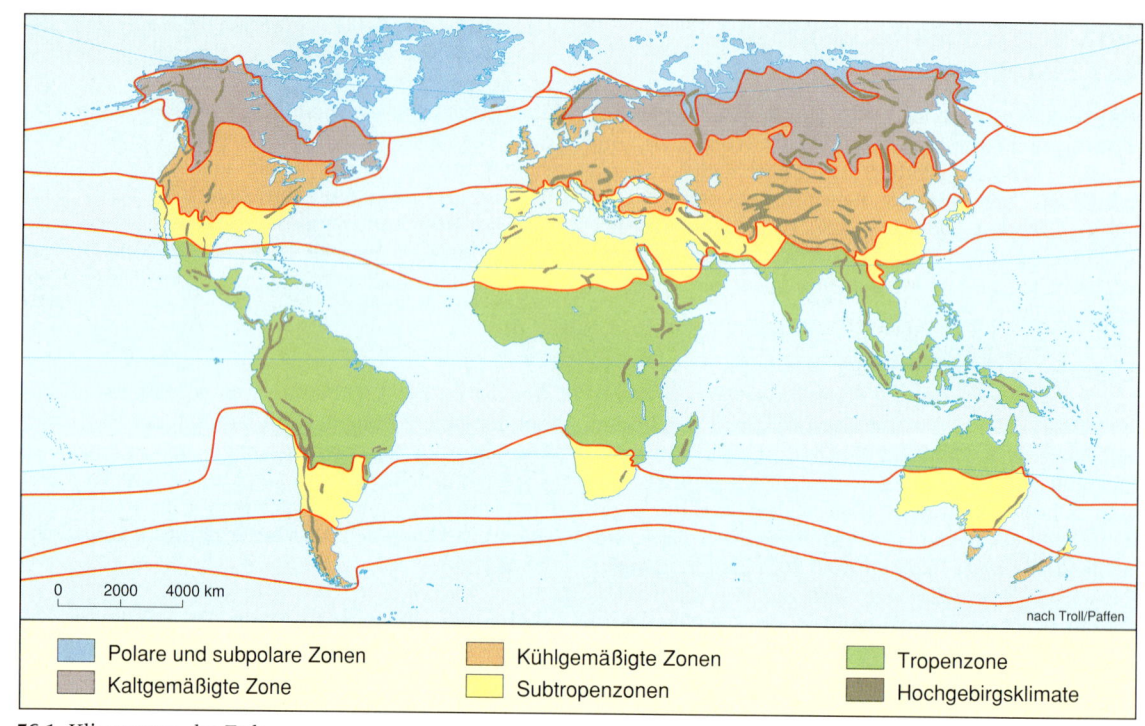

56.1 Klimazonen der Erde

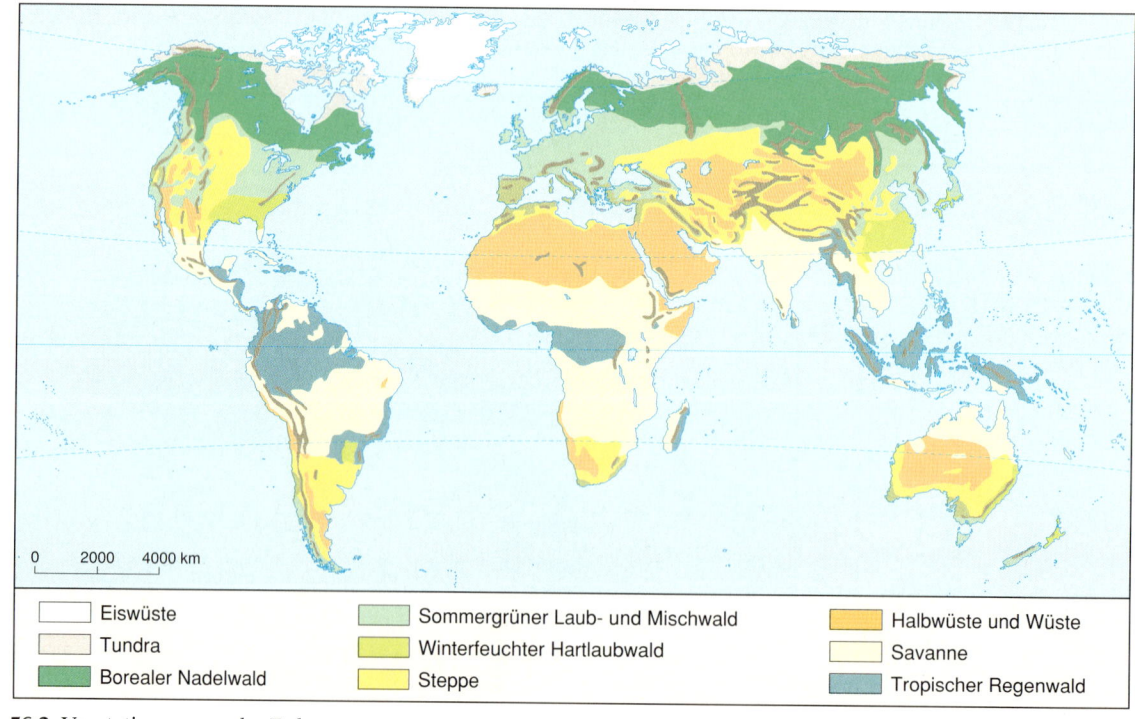

- Polare und subpolare Zonen
- Kaltgemäßigte Zone
- Kühlgemäßigte Zonen
- Subtropenzonen
- Tropenzone
- Hochgebirgsklimate

nach Troll/Paffen

56.2 Vegetationszonen der Erde

- Eiswüste
- Tundra
- Borealer Nadelwald
- Sommergrüner Laub- und Mischwald
- Winterfeuchter Hartlaubwald
- Steppe
- Halbwüste und Wüste
- Savanne
- Tropischer Regenwald

DIE ZONIERUNG DER ERDE

57.1 In der Sahara

57.3 Auf Grönland

57.2 Am Amazonas

57.4 In Sibirien

Klima- und Vegetationszonen der Erde

1. Ordne die Abbildungen 57.1–5 den Klima- (Abb. 56.1) und Vegetationszonen (Abb. 56.2) zu. Begründe deine Antwort.
2. Suche im Atlas die Gebiete, in denen die Bilder aufgenommen wurden.
3. Nenne weitere Raumbeispiele zu Abb. 57.1–5.
4. Welche Vegetationszonen findest du nicht in Europa?
5. Begründe, warum die Klimazonen nicht parallel zu den Breitenkreisen verlaufen.
6. Erläutere, warum sich vom Äquator zum Südpol hin die nördlichen Klimazonen nicht vollständig spiegelbildlich wiederholen (Abb. 56.1).

57.5 In Oklahoma

3 MENSCHEN IN BEWEGUNG

58.1 Gastarbeiter einer Zeche im Ruhrgebiet

58.2 Container für Asylbewerber

MENSCHEN IN BEWEGUNG

59.1 Flüchtlingslager in Afrika

59.2 Flüchtlinge in Bosnien

MENSCHEN IN BEWEGUNG

60.1 Kairo

Fellachen ziehen nach Kairo

Kairo, die Stadt am Nil und Hauptstadt Ägyptens, gehört mit geschätzten 15 Millionen Einwohnern (einschließlich Vororten) zu den größten Städten der Welt. Hier wohnen auf engstem Raum ungefähr so viele Menschen wie in den Niederlanden oder im Bundesland Nordrhein-Westfalen. Trotzdem ziehen ständig mehr Menschen nach Kairo.

Leben in der Weltstadt Kairo

Wenn die Infrastruktur einer Millionenstadt stimmt, d. h. wenn Verkehrswege, Trink- und Abwasserleitungen, Stromnetze und Müllabfuhr funktionieren, kann man dort gut leben. Wenn aber die Versorgungseinrichtungen nicht für 15 Millionen Menschen, sondern nur für 1,5 Millionen, wie in Kairo, vorgesehen sind, dann sind zahlreiche Probleme unvermeidlich. Darüber hinaus sind die Versorgungseinrichtungen bereits vor 50 Jahren gebaut worden und seitdem kaum erneuert worden.

Busse, Bahnen, Autos transportieren oft die dreifache Menge der eigentlich zulässigen Personenzahl, der Straßenverkehr versinkt täglich im Chaos, hoffnungslose Fülle auf den Straßen zerrt an den Nerven. Ständig bricht das Stromnetz wegen Überlastung zusammen, stinkende Brühe fließt aus den veralteten Abwasserkanälen, überflutet Straßen, macht sie unpassierbar. Wer in den oberen Stockwerken der Häuser wohnt, hat das Pech, dass oft der Wasserdruck nicht ausreicht, um Trinkwasser aus der Küchenleitung tröpfeln zu lassen. Andererseits hat er Glück, denn er wohnt in einer festen Behausung und nicht wie 2 Millionen Einwohner Kairos in den Elendsvierteln aus Pappe, Wellblech und Holzkisten oder in den Grabbauten der alten muslimischen Totenstadt.

Es ist deshalb kaum zu glauben, dass eine solche Stadt die Ägypter aus dem ganzen Land anzieht. Zu Tausenden strömt die Landbevölkerung nach Kairo und erhöht den Bevölkerungsdruck ins Unerträgliche. Der Ausbau der Infrastruktur kann da nicht mithalten und fällt immer hoffnungsloser zurück. Arbeitsplätze gibt es ohnehin nicht genug. Elend und Chaos werden größer statt kleiner. 1900 hatte die Stadt noch 500 000 Einwohner, 1930 erst 1 Million, 1986 lebten im Großraum Kairo schon 10 Millionen und 1992 sogar 15 Millionen oder waren es gar noch mehr? Wer weiß es schon genau in dieser Stadt?

Was sind die Ursachen des Bevölkerungswachstums in Kairo und der Wanderungsbewegung vom Land in die Stadt?

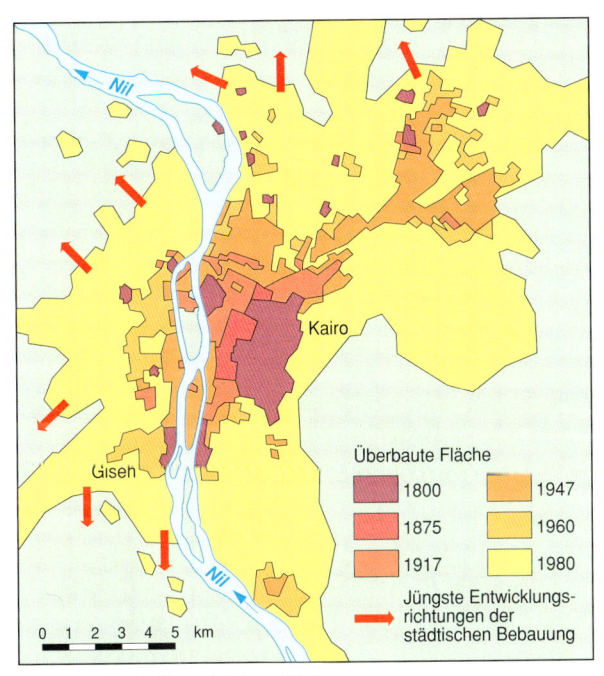

MENSCHEN IN BEWEGUNG

61.1 Bauliche Entwicklung Kairos

Überbaute Fläche: 1800, 1875, 1917, 1947, 1960, 1980
Jüngste Entwicklungsrichtungen der städtischen Bebauung

61.2 Abdul bei der Feldarbeit

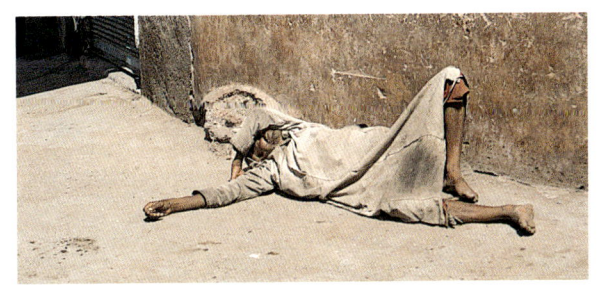

61.3 Fellache auf der Straße

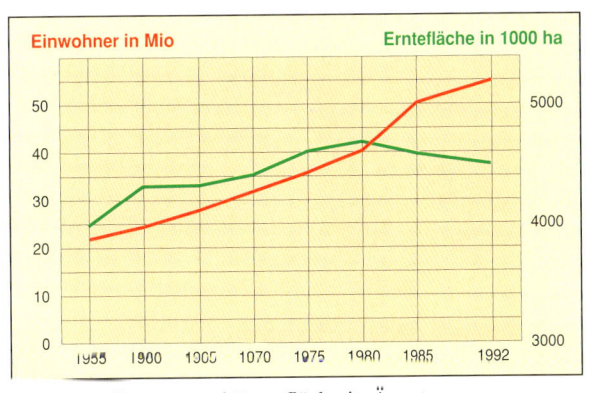

61.4 Bevölkerung und Ernteflächen in Ägypten

Aus dem Leben des Fellachen Abdul

Der Fellache Abdul (Abb. 61.2) bearbeitet 5 Feddan (2,1 ha) Nilland am Rande der Wüste in Mittelägypten. Wenn du genau hinschaust, erkennst du den kümmerlichen Wuchs der Gerste auf dem ausgetrockneten Nilschlamm. Eine helle Salzkruste überzieht den Boden. Auch sie beeinträchtigt den Ertrag. Früher wurde das Salz durch die Nilfluten weggespült, aber dies wird seit dem Bau des Staudammes von Assuan verhindert.

Da der Ertrag seines Landes nicht ausreicht, um die achtköpfige Familie zu ernähren, will Abdul mit den Seinen nach Kairo ziehen. Viele andere haben vor ihm diesen Schritt gewagt, denn die Armut auf dem Lande ist groß, die Besitzflächen sind durch Teilung und Verkauf immer kleiner geworden. Im Dorf wurde schon viel über das Leben in der modernen Stadt Kairo erzählt. Nun träumt Abdul von den schönen Wohnungen, die Kairo für die Landbevölkerung bereithält, von sauberem Wasser, Strom und Arbeit für ihn und seine Familie.

Hoffentlich verträumt er sich nicht und findet sich auf der Straße wieder wie viele vor ihm (Abb. 61.3). Oder landet er auf dem Müllplatz, wie andere ländliche Zuzügler, die dann im Abfall der Riesenstadt nach Nahrhaftem, Trag- und Verwendbarem für ihre Angehörigen suchen?

Aufgaben

1. Beschreibe die bauliche Entwicklung Kairos (Abb. 61.1).
2. Vergleiche die Entwicklung von Bevölkerung und Ernteflächen (Abb. 61.4). Welche Schlussfolgerung kannst du daraus ziehen?
3. Erstelle aus den Angaben zur Bevölkerungsentwicklung ein Säulendiagramm.
4. Die Stadt zieht Menschen an. Nenne Erwartungen der Landbevölkerung.
5. Beurteile den Satz: Städtewachstum beginnt auf dem Lande.

MENSCHEN IN BEWEGUNG

62.1 Mädchen aus Eritrea

62.2 Yonca auf „Heimaturlaub"

62.3 Wilhelm bei der Ankunft in Deutschland

Warum Menschen nach Deutschland kommen

Ein Mädchen, 14 Jahre, aus Eritrea:
Ich bin in Eritrea geboren und lebte bei meinen Eltern. Direkt neben unserem Haus in Asmara war eine Bar. Sie war Treffpunkt der Befreiungsbewegung. Ziel der Befreiungsbewegung war es, von Äthiopien unabhängig zu werden und einen eigenen Staat zu bilden. Die Äthiopier haben das herausbekommen und alle erschossen. Es war schrecklich.

Wir haben uns nicht lange überlegt, in welches Land ich hätte gehen können. Da ein Verwandter hier war und ich seine Adresse hatte, kam ich nach Deutschland. Es ist nicht so, dass ich aus unserem Land auswandern wollte, aber mit dem Krieg kann man nicht leben.

Es ist hier schon besser als in Eritrea, ich habe keine Angst mehr um mein Leben. Es ist daher notwendig, dass uns die Deutschen weiterhin helfen.

Seit April 1993 ist Eritrea unabhängig. Es ist wieder sicherer im Land geworden. Wenn meine Familienangehörigen noch leben und ich sie wiederfinde, möchte ich zurückkehren. Zuerst will ich die Schule abschließen. Manchmal habe ich mit der deutschen Sprache noch Schwierigkeiten, weil ich erst vor zwei Jahren mit dem Lernen angefangen habe.

Yonca, 13 Jahre, geboren in der Türkei:
Ich wurde in der Nähe von Kayseri geboren, kam aber bereits im Alter von 3 Monaten nach Deutschland. Mein Vater lebt hier bereits seit 1967, er hat eine gut bezahlte Arbeit bei Opel. Ich besuchte den Kindergarten, die Grund- und Hauptschule. Nach meinem Schulabschluss möchte ich eine Ausbildung als Bürokauffrau beginnen.

Bereits im Kindergarten habe ich Deutsch gelernt. Ich habe auch deutsche Freundinnen. Mit meinen Geschwistern und Eltern spreche ich Türkisch. Ich fühle mich weder typisch türkisch noch deutsch. Ich bin irgendwo dazwischen, habe von jedem ein bisschen mitbekommen. Ich feiere gerne türkische Feste, fühle mich aber auch auf deutschen wohl.

Ich möchte hier in Deutschland bleiben und meine Ausbildung abschließen, mein Vater möchte jedoch bald zurück in die Türkei. Bisher war ich jedes Jahr in der Türkei in Urlaub. So schön es dort ist, ich freue mich aber jedesmal auf meine Bekannten zu Hause in Deutschland.

MENSCHEN IN BEWEGUNG

Wilhelm, 15 Jahre, aus Kasachstan:
Ich kam 1990 mit meiner Familie nach Deutschland. Geboren bin ich in Zelinograd, wo meine Eltern in einer Landmaschinenfabrik arbeiteten. Sie wurden noch in Mariental geboren, in dem ehemaligen Siedlungsgebiet der Wolgadeutschen. Meine Vorfahren sind nämlich vor 200 Jahren dort eingewandert. Im Zweiten Weltkrieg wurden sie dann wie viele Russlanddeutsche nach Kasachstan verschleppt. Wir sind Aussiedler. Da unsere Vorfahren Deutsche waren, haben wir die deutsche Staatsangehörigkeit. Meine Eltern wollten schon seit den 70er Jahren aus Kasachstan weg, doch wir durften nicht.
Bei uns zu Hause wurde auch Deutsch gesprochen. Meine jetzigen Mitschüler sagen allerdings, ich spräche so ein altertümliches und hartes Deutsch. Tatsächlich gibt es viele Wörter, von denen ich in Kasachstan noch nie etwas gehört habe. Wir wohnen jetzt in einer Siedlung mit vielen anderen Aussiedlerfamilien.

Jalal, ca. 18 Jahre, ein Kurde aus der Türkei:
Ich komme aus einem Dorf in der Nähe von Tunceli im Osten der Türkei. Armut und Arbeitslosigkeit sind immer schon groß gewesen. Wenn deshalb Unruhen ausbrachen, gab es Hausdurchsuchungen, bei denen viele mit Stöcken geschlagen wurden; auch ältere Menschen und Frauen, sogar dann, wenn Militärs wissen, dass diese Menschen nichts getan haben. Sie machen das, damit andere eingeschüchtert werden. Das ist eine schlimme Art der Unterdrückung.
Vor allem gibt es Auseinandersetzungen, weil wir Kurden sind. Wir sind ein Volk mit eigener Sprache, haben aber keinen eigenen Staat. Beim Kurdenaufstand 1939 spielte die Stadt Tunceli eine führende Rolle. Der Aufstand wurde brutal niedergeschlagen. Es ist schwierig für jemanden aus Tunceli, einen Studien- oder Arbeitsplatz zu bekommen.
Daheim auf der Straße dürfen wir nur türkisch reden. Auch in der Schule darf nur türkisch gesprochen und geschrieben werden. Nur in der Familie, da können wir kurdisch sprechen.
Für mich war es ganz klar, dass ich weg musste. Unser Nachbar wurde verhaftet, mein Freund, dann mein Vater und mein Bruder. Ich dachte mir: ‚Der nächste bin wahrscheinlich ich.' Jetzt wohne ich in einer leer stehenden Kaserne mit anderen Asylbewerbern. Es dauert allerdings noch, bis mein Antrag auf Asyl entschieden wird.

63.1 Jalal

	1990	1992
Aussiedler	397	231
Asylbewerber	193	438

63.2 Aussiedler und Asylbewerber in Deutschland (in 1000)

Zuzüge nach Deutschland	1183
aus europ. Ländern	986
aus außereurop. Ländern	197
Fortzüge aus Deutschland	582
in europäische Länder	441
in außereuropäische Länder	141
Differenz Zuzüge/Fortzüge	+ 601

63.3 Wanderungen zwischen Deutschland und dem Ausland (1991 in 1000)

■ **Aufgaben**

1. Fasse anhand der Berichte zusammen, weshalb Menschen aus ihrer Heimat nach Deutschland kommen.
2. Suche die Heimatorte der vier Jugendlichen im Atlas. Ermittle die Entfernung nach Düsseldorf.
3. Versetze dich in die Situation der vier Jugendlichen. Wie hättest du dich verhalten?
4. Ermittelt in der Klasse, wer schon einmal über größere Entfernungen umgezogen ist:
   – über die Gemeindegrenze
   – über die Grenze des Bundeslandes
   – in eine andere Stadt.
5. Lasst Mitschüler, die ihr Heimatland verlassen haben, über ihr Herkunftsland berichten.

MENSCHEN IN BEWEGUNG

GEO-EXKURS

64.1 Auf der Flucht vor der Armut: Illegale mexikanische Einwanderer in die USA werden beobachtet

64.2 Auf der Flucht vor dem Krieg: vertriebene Bosnier

64.3 Auf der Flucht vor den Fluten: Obdachlose in Bangladesch

Du konntest in der Zeitung lesen

Täglich berichten Zeitungen über Flüchtlinge. In Europa stammen sie vor allem aus Ost- und Südosteuropa (Beispiel 3). Nach Schätzungen der Vereinten Nationen (Abb. 71.1) haben 1991 weltweit 20 Millionen Menschen aus wirtschaftlichen und politischen Gründen ihre angestammten Wohngebiete verlassen. Mit jedem Krieg, jeder Naturkatastrophe, jedem politischen Umsturz erhöht sich ihre Zahl.

Suche im Atlas die Staaten, über die in den fünf Beispielen berichtet wird. Aus welchen Gründen mussten diese Menschen ihre Heimat oder ihre Wohnorte verlassen?

Wenn ihr Zeitungsmeldungen über solche Wanderungsbewegungen sammelt, könnt ihr eine Ausstellung dazu gestalten. Heftet eure Materialien an eine große Weltkarte, dann könnt ihr erkennen, welche Gebiete besonders betroffen sind.

Beispiel 1:
Die australische Regierung hat 113 Chinesen nur eine Woche nach ihrem Eintreffen auf einem Fischdampfer in Australien in zwei Schüben deportiert.
Nur durch die prompte Heimschaffung der Neuankömmlinge, so der Einwanderungsminister Gerry Hand, könne eine Masseneinwanderung von Unerwünschten verhütet werden.
(Süddeutsche Zeitung, 9. 11. 92)

Beispiel 2:
Etwa 10 bis 15 Millionen Menschen haben in den letzten zwanzig Jahren die Grenze nach Indien überschritten. – Bald soll die gesamte Grenze zwischen Indien und Bangladesch, sie ist fast 1000 Kilometer lang, mit einem Zaun geschützt werden.

Parallel dazu gibt es Pläne für die Deportation von Hunderttausenden von Flüchtlingen zurück nach Bangladesch. Die ersten Gespräche mit abgeschobenen Emigranten ergeben ein Bild der Willkür und des Terrors. Viele der Geflüchteten lebten seit Jahren in Delhi oder anderen indischen Städten, wurden sogar in Wählerverzeichnisse aufgenommen und bekamen Kredite für ihre Geschäfte. Die Auswahl derer, die zurückgeschickt werden, richtet sich oft nach dem Einkommen und ihrem Vermögen ... Unliebsame Konkurrenten würden von indischen Geschäftsleuten als illegale Einwanderer denunziert. Oft genüge schon eine kleine illegale Zahlung an die Polizisten.
(Süddeutsche Zeitung, 22. 10. 92)

Beispiel 3:
Mit Blaulicht fährt ein Polizeiauto den drei Omnibussen voraus. Am Dorfplatz von Lubunista in Makedonien steigen die Frauen und Kinder aus. Sie kommen aus Slowenien, dem Norden des ehemaligen Jugoslawien – Österreich war gleich nebenan.

Nun sind sie im Orient. Der Muezzin ruft zum Gebet. Die Mehmed-Alieva-Moschee füllt sich mit Gläubigen. Der Geistliche begrüßt die Neuankömmlinge. Alija Hoxha, 19, wendet sich ab, rennt aus dem Gebetshaus und schreit: „Das ist nicht meine Welt."

Seine Eltern lebten einmal hier, in der kleinen islamischen Enklave beim Ochridsee an der Grenze zu Albanien. Vor 23 Jahren waren sie nach Slowenien gezogen, hatten sich dort ein Haus gebaut, waren heimisch geworden. Als sich voriges Jahr der kleine Alpenstaat mit seinen knapp zwei Millionen Einwohnern von Jugoslawien lossagte, wurden alle Nicht-Slowenen zu Ausländern.

„Auf einmal wurde ich zum makedonischen Moslem erklärt", klagt Alija auf Slowenisch; denn Makedonisch geht ihm noch nicht über die Lippen. Solche Ausländer-raus-Kampagnen, getarnt als „friedlicher Bevölkerungsaustausch", vollziehen sich im Schatten des bosnischen Krieges, der Vertreibung von bisher drei Millionen Menschen durch nackten Terror.
(Spiegel Nr. 53, 1992)

Beispiel 4:
Der Stadtteil Shutka der makedonischen Stadt Skopje im ehemaligen Jugoslawien wurde saniert. Viele der alten Wellblechhütten oder Holzverschläge, wie sie im benachbarten Slum Topana noch zu sehen sind, wichen gemauerten Häusern mit Strom- und Wasseranschluss. Die Kanalisation und Straßen wurden ebenfalls erneuert oder neu angelegt. Läden und kleinere Gewerbebetriebe wurden eröffnet.

Die Gelder dazu wurden vom Land Nordrhein-Westfalen im Rahmen des Rückführungsprogramms von Asylbewerbern bereitgestellt. So zogen in die erneuerten Siedlungen innerhalb eines Jahres etwa 600 Roma ein, die versucht hatten, in Nordrhein-Westfalen eine Bleibe und Arbeit zu finden.

Tefik Asan, selbst ein Roma und stellvertretender Leiter des Projekts, umschreibt das Ziel so: „Den Menschen in ihrer Heimat zu einer Perspektive zu verhelfen, damit sie sich gar nicht erst auf den Weg machen."
(Süddeutsche Zeitung, 11. 11. 1992)

Beispiel 5:
Folgen des zerstörerischen und lediglich an kurzfristigem wirtschaftlichem Nutzen orientierten Verhaltens sind Umweltkatastrophen, Vertreibung, Elend und Tod für Millionen von Menschen. Ozonloch und Erwärmung der Erdatmosphäre werden als eine Ursache für die außergewöhnliche Häufung von Klimaanomalien (Klimaabweichungen) in den letzten Jahren betrachtet: Zunahme von Wirbelstürmen, extreme Dürren und verheerende Überschwemmungen. Allein im Jahr 1990 mussten wegen eines schweren Taifuns in Indien ca. 400 000 Menschen ihre Wohnungen verlassen.
Ungewöhnlich heftige Monsunregen machten in Bangladesch 500 000 Menschen obdachlos. Schwere Regenfälle in Südchina zerstörten die Häuser von ca. 500 000 Menschen; 20 Millionen waren von Überschwemmungen betroffen.

Immer häufiger wird von Dürre- und Hungerflüchtlingen gesprochen:
1985 befanden sich allein in Afrika 10 Millionen Menschen auf der Flucht vor Dürre. Die Ursachen hierfür sind vielfältig; eine Agrarpolitik, die von den reichen Ländern bzw. dem Weltmarkt bestimmt wird, die Übernutzung der Böden (z. B. durch Monokulturen, Überweidung), Desertifikation (Verwüstung), Vernichtung der Tropenwälder, Brennholzmangel, Versalzung infolge intensiver Bewässerung.
(Gekürzt nach Publik-Forum 1991)

65.1 Roma protestieren gegen Abschiebung (Düsseldorf)

MENSCHEN IN BEWEGUNG

GEO-EXKURS

Ausländer in Deutschland – Deutsche im Ausland

Starke Bevölkerungsbewegungen gab es immer wieder. So wanderten viele Menschen nicht nur nach Deutschland – viele verließen auch unser Land.

Stellt in der Klasse fest, ob Mitschüler Familienmitglieder haben, die an einer der genannten Wanderungsbewegungen beteiligt waren.
Vergleicht die Gründe der Einwanderer nach Deutschland mit denen der Auswanderer aus Deutschland.

17. Jahrhundert: Flüchtlinge aus Frankreich
Als Folge von Reformation und Religionskriegen werden im 17. und 18. Jahrhundert viele Glaubensflüchtlinge, vor allem Hugenotten aus Frankreich, in den deutschen Staaten aufgenommen. Sie werden anfangs von vielen abgelehnt.

19. Jahrhundert: Arbeitskräfte aus Polen
Viele Polen werden als billige Arbeitskräfte für den Bergbau ins Ruhrgebiet geholt. Hier ist das Zentrum der deutschen Industrialisierung. Ihre deutschen Kumpel beschimpfen sie anfangs als „Lohndrücker" und „Polacken". Heute sind sie in Deutschland völlig integriert.

Nach 1945: deutsche Flüchtlinge aus dem Osten
Nach dem Ende des 2. Weltkrieges (1945) werden Deutsche aus der Tschechoslowakei, aus Polen, Ungarn, Rumänien und Jugoslawien vertrieben. Bis Ende der 50er Jahre kommen etwa 12 Millionen Menschen in die Bundesrepublik Deutschland, das sind 17 % der Bevölkerung.

Ausländische Arbeitnehmer
Zwischen 1955 und 1973, in der Zeit des „Wirtschaftswunders", werden aus den Mittelmeerländern viele „Gastarbeiter" angeworben. Insgesamt kommen 14 Millionen Arbeitskräfte, 11 Millionen davon kehren in ihr Heimatland zurück. Danach verändert sich die Situation: Viele ausländische Arbeitskräfte bleiben auf Dauer hier und holen ihre Familien nach Deutschland.
Heute gibt es etwa 6 Mio ausländische Arbeitnehmer sowie Familienangehörige in Deutschland. Viele Ausländer sind keine Fremden mehr in Deutschland. Sie haben nur keinen deutschen Pass.

Aussiedler und Aussiedlerinnen
Nach 1950 leben noch etwa 4 Millionen Deutsche in Osteuropa. Mit den neuen Reisemöglichkeiten für die Bevölkerung der früher sozialistischen Länder steigen die Zahlen an. 1987 reisen ca. 80 000 Aussiedler in die Bundesrepublik ein, 1990 sind es knapp 400 000. Viele suchen in Deutschland bessere wirtschaftliche Bedingungen. Andere fühlen sich als deutsche Minderheit unterdrückt.

Deutsche wandern nach Osten
Im 12. Jahrhundert ziehen Deutsche nach Osten. Sie suchen dort bessere Lebensmöglichkeiten. Seit dieser Zeit gibt es deutsche Minderheiten in Russland, Polen, Ungarn, Rumänien und im ehemaligen Jugoslawien.

19. Jahrhundert: Deutsche in Amerika
Zwischen 1820 und 1930 wandern 5,9 Millionen Deutsche in die USA aus, viele weitere nach Lateinamerika. Bis 1885 werden direkt in Deutschland Arbeitsverträge für die USA geschlossen.
Mit den einheimischen „Amerikanern" gibt es Konflikte. Sie fürchten die Konkurrenz auf dem Arbeitsmarkt. Besonders misstrauisch ist die überwiegend protestantische Bevölkerung gegenüber katholischen Einwanderern. Deutsche Stadtviertel, Schulen, Kirchen werden kritisiert: Die neuen Einwanderer wollen sich nicht integrieren, heißt es, und an sozialen Problemen sind sie oft auch schuld. Um 1900 leben etwa 8 Millionen Deutsch-Amerikaner in den USA: 10 % der Gesamtbevölkerung. Viele haben zunächst nur eine befristete Arbeitsauswanderung geplant, aber sie bleiben für immer. Hunderttausende kehren aber auch in ihre deutsche Heimat zurück. Sie haben in der „Neuen Welt" keinen Erfolg gehabt, sie haben genug Geld gespart, um zu Hause besser zu leben, oder sie möchten ihren Lebensabend in Deutschland verbringen.

Emigration aus dem nationalsozialistischen Deutschland
In der Hitlerzeit emigrieren 800 000 Deutsche, um ihr Leben zu retten: deutsche Juden und Jüdinnen, Mitglieder der Kommunistischen und Sozialdemokratischen Partei, Schriftsteller und Schriftstellerinnen. Der spätere Bundeskanzler Willy Brandt ist nur ein Beispiel von vielen. Die meisten fliehen nach Übersee. Viele müssen monatelang in Frankreich auf ein Visum warten.

Bis heute: Die Auswanderung geht weiter
Immer noch wandern Deutsche aus. Seit 1945 sind es mehr als 600 000 Menschen.
(Gekürzt nach Bade: Deutsche im Ausland, Fremde in Deutschland, München 1992)

66.1 Wanderung nach Deutschland ... und aus Deutschland

MENSCHEN IN BEWEGUNG

Fremd in Deutschland?

Gad (15 Jahre) ist mit seiner Schwester Hilal (13 Jahre), den beiden kleinen Geschwistern und seinen Eltern nach Deutschland gekommen. Sein Vater hat Arbeit in einer Gießerei gefunden, die Mutter arbeitet zeitweise als Putzhilfe. Gads Eltern gehören also zu den mehr als zwei Millionen ausländischen Arbeitnehmern in Deutschland (Abb. 67.2). Gads Vater hat viele türkische Kollegen, denn die schwere unangenehme Arbeit in der Gießerei ist bei vielen Deutschen nicht sonderlich beliebt (vgl. Abb. 67.3). Während Gads Eltern schlecht Deutsch sprechen, haben Gad und Hilal damit weniger Schwierigkeiten. In der Schule treten andere Probleme auf.

Hilal fällt durch ihr Kopftuch und die weite Bekleidung auf. Der Vater ist der Meinung, dass seine Kinder auch die Bräuche und den islamischen Glauben erhalten sollen. Hilal darf nicht ohne Begleitung ausgehen und kann nicht alle Feste mitfeiern, am Schwimmunterricht soll sie nicht teilnehmen.

Gad hat Sorge, er könnte in seiner Klasse nicht zu den Stärkeren gehören. Deshalb ist er wie viele andere Jungen aus seinem Heimatland Mitglied in einem Taek-won-do-Verein.

Nach der Schule muss Hilal die kleineren Geschwister versorgen, die viel zu kleine Wohnung in Ordnung halten und das Essen zubereiten. Einkaufen geht sie am liebsten bei einem Landsmann, der die gewohnten Lebensmittel vorrätig hat und auch das Neueste aus der Heimat berichtet.

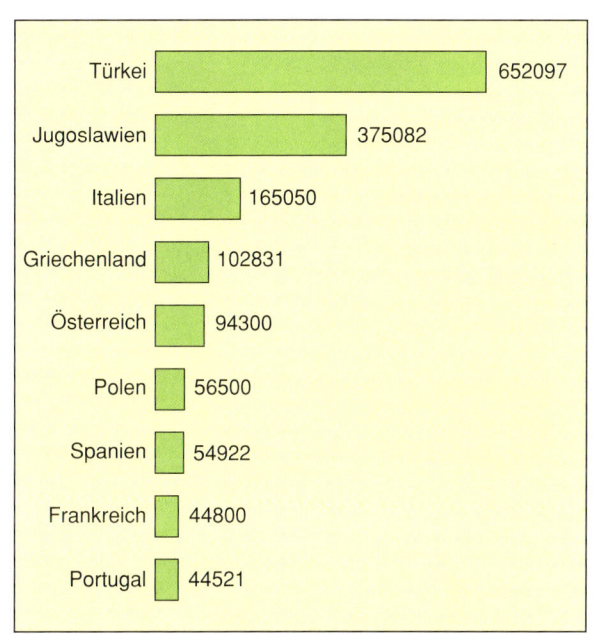

Türkei	652097
Jugoslawien	375082
Italien	165050
Griechenland	102831
Österreich	94300
Polen	56500
Spanien	54922
Frankreich	44800
Portugal	44521

67.2 Ausländische Arbeitskräfte in Deutschland (1992)

Gebäudereinigung	26,1 %
Ledergerberei	28,1 %
Wollspinnerei	34,2 %
Fischverarbeitung	34,3 %
Gießerei	24,3 %
Gaststättengewerbe	24,9 %
z. Vgl. Anteil ausländischer Beschäftigter	8,6 %

67.3 Wo viele ausländische Arbeitnehmer arbeiten (Anteil der Ausländer in %, 1993)

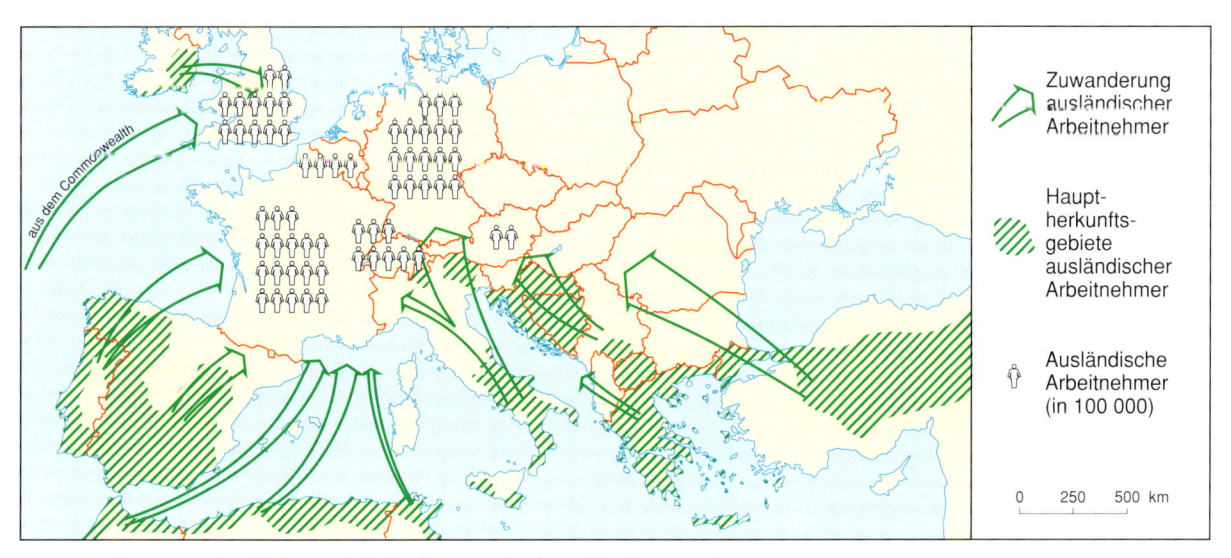

67.1 Wanderung ausländischer Arbeitskräfte aus Mittelmeerländern (1992)

MENSCHEN IN BEWEGUNG

68.1 Türkischer Fleischmarkt

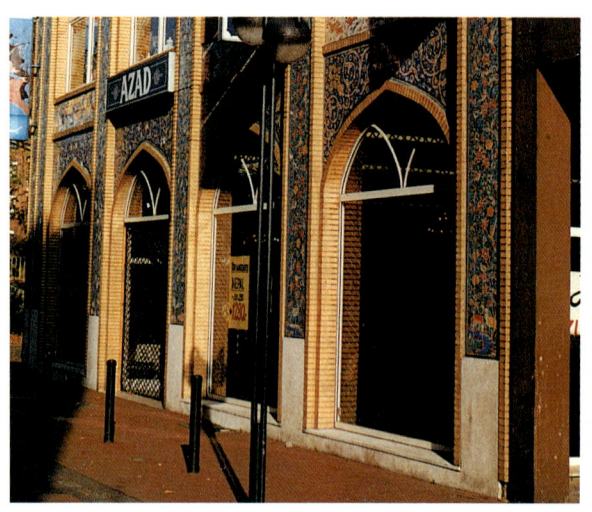

68.2 Teppichgeschäft

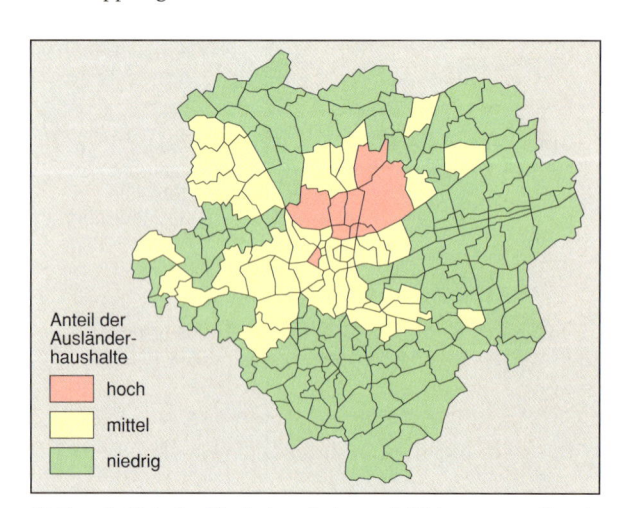

Verstehen, was uns fremd ist

Im türkischen Fleischmarkt (Abb. 68.1), der sich direkt neben dem deutschen befindet, wird nach den islamischen Reinheitsgeboten geschlachtet – also ohne vorherige Betäubung. Einem gläubigen Muslim ist es verboten, anderes als dieses Fleisch zu verzehren. Ist es daher verwunderlich, wenn in unseren Straßen Geschäfte von ausländischen Mitbürgern eröffnet werden? So werden – wegen der Sehnsucht nach den gewohnten Speisen aus der Heimat – Läden gegründet, in denen fremdländisches Obst, Gemüse sowie Backwaren nach orientalischen Rezepten und vieles andere mehr angeboten wird. Meist liegen diese Geschäfte dort, wo viele ausländische Mitbürger ihre Wohnung haben.

Das Teppichgeschäft (Abb. 68.2) ist eine Ausnahme. Es liegt in der Stadtmitte und bietet Waren, die von vielen deutschen Käufern gesucht werden.

Früher wohnte Gads Familie allein in der Straße. Nach und nach zogen weitere Landsleute hierher. Im Sommer, bei geöffneten Fenstern, hört man schon von weitem die türkische Musik. Inzwischen gibt es einen Kulturverein und als weiteren Treffpunkt ein Gebetshaus. Das Stadtviertel wird von manchen Deutschen schon Klein-Ankara genannt. Da viele Türken jährlich große Geldbeträge in die Heimat überweisen, geben sie für die Wohnungsmiete nicht so viel aus. Sie leben meist in älteren, sanitär schlecht ausgestatteten Wohnungen am Rande der Innenstadt (Abb. 68.3).

Zu einem Problem werden solche Viertel dann, wenn die deutsche Bevölkerung beginnt, diese Gebiete zu meiden. So können Ghettos entstehen.

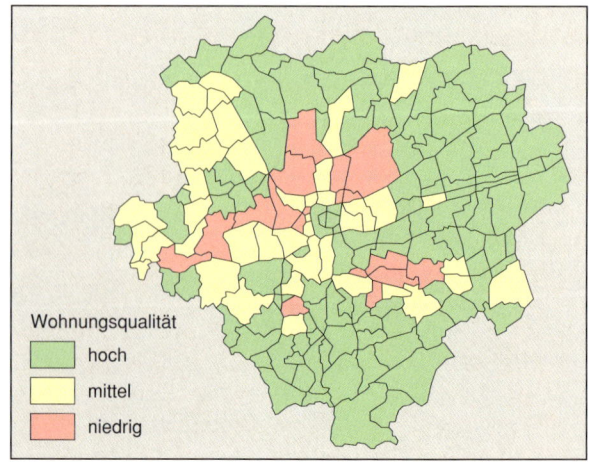

68.3 und 68.4 Ausländerhaushalte und Wohnungsqualität in Dortmunder Stadtteilen

Alman und Germanesi

Das sind nicht die Vornamen zweier Jungen. Es sind eher abfällige Bezeichnungen für die nach langen Jahren aus dem fremden Deutschland in ihre türkische Heimat Heimgekehrten.

Mit ihren Ersparnissen können sie sich zu Hause vielleicht einen Traktor für die eigene Landwirtschaft leisten oder sie eröffnen einen Imbissstand für Touristen. Manchmal reicht es auch für ein Grundstück und ein Häuschen oder eine Beteiligung an einer Firma. Doch mit welchen Entbehrungen und unter welchen Schwierigkeiten wurde das alles in der Fremde erkauft?

Nun kehren sie zurück. Sie haben sich verändert, ihre Heimat hat sich verändert. Sprechen sie noch die gleiche Sprache?

Die Probleme in der Heimat sind nicht geringer geworden. Arbeitsplätze fehlen, die Landwirtschaft ernährt nicht die ganze Familie.

Oft vermissen sie die gewohnten Selbstverständlichkeiten im Haus wie Wasser, Strom und sanitäre Anlagen. Die Ernährung in der Heimat bedarf einer Umstellung. Auch muss man sich in der Kleidung anpassen, so müssen z. B. Frauen einen Schleier tragen. Die Heimkehrer müssen sich in die Dorfgemeinschaft einfügen. Man geht nicht nur so spazieren und spricht nicht jeden einfach an, insbesondere nicht als Frau. Gerade im Berufsleben werden sie nur selten gleichberechtigt behandelt. Die Großfamilie hat man in der Ferne vermisst, jetzt wacht sie argwöhnisch über die zurückgekehrten Familienmitglieder. Die Nachbarschaft beobachtet sehr genau und ein wenig Neid auf die, die es geschafft haben, spielt wohl auch mit.

Aufgaben

1. Vergleiche das Leben von Gad und Hilal mit deinem Leben.
2. Markiere auf dem Stadtplan, wo sich in deiner Umgebung Geschäfte, Lokale und Wohnungen vieler ausländischer Mitbürger befinden.
3. Besorgt euch auf dem Rathaus Zahlen über die Bevölkerungszusammensetzung eures Heimatortes. Vergleicht mit Abb. 67.2.
4. Verfasst in der Klasse ein Kulturprogramm, das Angebote gemeinsamer Veranstaltungen für deutsche und ausländische Mitbürger in deiner Umgebung enthält (vgl. das Flugblatt Abb. 69.1).
5. Sprecht über das Gedicht „Fremde" (Text 69.2).

Miteinander statt Gegeneinander

„Komm, wir gehen zum Italiener!" – Diese Verabredung meint leider nur die Einladung auf ein Eis oder zu einer Pizza.

Mittlerweile haben wir uns an Fremdes gewöhnt: Gyros, Döner oder Frühlingsrolle. Unser Magen hat das, was uns die Fremden aus ihrer Heimat servieren, längst integriert. Doch mehr an Gemeinsamkeiten gibt es selten.

Wir bewundern und bejubeln ausländische Mitspieler in unseren Sportvereinen – solange sie Punkte für unsere Mannschaft holen. Aber mit ihnen spielen – zumal wenn sie keine Stars sind? Vielleicht trägt eines Tages der deutsch-türkische Kulturverein den Namen zu Recht.

Ein Miteinander ist nicht von Hautfarbe, Nationalität oder Religionszugehörigkeit abhängig – wenn wir es wirklich wollen.

69.1 Flugblatt einer Schulklasse

Fremde

Fremde sind Leute,
die später gekommen sind als wir:
in unser Haus,
in unseren Betrieb,
in unsere Straße,
in unsere Stadt,
unser Land.
Die Fremden sind frech:
Die einen wollen so leben wie wir,
die anderen wollen nicht so leben wie wir.
Beides ist natürlich widerlich.
Alle erheben dabei
Anspruch auf Arbeit,
auf Wohnungen und so weiter,
als wären sie normale Heimische.
Manche wollen unsere Töchter heiraten
und manche wollen sie sogar nicht heiraten
was noch schlimmer ist.
Fremdsein ist ein Verbrechen,
das man nie wieder gutmachen kann.

69.2 Gedicht von Gabriel Laub

MENSCHEN IN BEWEGUNG

GEO-PRAXIS

Geht Ayse zurück?

Vater: Nächstes Jahr können wir endlich in unsere Heimat zurückkehren. Wir haben dann genug gespart.
Ayse: Aber ich bin doch hier geboren. Meine Muttersprache ist Deutsch.
Mutter: Türkisch lernst du von den Frauen in unserem Dorf.
Ayse: Aber du hast doch in all den Jahren hier auch kaum Deutsch gelernt.
Mutter: Wir wollten ja sowieso zurückgehen. Es hat nur etwas länger gedauert als geplant.
Sohn: Und meine Arbeitsstelle? – Nach der Lehre will mich der Meister behalten!
Vater: Du kannst in dem Laden deines Onkels arbeiten.
Ayse: Ich will aber die Schule beenden und Industriekauffrau werden.
Vater: Wieso lernen? – Du heiratest den Sohn unseres Nachbarn. Kümmere dich lieber um die Dinge, die du zu Hause gebrauchen kannst.
Ayse: Aber ich kann hier bei Anna bleiben. Meine Freunde, Anna, Robert, Mario und …
Vater: Mario wird mit seinen Eltern auch bald heimkehren. Unsere ganze Familie wartet auf uns in der Heimat. Dort sind wir unter Freunden, die mit uns die Freuden und Sorgen des Alltags teilen.
Mutter: Ich freue mich schon auf den Schwatz mit den Nachbarinnen auf dem Markt, den gemeinsamen Gang ins Badehaus, die nachbarschaftliche Hilfe, die gemeinsamen Feiern zur Hochzeit und …

70.1

Wir erarbeiten ein Rollenspiel

Links liest du den Beginn eines Rollenspiels. Anlass für ein Rollenspiel ist immer ein bestimmtes Thema. Meistens dreht es sich um einen Konflikt.

Im Rollenspiel treten verschiedene Personen auf. Jede Person spielt eine „Rolle", die mit bestimmten Standpunkten und Meinungen gekoppelt ist.
Zunächst einmal sollen die Hintergründe des Themas erhellt werden, die zu dem Konflikt führten. Natürlich möchte man auch der Lösung des Konflikts ein kleines Stück näher kommen.
Folgende Hinweise helfen dir und deinen Mitschülern bei der Fortsetzung des begonnenen oder der Erarbeitung eines neuen Rollenspiels:
– Welches Thema soll im Rollenspiel behandelt werden?
– Ist die Anzahl der Mitwirkenden festgelegt?
– Ist für jeden Mitwirkenden die Person und deren Rolle in dem Spiel in einer Rollenkarte beschrieben (vgl. Abb. 70.2)?

Prüfkatalog zur Bewertung eines Rollenspiels
– Ist die jeweilige Rolle auf das Thema bezogen?
– Stimmt die dargestellte Rolle im Verlauf des Spiels immer mit der in der Rollenkarte beschriebenen Person überein?
– Bist du in eine fremde Rolle hineingewachsen?
– Kann der Zuschauer erkennen, welcher Standpunkt bzw. welche Meinung in der Rolle zum Ausdruck gebracht werden soll?
– Finden sich auf der betreffenden Rollenkarte Stichwörter für den später frei zu sprechenden Text?
– Habt ihr eine Generalprobe durchgeführt?

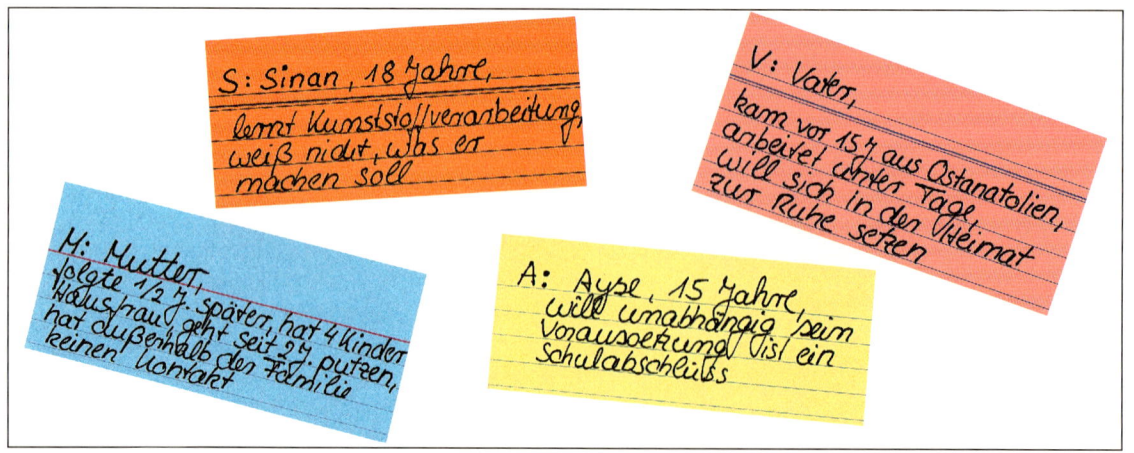

70.2 Rollenkarten

MENSCHEN IN BEWEGUNG

GEO-WISSEN

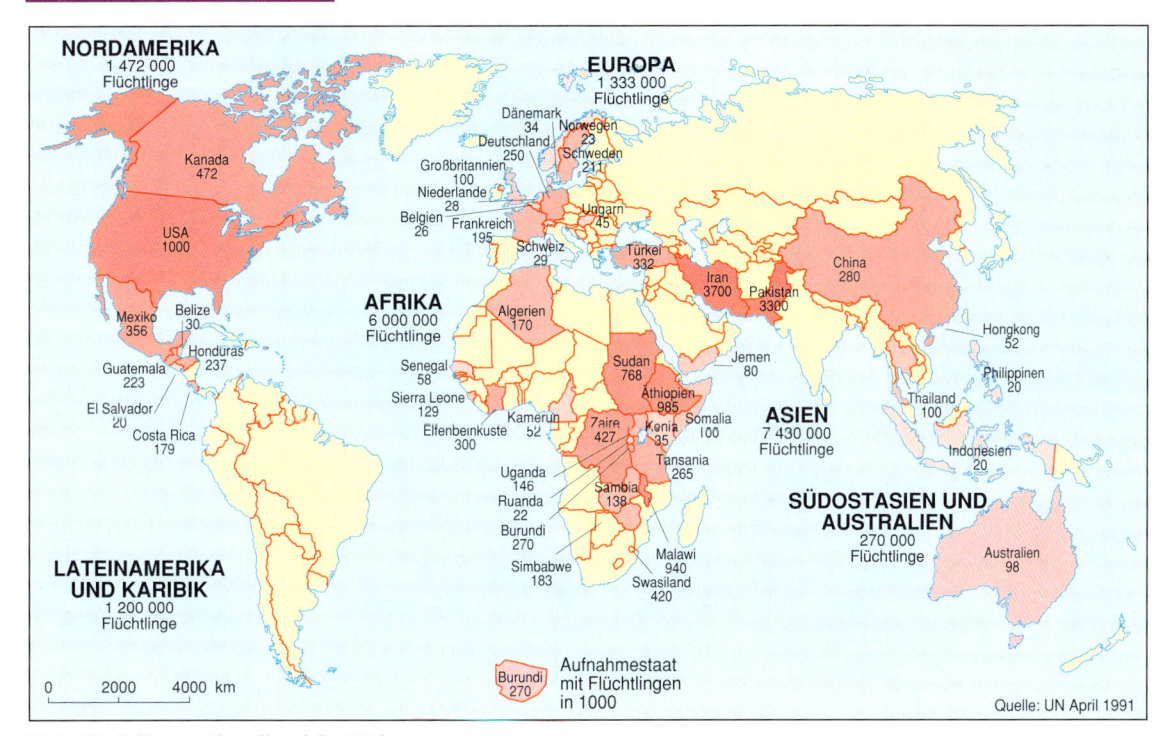

71.1 Flüchtlinge – überall auf der Welt

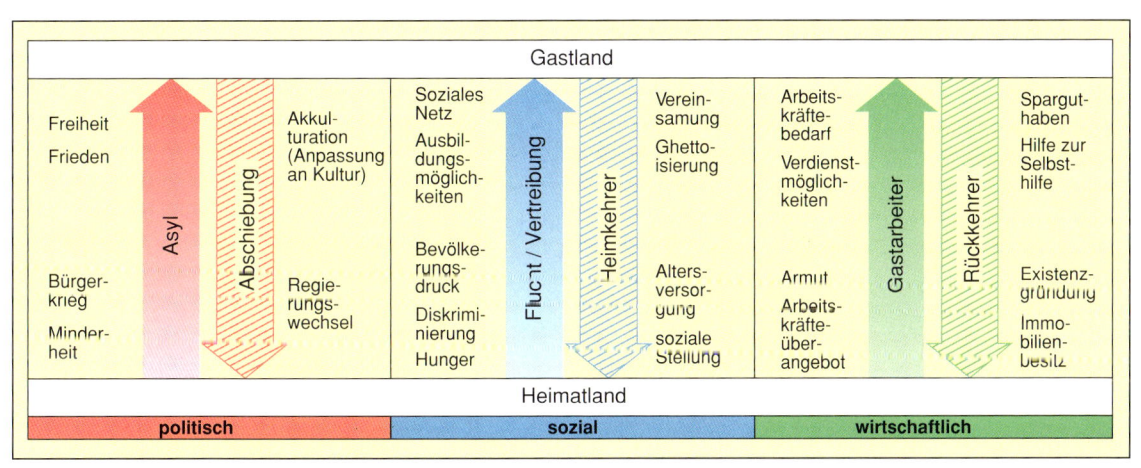

71.2 Unterschiedliche Wanderungsbewegungen

1. Vergleiche die Flüchtlingsbewegungen in den Erdteilen. Welche Staaten haben 1991 (Abb. 71.1) besonders viele Flüchtlinge aufgenommen?
2. Ordne Beispiele von den Seiten 58–70 den unterschiedlichen Wanderungsbewegungen (Abb. 71.2) zu und vergleiche.
3. Beschreibe mit eigenen Worten die einzelnen Strömungen bei den Wanderungsbewegungen.
4. Stelle fest, wo sich diese Wanderungsströme überlagern können.
   Sprecht in der Klasse darüber, warum sich die Ströme nicht immer eindeutig politischen, wirtschaftlichen und sozialen Gründen zuordnen lassen.
5. Entwirf ein der Wirklichkeit näher kommendes Diagramm, das diese Überlagerungen zeigt.

4 DIE ERDE – EINE WELT?

72.1 Männergesellschaft in Indien

72.2 Frauen beim Dreschen in Marokko

DIE ERDE – EINE WELT?

73.1 Slum in Indien

73.2 Suburb in den USA

DIE ERDE – EINE WELT?

74.1 Kinder, Kinder...

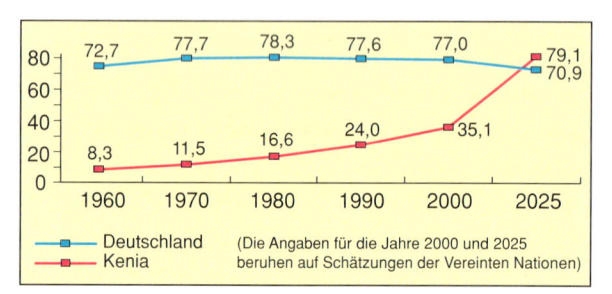

74.5 Vierzehnjährige beim Stillen (Marokko)

74.2 Bevölkerungsentwicklung

(Die Angaben für die Jahre 2000 und 2025 beruhen auf Schätzungen der Vereinten Nationen)

Deutschland: 72,7 (1960), 77,7 (1970), 78,3 (1980), 77,6 (1990), 77,0 (2000), 79,1 (2025)
Kenia: 8,3 (1960), 11,5 (1970), 16,6 (1980), 24,0 (1990), 35,1 (2000), 70,9 (2025)

	1990	2025	Zunahme in %
Europa	499	516	3
Afrika	642	1597	149
Angloamerika	276	332	20
Lateinamerika	448	757	69
Ostasien	1336	1737	30
restl. Asien	1776	3175	79
Australien	26	38	44
GUS	209	352	22

74.3 Entwicklung der Weltbevölkerung

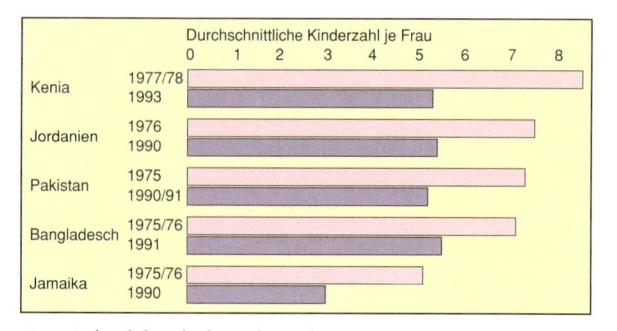

74.4 Wie viele Kinder gebärt eine Frau?

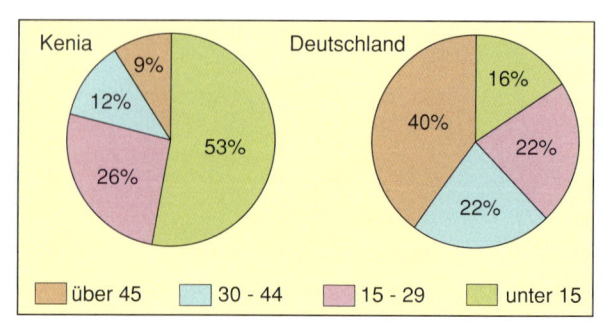

74.6 Bevölkerung nach dem Alter (1991)

Kenia: über 45: 12%, 30-44: 9%, 15-29: 26%, unter 15: 53%
Deutschland: über 45: 40%, 30-44: 22%, 15-29: 22%, unter 15: 16%

Kinder, der größte Reichtum?

Gegenwärtig wächst die Weltbevölkerung täglich um 250 000, jährlich um über 90 Mio Menschen. Jeden Tag ist das die Bevölkerung einer Großstadt wie Krefeld und jedes Jahr mehr als die Bevölkerung Deutschlands. Auf keinem Kontinent wächst sie so schnell wie in Afrika (Abb. 74.3). Im Jahr 2025 sollen z. B. in Kenia bereits mehr Menschen leben als in Deutschland (Abb. 74.2).

Ursache des starken Bevölkerungswachstums ist die hohe Fruchtbarkeitsrate. Dieser Wert gibt die Anzahl der Kinder an, die von einer Frau durchschnittlich geboren werden. In Deutschland sind es 1,4 Kinder je Frau. Obwohl die Kinderzahl in Kenia sinkt, liegt sie dort noch bei 5,5 (Abb. 74.4).

Für das zukünftige Bevölkerungswachstum ist außerdem die Zahl der unter Fünfzehnjährigen entscheidend (Abb. 74.6). Weil diese jungen Mädchen noch in das Fruchtbarkeitsalter – meist viel zu früh

DIE ERDE – EINE WELT?

75.1 Werbung für die Zwei-Kind-Familie (Indien)

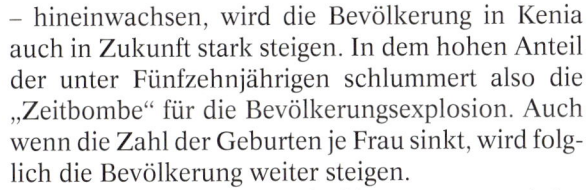

75.3 Kein Sex unter 17 (Plakat aus Kenia)

– hineinwachsen, wird die Bevölkerung in Kenia auch in Zukunft stark steigen. In dem hohen Anteil der unter Fünfzehnjährigen schlummert also die „Zeitbombe" für die Bevölkerungsexplosion. Auch wenn die Zahl der Geburten je Frau sinkt, wird folglich die Bevölkerung weiter steigen.

Ein Bevölkerungswissenschaftler nennt uns einige Gründe für die hohen Geburtenzahlen in Entwicklungsländern: „Überall auf der Welt ist die Geburtenrate hoch, wo die wirtschaftliche Not groß ist. Gering ist sie hingegen in Ländern mit hohem Wohlstand und guter sozialer Absicherung. Eigentlich ist das ja paradox (widersinnig).

Es ist auch nicht richtig, die hohe Kinderzahl nur auf fehlende Geburtenkontrolle zurückzuführen. Für die Menschen in den Entwicklungsländern dienen Kinder als Ersatz für die vielfach fehlende Sozial- und Altersversicherung. Außerdem sind sie willkommene Arbeitshilfen: Kinder hüten Vieh, sammeln Holz, betreuen Geschwister, verdienen als Schuhputzer, Boten, Handlanger Geld oder werden als Bettler auf die Straße geschickt. Ein weiterer Grund für die hohe Zahl der Kinder liegt in dem verbreiteten Wunsch nach Söhnen."

■ Aufgaben

1. Beschreibe die Zusammensetzung der Bevölkerung in Deutschland und Kenia (Abb. 74.6). Erkläre, warum diese entscheidend für das Bevölkerungswachstum ist.
2. Betrachte Abb. 74.5 und vergleiche damit das Leben einer Vierzehnjährigen in Deutschland.
3. Überlege, inwiefern die Faktoren der Abb. 75.2 die Geburtenrate beeinflussen.
4. Der Bevölkerungswissenschaftler nennt als einen Grund für die hohe Kinderzahl den Wunsch nach Söhnen.
   Sprecht in der Klasse darüber.
5. Lies auf S. 174 den Text über die Ein-Kind-Familie in China. Vergleiche mit Abb. 75.1.

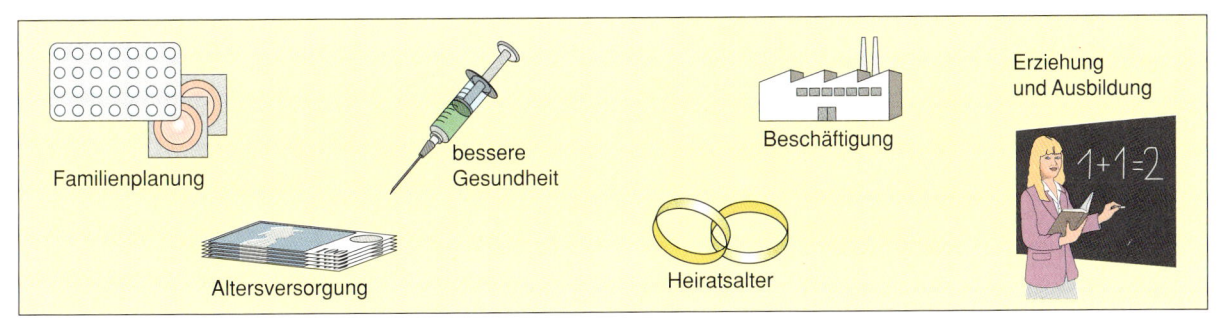

75.2 Welche Faktoren beeinflussen die Geburtenrate?

DIE ERDE – EINE WELT?

76.1 Werbung für Muttermilch

Als Ärztin in einem jemenitischen Krankenhaus

Die Ärztin Marie Vogt berichtet: „Ich war als Entwicklungshelferin in einem jemenitischen Krankenhaus tätig. Nach meiner Rückkehr wurde ich aufgefordert, eine Reportage über das Krankenhauswesen im Jemen zu schreiben. Dort hatte ich die medizinische Versorgung für 20 000 Einwohner zu gewährleisten. Ein Schwerpunkt meiner Arbeit lag in der Gesundheitsvorsorge für Mütter und Kinder, vor allem in der Schwangerenberatung und in der Aufklärung über die richtige Ernährung für Säuglinge."

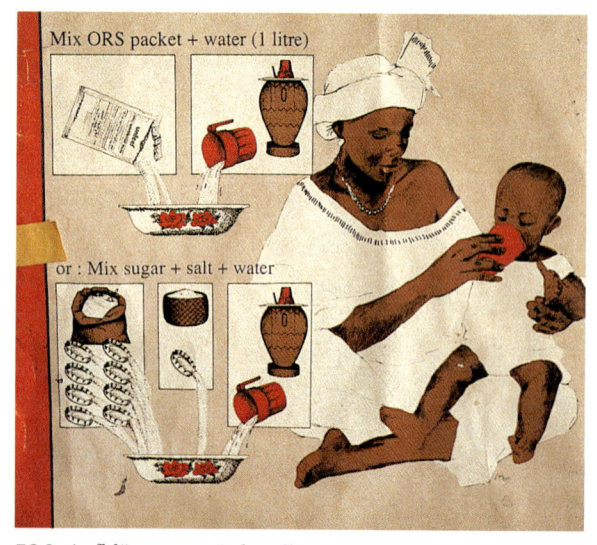

76.2 Aufklärung zur Behandlung von Durchfall

Aller Anfang ist schwer

Abgesehen von der Ernährungsberatung konzentrierte ich mich auch darauf, bei an Durchfall erkrankten Kindern den Flüssigkeitsverlust auszugleichen. Fast jedes erkrankte Kind, das ins Gesundheitszentrum kommt, leidet an Durchfall, oft kombiniert mit Erbrechen. Manchmal tritt er auch als Begleiterscheinung anderer Krankheiten auf, wie Mittelohr- oder Lungenentzündung. Die Ursache dafür liegt zum Teil am Wassermangel oder an der schlechten Qualität des Wassers. Natürlich kommt mangelnde Hygiene hinzu: Das Wasser reicht einfach nicht, um Kleinkinder, die sich den ganzen Tag über im Dreck aufhalten und Babys, die sich stündlich in die nicht vorhandenen Hosen machen, täglich zu schrubben.

Auch darf man natürlich die zunehmende Beliebtheit der Flaschennahrung nicht vergessen. Die Flaschen sind oft völlig verdreckt. In meinen Augen ist es der reinste Hohn, wie wunderschön die Gebrauchsanweisungen auf allen Milchpulverdosen beschreiben, dass die Flaschen vor jeder Mahlzeit ausgekocht werden müssen und wie das Milchpulver zu dosieren ist, wenn man bedenkt, dass das in den wenigsten Haushalten praktizierbar ist. Abgesehen davon, dass die meisten Frauen nicht lesen können, ist das alles viel zu aufwendig für eine jemenitische Mutter. Das große Angebot verschiedener Milchpulversorten aus fast allen Ländern verwirrt zudem noch mehr. Bei Müttern von Kindern, die oft in kürzester Zeit unter starkem Flüssigkeitsverlust leiden, habe ich mir schon manchmal den Mund fusselig geredet.

Mit meinem holprigen Arabisch weise ich auf die Vorzüge der Muttermilch hin, die so preiswert und pflegeleicht ist, verdamme die Flasche, die so teuer und arbeitsaufwendig ist.

Bei stark ausgetrockneten Kindern wird die Geduld der Jemeniten schon hart auf die Probe gestellt. Es ist nicht nach jedermanns Geschmack, sich bis zu zwei Stunden in mein Zimmerchen zu hocken und einem schreienden Säugling möglichst langsam, aber konstant, die Arznei mit einem Löffelchen einzuflößen. Erlöst werden sie letzten Endes erst dann, wenn deutlich eine Besserung eingetreten ist, das nunu (Baby) ruhiger wird und ich einigermaßen überzeugt bin, dass die Behandlung auch daheim fortgesetzt wird.

(gekürzt und vereinfacht nach: Fachheft Gesundheitswesen des Deutschen Entwicklungsdienstes, ohne Jahr)

DIE ERDE – EINE WELT?

77.1 Kinder an einer Wasserstelle (Nepal)

Hunger und Krankheiten

Viele Krankheiten entstehen durch Hunger. Nicht selten kommt es vor, dass die Menschen in den armen Ländern der Welt sich von Baumrinde, Würmern oder Abfall ernähren. Millionen von Menschen wiederum haben zwar zu essen, leben aber alltäglich nur von Datteln, Hirse oder Reis. Durch einseitige Ernährung bilden sich typische Krankheitsbilder. Eiweiß-, Vitamin- und Mineralstoffmangel lassen die körperliche und geistige Widerstandskraft erlahmen. Allein wegen Vitamin-A-Mangels erblinden jährlich 200 000 Kinder auf der Welt.

Die Ursachen des Hungers sind vielfältig. Naturereignisse wie Heuschreckenplagen, Vulkanausbrüche, Überschwemmungen, Stürme können Hungerkatastrophen auslösen. Oft jedoch ist es der Mensch selbst, der den Hunger „macht". Beispiele sind:

- Entwaldung: Sie führt in den Tropen zu einer besonders raschen Bodenabtragung. Niederschläge spülen die Lebensgrundlage der Menschen fort.
- Überweidung: In den Trockengebieten der Erde – vor allem am südlichen Rand der Sahara (Sahel, ▷ S. 12) – wird der kärgliche Gras- und Strauchbewuchs durch zu große Viehherden vernichtet. Die Wüste breitet sich aus.
- Entwicklungshilfe: Nein, hier liegt kein Druckfehler vor. Entwicklungshelfer versorgten die Nomaden im Sahel mit notwendigen Brunnen. Niemand bedachte, dass daraufhin die Nomaden ihre Viehherden vergrößerten und damit die Landschaftszerstörung beschleunigten.

Es gibt viele weitere Gründe, die zu Hungersnöten und aus Nahrungsmangel oder Fehlernährung zu Krankheiten führen. Oft gibt es nur einen Arzt für 5000 oder gar 10 000 Einwohner. In Westeuropa versorgt ein Arzt 350 Menschen.

Aufgaben

1. Beschaffe dir Informationen über den Jemen (Atlas, Lexikon).
2. Berichte über den Gesundheitszustand jemenitischer Kinder.
3. Sprecht in der Klasse über die Reportage der Ärztin. Was macht euch nachdenklich, was ärgert oder empört euch?
4. Überlege Folgen einseitiger Ernährung.
5. Vergleiche die Wasserversorgung in der Dritten Welt (Abb. 77.2) mit der in Deutschland.

Tödliches Wasser

In der Dritten Welt müssen vor allem Millionen von Frauen und Kindern oft kilometerweit laufen, um zu einer geeigneten Trinkwasserquelle zu gelangen. Was sie heimtransportieren, sind aber trotz des langen Weges vielfach nur wenige Liter verschmutztes Wasser, das sie aus Flüssen, Seen, Schlammlöchern oder Brunnen entnehmen.

Wo immer die Menschen in den Tropen mit Wasser in Berührung kommen, besteht die Gefahr, dass Krankheiten übertragen werden. Im heißen und feuchten Klima finden Krankheitsüberträger hervorragende Verbreitungsmöglichkeiten. Der Wassermangel verleitet dazu, das Wasser immer wieder zu benutzen. Außerdem fehlen sanitäre Einrichtungen.

Das sind die Hauptgefahren:
- Insekten, die sich im Wasser vermehren, übertragen z. B. Malaria, Gelbfieber.
- Wasserschnecken in Bewässerungskanälen und stehendem Wasser übertragen eine in den Tropen gefürchtete Wurmkrankheit (Bilharziose).
- Trinken von verseuchtem Wasser führt zu Typhus, Cholera und Durchfall. Man schätzt, dass jährlich sechs Millionen Kinder an Durchfall sterben.
- Wurmeier gelangen mit dem menschlichen Kot ins Wasser und „graben" sich als Hakenwurmlarven durch die Fußsohlen in den Körper. Massenhafter Befall führt bei Kindern zum Tod.
- Wassermangel kann Krätze und Lepra begünstigen sowie ansteckende Entzündungen der Bindehaut, die oft zur Erblindung führen.

77.2

DIE ERDE – EINE WELT?

GEO-PRAXIS

Wir werten ein Interview aus

Der Lehrer Anton Geller ist nach dreijährigem Auslandsschuldienst an seine ehemalige Realschule in Bochum zurückgekehrt. Die Schüler der 7. Klasse, die Herr G. als Klassenlehrer übernimmt, sind neugierig, von ihm über seine Erlebnisse und Erfahrungen zu hören. Sie möchten ihn – wie sie sagen – „ausquetschen". Herr G. ist gerne zu Auskünften bereit. Nur das Wort „ausquetschen" gefällt ihm nicht und er regt an, dass die Schüler ein Interview mit ihm führen, dessen Fragen sie sorgfältig vorbereiten.

Gemeinsam werden Überlegungen zu einem Interview angestellt. Das Interview (engl. = Unterredung) ist ein Gespräch zwischen einem Interviewer, dem Fragenden, und einem Interviewten, dem Befragten. Dabei sollen möglichst viele Auskünfte durch gezielte Fragen gewonnen werden. Zur Vorbereitung besprechen die Schüler
- was sie wissen und erfahren wollen,
- die Formulierung der Fragen und ihre Anordnung,
- ob die Antworten mitgeschrieben oder mit dem Cassettenrecorder aufgenommen werden,
- welche beiden Schüler mit der Durchführung des Interviews beauftragt werden sollen.

Schüler (S): Herr Geller, Sie sind nach dreijähriger Tätigkeit im Ausland an unsere Schule zurückgekehrt. Wo haben Sie gearbeitet?
Herr Geller (G): Ich habe an einer deutschen Schule in der senegalesischen Hauptstadt Dakar gearbeitet.
S.: Was waren das für Schüler, die Sie unterrichteten?
G.: Im Senegal arbeiten deutsche Entwicklungshelfer sowie natürlich Diplomaten und Botschaftsangehörige. Die meisten von ihnen haben ihre Familien mitgebracht. Klar, dass für die Kinder ein ordentlicher Unterricht angeboten werden muss.

S.: Wenn Sie deutsche Schüler unterrichtet haben, verlief der Unterricht vermutlich ähnlich wie bei uns. Das kennen wir natürlich zur Genüge. Uns interessiert viel mehr, wie senegalesische Schüler unterrichtet werden.
G.: Diese Frage habe ich erwartet. Zunächst einmal habt ihr Recht mit der Vermutung, dass der Unterricht an der deutschen Schule nach deutschen Lehrplänen verlief, so wie ihr das kennt. Die Ausstattung mit Lehrmitteln war ähnlich wie hier. Natürlich habe ich auch zahlreiche senegalesische Schulen im ganzen Land besucht. Ich habe Gespräche mit senegalesischen Kollegen geführt, sie beraten, meine Beobachtungen gemacht und Kenntnisse gesammelt.

S.: Wie sind denn die Bedingungen an senegalesischen Schulen im Vergleich zu unseren?
G.: Senegal ist ein Land, in dem die meisten Menschen in kleinen Dörfern leben und Ackerbau zur Selbstversorgung betreiben. Da nicht jedes Dorf eine Schule haben kann, gibt es, wie wir sagen, so genannte Mittelpunktschulen. Die meisten Schüler müssen daher viel längere Wege als ihr gehen, um zur Schule zu kommen.

S.: Wie weit ist der Weg im Durchschnitt?
G.: Schwer zu sagen. Aber viele Schüler laufen täglich eine Strecke von 5–15 km zur Schule hin und natürlich auch wieder zurück.
S.: Schwänzen da nicht manche Schüler?
G.: Von Schwänzen in eurem Sinne kann gar keine Rede sein. Aber sicher ist, dass bereits in der 6-jährigen Grundschulzeit die Schülerzahl abnimmt, obwohl es die Schulpflicht gibt. Von 100 eingeschulten Kindern nehmen in der 2. Klasse oft nur noch 80 teil, in der dritten Klasse etwa 75 und in der 4. Klasse fehlen in besonders armen ländlichen Regionen sogar mehr als zwei Drittel.
Ursache ist die Armut der Familien. Die größer werdenden Kinder müssen immer mehr in der Landwirtschaft arbeiten, beim Wasserholen helfen, Brennholz sammeln, auf die kleinen Geschwister aufpassen. Da bleibt kaum Zeit zum Lernen.
S.: Dann liegt die Zahl der Analphabeten im Lande sicherlich ziemlich hoch?
G.: Das ist zwar besser geworden, aber immer noch gibt es etwa 70 % der über 15-jährigen, die nicht lesen und schreiben können.

S.: Sind die Klassengrößen dort ähnlich hoch wie bei uns?
G.: Die Lehrer-Schüler-Relation liegt im Grundschulbereich in der Regel bei 1:50.
S.: Und die Lehrmittelausstattung?
G.: Technische Hilfsmittel gibt es zumeist gar nicht. Tafel und Kreide, Heft und Schulbuch – das ist alles.
S.: Werden eigentlich Mädchen und Jungen gemeinsam unterrichtet?
G.: Ja, aber es gibt deutlich mehr Jungen als Mädchen in der Grundschule und erst recht in weiterführenden Schulen.
S.: Warum?
G.: Jungen haben hier einen höheren Wert. Die Mädchen müssen früher mitarbeiten und der Mutter helfen, und in einem Alter, wo ihr noch mitten in der Schule seid, werden viele Mädchen dort bereits verheiratet und bekommen Kinder.
S.: Das ist schlimm...

DIE ERDE – EINE WELT?

79.1 Mädchen beim Hüten von Geschwistern

79.3 Frauenarbeit in der Landwirtschaft

Das Interview ging noch lange Zeit so weiter. Viele Fragen mussten noch beantwortet werden. Ihr habt sicherlich auch Fragen zur Schule in den Entwicklungsländern. Formuliert sie, besprecht sie, sucht mit eurem Lehrer nach Antworten.
Welche Informationen gibt euch das Interview zu Schule und Bildung im Senegal?

Stellt Gründe zusammen, warum Frauen bei der Bildung benachteiligt sind. Bezieht auch die Abbildungen 79.1–5 mit ein.
Anregungen und Hinweise dieses Interviews könnt ihr zur Formulierung von Fragen an einen Arzt oder einen technischen Entwicklungshelfer nutzen, der bereits in Entwicklungsländern gearbeitet hat.

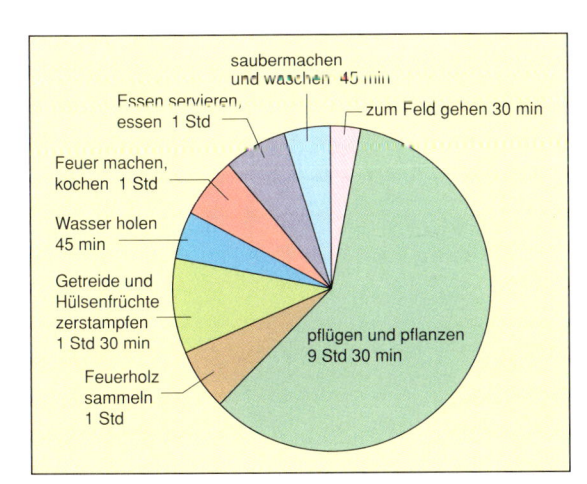

79.2 Arbeitsbelastung einer afrikanischen Frau

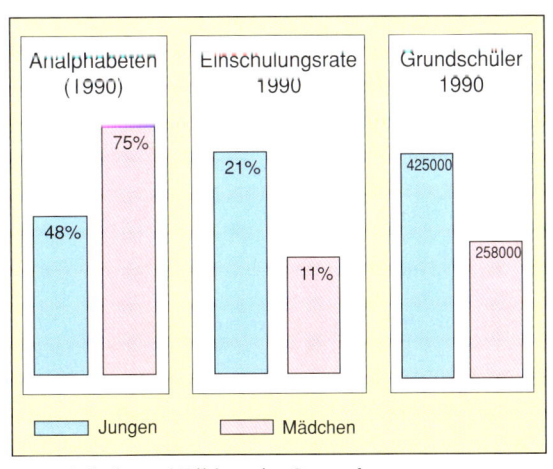

- saubermachen und waschen 45 min
- Essen servieren, essen 1 Std
- zum Feld gehen 30 min
- Feuer machen, kochen 1 Std
- Wasser holen 45 min
- Getreide und Hülsenfrüchte zerstampfen 1 Std 30 min
- Feuerholz sammeln 1 Std
- pflügen und pflanzen 9 Std 30 min

79.4 Schule und Bildung im Senegal

Analphabeten (1990): Jungen 48%, Mädchen 75%
Einschulungsrate 1990: Jungen 21%, Mädchen 11%
Grundschüler 1990: Jungen 425000, Mädchen 258000

DIE ERDE – EINE WELT?

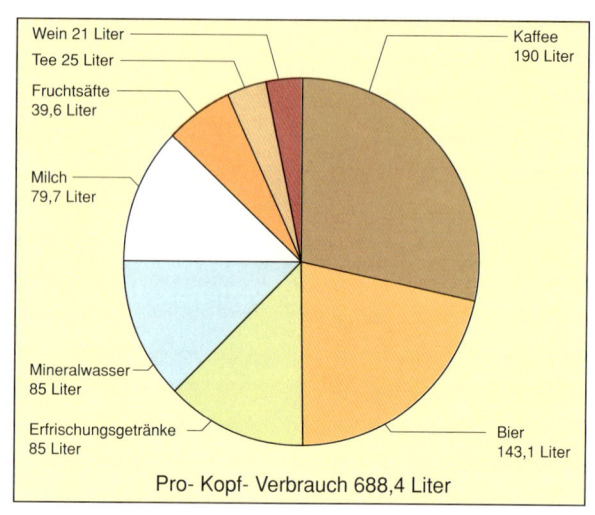

80.1 Was Deutsche jährlich trinken

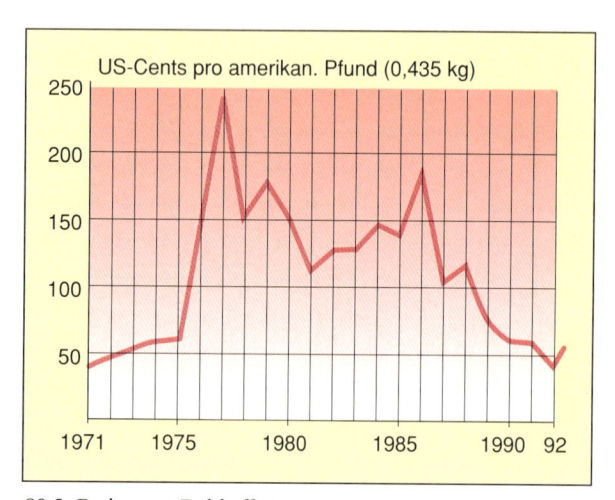

80.2 Preise von Rohkaffee

80.3 Austauschverhältnisse

Tansania – gefangen in der Rohstoff-Falle?

Der ostafrikanische Staat Tansania zählt nach den Angaben der Weltbank zu den 15 ärmsten Ländern der Erde. Er weist typische Merkmale eines Entwicklungslandes auf (Abb. 80.4, S. 82).
Diese nüchternen Zahlen zeigen dramatische Verhältnisse. Sie werden sich nur unter bestimmten Bedingungen nicht verschlechtern: Das Wachstum der Agrarproduktion, besonders der Grundnahrungsmittel, muss größer sein als das Bevölkerungswachstum.
Ferner müssen mehr Waren exportiert werden. Mit dem eingenommenen Geld können dann die benötigten importierten Güter (z. B. Maschinen) bezahlt werden. Mit deren Hilfe müssen wiederum Arbeitsplätze im verarbeitenden Gewerbe geschaffen werden. Mit dem Geld muss auch in die Landwirtschaft investiert werden, damit diese wirtschaftlicher arbeitet.
Tansania erzielt 75 % seiner Exporterlöse mit landwirtschaftlichen Erzeugnissen. Die wichtigsten Produkte sind Kaffee, Tee, Baumwolle und Sisal. Doch Rohstoffpreise für diese Agrarprodukte sind, ebenso wie die Erlöse für die meisten Bodenschätze, auf dem Weltmarkt rückläufig (Abb. 80.2). Da gleichzeitig die Preise für die importierten Industriewaren steigen, können die Entwicklungsländer für die gleiche Rohstoffmenge immer weniger Industriegüter kaufen (Abb. 80.3).
Der Kaffeepreis steht heute auf einem Tiefstand (Abb. 80.2). Aus Abb. 81.1 kannst du erkennen, dass vom Kaffeepreis, den der Verbraucher im La-

---

Bevölkerungswachstum:
3,0 % im Jahr (Durchschnitt der Jahre 1980–1991); städtisches Wachstum ca. 9 %.
Das heißt: Die Bevölkerung wird sich in 20 Jahren verdoppelt haben (z. Zt. 26 Millionen). In den Städten wird bereits nach 9 Jahren die doppelte Bevölkerungszahl mit Nahrung und Arbeitsplätzen zu versorgen sein.

Handelsbilanz:
Einfuhr 1090 Mio Dollar; Ausfuhr 390 Mio Dollar (1991)
Das heißt: Die eingeführten Güter konnten nur zu einem Drittel mit im Lande produzierten Waren bezahlt werden.

80.4 Tansania in Stichworten

DIE ERDE – EINE WELT?

den zahlt, ohnehin nur wenig beim Bauern bleibt. Die Versuchung für Tansania und alle anderen Exportländer ist groß, die Anbaufläche zu erweitern, um den Marktanteil zu erhöhen. Das würde zur Überproduktion und zu weiterem Preisverfall führen. Deshalb werden Quoten festgesetzt. Jedes Land darf nach dem internationalen Kaffeeabkommen nur eine bestimmte Menge ausführen. Verständlich, dass bei jeder Neuaufteilung der Quoten die Länder darum kämpfen, ihren Anteil zu steigern.

Wie könnte Tansania der Rohstoff-Falle entkommen?

1. Das Land darf sich nicht in die totale Abhängigkeit vom Kaffee-Export bringen. Auch weitere Handelsgüter müssen exportiert werden.
2. Die Verarbeitung der im Lande gewonnenen Rohstoffe (Kaffee, Sisal oder Bergbauerzeugnisse) bringt bei entsprechender Qualität höhere Exporterlöse als der Verkauf der Rohstoffe. Gleichzeitig können weitere Arbeitsplätze geschaffen werden.
3. Durch behutsame Förderung des Tourismus (Safaris im Riesenkrater des Ngorongoro und im Serengeti-Nationalpark, Abb. 81.2) können Devisen erwirtschaftet werden, mit denen auf dem Weltmarkt eingekauft werden kann.

Wer verdient am Kaffee?

Der Export von verarbeitetem Kaffee liegt praktisch bei Null. Dabei ist die Gewinnspanne in der Verarbeitung (besonders zu Pulverkaffee) sehr hoch. Daran verdienen aber nur Firmen und Händler, deren Standort außerhalb der Exportländer liegt. Den Grund dafür findet man in der Beherrschung des Kaffeemarktes durch vier US- und zwei Schweizer Kaffeekonzerne. Sie diktieren den Erzeugerländern die Handelsbedingungen und nehmen nur Rohkaffee ab (Abb. 81.1).

20% an den Einzelhandel

25% an Verarbeiter und Großhändler

28% an Zwischenhändler, Agenten und Spediteure

19% an die Kaffee produzierenden Länder

8% an die Bauern

81.1 Wer verdient am Kaffee?

81.2 Tourismus – ein Ausweg für Tansania?

▪ Aufgaben

1. Erkundige dich nach dem Kaffeeverbrauch
   – deiner Eltern
   – bei deinen Lehrern an einem Schulvormittag (befrage die Schulsekretärin).
2. Erkläre die Rohstoff-Falle für ein Entwicklungsland wie Tansania. Verwende auch Abb. 80.3.
3. Begründe, welchen Vorteil Tansania beim Export von verarbeitetem Kaffee hätte.

DIE ERDE – EINE WELT?

Merkmale von

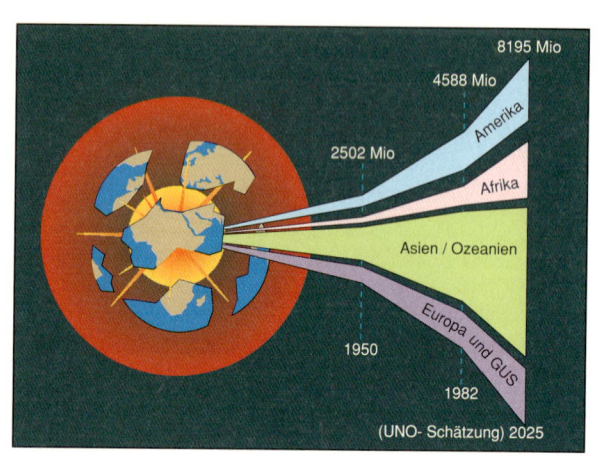

Hohes Bevölkerungswachstum und…  …hoher Kinderanteil

Klimatische Erschwernisse: Trockenheit und…  …Überschwemmungen

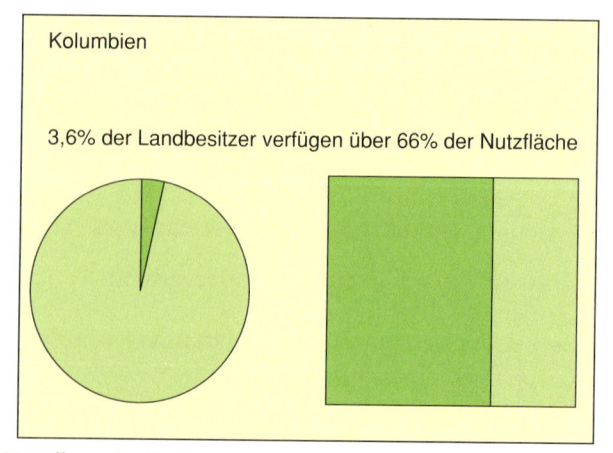

Kolumbien

3,6% der Landbesitzer verfügen über 66% der Nutzfläche

Geringe Mechanisierung in der Landwirtschaft und ungerechte Verteilung des Bodens

Ordne den Materialien dieser Seiten 82/83 weitere Stichworte aus den Kapiteln des Themenbereichs zu.

DIE ERDE – EINE WELT?

Entwicklungsländern

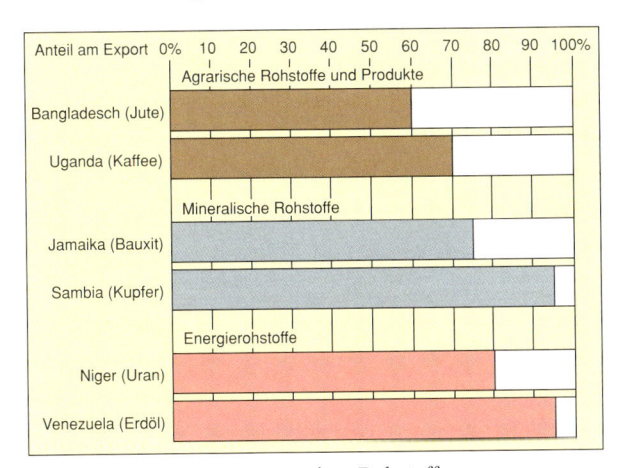

Abhängigkeit vom Export weniger Rohstoffe

- Bangladesch (Jute) – Agrarische Rohstoffe und Produkte
- Uganda (Kaffee)
- Jamaika (Bauxit) – Mineralische Rohstoffe
- Sambia (Kupfer)
- Niger (Uran) – Energierohstoffe
- Venezuela (Erdöl)

Unzureichendes Verkehrsnetz

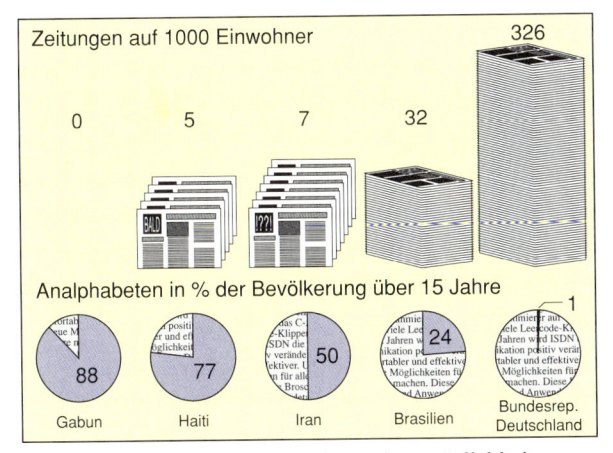

Zeitungen auf 1000 Einwohner: Gabun 0, Haiti 5, Iran 7, Brasilien 32, Bundesrep. Deutschland 326

Analphabeten in % der Bevölkerung über 15 Jahre: Gabun 88, Haiti 77, Iran 50, Brasilien 24, Bundesrep. Deutschland 1

Unzureichende Bildung und Informationsmöglichkeit

Landflucht und Slumbildung in Städten

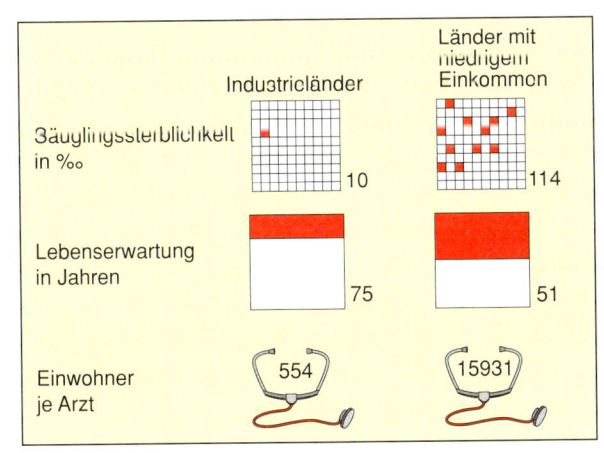

Säuglingssterblichkeit in ‰: Industrieländer 10, Länder mit niedrigem Einkommen 114

Lebenserwartung in Jahren: Industrieländer 75, Länder mit niedrigem Einkommen 51

Einwohner je Arzt: Industrieländer 554, Länder mit niedrigem Einkommen 15931

Schlechte ärztliche Versorgung

Mangelernährung

Vergleiche mit den Lebensverhältnissen bei uns.

83

DIE ERDE – EINE WELT?

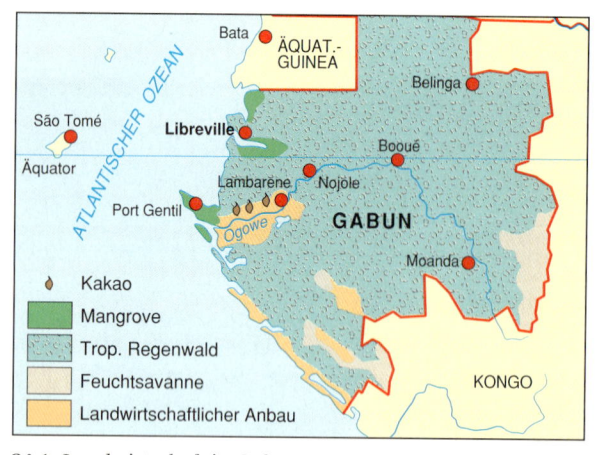

84.1 Landwirtschaft in Gabun

84.3 Maniok

Traditioneller Wanderfeldbau in Gabun

An der afrikanischen Westküste liegt zu beiden Seiten des Äquators das Entwicklungsland Gabun. Mit einer Fläche von 268 000 km² und einer Einwohnerzahl von 1,3 Mio Menschen zählt es zu den am dünnsten besiedelten Staaten Afrikas. Weniger als 5 Menschen leben hier auf dem Quadratkilometer. Traditionell wird hier Subsistenzwirtschaft betrieben, d.h., der Anbau von Kulturpflanzen dient fast ausschließlich zur Selbstversorgung.

Um Feldflächen zu gewinnen, müssen die Gabuner allerdings zuvor den tropischen Regenwald entfernen. Das geschieht durch Abbrennen der Wälder. Die Brandrodung (Abb. 84.2) ist die einfachste Methode zur Gewinnung von landwirtschaftlichen Nutzflächen. Zwischen den verkohlten Baumstämmen säen oder pflanzen die Bauern ihre Feldfrüchte (Abb. 84.3). In der Asche, die als Dünger genutzt wird, gedeihen Knollengewächse wie Yams, Süßkartoffeln und Maniok im ersten Jahr hervorragend. Allerdings ist die fruchtbare Humusschicht der Böden in den feuchten Tropen nur schwach ausgeprägt. Der Wald lebt in einem geschlossenen Nährstoffkreislauf (▷ S. 20). Ohne ständige Zufuhr von Nährstoffen durch absterbende Vegetation sind die Böden außerordentlich arm (vgl. Abb. 84.4). Spätestens im dritten Anbaujahr gehen deshalb die Erträge deutlich zurück. Die Felder können die Bauernfamilie nicht mehr ernähren. So sind die Menschen gezwungen, weiterzuziehen und eine

84.2 Brandrodung

84.4 Karger Tropenboden

DIE ERDE – EINE WELT?

85.1 Feldbau auf einer Rodungsinsel

neue Waldfläche niederzubrennen (Abb. 84.2). Diese Wirtschaftsform wird Wanderfeldbau genannt, sie ist in den tropischen Regenwäldern West- und Zentralafrikas, in Südostasien und im Amazonasgebiet verbreitet.

Vom Wanderfeldbau zur Landwechselwirtschaft

Wo die Bevölkerungsdichte zu groß ist und die Landreserven zu klein sind, wird der Wanderfeldbau von der Landwechselwirtschaft abgelöst. Die Bestellung der Felder geschieht von einer festen Siedlung aus, um die herum Brandrodung betrieben wird.

Dabei wird nur ein kleiner Teil des Waldes als Ackerfläche genutzt. Ist der Boden erschöpft, wird die Anbaufläche gewechselt. Das zuerst in Kultur genommene Feld wird erst nach 8 Jahren Brache wieder abgebrannt und bestellt. Diese Zeit ist aber zu kurz, um die Bodenfruchtbarkeit zurückzugewinnen (Abb. 85.3).

Probleme des Brandrodungsfeldbaus

Der auf Brandrodung beruhende Wanderfeldbau erfordert viel Platz. Ist die Bevölkerungsdichte so gering wie in Gabun, bleibt dem Wald mehr Zeit, die verlassenen und verbrauchten Ackerflächen zurückzuerobern. Nimmt die Bevölkerung allerdings zu, zwingt dies zu einer schnelleren Nutzungsfolge, was aber zur raschen Bodenermüdung und letztlich zur Unfruchtbarkeit führt. Sind die Rodungsflächen sehr groß, vergrößert sich außerdem in dem regenreichen Klima die Gefahr der Bodenerosion.

▪ Aufgaben

1. Nenne die Ursache für die Brandrodungskultur in den feuchten Tropen und begründe die Abhängigkeit des Wanderfeldbaus von der Bevölkerungsdichte.
2. Sprich über die Form der Brandrodungswirtschaft (Abb. 85.2–4).
3. Beurteile, ob der Wanderfeldbau als „der Natur angepasst" bezeichnet werden kann.
4. Informiere dich über Nutzpflanzen des tropischen Regenwaldes (Lexikon).
5. Überlege, ob der Brandrodungsfeldbauer andere Erwerbsmöglichkeiten hat.

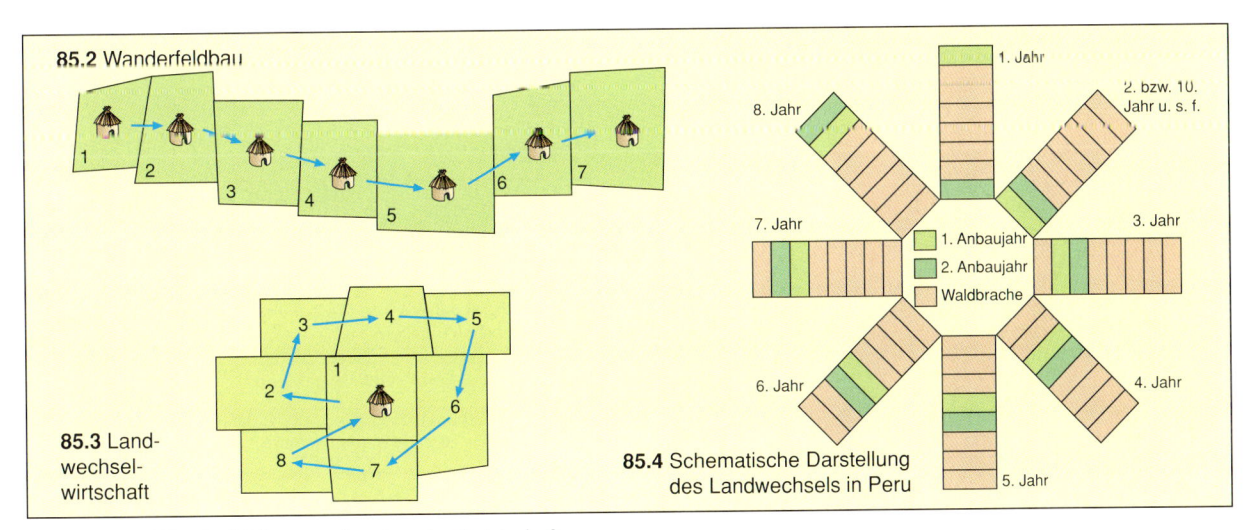

85.2 Wanderfeldbau

85.3 Landwechselwirtschaft

85.4 Schematische Darstellung des Landwechsels in Peru

85.2–4 Vom Wanderfeldbau zur Landwechselwirtschaft

DIE ERDE – EINE WELT?

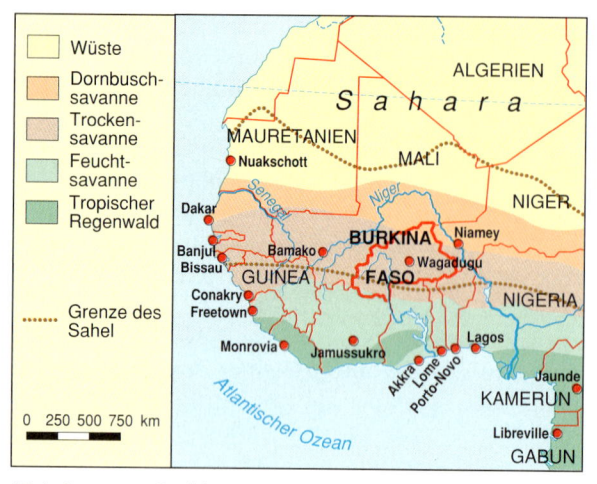

86.1 Lage von Burkina Faso

Jahr	1988	1989	1990	1991
Anzahl der Dörfer	7	60	122	198
Verbesserte Fläche (in ha)	85	542	831	1607

86.2 Beteiligung am Projekt PATECORE

Angepasste Technik – das Projekt Patecore

Südlich der Wüste Sahara erstreckt sich der westafrikanische Staat Burkina Faso (Abb. 86.1). Da er im Inneren des Kontinents liegt und keine Verbindung zum Meer hat, ist er ein Binnenstaat. Burkina Faso ist ein nahezu reines Agrarland, dessen Bewohner zu mehr als 80% von der Selbstversorgungswirtschaft leben. Es gehört mit seinen 10 Millionen Einwohnern (1994) zu den ärmsten Ländern der Welt.

Bei Temperaturen von tagsüber 40°C und mehr sind die Niederschläge von 400 bis 500 mm im Norden des Landes nur der bekannte Tropfen auf den heißen Stein. Die Niederschläge fallen vor allem in der sommerlichen Regenzeit, sie steigen in der Landesmitte auf 800 bis 900 mm und im Südwesten auf 1000 bis 1300 mm. Der einzige ganzjährig wasserführende Fluss ist der Schwarze Volta.

Aufgrund der langen und heißen Trockenzeiten ist für die Menschen Wasser die Grundvoraussetzung zum Überleben. Die meisten Menschen müssen um

Das Vordringen der Wüste – eine Kette aus Ursache und Wirkung

Im Erdkundeunterricht wirst du immer wieder erfahren, dass bestimmte Erscheinungen der belebten und unbelebten Natur von mehreren Bedingungen abhängen. Wenn sich eine Bedingung ändert, oft durch den Eingriff des Menschen, verändert sich die gesamte Kette aus Ursache und Wirkung, häufig zum Nachteil von Mensch und Natur. Die Prozesse, die dabei sehr langsam ablaufen, sind oft sehr schwer zu erkennen und daher schwierig zu beschreiben. Durch ein vereinfachtes Wirkungsschema lässt es sich jedoch veranschaulichen und deshalb besser verstehen.

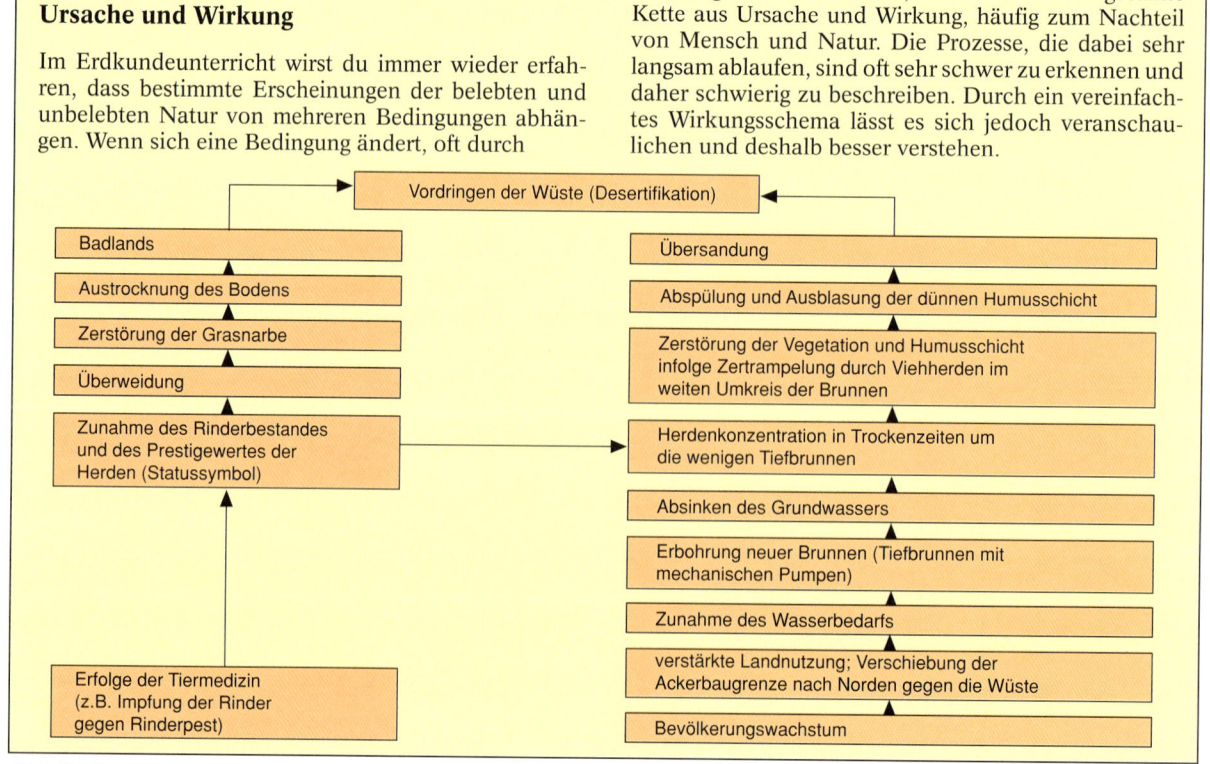

86.3 Wirkungsschema: Das Vordringen der Wüste

ihr tägliches Brot kämpfen. Unterernährung ist weit verbreitet und die Kindersterblichkeit liegt hoch. Verschärft werden diese ungünstigen Verhältnisse durch immer wiederkehrende Dürreperioden. In der Folge werden großflächig Böden und Vegetation zerstört. So dehnt sich die Wüste ständig aus und bedroht die Lebensgrundlagen der Menschen (Abb. 86.3).

Das Projekt Patecore

Um die Lebensbedingungen zu verbessern, hat die Deutsche Gesellschaft für Technische Zusammenarbeit im Jahre 1988 das Projekt „Ressourcen schonende Bewirtschaftung auf dem Zentralplateau von Burkina Faso" (PATECORE) begonnen. Die Schwerpunkte des Programms liegen in einer standortgerechten dörflichen Landnutzung. Hierzu ist als erstes erforderlich, die Bodenabtragung einzuschränken und während der Regenzeit die sturzflutartigen Niederschlagswasser zurückzuhalten. Das Projekt PATECORE unterstützt die Bauern beim Verbau der Erosionsrinnen und -gräben, in denen bislang ein Teil des Oberbodens (bis zu 200 Tonnen Boden pro Hektar) weggespült wird und das Wasser ungenutzt abfließt.

Die Bevölkerung sammelt Steine, die als sorgfältig eingemessene Steinwälle in den Erosionsgräben aufgeschichtet werden. Nach Niederschlägen brechen sie dort die Flutwelle, sodass ein Teil der Wassermassen gezielt und in gleichmäßiger Verteilung auf die benachbarten Felder gelangt. So kann das Wasser großflächig in den Boden eindringen; feste Bestandteile und Schlamm werden abgesetzt. Voraussetzung für diese Maßnahmen ist die Ausbildung von Beratern in den Dörfern, die es verstehen, Höhenlinien einzumessen, Luftbilder zu lesen und die Technik sowie Organisation des Steinwallbaus ihren Leuten zu vermitteln. Gearbeitet wird nur mit einfachen Arbeitsmaterialien, die das PATECORE den Dörfern zur Verfügung stellt: Schubkarren, Hämmer, Schaufeln, Hacken, Brechstangen.

Die Ergebnisse der Boden und Wasser konservierenden Maßnahmen sind überzeugend. Selbst bei geringen Niederschlägen fällt die Hirseernte bereits im ersten Jahr um 40 % höher aus. Das stützt die vertrauensvolle Bereitschaft der Bauern zur weiteren Mitwirkung am Projekt. Deshalb arbeiten immer mehr Dörfer mit dem Projekt zusammen (Abb. 86.2). Dass die Hilfe zur Selbsthilfe in rasch wachsendem Umfang von den Menschen akzeptiert wird, ist nicht nur auf die sofortige Steigerung der landwirtschaftlichen Produktion zurückzuführen. Wichtig ist auch, dass die dörfliche Bevölkerung bei allen Planungen, Entscheidungen und der Durchführung von Maßnahmen beteiligt ist. Damit wächst auch die Fähigkeit, sich selbst zu helfen.

87.1 Verbau von Erosionsgräben

■ Aufgaben

1. Berichte über die natürlichen Voraussetzungen in Burkina Faso.
2. Sprecht in der Klasse über das Wirkungsschema „Vordringen der Wüste" (Abb. 86.3). Versucht Abhängigkeiten voneinander zu entdecken und zu erklären.
3. Begründe den Erfolg des Projekts PATECORE.
4. Das Projekt PATECORE leistet Hilfe durch „angepasste Technik". Welche Vorzüge erkennst du gegenüber Projekten mit hoch mechanisiertem Technikeinsatz?

87.2 In der Regenzeit

DIE ERDE – EINE WELT?

88.1 Shizua mit ihrem jüngsten Kind

Frauenalltag in Burkina Faso

Rund 120 km nordwestlich von Wagadugu (Ougadougou), der Hauptstadt Burkina Fasos, liegt das 400 Einwohner zählende Dörfchen, das vom Projekt PATECORE betreut wird. Hier lebt Shizua, die Frau von Harun. Shizua gehört wie ihr Mann dem Stamm der Mossi an, der größten Volksgruppe in Burkina Faso. Die beiden sind seit sieben Jahren verheiratet. Die heute 22-jährige Shizua hat bereits sechs Kinder geboren, von denen aber nur vier leben. Zwei Babys starben an Durchfall.

Shizuas Tagesablauf verläuft wie bei vielen afrikanischen Frauen. Er wird geprägt von Hausarbeit, Kinderversorgung, Holzbeschaffung und dem Herbeiholen von Wasser. Das sind schwere und zeitaufwendige Tätigkeiten. Für das Sammeln von Holz braucht Shizua mehrere Stunden, denn in weitem Umkreis um das Dorf ist alles Buschwerk bereits als Feuerholz vernichtet worden.

Das Wasserholen allerdings, für das Shizua in der Trockenzeit, wenn die Dorfbrunnen und nahen Wasserstellen austrocknen, früher viel Zeit gebraucht hat (5 bis 15 km lange Wege), ist leichter geworden. Mit Hilfe des Projekts PATECORE wurde ein Tiefbrunnen gebohrt, der die ganzjährige Wasserversorgung für das Dorf sichert.

Die eingesparte Zeit nutzt Shizua verstärkt zum Hacken, Säen und Unkraut jäten auf den Feldern, für den Transport der Ernte und die Versorgung der Tiere. Daneben verfügt sie wie die meisten Frauen im Dorf auch über ein eigenes Stückchen Land, auf dem sie Gemüse anbaut. Das meiste dient zur Ergänzung der Familienmahlzeiten. Über den Ertrag bzw. das Geld aus ihrem eigenen Land, das sie für den Verkauf der Produkte erhält, verfügt sie ganz alleine. Alles andere, was der Familie gehört, wird vom Haushaltsvorstand, ihrem Mann Harun, verwaltet.

Bis gestern hat Shizua sogar noch den Männern des Dorfes beim Verbau der Erosionsgräben geholfen. Die Hirsemühle ist ausgefallen. Sie geht leider ziemlich oft kaputt und dann muss Shizua mühsam die Hirsekörner für das tägliche Brot mit der Hand und mit Hilfe von Steinen mahlen. Das ist eine sehr kraft- und zeitraubende Tätigkeit. Die Frauen wünschen sich sehnlichst eine zweite Hirsemühle für die Dorfgemeinschaft.

Was bringt das Projekt PATECORE für die Frauen? Wenn Shizua gefragt wird, was sie und die anderen Frauen des Dorfes von den Erosionsschutzmaßnahmen halten, kommt in Form einer Gegenfrage die überzeugende Antwort: „Wenn wir das heute nicht machen, was werden wir morgen essen?"

Das Projekt PATECORE in Burkina Faso konzentriert sich jedoch nicht nur auf Erosionsschutz und Wasserspeicherung, sondern auch auf die unmittelbare Unterstützung und Arbeitserleichterung der Frauen, und zwar durch:
- Einrichtung von Tiefbrunnen mit Pumpen,
- Vergabe von Krediten zum Kauf von Getreidemühlen,
- Vergabe von Krediten für Schafzucht,
- Vergabe von Kleinkrediten für den Ankauf der Zutaten zur Herstellung von lokalem Bier, Getreide, Gebäck, Seife und ähnlichen Produkten.

Ferner achtet das Projektmanagement darauf, dass Frauen Zugang zu den Ausbildungen bekommen und als Projektberaterinnen in ihrem Dorf wirken können. 1988 waren nur 8 % der dörflichen Beraterinnen Frauen, 1991 bereits 25 %.

■ Aufgaben

1. Schildere die tägliche Arbeitsbelastung Shizuas und vergleiche sie mit dem Leben bei uns.
2. Überlege, welche Auswirkungen es auf die Arbeitsbelastung der Frauen hat, wenn die Maßnahmen des Projektes durchgeführt werden.

DIE ERDE – EINE WELT?

GEO-PRAXIS

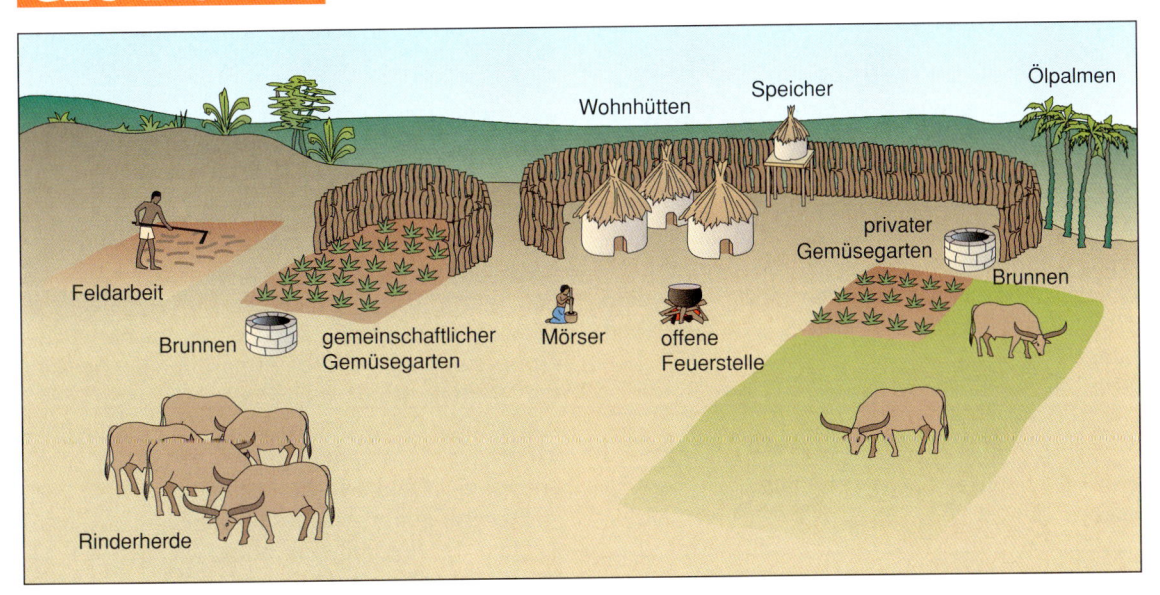

89.1

Wir werten Zeichnungen aus

Die Abbildung 89.1 zeigt ein typisches Dorf, wie es in weiten Teilen Afrikas anzutreffen ist. Die Menschen wirtschaften unter traditionellen Arbeits- und Lebensbedingungen. Abb. 89.2 zeigt anhand eines Modelldorfes, wie mit angepasster Technik die Lebensbedingungen verbessert werden können.
Vergleiche die traditionellen Arbeits- und Lebensbedingungen mit den Maßnahmen angepasster Technik. Stelle in einer Tabelle vorher und nachher gegenüber. Unterscheide zwischen Intensivierung der Feldarbeit, Arbeitserleichterung, Einsatz der Energie.
Diskutiert anschließend in der Klasse den Satz: Angepasste Technik muss besser und leistungsfähiger sein als der Dreschflegel, den der Bauer benutzt, aber sie muss um ein Vielfaches billiger sein als moderne selbst fahrende Mähdrescher.

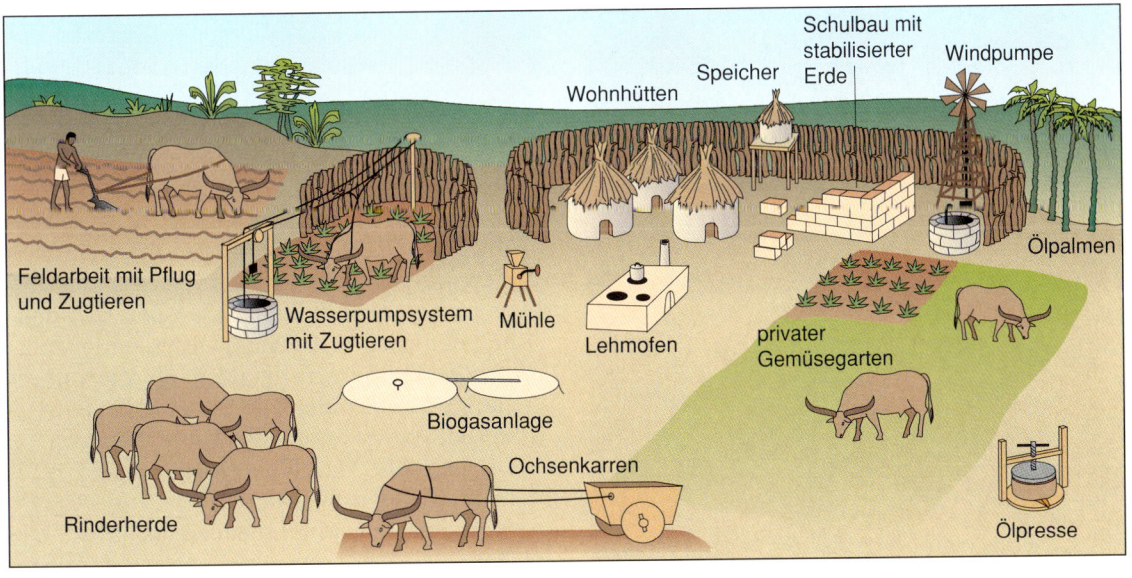

89.2

DIE ERDE – EINE WELT?

Indien – Grüne Revolution und industrielle Revolution?

In Indien wird alle 1,3 Sekunden ein Kind geboren. In dem Zeitraum, den du zum Lesen dieses Kapitels brauchst, sind es also einige hundert. Gleichzeitig verhungern viele Menschen. Dagegen gibt es in Indien mehr Millionäre als in Deutschland. Der Staat gehört zu den Atommächten und nimmt bei der industriellen Produktion die 9. Stelle der Welt ein.
Sind revolutionäre Maßnahmen nötig, um dem Großteil des 900-Millionen-Volkes das Überleben zu sichern?

	1970	1980	1986	1992
Reis	60	64	95	109
Weizen	19	35	47	54

90.1 Entwicklung der Reis- und Weizenproduktion

1971	1981	1986	1992
548	685	785	880

90.2 Bevölkerungsentwicklung in Indien (in Mio.)

90.3 Hochertragsreis

90.4 Hochertragsweizen

Die Grüne Revolution

Revolution bedeutet Umsturz, Veränderung, Neuerung, Verbesserung. Der Begriff „Grüne Revolution" bezieht sich auf revolutionäre Maßnahmen in der Landwirtschaft. Noch Mitte dieses Jahrhunderts stieg die Bevölkerung schneller als Indiens landwirtschaftliche Produktion. Häufig traten Hungersnöte auf. Durch die Maßnahmen der „Grünen Revolution" konnten die landwirtschaftlichen Erträge deutlich (Abb. 90.1) gesteigert werden. Möglich wurde diese Entwicklung durch die gezielte Verwendung schnell wachsender, zwergwüchsiger Hochertragssorten. Der Anbau der hochgezüchteten Sorten bringt allerdings nur dann den gewünschten Erfolg, wenn moderne agrartechnische Methoden angewandt werden. Dazu ist zunächst einmal viel Geld erforderlich:

- Das Saatgut muss jedes Jahr neu gekauft werden.
- Dem Boden müssen hohe Mengen an Mineraldünger beigegeben werden.
- Pflanzenschutzmittel müssen eingesetzt werden, um die Pflanzen vor Krankheiten und Insektenbefall zu schützen.
- Motorpumpen für künstliche Bewässerung sind unerlässlich.
- Moderne landwirtschaftliche Maschinen für Feld- und Erntearbeiten sind anzuschaffen.

Auf diese allerdings teure Weise werden hohe Ernten möglich. Die Zeiten ständiger Hungersnöte sind vorbei. Wie es scheint, ist die „Grüne Revolution" in Indien ein Erfolg. Ist sie möglicherweise ein Modell für andere Entwicklungsländer mit ebenso raschem Bevölkerungsanstieg und dem damit verbundenen Nahrungsmangel? Aber so leicht lässt sich der Hunger nicht besiegen:

- Für Landschaften ohne sichere Bewässerungsmöglichkeit ist der Anbau unter den Bedingungen der „Grünen Revolution" ausgeschlossen. Die Folge in Indien: Die Gegensätze zwischen armen und reichen Regionen verschärfen sich.
- Nur wohlhabende Bauern können sich den hohen finanziellen Aufwand leisten und nutzen die staatlichen Vergünstigungen für die erforderlichen Betriebsmittel. Die Einnahmen der reichen steigen stärker als die der armen Bauern.
- Der erhöhte Maschineneinsatz macht zahllose Landarbeiter arbeitslos.
- Pflanzenschutzmittel schaden der Umwelt.
- Durch die intensive Bewässerung versalzen die Böden, wenn nicht gleichzeitig kostenaufwendig Entwässerung betrieben wird.

DIE ERDE – EINE WELT?

Rourkela – industrielle Arbeitsplätze durch Wirtschaftshilfe

In der Kolonialzeit war Indien nur Rohstofflieferant und Absatzmarkt für die englische Kolonialmacht. Nach der Unabhängigkeit Indiens (1947) setzte der Staat vor allem auf Großbetriebe und die Schwerindustrie.

Eines der wenigen Großprojekte, bei dem die Entwicklungshilfe erfolgreich war, ist das mit wirtschaftlichem Gewinn arbeitende Hüttenwerk Rourkela. 1959 mit deutscher Hilfe errichtet, braucht das Werk heute keine ausländischen Berater und Manager mehr. Der in den Hochöfen erzeugte Stahl wird in angeschlossenen Fertigungsanlagen weiterverarbeitet. Ein Großkraftwerk liefert den erforderlichen Strom. Das Rourkela-Projekt begünstigte die Ansiedlung weiterer Industriebetriebe (Abb. 91.1). Ein Chemiewerk veredelt die bei der Verkokung anfallenden Nebenprodukte. Zahllose Kleinbetriebe erzeugen Zulieferprodukte für das Werk und Bedarfsgüter für die inzwischen verzehnfachte Bevölkerung (ca. 350 000 Menschen). Die Familien der 40 000 Industriearbeiter sind mit Schulen, Kindergärten und Supermarkt, Wohnungen und medizinischer Betreuung für indische Verhältnisse hervorragend versorgt.

Betrachtet man jedoch die Gesamtheit des indischen Staates und seiner Bevölkerung, verblasst Rourkela und manches andere Großunternehmen. Angesichts der rückständigen Lebensbedingungen auf dem Land und der bedrückenden Slums in den Großstädten bleiben solche Großbetriebe lediglich „Inseln des Wohlstands in einem Meer von Armut".

91.2 Hüttenwerk in Rourkela

■ Aufgaben

1. Vergleiche die Bevölkerungsentwicklung (Abb. 90.2) und die Entwicklung der Getreideproduktion in Indien (Abb. 90.1).
2. Nenne die Voraussetzungen für die Ertragssteigerung durch die „Grüne Revolution".
3. Beurteile die ökologischen, sozialen und regionalen Probleme, die die „Grüne Revolution" mit sich bringt.
4. Nenne Gründe, die zur Ansiedlung der Stahlindustrie in Rourkela führten.
5. Liste Folgeindustrien des Hütten- und Stahlwerkes Rourkela auf (Abb. 91.1).
6. Erörtere den letzten Satz des Textes: „Insel des Wohlstands in einem Meer von Armut".

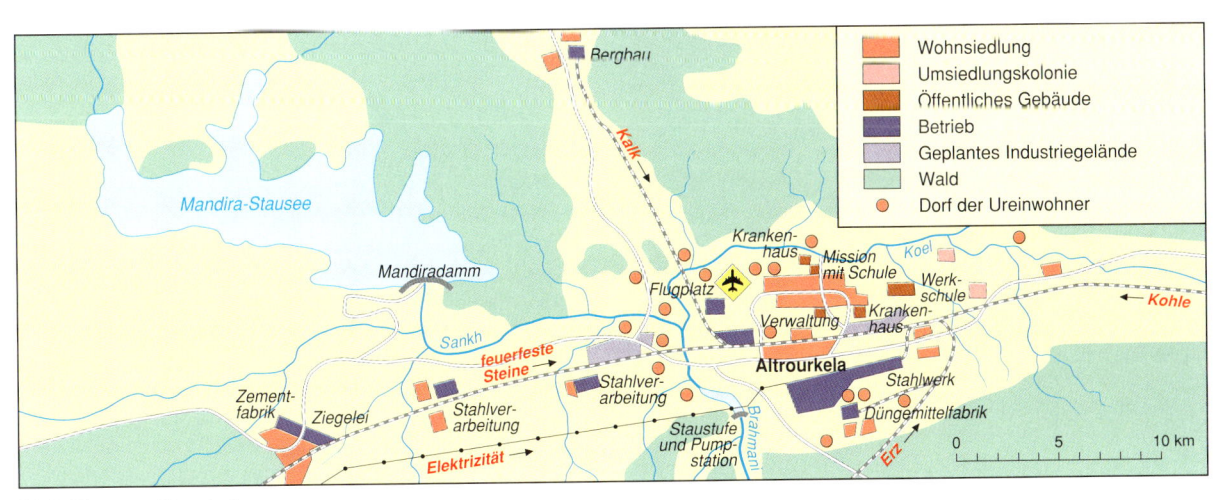

91.1 Plan von Rourkela

DIE ERDE – EINE WELT?

GEO-PRAXIS

92.1

92.2

Wir werten Bilder aus

Bilder anzuschauen macht Spaß. Man kann gleichzeitig aus ihnen lernen und Informationen gewinnen. Schon die Chinesen wussten: Ein Bild sagt mehr als 1000 Worte. Worte müssen einen Sachverhalt oft umständlich beschreiben. Liest du oder hörst du sie, muss sich bei dir davon eine Vorstellung, ein inneres Bild formen. Manchmal will das nicht so recht gelingen. Wissenschaftler haben ermittelt, dass wir Menschen unser Wissen etwa zu drei Vierteln mit den Augen aufnehmen. Doch auch das Betrachten von Bildern will gelernt sein. Oberflächliches Ansehen genügt nicht, wenn man die Aussagekraft eines Bildes voll erschließen will. Du musst dich mit dem Bild auseinander setzen, es studieren, die Einzelinformationen erkennen, Zusammenhänge und Beziehungen aufdecken, es mit deinem bereits erworbenen Wissen in einen größeren Zusammenhang einordnen.

Gezielte Bildauswertung

Stelle dir z. B. die Aufgabe, Bildern ohne Titel eine Überschrift zu geben. Was fällt dir auf? Was regt dich zum Nachdenken an? Was erstaunt dich? Beachte Vorder-, Mittel- und Hintergrund. Beschreibe den Inhalt. Mit diesen Hilfen näherst du dich der Bilderfassung.
Es bleiben natürlich noch weiterführende Fragen, die durch das Bild nicht beantwortet werden können. Du kannst noch mehr über das Leben der Menschen erfahren, wenn du die abgebildeten Landschaften und Orte im Atlas aufsuchst. In einer Statistik oder in Lexika kannst du nachlesen, wie viele Menschen in diesen Orten leben.

Bilder sind zwar wichtig, sie zeigen aber immer nur einen bestimmten Lebensausschnitt zu einem bestimmten Zeitpunkt. Deshalb sollte die Auswertung von Bildern durch andere Hilfsmittel und Informationen ergänzt werden. So machen die Entdeckungen in der Welt der Bilder noch mehr Spaß.

Auf dieser Doppelseite findest du sechs Bilder. Sie zeigen Unterschiedliches. Je zwei bilden zusammen einen Kontrast, einen Gegensatz. Alle zusammen können aber auch unter eine gemeinsame Überschrift gestellt werden.

Überlege dir zunächst eine passende Unterschrift für jedes Bild. Die Kontrastpaare zusammenzustellen, wird dir leichtfallen. Begründe den Kontrast. Finde anschließend das verbindende Thema für alle sechs Bilder.

Um die gestellten Aufgaben zu lösen, musst du die Fotos genau betrachten. Versuche eine genaue Beschreibung der Bildinhalte. Lies möglichst noch nicht die nachstehenden Hinweise zu den Bildern.

Abb. 92.1 zeigt dir, wie eine achtköpfige Familie im Elendsviertel (Slum) von Mexiko-City lebt. Die Hütte wurde für eine Ausstellung über die Dritte Welt im Museum nachgebaut. Woraus besteht das Baumaterial des „Wohnhauses"? Beachte Dach und Außenwand. Schätze die Größe des Wohnraumes. Ein Teil des Bettgestells ragt in die Tür. Wo und womit wird gekocht? Was erfährst du über die Wasserversorgung? Auf dem

DIE ERDE – EINE WELT?

93.1

93.2

Bild sind nur Frauen und Kinder. Wo sind die Männer? Versuche, dich in das Leben dieser Menschen hineinzuversetzen. Womit spielen die Kinder? Überlege, wie du in einer solchen Hütte leben würdest. Worauf müsstest du verzichten?

Abb. 92.2 ist ebenfalls ein Ausstellungsbild. So leben und wohnen viele Kinder in Deutschland: 10 m² Wohnfläche für ein Kind. Vergleiche mit der Slumhütte. Beschreibe den Inhalt des Zimmers. Braucht ein Kind das alles? Vergleiche mit dem Inhalt deines Zimmers und auch mit den Spielmöglichkeiten der Slumkinder.

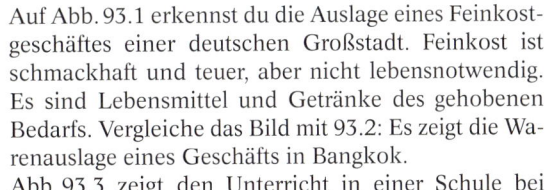

Auf Abb. 93.1 erkennst du die Auslage eines Feinkostgeschäftes einer deutschen Großstadt. Feinkost ist schmackhaft und teuer, aber nicht lebensnotwendig. Es sind Lebensmittel und Getränke des gehobenen Bedarfs. Vergleiche das Bild mit 93.2: Es zeigt die Warenauslage eines Geschäfts in Bangkok.

Abb. 93.3 zeigt den Unterricht in einer Schule bei Manaus (Brasilien). Beschreibe den Klassenraum und seine Ausstattung. Welche Hilfsmittel für den Unterricht erkennst du? Schätze das Alter der Kinder. Erkennst du große Altersunterschiede? Vergleiche mit Abb. 93.4, einem Klassenraum in Deutschland.

93.3

93.4

DIE ERDE – EINE WELT?

94.1 Übersichtskarte von Togo

Togo

… ein 56 000 km² großes Land am Golf von Guinea, hat 4,0 Mio Einwohner (1994) und gehört zu den ärmsten Ländern Afrikas.
Von 1884 bis 1914 war Togo deutsche Kolonie. Später war es zum Teil unter englischer und französischer Verwaltung. Seit 1960 ist Togo unabhängig. Es gibt mehr als 40 Volksstämme mit eigener Sprache. Amtssprache ist Französisch. 30 % der Bevölkerung sind Christen, 10 % Moslems, und 60 % gehören Naturreligionen an.
In Togo ist es ganzjährig heiß (▷ S. 51). Es gibt zwei Regenzeiten (April–Juli und September–November).

94.2 Togo in Stichworten

94.3 Ein Waisenkind wird Pflegeeltern übergeben

Vom Touristen zum Entwicklungshelfer

Moses
„Ein verschmutzter Karton war es, den uns Brigitte auf den Tisch legte. Der Inhalt: ein verdrecktes, abgemagertes und übel riechendes Bündel Mensch in einer verschmutzten, viel zu großen Unterhose.
In einem Kauderwelsch von Französisch und einheimischer Sprache berichtet sie, dieses Kind sei von den Fischern am Strand gefunden worden und niemand wisse damit etwas anzufangen. Man habe ihr diesen Karton gegeben mit der Bedrängnis, sie möge es den „Jawos" (Weißen) geben, für die sie ja arbeite. Sie würden sich sicherlich darum kümmern. Brigitte, unsere Helferin, säubert zunächst dieses Menschlein mit Kernseife. Auch ein Hemdchen und eine Hose werden aufgetrieben. Das Kind hat keinen Ausdruck in den Augen. Es weint nicht, sagt nichts, reagiert weder auf Bewegung noch Geräusche. Wir schätzen es auf ca. 3 Jahre. Es ist abgemagert und greift als erstes in Erde, um sie sich in den Mund zu stopfen.
Es ist Montag und normalerweise würde dieses Findelkind den Namen des Wochentages erhalten, an dem es gefunden wurde. Aber für uns war nichts nahe liegender, als ihn „Moses" zu nennen. Nicht ausgesetzt in einem Weidenkörbchen, sondern abgelagert in einem schmutzigen Karton. Wer mochten die Eltern sein, aus welchem Grund hat eine Mutter dieses Kind ausgesetzt? Moses selbst wird uns dies nie erzählen können und die Behörden werden die Mutter nie finden."
(Irmhild Keller: Reisebericht AWA Togo, 1989)

94.4 Reiseberichte

Irmhild Keller und Kurt Fischer aus Viersen begannen 1970 als Touristen, Afrika zu bereisen. Bis 1977 erkundeten sie Kamerun, Simbabwe, Südafrika, Tansania, Uganda, Ägypten, Mali, Burkina Faso, Ghana, Benin und Togo.

In der Hauptstadt von Togo, Lomé, trafen sie einen katholischen Pfarrer aus Belgien. Er berichtete von seiner Arbeit mit Slumkindern, die wegen kleinerer Delikte in einem Jugendgefängnis Lomés saßen und ohne Aussicht auf eine Änderung ihrer Situation dahinsiechten. Sie wollten sich das ansehen. Was sie sahen, veränderte ihr Leben. Fünfzig 6- bis 18-jährige Kinder und Jugendliche saßen zusammengepfercht in einem Raum ohne Mobiliar. Strohmatten dienten als Liegestätte. Ohne Gerichtsurteile oder Beweis wurden sie festgehalten. Sofort beschlossen sie, diesen Kindern zu helfen. Zu Hause angekommen, sammelten sie Geld- und

DIE ERDE – EINE WELT?

Sachspenden und schickten sie Pfarrer Meyer, der dafür sorgte, dass die Kinder in bestehende Kinderdörfer in Togo aufgenommen wurden. Sie fanden Menschen, die bereit waren, Patenschaften für die Kinder zu übernehmen und monatlich mit einem für uns geringen Geldbetrag dafür zu sorgen, dass Verpflegung, Ausbildung und Unterkunft gesichert waren.

Als sie im nächsten Jahr nach Togo kamen, erfuhren sie, dass ihre Hilfe noch mehr gebraucht wurde. Es gab unzählige Waisen- und Flüchtlingskinder. Sie entschlossen sich, einen Verein zu gründen, um Spenden sammeln zu können und Mitglieder zu werben. Sie nannten ihn AWA (**A**ktionsgemeinschaft Dritte **W**elt – **A**frika).

Die Zahl der zu betreuenden Kinder wurde immer größer, heute liegt sie bei fast 300. Aufgrund ihrer Erfahrungen mit den Lebensverhältnissen in den Entwicklungsländern stellten sie ihre Hilfe um. So vermieden sie eine Versorgung nach europäischem Muster, die zwangsläufig später zu einer Unzufriedenheit mit den Verhältnissen im eigenen Land führen muss. Außerdem sollen die Kinder in eine Stammesgemeinschaft eingegliedert werden. Aus diesen Gründen leben sie in Großfamilien, die Geld für die Versorgung der Kinder erhalten. Dabei bekommen die Familien nur Finanzmittel für die Ernährung. Das Schulgeld wird direkt an die Schulverwaltung gezahlt, damit gewährleistet ist, dass die Schule auch besucht wird.

■ Aufgaben

1. Suche Togo im Atlas und gib Nachbarstaaten an. In welcher Klimazone liegt Togo?
2. Du hast Informationen über Togo und die Lebensverhältnisse der Menschen dort erhalten. Berichte darüber.
3. Die AWA hat in Togo ehrenamtlich tätige einheimische Mitglieder, die bei der Betreuung vor Ort helfen.
   Was spricht für diese Organisationsform?
4. Die Entwicklungshelfer aus Viersen sind in Togo tätig geworden. Gib ihre Beweggründe an.
5. Die Kosten für Ausbildung und Unterhalt eines Kindes in Togo betragen 30 DM je Monat. Vergleiche mit den Verhältnissen in Deutschland.

95.1 Traditionelle Siedlungen in Togo

95.2 Kinder beim Straßenbau in Togo

95.3 Togos Kinderreichtum – ein Problem

DIE ERDE – EINE WELT?

96.1 Schneider auf dem Markt

Projekt Nähstube

Dass Kurt Fischer seit Jahren Brillen sammelte, die er einem Augenarzt in Lomé schickte, war der Viersener Bevölkerung bekannt. Bei seinen Freunden wurde er deshalb scherzhaft „Brillen-Kurt" genannt. Selbst nachts rappelte es zuweilen in seinem Briefkasten, wenn irgendjemand eine Brille hineinwarf.

Mit diesen Aktivitäten hatte er sehr vielen Menschen in Afrika geholfen, für die die Anschaffung einer Brille wegen der hohen Kosten unmöglich war. Als er nun auch noch anfing, Nähmaschinen zu sammeln, war man gespannt, was er damit vorhatte. Hören wir, was „Brillen-Kurt" dazu erklärte:

„Einen Beruf zu haben und dazu auch noch das nötige Handwerkszeug zu besitzen, ist für die Menschen in Afrika das wichtigste Mittel zur Lebenssicherung. Dies wissen auch die Handwerksmeister in Togo und darum verlangen sie für die Ausbildung von Lehrlingen ein hohes Lehrgeld. Wahre Hilfe zur Selbsthilfe kann aber nur gegeben werden, wenn man jungen Menschen die Möglichkeit gibt, einen Beruf ohne diese Hürde zu erlernen. Aus diesem Grund werden wir, die AWA, die Berufsausbildung unserer Patenkinder fördern."

Man begann mit der Berufsausbildung für Mädchen, denn die Hauptlast für die Versorgung der Familie ruht in Afrika auf den Schultern der Frauen. Sie sind es, die Wasser holen, die Felder bestellen und die Kinder versorgen, während die Männer andere Aufgaben haben.

1988 wurde eine Schneidermeisterin eingestellt und in Porto Securo eine Nähstube errichtet, in der mit bereitgestellten Nähmaschinen Mädchen zur Näherin ausgebildet werden.

Diese Mädchen sind zum Teil noch Analphabetinnen. Es gibt zwar eine Schulpflicht in Togo, doch sie wird von vielen nicht wahrgenommen (▷ S. 78). Der Schulunterricht findet häufig im Freien statt und die Schüler verfügen kaum über Bücher. Meistens besitzen sie nur eine kleine Tafel mit Griffel, um den Lernstoff festzuhalten. Manchmal ist auch diese nicht vorhanden, dann müssen die Kinder alles im Kopf behalten.

Der Schulweg ist oft kilometerlang und die einzige Erfrischung während des Tages besteht aus einem

96.2 Ausbildungszentrum der AWA

DIE ERDE – EINE WELT?

97.1 Schulklasse in Togo

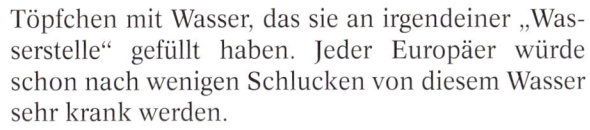

97.2 Wasserstelle für das Schulgebäude

Töpfchen mit Wasser, das sie an irgendeiner „Wasserstelle" gefüllt haben. Jeder Europäer würde schon nach wenigen Schlucken von diesem Wasser sehr krank werden.
Es gibt vier Pflichtschuljahre. Das Schulgeld beträgt 25 DM im Jahr, für die Menschen dort ein hoher Betrag.
Wenn man dies bedenkt, wird verständlich, was es für einfache Leute bedeutet, einen Beruf erlernen zu dürfen. Um dies auch den Dorfbewohnern nahe zu bringen, wurde am Ausbildungsort ein Verein gegründet, der das Nähzentrum unterstützt und über die richtige Verwendung der Gelder wacht. Außerdem gewann man die Mithilfe einer wohlhabenden Togoer Familie.

Die Schneiderinnung Togos sieht nur ungern, dass Lehrlinge kostenlos ausgebildet werden. Nach alter Tradition hat der, der etwas lernen will, auch zu zahlen. Dies bedeutet jedoch, dass nur reiche Leute oder Leute der Mittelschicht eine Chance haben.
Inzwischen haben die ersten fünf Mädchen die Ausbildung mit einer Abschlussprüfung beendet. Die Prüfungsgebühren wurden von der AWA bezahlt. Als Start in ein neues Leben bekommen sie eine Nähmaschine, Nähgarn, einige Stoffe und einen Geldbetrag. In ihrer dreijährigen Lehrzeit haben sie auch gelernt, mit muskelbetriebenen Nähmaschinen zu arbeiten, denn in vielen Gebieten Togos gibt es keinen oder nur unregelmäßig Strom.
Die derzeitigen Pläne umfassen eine Tischler- und Mechanikerausbildung für Jungen.

■ Aufgaben
1. Eine Brille kostet in Togo etwa so viel wie bei uns. Nach Angaben der Weltbank liegt das Pro-Kopf-Einkommen im Jahr unter 500 Mark. Vergleiche.
2. Nenne Unterschiede der Schul- (Abb. 97.3) und Berufsausbildung in Deutschland und Togo.
3. In Deutschland erhalten Auszubildende Geld, in Togo müssen sie bezahlen. Sprich darüber.
4. Die AWA hat bewusst erst Mädchen ausgebildet. Nenne Gründe dafür.
5. Ordne die Bilder von S. 96/97 den Ausführungen im Text zu.

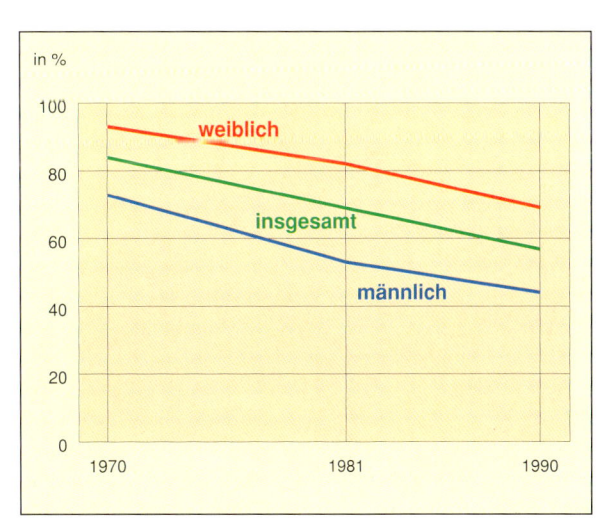

97.3 Analphabeten in Togo

DIE ERDE – EINE WELT?

98.1 Frauen beim Wasserholen

98.2 Dorfprojekt „Wasser für Abobo"

98.3 Bohrung eines Tiefbrunnens

Wasser für Abobo

„In der Not helfen, damit es nicht zur Katastrophe kommt", ist das Motto dieses Dorfprojektes.

In Abobo, einem Savannendorf mit 3000 Einwohnern in der Nähe von Tsévie, leben Patenkinder der AWA in Pflegefamilien. Dieses Dorf hatte kein eigenes Wasser. Wie es für viele Staaten Afrikas üblich ist, mussten Frauen und Kinder jeweils 5 km hin- und zurücklaufen, um Trinkwasser zu holen. Im Dorf selbst befand sich ein Brunnen, aus dem aber nur Salzwasser kam. Dieses benutzten sie zum Waschen.

Ein Teil der Dorfgemeinschaft und die Vertreter der AWA setzten sich Anfang 1988 zusammen und berieten, wie diese Situation geändert werden könnte.

Das Dorfprojekt

Man beschloss über die Distanz von 5 km zum Süßwasserbrunnen eine Wasserleitung zu legen. Das Geld für das Projekt sollte durch Spenden und Zuschüsse des BMZ (Bundesministerium für wirtschaftliche Zusammenarbeit) bereitgestellt werden. Im nächsten Jahr wurden die Materialien an Ort und Stelle geschafft. Die Dorfbewohner erhielten den Auftrag, die notwendigen Arbeiten (Ausschachtungen usw.) selbst durchzuführen.

Da es aber in der Zwischenzeit das erste Mal nach drei Jahren geregnet hatte, fehlte bei den Dorfbewohnern die Motivation zur Arbeit. Und als unsere Viersener Entwicklungshelfer im nächsten Jahr dorthin kamen, lag das gesamte Material noch unberührt da. Die Dorfbewohner hatten sich an ande-

DIE ERDE – EINE WELT?

ren Entwicklungsprojekten orientiert, bei denen Arbeiter angestellt wurden, die gegen Lohn die Baumaßnahmen durchführten. Die AWA will aber erreichen, dass die Menschen sich mit dem Projekt identifizieren und begreifen, dass sie sich selbst helfen müssen.

Nach einer Aussprache mit der Dorfgemeinschaft wurden dann die Wasserleitung verlegt und die Zapfstellen und Pumpen installiert.
Nach einiger Zeit stellte sich heraus, dass die ankommende Wassermenge nicht ausreiche, weil sich an den Brunnen noch ein anderes Dorf angeschlossen hatte. Man musste deshalb die Nachtstunden nutzen, um die Wasserbehälter zu füllen. Dies stieß zunächst auf große Ablehnung, weil es die Dorfbewohner nicht gewohnt waren, in der Nacht irgendetwas zu tun, und Nacht bedeutet hier in Äquatornähe die Zeit von 6 Uhr abends, wenn schlagartig die Sonne untergeht, bis 6 Uhr morgens, wenn sie genauso schnell wieder aufgeht.

Wegen des fehlenden Wassers gab es im Umland von Abobo kaum Ackerbau. Da der Boden jedoch fruchtbar ist, beschloss man, eine bessere Wasserversorgung zu erreichen, um den Bewohnern zu ermöglichen, sich mit eigenen Früchten und Kleintierhaltung selbst zu versorgen. In Zusammenarbeit mit den Verwaltungsstellen in Togo veranlasste die AWA in der Umgebung des Dorfes Tiefbohrungen. Nach 60 m stieß man auf ausreichend brauchbares Wasser. Um dies jedoch zu fördern, benötigte man eine starke Pumpe.

Nach Verhandlungen mit den Behörden Togos und dem Land Nordrhein-Westfalen kam man überein, dass der Staat Togo die Kosten für die Pumpe übernimmt, während das Land NRW 30 000 DM für Berieselungs- und Wasserverteilungsanlagen bereitstellt und die AWA neben Beratung und Betreuung noch einen Zuschuss von 30 000 DM leistet.

Mitten in der Durchführung wurde das Projekt jedoch 1992 gestoppt, weil wegen der politischen Verhältnisse in Togo Streiks und Unruhen ausbrachen. Man will von deutscher Seite abwarten, ob sich das Land, in dem 1992 nach 28 Jahren Militärdiktatur erstmals freie Wahlen stattfinden sollten, zu einer Demokratie entwickelt. Die Regierung wurde allerdings beschuldigt, die Wahlergebnisse gefälscht zu haben.

99.1 Die neue Wasserzapfstelle

99.2 Dank Wasser möglich: Gemüseanbau

Aufgaben

1. Die Versorgung mit Trinkwasser gehört zu den wichtigsten Maßnahmen der Entwicklungshilfe. Erkläre, warum.
2. „Zum Wasserholen sind die Frauen da", heißt es in Afrika. Vergleiche diese Aussage mit unserer Auffassung von der Gleichberechtigung.
3. Die AWA ist darauf bedacht, dass die Menschen lernen, für sich selbst zu arbeiten. Nenne Gründe für diese Auffassung.
4. Bei der Entwicklungshilfe gibt es immer wieder Rückschläge. Erläutere die Ursachen.
5. Die Durchführung des Dorfprojektes in Abobo wurde wegen der politischen Verhältnisse in Togo gestoppt. Sprecht in der Klasse über diese Entscheidung.

DIE ERDE – EINE WELT?

Entwicklungshilfe in der Diskussion

Tödliche Hilfe
Mein Entschluss, der Entwicklungshilfe den Rücken zu kehren, war das Ergebnis jahrelanger Erfahrungen in der Entwicklungspolitik und zahlreicher Diskussionen innerhalb und außerhalb des BMZ. Den Anlass bildeten die Erlebnisse auf meiner letzten Dienstreise nach Bangladesh. (…) Ich konnte die Einsicht nicht mehr verdrängen: Entwicklungshilfe schadet allen, denen sie angeblich nützen soll, ganzen Ländern wie einzelnen Betroffenen. Sie muss deshalb sofort beendet werden. Ohne Entwicklungshilfe ginge es den Menschen in den Ländern der Dritten Welt besser. (…)
Vielleicht kann man mir in Einzelheiten Fehler oder nicht genügend ausgewogene Wertungen vorwerfen. Das wird aber nichts an der Schlussfolgerung ändern: Entwicklungshilfe trägt dazu bei, in den meisten Entwicklungsländern ausbeuterische Eliten an der Macht zu halten und im Namen von Modernisierung und Fortschritt Verelendung und Hungertod zu bringen.
(aus: Brigitte Erler: Tödliche Hilfe. Bericht von meiner letzten Dienstreise in Sachen Entwicklungshilfe, Freiburg 1985, S. 8 ff.)

100.1

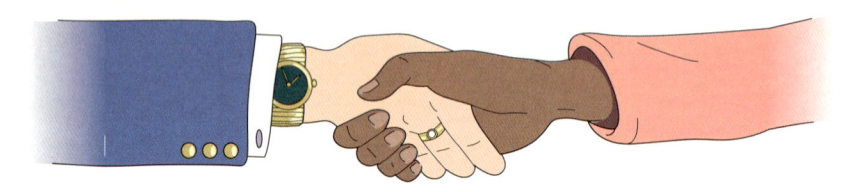

Positive Bilanz
Eine grobe Bilanzierung der Entwicklungspolitik der letzten Jahrzehnte führt zu dem Ergebnis, dass ein Entwicklungshilfepessimismus nicht gerechtfertigt ist. Zwar sind in der Vergangenheit und Gegenwart Fehler gemacht worden und Fehlschläge zu verzeichnen gewesen, doch darf bei aller Enttäuschung nicht übersehen werden, dass
– zum ersten Mal in der Geschichte der Menschheit die Zahl der Menschen, die lesen und schreiben können, größer ist als die Zahl der Analphabeten,
– heute 94 % der Kinder eingeschult werden, während es vor 25 Jahren nur 50 % waren,
– das Pro-Kopf-Einkommen der Entwicklungsländer sich in den letzten 25 Jahren trotz des enormen Bevölkerungswachstums verdoppelt hat,
– die Lebenserwartung in diesem Zeitraum um über zehn Jahre gestiegen ist und die Kindersterblichkeit um die Hälfte gemindert werden konnte,
– die landwirtschaftliche Produktion der Entwicklungsländer seit 1945 verdoppelt werden konnte.
(aus: Rolf Arnold: Tödliche Hilfe oder tödliche Kritik? Zur Kritik der Entwicklungspraxis, in: Gegenwartskunde, 3/88, S. 321 ff.)

100.2

Warum Entwicklungshilfe?
Der Begriff Entwicklungshilfe erweist sich nach näherer Untersuchung als sehr problematisch. Er meint meistens, dass die Empfänger dieser Hilfe sich weiterentwickeln, um schließlich einen höheren Lebensstandard zu erreichen. Diese Annahme ist weitgehend falsch. Nach Jahrzehnten der Entwicklungshilfe ist festzustellen, dass die Kluft zwischen Industrie- und Entwicklungsländern oft größer geworden ist. Einer der Hauptgründe liegt in der Bevölkerungsentwicklung. Obwohl die Produktion an Gütern und Nahrungsmitteln in den Entwicklungsländern erheblich gesteigert worden ist, sinkt der Lebensstandard, weil die Bevölkerungszahl explosionsartig zunimmt.

Dennoch ist es falsch, daraus zu schließen, dass Entwicklungshilfe sinnlos wäre. Schon aus humanitären Gründen müssen die Industrieländer helfen. Eine zivilisierte Gesellschaft kann nicht zusehen, wie Millionen Menschen verhungern oder im größten Elend leben. Aber auch politische Gründe sprechen für die Entwicklungshilfe. Soziale Probleme führen zu Unruhen und Kriegen, von denen wir nicht unberührt bleiben. Flüchtlingsströme in die Industrieländer sind z. B. Folgen solcher Ereignisse.
Ein Hauptgrund besteht jedoch darin, dass wir eine Vielzahl von Rohstoffen aus diesen Ländern beziehen, ohne die unsere Wirtschaft nicht ausreichend versorgt wäre.

DIE ERDE – EINE WELT?

Wer leistet Entwicklungshilfe?

Die Organisation der Deutschen Entwicklungshilfe wird durch das Bundesministerium für wirtschaftliche Zusammenarbeit (BMZ) betrieben. Von hier aus werden die Mittel vergeben. Die Durchführung der Projekte überlässt man eigens dafür gegründeten Organisationen in staatlicher, kirchlicher und privater Hand. Diese setzen neben den staatlichen Zuschüssen zusätzliche Geldbeträge aus Beiträgen ihrer Mitglieder und Spenden in den Projekten mit ein.

Einige Entwicklungshilfeorganisationen:
* BMZ: Deutscher Entwicklungsdienst, Deutscher Akademischer Austauschdienst, Deutsche Gesellschaft für technische Zusammenarbeit,
* kirchliche Organisationen: Brot für die Welt, Misereor, Evangelische Zentralstelle für Entwicklungshilfe,
* politische Organisationen: Friedrich-Ebert-Stiftung, Konrad-Adenauer-Stiftung,
* private Organisationen: Deutsches Rotes Kreuz, Dt. Welt-Hunger-Hilfe, AWA und viele andere.

Welche Entwicklungshilfe wird geleistet?

– Bekämpfung von äußerster Armut und Hunger: humanitäre Hilfe,
– Hilfe bei der Schul- und Ausbildung,
– technische und wirtschaftliche Hilfe bei der Infrastruktur,
– Kapitalhilfe durch Zuschüsse und Kredite,
– medizinische Hilfe durch Entsendung von Fachkräften, Spenden von Medikamenten und medizinischen Geräten,
– Wirtschaftsförderung durch Handelsabkommen und Abnahmegarantien.

In den letzten Jahren ist man von der Förderung der Großprojekte abgekommen und unterstützt verstärkt Kleinprojekte, die sowohl Grundbedürfnisse der einfachen Menschen befriedigen als auch die Initiative der beteiligten Einwohner wecken, also Mithilfe zur Selbsthilfe leisten.

Aufgaben

1. Stelle Argumente für und gegen Entwicklungshilfe gegenüber und formuliere deine Meinung.
2. Begründe, warum der Lebensstandard in vielen Entwicklungsländern nicht zunimmt.
3. Erkundige dich nach Entwicklungshilfeorganisationen und welche Hilfe sie leisten.
4. Immer wieder hört man Vorbehalte gegen Entwicklungshilfe (Abb. 101.1). Was würdest du entgegnen? Ihr könnt auch ein Rollenspiel daraus machen.

101.1 Meinungen zur Entwicklungshilfe

DIE ERDE – EINE WELT?

102.1 Beim Karneval in Rio

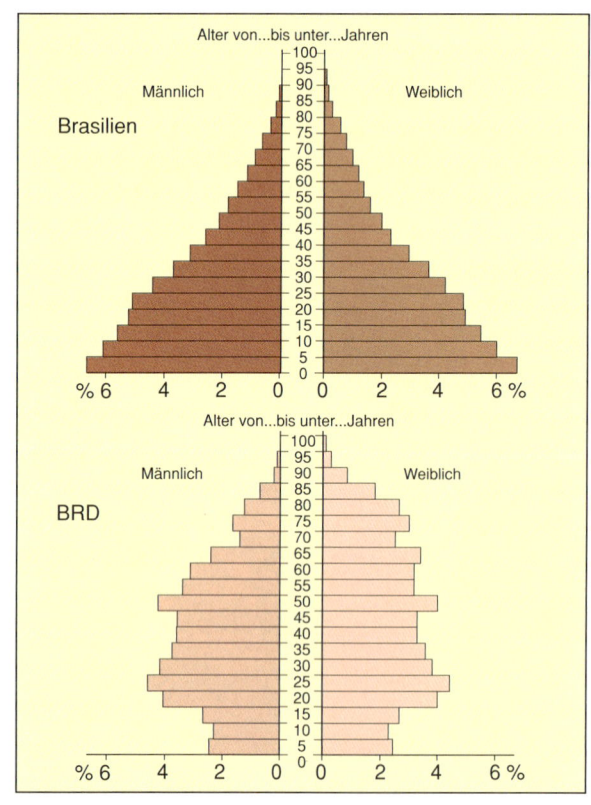

102.2 Altersaufbau der Bevölkerung (1992)

102.3 Indianer

Brasilien auf dem Weg zum Industrieland?

Brasilien, ein exotisches Land in Südamerika. Viele von uns verbinden damit Karneval und Samba (Abb. 102.1), Indianer (Abb. 102.3), Zuckerhut und die Strände von Copacabana, Fußball und Amazonas. Aber darüber hinaus ist Brasilien auch ein Entwicklungsland mit riesigen Problemen.

Das fünftgrößte Land der Erde weist mit seinen 8,5 Mio km² Fläche kontinentale Ausmaße auf. Von den 150 Mio Einwohnern sind 35 % unter 15 Jahre alt (Abb. 102.2).

Aufgrund seiner unermesslichen Rohstoffreserven und der staatlich geförderten Industrialisierung wurde Brasilien bis in die 70er Jahre als Wirtschaftswunderland bezeichnet. In einigen Wachstumsindustrien gibt es große Erfolge: So werden heute Computer und Autos entwickelt, Satelliten ins All geschossen und auf dem Gebiet der Gentechnologie ist ein hoher Stand erreicht. Brasilien stand an der Schwelle vom Entwicklungs- zum Industrieland. (Für solche Länder prägte man den Begriff „Schwellenländer", ▷ S. 107).

Heute steht Brasilien aber vor allem als Land mit der höchsten Auslandsverschuldung (1991 ca. 200 Mrd DM) in den Schlagzeilen. Immer wieder gehen Meldungen über die ungleiche Verteilung des Reichtums durch die Presse: Während viele Menschen hungern, konzentrieren sich die Einkommen in den Händen weniger: So schöpft 1 % der Bevölkerung fast 20 % des Volkseinkommens ab.

DIE ERDE – EINE WELT?

Zur wirtschaftlichen Entwicklung Brasiliens

Die ungleiche Verteilung des Reichtums gibt es hier schon lange. Bereits in der vorindustriellen Entwicklung Brasiliens bereicherten sich die Kautschuk- und Kaffeebarone an der Arbeitskraft zahlloser Landarbeiter. Bis in die 60er Jahre führte Brasilien vor allem landwirtschaftliche Güter aus. Neben Kaffee waren es Tabak und Zuckerrohr. Heute werden auch Industriegüter exportiert (Abb. 103.3). Auch heute noch mehren Großbetriebe das Einkommen nur kleiner Bevölkerungsteile. Die ungleichen Besitzverhältnisse werden nicht angetastet. Die Massen der landlosen Bauern, der Favelados, (Slumbewohner) und vor allem die Bewohner des Nordens und Nordostens verarmen immer mehr.

Die Industrialisierung Brasiliens beschränkt sich vor allem auf das Industriedreieck (Abb. 103.1). Hier werden ca. drei Viertel der Industriegüter des Landes produziert. Die Konkurrenzfähigkeit brasilianischer Produkte gründet sich dabei entscheidend auf das niedrige Lohnniveau. Nur so werden z. B. Tiefpreisangebote für Hemden und Blusen, die du in unseren Textilgeschäften findest, möglich. Kaum jemand von uns verbindet jedoch mit dem Schild „Made in Brasil" die sechstägige Arbeitswoche (ca. 50–60 Stunden) einer brasilianischen Näherin (Abb. 103.2).

103.2 Näherinnen in San Salvador

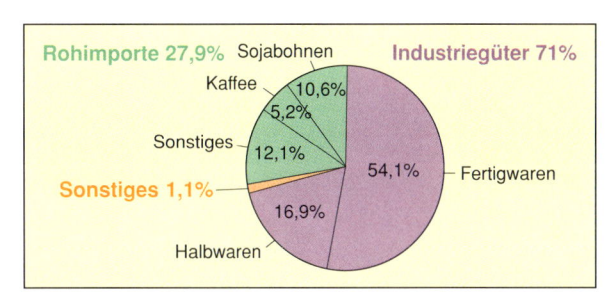

103.3 Brasilianische Ausfuhrprodukte (1990)

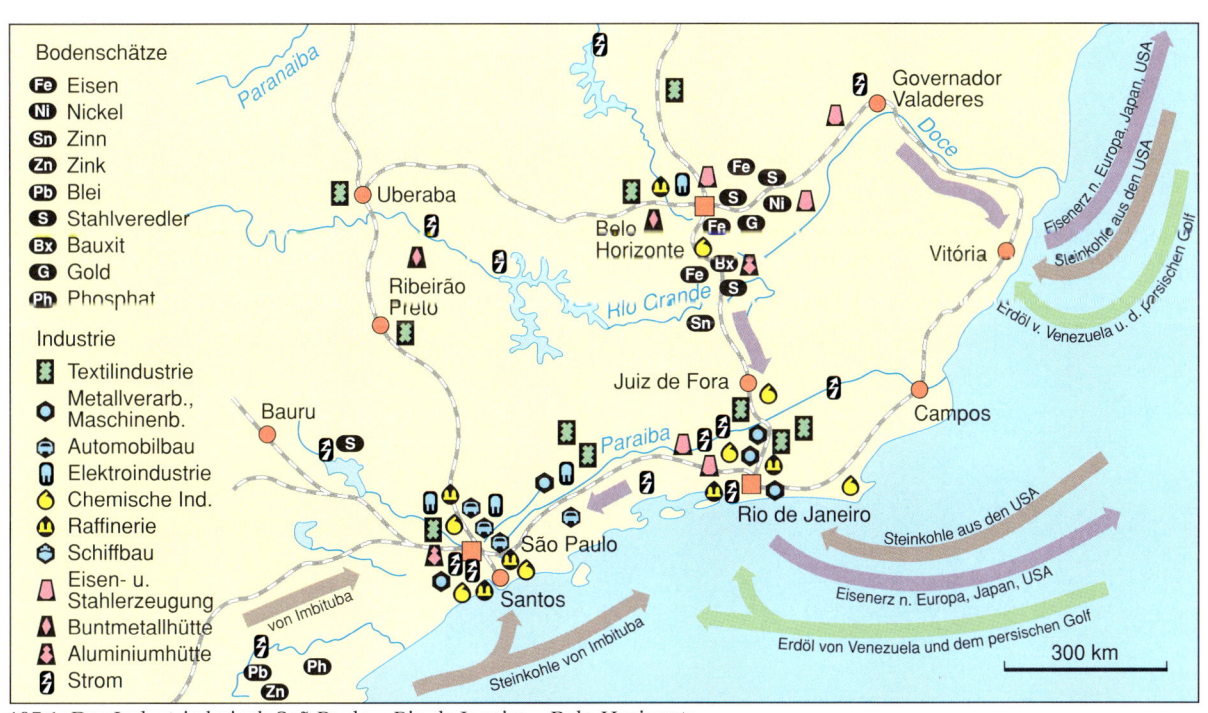

103.1 Das Industriedreieck São Paulo – Rio de Janeiro – Belo Horizonte

DIE ERDE – EINE WELT?

104.1 Brasilia (Regierungsviertel)

104.2 Rinder auf einer Farm im tropischen Regenwald

Auch viele ausländische Betriebe aus den USA und Deutschland (z. B. VW, Mercedes, Siemens) investieren in Brasilien.

Besonders seit 1960 ist die industrielle Entwicklung Brasiliens durch Großprojekte gekennzeichnet. Dazu zählen der Bau der Hauptstadt Brasilia (Abb. 104.1), Wasserkraftwerke (▷ Geo Exkurs, S. 106), Atomkraftwerke, gigantische Straßenprojekte zur Erschließung des Amazonasgebietes (Transamazonica, Abb. 104.3) und unvorstellbar große Rodungen für Rinderfarmen (Abb. 104.2). Doch dieser sogenannte „Brasilianische Weg" war teuer erkauft. Vor allem die Ölpreisexplosion traf die exportorientierte und energieintensive Wirtschaft hart. Brasilien wurde zum größten Schuldner der Welt.

Darüber hinaus verschärften sich die wirtschaftlichen Ungleichgewichte und sozialen Spannungen, vor allem in den Städten. In der Hoffnung auf Arbeit in der Industrie üben die Städte eine magnetische Anziehungskraft auf die Landbevölkerung aus, sodass sich in allen Großstädten Favelas (Slums) gebildet haben. Sie wachsen geradezu explosionsartig. Mit 300 000 bis 400 000 Menschen soll die Favela Rocinha in Rio de Janeiro die größte der Welt sein (Abb. 105.3). Allein in Rio gibt es mehrere Hundert solcher Favelas. Solche Slums in der Nähe städtischer Wirtschaftszentren sind der sichtbarste Ausdruck für die sozialen Spannungen innerhalb der brasilianischen Gesellschaft (▷ Bericht über die Straßenkinder 105.1).

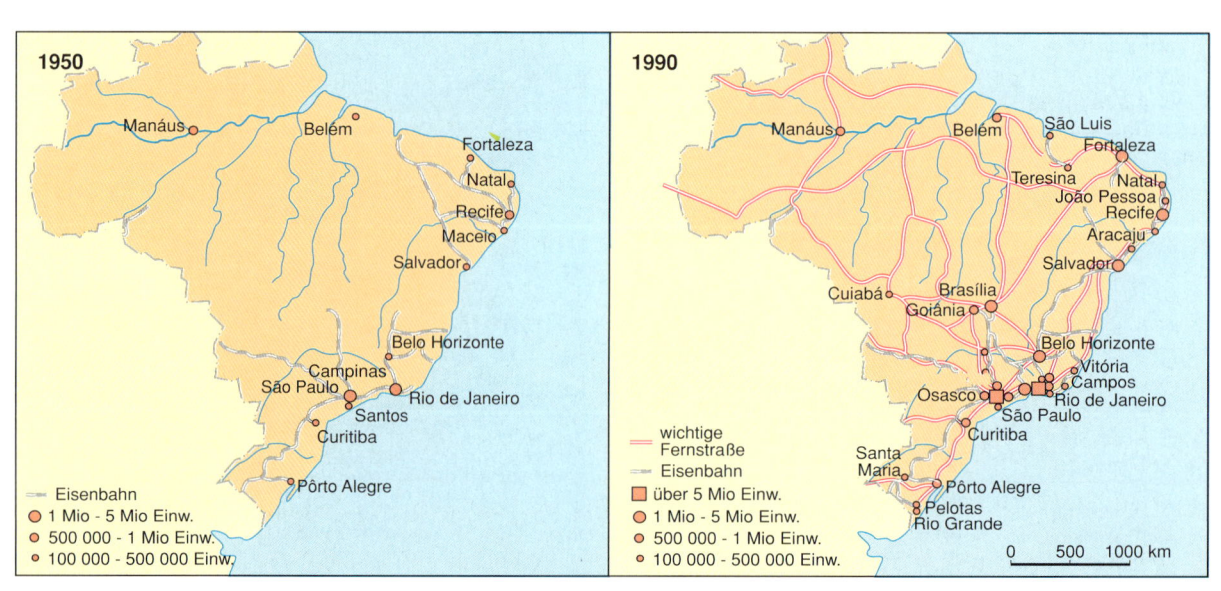

104.3 Die Erschließung Brasiliens

DIE ERDE – EINE WELT?

Um ihren Lebensunterhalt zu sichern, schickte Angela die Kinder zum Bonbonverkaufen ins Zentrum von São Paulo. Jedes der Kinder kann pro Tag bis zu 1000 Cruzeiros (fast fünf Mark) verdienen – der Lohn für einen Tag Putzen.

So hörten die Geschwister nach und nach auf, die Schule zu besuchen. Bald blieben sie auch nachts draußen, weil der Heimweg zu weit war.

Rose schloss sich einer Bande an, deren Revier die Wall Street von São Paulo ist. Hierher, wo der Quadratmeter Grund 10 000 Dollar wert ist und wo internationale Banken ihren Sitz haben, zieht es viele Straßenkinder. Beim Bonbonverkaufen lernte Rose die Anführerin der Turma, Andreia, kennen. So wurden die zehn Bandenmitglieder ihre neue Familie und die 18-Jährige ihre Ersatzmutter. Abends treffen sich alle beim Denkmal des Erfinders der Glühlampe. Auf dem Sockel rollen sie dicke Wolllumpen aus und kuscheln sich zusammen.

Die neuen Freunde brachten Rose das Schnüffeln von Schusterleim bei, um den Hunger zu betäuben. Oder um im Rausch die Angst vor dem Stehlen zu vernebeln. Schusterleim ist das Rauschgift der brasilianischen Straßenkinder. Es ist billig. Doch die giftigen Dämpfe zerstören die Gehirnzellen, ruinieren in wenigen Jahren die Atemwege...

Die Polizei ist der Feind der Straßenkinder – in ganz Lateinamerika. Der „Krieg gegen die Kinder", den staatliche und selbst ernannte Ordnungshüter führen, findet eine breite Unterstützung in der Gesellschaft. Überall im Land engagieren Bürger Sicherheitstrupps. Diese „justiceiros" (Stifter der Gerechtigkeit, wie sie sich selbst sehen) sind Polizisten außer Dienst. Oder auch solche, die nebenbei ihr Gehalt aufbessern wollen.

Weit davon entfernt, die Städte sicher zu machen, erhöhen die mordenden Todesschwadronen jedoch die Kriminalität (gekürzt nach Spiegel 35, 1991)

105.1

105.2 Gegensätze in Rio: Slums und Hochhäuser

105.3 In der Favela Rocinha in Rio

Aufgaben

1. Stelle die Bodenschätze Brasiliens im Atlas fest.
2. Ermittle den Anteil der Menschen unter 15 Jahre und über 60 Jahre in Brasilien und Deutschland. Ziehe Schlussfolgerungen aus der hohen Zahl junger Menschen.
3. Beschreibe die Erschließung Brasiliens (Abb. 104.3).
4. Beurteile die Bedingungen für die wirtschaftliche Entwicklung im Industriedreieck (Abb. 103.1).
5. Werte den Bericht über die Straßenkinder aus.

DIE ERDE – EINE WELT?

GEO-EXKURS

106.1 Luftbild des Itaipu-Dammes

106.2 Der Itaipu-Staudamm

106.3 Der Überlauf des Kraftwerkes

Itaipu – Strom aus dem Strom

Brasilien, dessen Entwicklung mit Hilfe ehrgeiziger Industrialisierungspläne vorangetrieben wird, wurde durch die Ölkrisen von 1973 und 1980/81 derart geschockt, dass die Regierung in der Folge alles daransetzte, von ausländischen Öllieferungen unabhängig zu werden. Wasserkraft ist die wichtigste Energie Brasiliens (Abb. 106.4).

Diese Anstrengungen spiegelt z. B. der Bau des Wasserkraftwerks Itaipu im Ländereck Brasilien, Paraguay und Argentinien auf besonders eindrucksvolle Weise wider. Itaipu ist heute ein Begriff für einen Superstaudamm, für das größte Wasserkraftwerk der Welt (Abb. 106.1–3). Seine Leistung beträgt seit Fertigstellung im April 1991 12 600 Megawatt. Durch 18 Rohre mit 10,4 m Durchmesser stürzen je Rohr 800 m^3 Wasser pro Sekunde. Pro Rohr und Turbine entspricht die Energieleistung 700 Megawatt. Das gesamte Wasserkraftwerk bringt damit die Leistung von 10 modernen Atomkraftwerken. Zwei weitere Turbinen sollen im Jahr 2001 installiert werden. Der Stausee ist 170 km lang, 8 km breit und bis 168 m tief. Die Mächtigkeit des Wassers im Überlauf beträgt 12 m. Ein Dammbruch würde die argentinische Hauptstadt Buenos Aires mit einer 3–4 m hohen Flutwelle überschwemmen.

Überlege auch einmal, welche Folgen der Staudamm für Wälder und Tiere sowie für das Schicksal von Indianern und Siedlern hat (▷ S. 21).

Itaipu liefert ein knappes Drittel der in Brasilien benötigten elektrischen Energie. Allein der Industrieraum um São Paulo verbraucht die Strommenge aus 8 Turbinen, Rio de Janeiro benötigt weitere 4. Der gesamte Staat Paraguay, der an dem Bauwerk zur Hälfte beteiligt ist, verbraucht nur den dritten Teil einer Turbinenleistung; den Rest des paraguayanischen Anteils kauft Brasilien. Das 17 Milliarden Dollar teure Bauwerk soll sich in 25 Jahren bezahlt gemacht haben.

Itaipu und alle anderen Wasserkraftwerke erzeugen heute über 90 % der erforderlichen Kraftwerksenergie des Landes.

Art der Kraftwerke	1975	1980	1985	1988	1991
Wärmekraftwerke	6,0	12,9	14,7	14,8	7,3
Wasserkraftwerke	71,3	129,0	181,2	217,2	241,3

106.4 Elektrizitätserzeugung in Brasilien (in Mrd kWh)

DIE ERDE – EINE WELT?

GEO-PRAXIS

Wir vergleichen statistische Daten

Im Themenbereich „Die Erde – eine Welt?" hast du verschiedene Merkmale von Entwicklungsländern kennen gelernt. Sie lassen sich durch statistische Daten belegen und ausdrücken. Im Folgenden sind Daten von drei Staaten zusammengefasst, die dir einen Überblick über deren Entwicklungsstand verschaffen. Wir wollen sie miteinander vergleichen.

Ein Vergleich ist allerdings nur dann sinnvoll, wenn die Daten im selben Zeitraum erhoben wurden. Ist immer der Erhebungszeitraum angegeben?

Am besten fängst du bei der Auswertung mit Deutschland an. Sieh dir jede Zeile einzeln an und überlege, welche Angaben du an dieser Stelle für Bangladesch und Brasilien erwartest: mehr oder weniger, größer oder kleiner. Stelle dann die höchsten und niedrigsten Werte fest. Vergleiche anhand der Zahlen deine Vermutung und versuche eine Begründung.

Auf diese Weise werden die Zahlen zu „sprechenden", d. h. informativen Zahlen, die dir ein Bild vom Entwicklungsstand eines Landes vermitteln.

Entwicklungsland Bangladesch

Fläche (in 1000 km^2)	144
Einwohner (1992 in Mio)	119
Kinder je Familie (1991)	5,5
Wachstumsrate der Bevölkerung (1980-91)	2,2
Bevölkerung unter 15 Jahren (1991 in %)	42
Lebenserwartung (1991 in Jahren)	51
Säuglingssterblichkeit (1991 in %)	10,3
Einwohner je Arzt (1992)	6 670
Analphabeten (1991 in %)	65
städtische Bevölkerung (1991 in %)	17
Rohstoffanteil am Export (1991 in %)	30
PKW-Dichte je 1000 Ew. (1988)	0,4
Pro-Kopf-Einkommen (1991 in US-$)	220

Erwerbstätige: 60% Landwirtschaft, 12% Industrie, 28% Dienstleistungsgewerbe

Schwellenland Brasilien

Fläche (in 1000 km^2)	8 512
Einwohner (1992 in Mio)	154
Kinder je Familie (1991)	3,5
Wachstumsrate der Bevölkerung (1980-91)	2,0
Bevölkerung unter 15 Jahren (1990 in %)	34
Lebenserwartung (1990 in Jahren)	66
Säuglingssterblichkeit (1991 in %)	5,8
Einwohner je Arzt (1992)	685
Analphabeten (1991 in %)	19
städtische Bevölkerung (1990 in %)	76
Rohstoffanteil am Export (1991 in %)	44
PKW-Dichte je 1000 Ew. (1988)	103
Pro-Kopf-Einkommen (1991 in US-$)	2 940

Erwerbstätige: 24% Landwirtschaft, 24% Industrie, 52% Dienstleistungsgewerbe

Industrieland Deutschland

Fläche (in 1000 km^2)	357
Einwohner (1992 in Mio)	81
Kinder je Familie (1992)	1,4
Wachstumsrate der Bevölkerung (1980-91)	0,1
Bevölkerung unter 15 Jahren (1992 in %)	16
Lebenserwartung (1992 in Jahren)	77
Säuglingssterblichkeit (1991 in %)	0,7
Einwohner je Arzt (1992)	366
Analphabeten (1992 in %)	1
städtische Bevölkerung (1992 in %)	84
Rohstoffanteil am Export (1991 in %)	10 *
PKW-Dichte je 1000 Ew. (1992)	427
Pro-Kopf-Einkommen (1991 in US-$)	23 650 *

* = alte Bundesländer

Erwerbstätige: 3,5% Landwirtschaft, 39,5% Industrie, 57% Dienstleistungsgewerbe

107.1

DIE ERDE – EINE WELT?

GEO-WISSEN

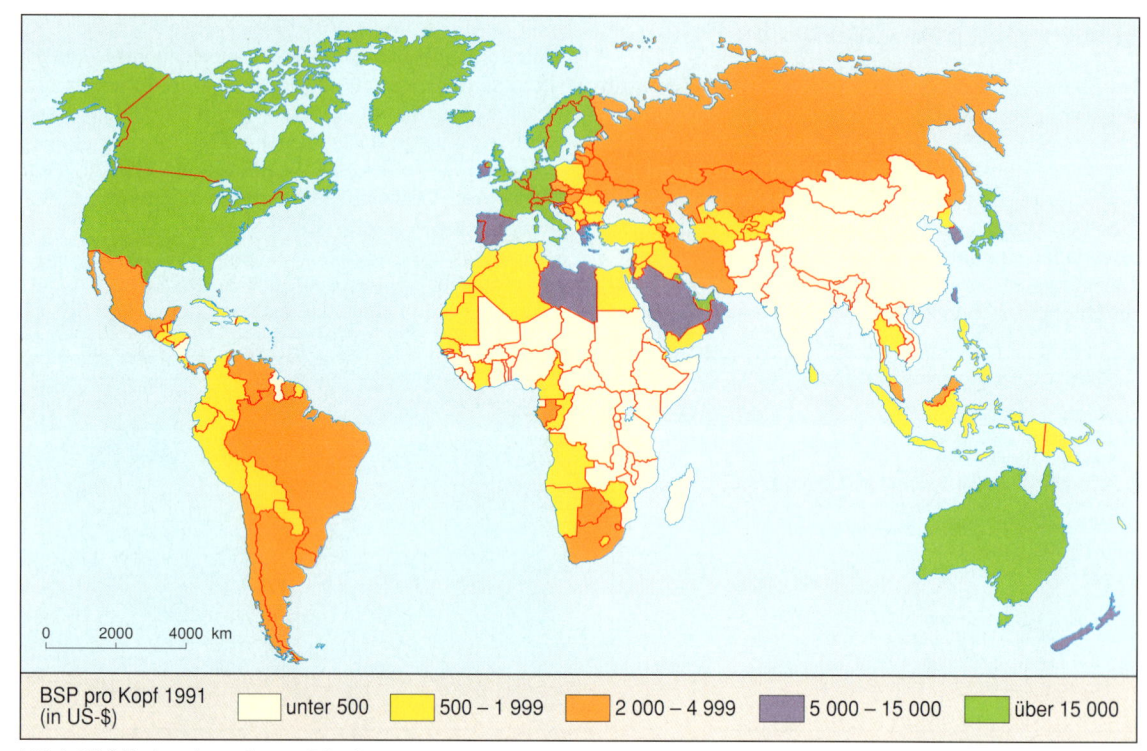

108.1 Wohlhabende und arme Länder

BSP pro Kopf 1991 (in US-$): unter 500 | 500 – 1 999 | 2 000 – 4 999 | 5 000 – 15 000 | über 15 000

Industrieländer und Entwicklungsländer

Die Beispiele und Themen, denen du auf den vorausgegangenen Seiten begegnet bist, sind auf viele Länder dieser Erde übertragbar.
Karte 108.1 zeigt den Entwicklungsstand der Volkswirtschaften. Ein Maß dafür ist das Pro-Kopf-Einkommen.

1. Nenne Staaten, die mehr als 15 000 Dollar pro Kopf erwirtschaften.
2. Nenne Staaten mit einem Pro-Kopf-Einkommen von weniger als 500 Dollar.
3. Übertrage die reichsten und die ärmsten Länder auf eine Umrisskarte. In welchen Erdteilen liegen sie jeweils?
4. Beschreibe, in welchen Klimazonen (▷ S. 56) diese Staaten meist liegen. Überlege Gründe.

Abbildung 109.1 zeigt das Bevölkerungswachstum in den Ländern. Besonders aussagekräftig ist die Verdoppelungszeit der Bevölkerung; das ist der Zeitraum, in dem ein Volk von zum Beispiel 20 auf 40 Millionen Menschen anwächst.

5. In welchen Erdteilen liegen die meisten Staaten mit einer Verdoppelungszeit von über 80 Jahren, in welchem die mit weniger als 30?
6. Die Verdoppelungszeit der Bevölkerung in Kenia beträgt 17 Jahre. Um wie viel würde die Bevölkerung (bei gleich bleibendem Wachstum) in 85 Jahren steigen?
7. Nenne Gründe für das unterschiedliche Bevölkerungswachstum.
8. Überlege, welchen Einfluss das Bevölkerungswachstum auf die Ernährung und das Bildungswesen hat.
9. Vergleiche die Verbreitung der reichen und ärmsten Staaten (Abb. 108.1) und der Staaten mit schnell und langsam wachsender Bevölkerung (Abb. 109.1).
10. Die Abbildungen 109.2 und 109.3 sollen dich anregen, über Hilfs- und Lösungsmöglichkeiten nachzudenken. Abb. 109.2 zeigt zunächst eine Ursache für die Probleme in vielen Entwicklungsländern. Berichte.
Weist Abb. 109.2 auf eine angepasste Lösung hin? Begründe deine Antwort.
11. Finde weitere Bildpaare (vgl. Abb. 109.4 und 5) zu Industrie- und Entwicklungsländern.

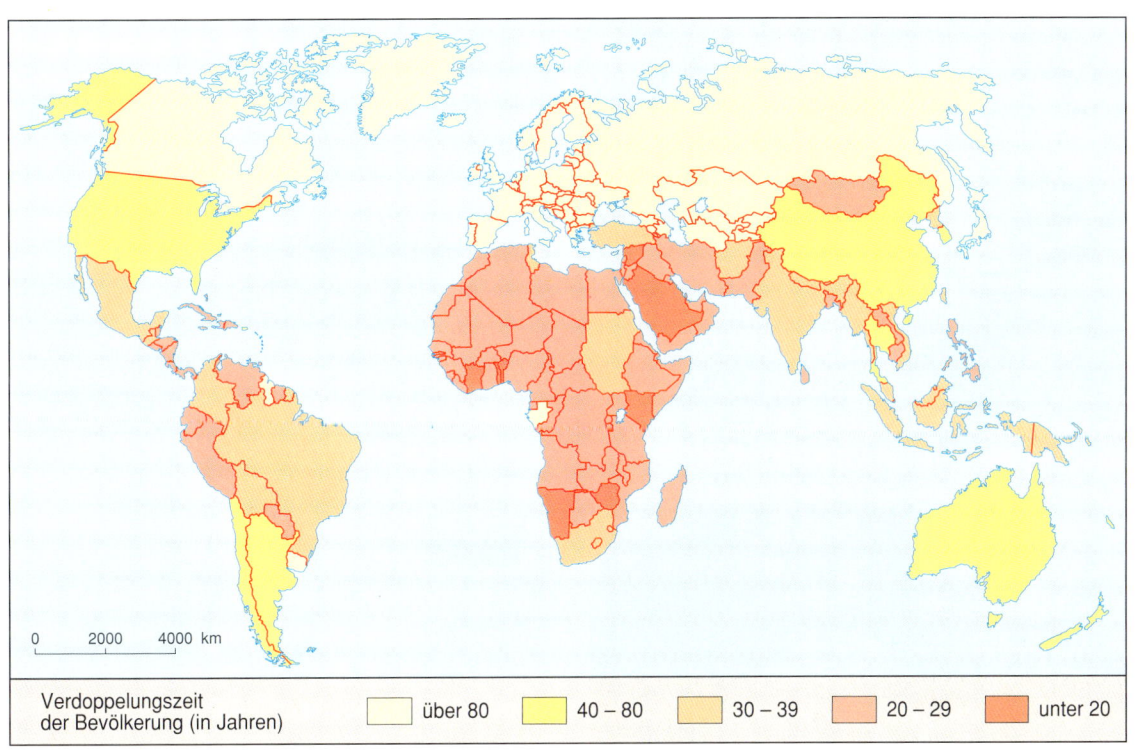

DIE ERDE – EINE WELT?

109.1 Verdoppelungszeit der Bevölkerung in Jahren

Verdoppelungszeit der Bevölkerung (in Jahren): über 80 | 40 – 80 | 30 – 39 | 20 – 29 | unter 20

109.2

109.3

109.4

109.5

5 MENSCHEN PRÄGEN DEN RAUM

110.1 Kirgisin beim Brotbacken

110.2 Usbekische Händler

110.3 „Freie Marktwirtschaft" in Wladiwostok

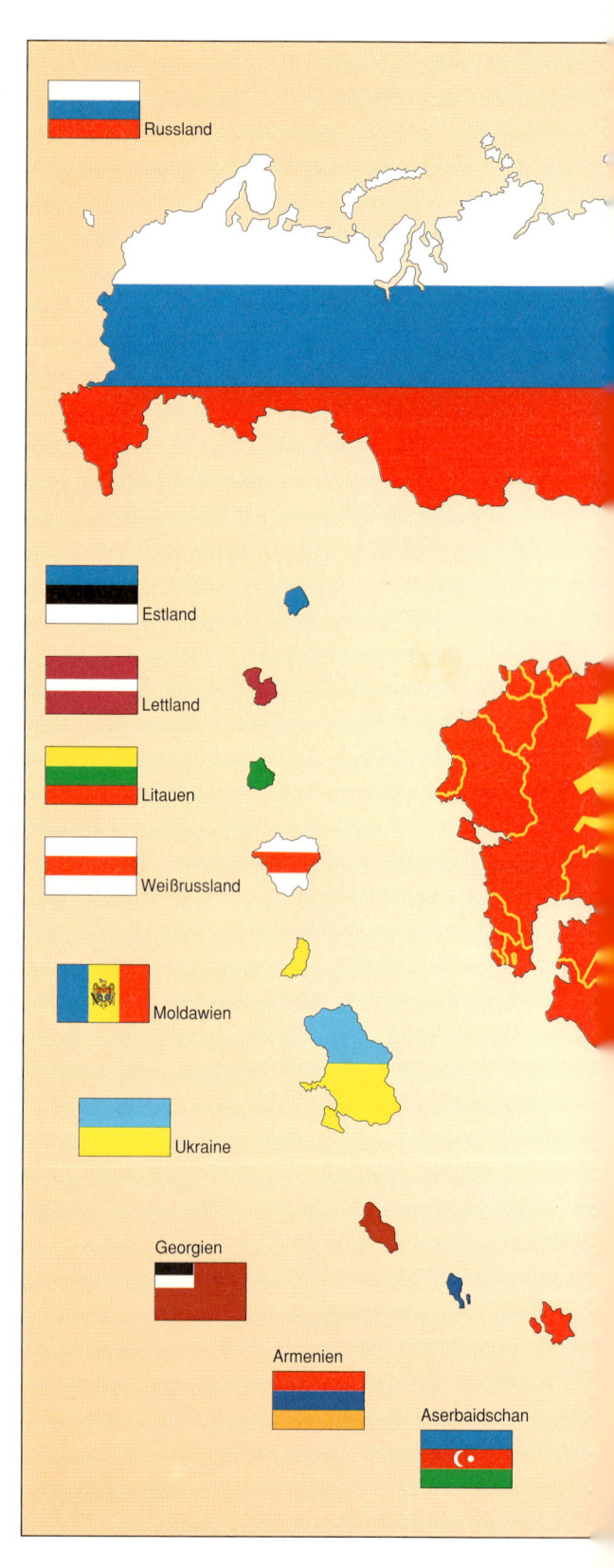

Russland
Estland
Lettland
Litauen
Weißrussland
Moldawien
Ukraine
Georgien
Armenien
Aserbaidschan

DAS BEISPIEL GUS

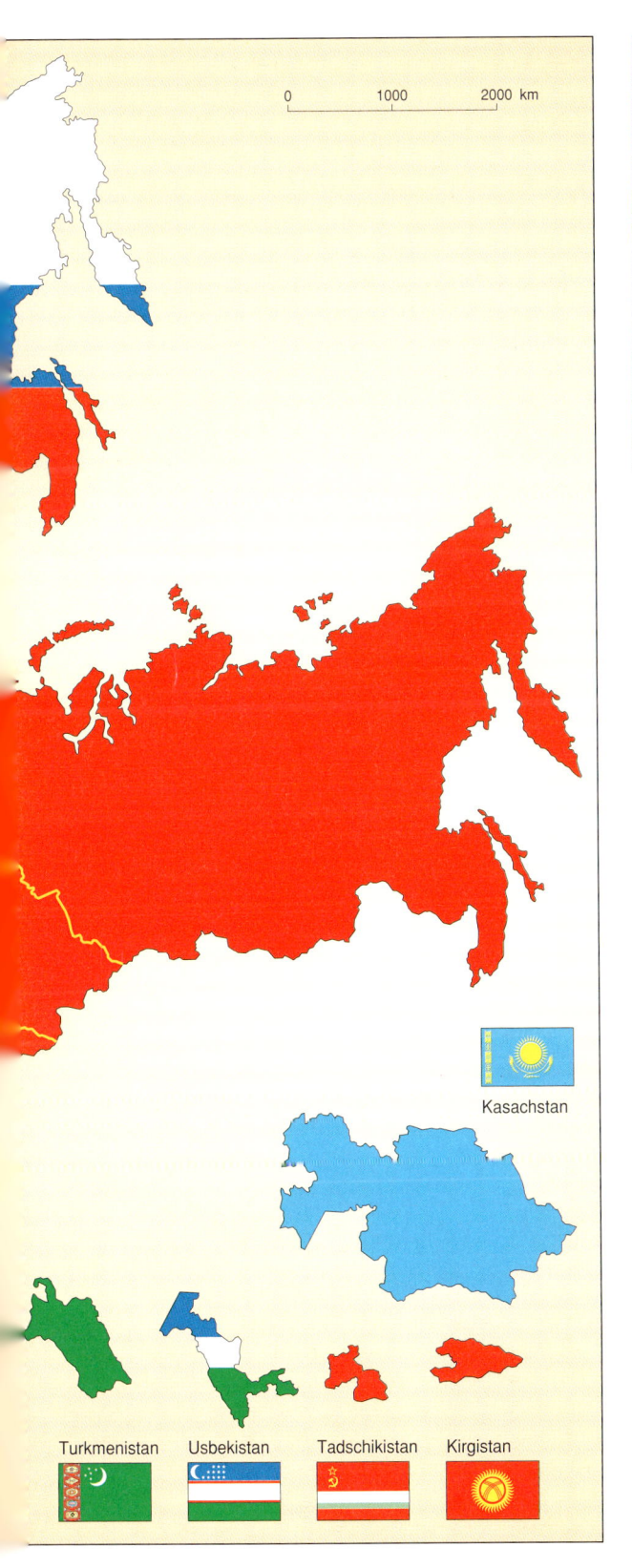

111.1 Dorf in Sibirien

111.2 Erdölfelder in Baku

Kasachstan

Turkmenistan Usbekistan Tadschikistan Kirgistan

111.3 Getreideernte in Kasachstan

DAS BEISPIEL GUS

Von der UdSSR ...

„Auf dem Bahnhof von Wladiwostok steht ein Kilometerstein, der die Entfernung bis Moskau anzeigt: 10 015 km. Die UdSSR ist der größte Staat der Erde. Von Westen nach Osten erstreckt sich die Sowjetunion über mehr als 172 Längengrade und von Norden nach Süden über etwa 40 Breitengrade."
So begann im Seydlitz-Erdkundebuch von 1988 das Kapitel über die UdSSR.
Der größte Staat der Erde bedeckte ein Sechstel der Landfläche, rund 22,4 Mio km². Der Reichtum an Bodenschätzen auf dieser riesigen Fläche machte ihn zu einer der beiden führenden Weltmächte. Die UdSSR bestand aus 15 Teilrepubliken, von denen die Russische Republik die weitaus größte war.

Seit Gründung der UdSSR gehörten alle Energiequellen, Bodenschätze und fast aller Grund und Boden dem Staat. Ziel war es, die UdSSR von einem rückständigen Agrarland zu einem Industriestaat zu entwickeln. Die von der Kommunistischen Partei gelenkte Staatsführung bediente sich dabei diktatorischer Mittel, die Wirtschaft wurde planwirtschaftlich gelenkt (▷ S. 117).

Mitte der 80er Jahre wurde einigen sowjetischen Politikern immer stärker bewusst, dass die wirtschaftlichen Probleme nur durch politische Veränderungen gelöst werden konnten. Als Michail Gorbatschow 1985 zum Generalsekretär der Kommunistischen Partei aufstieg, wurde erstmals öffentlich über die bestehenden Probleme geredet. Unter dem Schlagwort „Glasnost" (russisch Öffentlichkeit) wurde ein Reformprozess eingeleitet. Die „Perestroika" (russisch Umgestaltung) sollte zu neuen politischen, wirtschaftlichen und gesellschaftlichen Zielen führen.

Obwohl Gorbatschow für die Eigenständigkeit der einzelnen Republiken eintrat, forderte er den Erhalt der Sowjetunion. Diese Pläne scheiterten jedoch. Per Gesetz wurde die Umwandlung der UdSSR in einen Bund unabhängiger Staaten beschlossen. Nach Gründung der Gemeinschaft Unabhängiger Staaten (GUS) am 21. Dezember 1991 endete die Geschichte der UdSSR, die mit der Revolution 1917 begonnen hatte. Der GUS traten jedoch nicht alle ehemaligen Sowjetrepubliken bei: die baltischen Staaten Lettland, Estland und Litauen sowie zunächst Georgien (Abb. 112.2).

112.1 Von der UdSSR zur GUS

Republik	Hauptstadt	Fläche (1000 km²)	Ew (Mio)	% Anteil Russen
Armenien	Jerewan	29	3,4	12,5
Aserbaidschan	Baku	86	7,1	7,9
Georgien	Tiflis	70	5,5	7,4
Kasachstan	Alma-Ata	2717	17,0	40,1
Kirgisistan	Pischpek	198	4,4	21,5
Moldawien	Kischinjow	33	4,4	12,8
Russland	Moskau	17 075	148,9	82,6
Tadschikistan	Duschanbe	143	5,5	10,4
Turkmenistan	Aschchabad	488	3,8	12,6
Usbekistan	Taschkent	447	21,0	10,8
Ukraine	Kiew	603	52,0	20,3
Weißrussland	Minsk	207	10,3	12,0

112.2 Mitgliedstaaten der GUS

Staat	1950	1970	1990
Lettland	62 % Letten 27 % Russen	57 % Letten 30 % Russen	52 % Letten 34 % Russen
Russland	83 % Russen	82 % Russen	83 % Russen
Georgien	64 % Georgier 10 % Russen	67 % Georgier 9 % Russen	69 % Georgier 7 % Russen
Kirgistan	41 % Kirgisen 30 % Russen	44 % Kirgisen 30 % Russen	52 % Kirgisen 22 % Russen
Ukraine	77 % Ukrainer 17 % Russen	75 % Ukrainer 20 % Russen	71 % Ukrainer 20 % Russen
Turkmenistan	61 % Turkmenen 17 % Russen	66 % Turkmenen 15 % Russen	72 % Turkmenen 10 % Russen

112.3 Bevölkerungsanteile ehemaliger UdSSR-Republiken

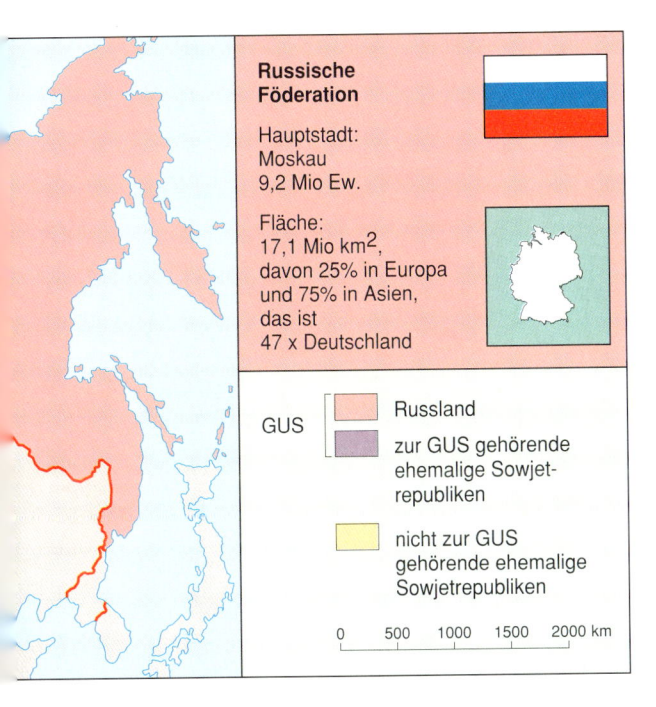

DAS BEISPIEL GUS

Russische Föderation

Hauptstadt: Moskau 9,2 Mio Ew.

Fläche: 17,1 Mio km², davon 25% in Europa und 75% in Asien, das ist 47 x Deutschland

GUS
- Russland
- zur GUS gehörende ehemalige Sowjetrepubliken
- nicht zur GUS gehörende ehemalige Sowjetrepubliken

0 500 1000 1500 2000 km

... zur GUS

Die neuen unabhängigen Staaten der GUS sind unterschiedlich groß. Das kleinste Land, Armenien, hat nur eine Fläche von 30 000 km² und 3,4 Mio Einwohner (zum Vergleich das Bundesland Brandenburg: 29 000 km² und 2,6 Mio Ew). Russland ist das größte Land der GUS mit einer Fläche von 17 Mio km² und einer Einwohnerzahl von 149 Mio Menschen (Deutschland 370 000 km², 78 Mio Ew).

Mehr Völker als Staaten

Über 140 verschiedene Völker leben in den Staaten der GUS. Dies ist die Folge einer jahrhundertelangen Geschichte. Europäische Völker, u.a. Slawen, strebten nach Osten, asiatische Reitervölker, z.B. die Mongolen, drangen nach Westen vor. Drei Viertel der Bevölkerung sind europäischer Herkunft, nur ein Viertel ist asiatisch geprägt.

Das Zusammenleben so vieler Völker führt immer wieder zu Auseinandersetzungen. Um diese Gefahren klein zu halten, waren in der UdSSR alle wichtigen Positionen in Wirtschaft und Politik mit Russen besetzt. Diese wurden, oft zwangsweise, in alle Republiken umgesiedelt. Bis heute lebt deshalb in allen Staaten der GUS ein beträchtlicher Anteil von Russen (Abb. 112.3).

Während der Zeit des Kommunismus war die öffentliche Ausübung von Religion verboten. Durch die politischen Veränderungen erlangten die Religionsgemeinschaften wieder Bedeutung im Leben der Menschen. Dies gilt besonders für die Orthodoxe Kirche in Russland und den Islam in den mittelasiatischen Republiken der GUS.

113.1 Andronikowkloster in Moskau

113.2 Moschee in Chiwa (Usbekistan)

Aufgaben

1. Nenne die Staaten, die bis Ende der 80er Jahre politische Bündnisse mit der UdSSR abgeschlossen hatten (Thematische Karten im Atlas).
2. Lies in einem Lexikon nach, was dort über die Geschichte der Sowjetunion steht. Berichte.
3. Lege eine Tabelle der neuen Staaten der GUS und der anderen ehemaligen Republiken an. Ordne die Länder nach Größe und Einwohnerzahl. Vergleiche mit Staaten Europas.
4. Erläutere, warum die UdSSR als Vielvölkerstaat bezeichnet wurde.
5. Nenne GUS-Staaten mit islamischer Bevölkerung (Atlas).

DAS BEISPIEL GUS

Zwischen Kältepol und Wüste

Die Größe eines Landes sagt nichts über die Größe der nutzbaren Flächen. So sind aufgrund der extremen Klimabedingungen weite Gebiete der GUS kaum oder nur unter erheblichen Aufwendungen wirtschaftlich nutzbar.

Von Nord nach Süd lassen sich folgende Zonen unterscheiden (▷ Klima- und Vegetationszonen, S. 51):

Der Norden – Die Tundra

Nördlich des 66. Breitenkreises sind die Sommer kurz und kühl, die Winter sehr lang und kalt. Der Dauerfrostboden taut höchstens 1 m tief auf. Es gibt praktisch keine Humusbildung.
Wenige Pflanzen passen sich den Naturbedingungen an: Es gibt Zwergsträucher, Flechten und Moose mit flachem Wurzelwerk. Eine Nutzung durch den Menschen ist kaum möglich.

Die Mitte – Die Taiga

Südlich des 66. Breitenkreises erstrecken sich die borealen Nadelwälder. Fast die Hälfte der GUS liegt in diesem Bereich. Kurze, mäßig warme Sommer stehen langen, kalten und schneereichen Wintern gegenüber. So wurden am kältesten bewohnten Ort der Erde, in Oimjakon, bereits −78 °C gemessen! Der Boden ist feucht und nährstoffarm und vor allem im Osten fast ständig gefroren. Besonders Nadelbäume mit flachen Wurzeln gedeihen hier.

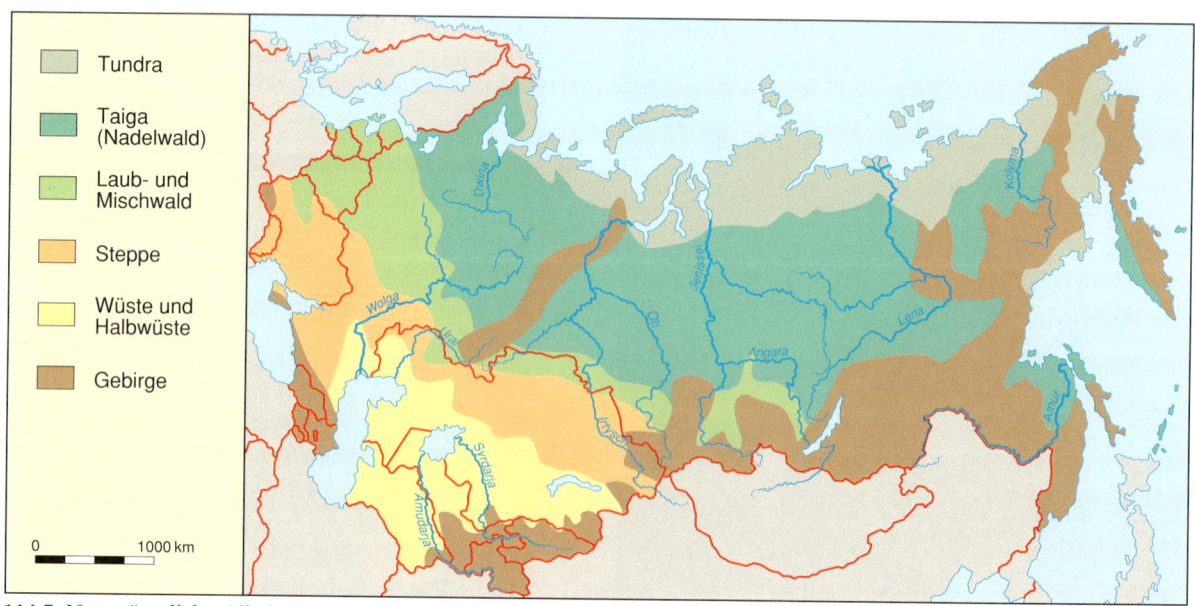

114.1 Tundra

114.2 Taiga

114.3 Naturräumliche Gliederung

Der Mensch nutzt in begrenztem Maße die Taiga. Außer der Holzwirtschaft können begrenzt Kartoffeln und Roggen angebaut werden.

Der Süden – Mischwälder, Steppen und Wüsten

Südlich der Taiga gedeihen im Westen bei warmen Sommern und kühlen Wintern sowie genügend Niederschlag zu allen Jahreszeiten Laub- und Mischwälder. Der Boden ist nährstoffreich und bietet gute Möglichkeiten für die Landwirtschaft. Der Wald ist meist gerodet und wurde zu Ackerflächen umgewandelt. Diese werden überwiegend mit Getreide und Mais bestellt. Werden Futterpflanzen wie Klee und Luzerne angebaut, so ist auch Weidewirtschaft verbreitet. Außerdem gibt es Gemüse und Obstanbau.

An die Laub- und Mischwälder schließt sich der weitgehend baumlose Steppengürtel an. Er ist durch fruchtbare Schwarzerdeböden gekennzeichnet. Deshalb entwickelte sich hier die Kornkammer der ehemaligen UdSSR. Nach Südosten wird es trockener und wärmer. Im Zuge der Neulandgewinnung wurde auch dort der Getreideanbau ausgeweitet, die Erträge sind aber stark schwankend.

Im äußersten Südosten fehlt der Niederschlag fast völlig. In den dortigen Wüstengebieten ist eine Nutzung nur in Oasen möglich. Auch durch groß angelegte Bewässerungsprojekte wird eine Inwertsetzung versucht (z. B. Baumwollanbau).

Die große Landmasse der GUS bedingt, dass das Klima von West nach Ost zunehmend kontinentaler wird. Dies zeigt sich an der sinkenden Niederschlagsmenge und dem ansteigenden Unterschied zwischen Sommer- und Wintertemperaturen (Abb. 115.3).

115.1 Steppe

115.2 Wüste

Aufgaben

1. Arbeite mit Atlaskarten. Welche Klimazonen und welche Vegetation gibt es in gleichen Breiten in Europa?
2. Westeuropa kennt keine so deutlichen Unterschiede zwischen Sommer- und Wintertemperaturen. Begründe.
3. Erkläre, warum die Niederschläge von Westen nach Osten abnehmen (Abb. 115.3). Berücksichtige Windrichtung und Entfernung zum Meer.
4. Erläutere die Besonderheiten der Vegetationszonen auf einem Flug von Murmansk zum Kaspischen Meer.

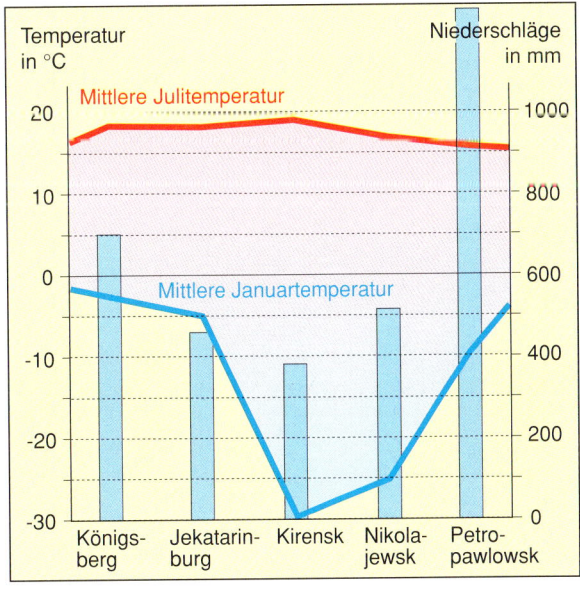

115.3 Kontinentalität – Veränderungen von West nach Ost

DAS BEISPIEL GUS

GEO-PRAXIS

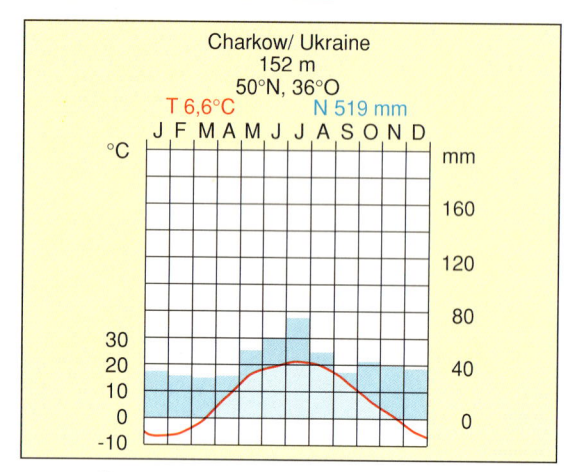

Charkow/ Ukraine
152 m
50°N, 36°O
T 6,6°C   N 519 mm

116.1 Klimadiagramm Charkow

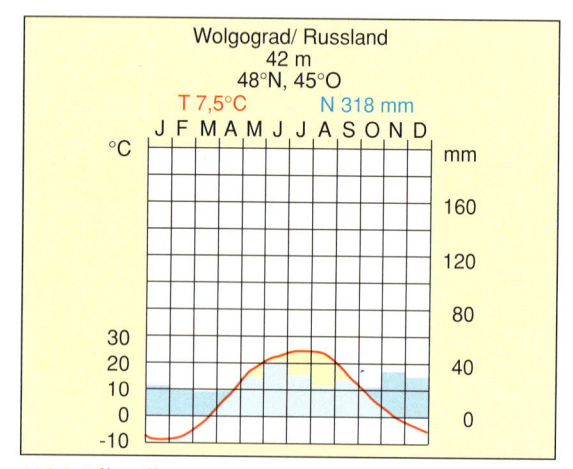

Wolgograd/ Russland
42 m
48°N, 45°O
T 7,5°C   N 318 mm

116.2 Klimadiagramm Wolgograd

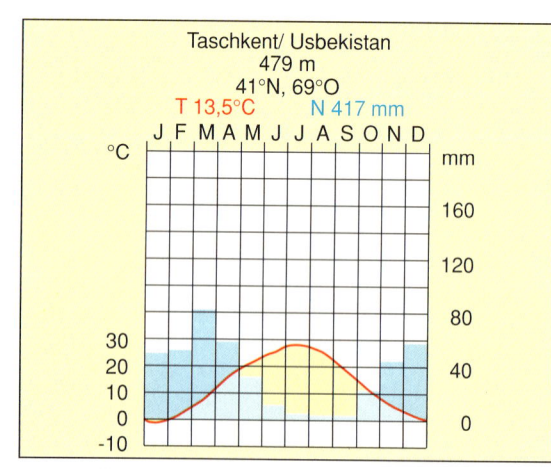

Taschkent/ Usbekistan
479 m
41°N, 69°O
T 13,5°C   N 417 mm

116.3 Klimadiagramm Taschkent

Wie wir Klimadiagramme nutzen können

Klimadiagramme hast du bereits auf S. 9 kennen gelernt. Aus Klimadiagrammen kannst du die monatlichen Niederschlagsmengen und die Temperaturen eines Jahres ermitteln.
Ein Klimadiagramm kann aber auch Auskunft darüber geben, welche landwirtschaftlichen Produkte angebaut werden können. Pflanzen stellen nämlich bestimmte Anforderungen an das Klima.

- Die Baumwolle ist eine wärmeliebende Pflanze, die sehr frostempfindlich ist. In der Reifezeit sollten die Temperaturen bei 25 °C liegen.
  Wo der Niederschlag weniger als 600 mm beträgt, muss bewässert werden.
- Der Kakaobaum ist ein tropisches Gewächs. Er braucht 24–28 °C, die Temperatur des kältesten Monats muss über 20 °C liegen. Der Niederschlag sollte gleichmäßig über das Jahr verteilt sein und mindestens 2000 mm betragen.
- Mais braucht viel Sonne und Wärme, die optimale Temperatur liegt bei 22 °C, doch genügen auch schon 12–15 °C.
  Mindestens 500 mm Niederschlag sind nötig, doch gibt es Sorten, die 250–5000 mm vertragen. Die Vegetationszeit beträgt 140 Tage über 12 °C.
- Nur geringe Ansprüche stellt der Roggen. Er verträgt im Winter bis zu –30 °C und kann ab etwa 600 mm Niederschlag angebaut werden.
- Die Banane benötigt Temperaturen von über 25 °C und Niederschläge von 1200–2000 mm. Die Pflanze ist sehr frostempfindlich.

Für die Bearbeitung der folgenden Aufgaben sollten sich Gruppen bilden und jeweils ein Klimadiagramm bearbeiten.
Die Gruppe prüft dann, ob der Anbau der oben beschriebenen Pflanzen unter den angegebenen Klimabedingungen möglich ist. Anschließend werden die Ergebnisse vorgestellt und von den anderen Gruppen aufgeschrieben.

1. Suche die Orte (es sind Längen- und Breitenkreise angegeben) auf einer Atlaskarte.
2. Untersuche, welche der genannten Pflanzen bei den dargestellten Klimawerten gedeihen können.
3. Welche Möglichkeiten gibt es, Pflanzen in klimatisch ungünstigen Gebieten anzubauen?
4. Die Klimadiagramme belegen die Auswirkungen des kontinentalen Klimas. Beschreibe deine Feststellungen.

DAS BEISPIEL GUS

GEO-EXKURS

Industrialisierung nach Plan – Wirtschaftspolitik zur Zeit der Sowjetunion

Als 1917 das Zarenreich gestürzt wurde, waren noch über 80 % der Beschäftigten in der Landwirtschaft tätig. Ziel der Sowjetregierung war es, die Industrie zu entwickeln. Parteichef Lenin gab die Losung aus: „Kommunismus = Sowjetmacht + Elektrifizierung des Landes."

Der Aufbau der Industrie sollte durch zentrale Lenkung erreicht werden. In Fünfjahresplänen wurden Art und Umfang der Produktion, die Lage der Standorte und die Verteilung der Güter festgelegt. Vorrang hatten zunächst Bergbau, Energiewirtschaft, Maschinenbau und Rüstungsindustrie. Bei der Produktion verschiedener Güter wurden große Steigerungen erreicht (Abb. 117.3).

Das notwendige Kapital für den Aufbau der Industrie musste die Landwirtschaft erwirtschaften. Das Programm wurde mit Zwangsarbeit und unter großen Opfern der Bevölkerung vorangetrieben. Als Modellbeispiel für den Aufbau der Industrie eignet sich das Ural-Kusnezk-Kombinat.

Das Ural-Kusnezk-Kombinat

Im Ural gibt es reiche Eisenerzlager. Allerdings fehlte die zur Verhüttung nötige Kohle. Die lag rund 2000 km weiter östlich bei Kusnezk. Mit der Eisenbahn wurde sie ins Uralgebiet geschafft, in der Gegenrichtung wurde dafür Eisenerz geliefert. So entstanden auch dort Hüttenwerke. Diesen Zusammenschluss unterschiedlicher, weit auseinander liegender Produktionsorte nannte man Kombinat.

Nach dem Zweiten Weltkrieg wurde im Süden des Kusnezker Beckens auch Erz gefunden. Damit wurde der Rohstoffaustausch unrentabel. Im Gebiet zwischen Nowosibirsk und Nowokusnezk entstand ein neues großes Industrierevier. Schließlich wurden auch bei Karaganda Kohlelager entdeckt. Damit entstand auch dort ein Zentrum der Schwerindustrie. Verfolge die Transportwege Ural–Kusnezk–Karaganda im Atlas. Bei dem weiten Transport der Güter wurden jedoch große Energiemengen verbraucht. So stellten die Wirtschaftsplaner neue Überlegungen an. Um eine bessere Ausnutzung der natürlichen Grundlagen zu erreichen, begann man, Territoriale Produktionskomplexe zu errichten (▷ S. 119).

Im Oktober 1992 wurde ein Privatisierungsprogramm für die Industrie begonnen. Es wird allerdings noch viele Jahre dauern, bis aus der staatlich gelenkten Planwirtschaft eine funktionierende Marktwirtschaft wird.

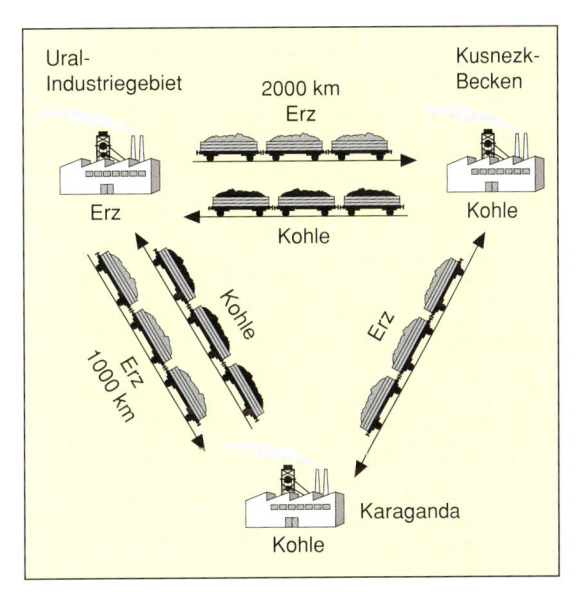

117.1 Das Ural-Kusnezk-Kombinat

117.2 In einer Kohlengrube bei Karaganda

	1913	1950	1970	1980	1990
Elektroenergie (Mrd kWh)	2	91	740	1295	1726
Erdöl (Mio t)	10	38	353	603	570
Erdgas (Mrd m³)	–	6	200	435	815
Kohle (Mio t)	29	261	624	716	472
Eisenerz (Mio t)	9	37	197	245	241
Stahl (Mio t)	4	27	116	148	154
Traktoren (1000 Stück)	–	117	458,5	555	495
Kraftfahrzeuge (1000 Stück)	–	327	915	2199	1917
Radios (Mio Stück)	–	1,1	7,8	8,5	9,2
Kühlschränke (Mio Stück)	–	–	4,1	5,9	6,5

117.3 Produktion ausgewählter Güter in der UdSSR

DAS BEISPIEL GUS

Schätze aus dem Eiskeller

„Als Gott die Erde erschuf, flog er mit einem Sack voller Schätze über Sibirien. Von der Kälte waren seine Hände so steif gefroren, dass er den Sack nicht länger halten konnte. So verteilten sich alle Diamanten, Edelsteine, Gold und andere Mineralien über das Land. Gott geriet über seinen Verlust so in Zorn, dass er Sibirien mit bitterer Kälte, Dauerfrostboden, Sümpfen und Mooren, Tundra und undurchdringlichen Wäldern bestrafte."

Die Legende berichtet vom Reichtum Sibiriens – aber auch von Problemen bei der Erschließung der Bodenschätze. Diese sind nur unter gewaltigen Anstrengungen zu fördern. Wenn im Sommer die Temperaturen zum Arbeiten erträglich sind, ist der Boden eine Schlammwüste. Dann bleiben die großen Abbaumaschinen stecken, Transportfahrzeuge kommen nicht voran. In den Sümpfen finden Stechmücken ideale Lebensbedingungen. Im kalten Winter hingegen gefriert der Treibstoff, wird Stahl spröde, sodass Baggerzähne brechen, zerspringt Gummi und verlieren Batterien an Spannung.

	GUS	davon: Russland	davon: östl. Ural	z. Vgl. BRD
Steinkohle (Mio t)	543	395	323	70
Erdöl (Mio t)	549	516	436	4
Erdgas (Mrd m³)	815	641	624	22
Eisenerz (Mio t)	236	59	21	0,1
Gold (t)	300	.	.	0

118.1 Förderung von Bodenschätzen

Bodenschätze im Osten – Industrie im Westen

Nicht nur die Förderung bereitet Probleme. Ein Transport in den westlichen Landesteil Russlands, wo die meisten Industriebetriebe liegen, ist noch schwieriger. Wie die Karte 118.2 zeigt, fließen die großen Flüsse von Süden nach Norden. Zudem sind sie oft monatelang eisbedeckt und deshalb nicht schiffbar. Der Straßenbau ist wegen der riesigen Entfernungen nicht rentabel, außerdem gibt es zu wenige Kraftfahrzeuge. Bleibt als Transportmittel zwischen Sibirien und dem Westen nur die Eisenbahn.

Die wichtigste Verkehrsverbindung ist die Transsibirische Eisenbahn. Sie wurde von 1891 bis 1904 von über 90 000 Bauern, Soldaten, Kosaken und Sträflingen gebaut und ist heute mit 9300 km Schienen die längste Strecke der Welt. Eine Reise dauert bis zu 6 Tagen. Ergänzt wird die Strecke durch die weiter nördlich verlegte Baikal-Amur-Magistrale. Sie führt über 3200 km durch ein an Bodenschätzen reiches Gebiet, das etwa sechsmal so groß ist wie Deutschland. Zusätzliche Nebenstrecken sind noch im Bau, um weitere rohstoffreiche Gebiete Sibiriens zu erschließen.

Erdöl und Erdgas sind allerdings nicht auf diese Verkehrswege angewiesen, sie können durch Pipelines in den Westen transportiert werden. Doch auch hier erschweren die natürlichen Bedingungen den Bau. Die Rohrleitungen können nicht in der Erde verlegt werden, das verhindert der Dauerfrostboden (▷ S. 36). So sind die Rohre oberirdisch, meist auf Pfeilern, verlegt.

118.2 Dauerfrostboden und Bodenschätze in der GUS

DAS BEISPIEL GUS

	Deutschland	Russland
Binnenschifffahrt	56	214
Eisenbahn	82	2479
Rohrleitungen	14	1240
Lastkraftwagen	203	68

119.1 Güterverkehr nach Verkehrsträgern (in Mrd Tonnenkilometer 1990)

Territoriale Produktionskomplexe (TPK)

Die großen Transportprobleme verstärkten in den 50er Jahren Überlegungen, Industrie bei den Rohstoffen anzusiedln. Um die Industrialisierung in dem riesigen Raum voranzutreiben, wurden während der Sowjetzeit TPK (Abb. 119.2), z. B. in Südjakutien, errichtet (▷ S. 120).

Die TPK galten in der sowjetischen Wirtschaftsplanung als eine moderne Organisationsform. Dabei sollten Betriebe industrieller und landwirtschaftlicher Produktion eines bestimmten Gebietes zu einer wirtschaftlichen Einheit verflochten werden. Ziel war es, die Kosten bei der Produktion zu senken. Ein Territorium, das zu einem TPK erklärt wurde, musste folgende Merkmale aufweisen:
– ein großes Wasser- oder Kohlekraftwerk,
– reiche Vorkommen an Bodenschätzen und Holz,
– günstige Bedingungen für die Landwirtschaft und die Ansiedlung von Arbeitskräften,
– eine gute Verkehrsanbindung.

Heute stellt man jedoch fest, dass viele TPK das Ergebnis einer verfehlten Industriepolitik sind. Die Umwelt und die gesamte Volkswirtschaft wurden schwer belastet. Es ist nicht gelungen, für eine ausreichende Versorgung der Bevölkerung zu sorgen.

119.3 und 119.4 Verkehrswege in Sibirien: „Transsib" und das Flussnetz

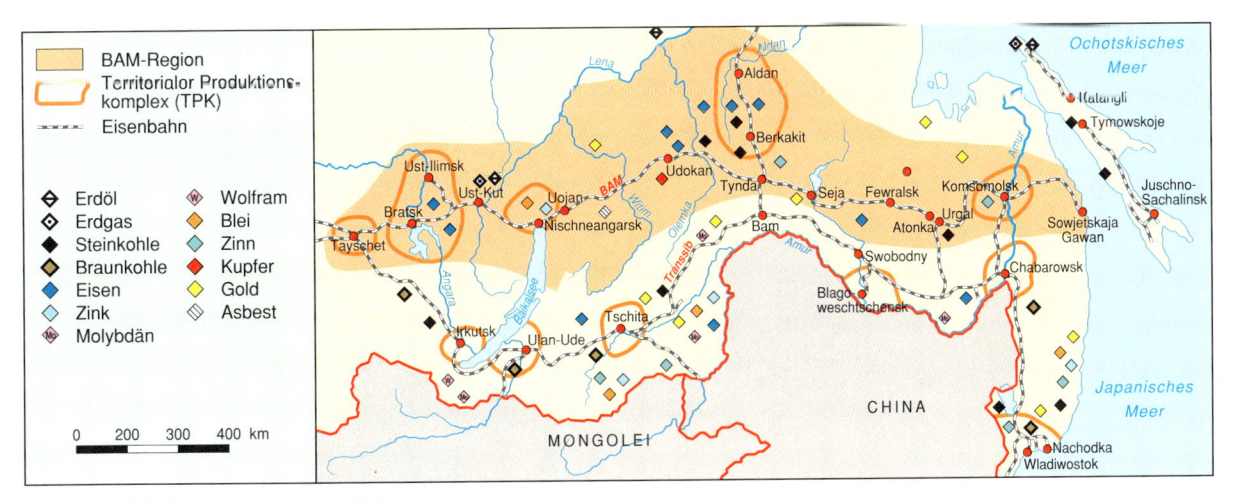

119.2 Erschließung entlang der BAM

DAS BEISPIEL GUS

120.1 Bodenschätze und Verkehrswege in Jakutien

Bei der Erschließung Sibiriens wurde bereits früh der Wasserreichtum der riesigen Ströme genutzt. So gehört der Jenissei („großer Fluss") mit einer Länge von 4200 km und einem Einzugsbereich von 2,6 Mio km² zu den größten und wasserreichsten Flusssystemen der Erde. Riesige Wasserkraftwerke wurden errichtet und sind noch geplant.
Der energiereichste Fluss der GUS, die Lena, wird bislang nicht zur Energiegewinnung genutzt. Das Wasserkraftpotential liegt bei 160 Mrd kWh (Elektrizitätserzeugung 1991 in Deutschland: 540 Mrd kWh).

120.2 Wasserkraft in Sibirien

Südjakutien wird erschlossen
Jakutien ist ein Gebiet mit einer Fläche von 3,1 Mio km² und einer Einwohnerzahl von etwa 1 Mio Menschen. Es liegt rund 5000 km von Moskau entfernt.
Wichtigster Wirtschaftszweig ist zur Zeit der Bergbau (Abb. 120.1). Die USA und Japan wollen bei der Ausbeutung finanziell helfen und erwarten im Gegenzug die Lieferung von Rohstoffen. So werden 14 Mio t Steinkohle jährlich im Tagebau gewonnen (BRD 70 Mio t). Ein großer Teil wird zu Koks verarbeitet und nach Japan exportiert.
Im Süden liegen Erzlagerstätten von insgesamt 22 Mrd t. Diese Erze enthalten bis zu 70 % Eisen und können ebenfalls im Tagebau gefördert werden. Auf der Basis dieser beiden Rohstoffe soll hier einer der wichtigsten Industriekomplexe Russlands errichtet werden. Die größte Schwierigkeit bleibt aber zunächst die verkehrsmäßige Erschließung des Raumes. Die „Kleine BAM" endet noch in Nerjungri, einer Stadt mit 50 000 Einwohnern, die einmal 300 000 Menschen beherbergen soll. Straßen gibt es kaum, zudem können sie nur im Winter befahren werden. Für vier Monate im Sommer ist die Lena die wichtigste Verkehrsader, denn nur für etwa 120 Tage ist sie eisfrei. Der Wasserreichtum der Lena wird nicht genutzt (Abb. 120.2).
Arbeitskräfte sind rar in Südjakutien. Die Abgelegenheit und die extremen Klimabedingungen halten die Menschen von einer Umsiedlung dorthin ab. Selbst die hohen Löhne (120 % des normalen Lohnes), zusätzliche Urlaubstage und neugebaute Wohnungen locken nur wenige Menschen nach Jakutien. Vor allem fehlen kulturelle und soziale Einrichtungen. Alle diese Probleme verteuern die Produkte aus Jakutien. Sie sind darum auf dem Weltmarkt nicht rentabel absetzbar.

Aufgaben

1. Verfolge die Strecke der Transsib (Atlas). Nenne Städte mit mehr als 500 000 Einw., die an der Bahnstrecke liegen.
2. Ermittle die Entfernungen zwischen dem TPK Bratsk und Südjakutien (Abb. 119.2). Vergleiche diese Entfernungen von deiner Heimatstadt aus.
3. Begründe, warum die Pipelines auf Stelzen errichtet wurden (▷ S. 37).
4. Schildere Probleme bei der Verkehrserschließung Sibiriens.

DAS BEISPIEL GUS

GEO-EXKURS

121.1 Größenvergleich des Baikalsees

121.2 Am Baikalsee

Ist hohe Produktion wichtiger als die Umwelt?

Der Baikalsee wird vergiftet

Der Baikalsee, das „Heilige Meer Russlands", ist der größte Süßwassersee der Erde. Er ist 636 km lang, etwa 80 km breit und 1620 m tief. Die Fläche von 31 500 km² entspricht $1/12$ Deutschlands. Sein Wasser wird ständig von 300 Flüssen aufgefrischt. Nur ein größerer Fluss verlässt den See, die Angara. Im Baikalsee wird ein Fünftel des gesamten irdischen Süßwassers (230 000 km³) gespeichert. Das Wasser ist so rein, dass man es direkt als Trinkwasser und sogar als Ersatz für destilliertes Wasser in Batterien verwenden kann. Oder muss man sagen: konnte?

Seit 1964 steht am Ufer des Sees ein Zellulosewerk, das seine Abwässer in den See leitet. Jährlich werden etwa 60 000 ha Wald gerodet, das Holz wird zu Zellulose weiterverarbeitet, einem Rohstoff für die Papierindustrie. Folgen für die Umwelt wurden nicht berücksichtigt, hohe Produktionsziffern und die Bereitstellung von Arbeitsplätzen hatten Vorrang. Doch jetzt werden die Schäden deutlich. Die täglich in den See geleitete Abwassermenge verschmutzt mehr als die 15fache Trinkwassermenge, die pro Tag von allen Bürgern Russlands verbraucht wird. Wollte man das verunreinigte Wasser reinigen, würde das täglich halb so viel kosten, wie die Jahresproduktion des Werkes wert ist.

Erste Maßnahmen zum Schutz der Umwelt sind endlich eingeleitet. 1987 erhielt das Werk einen geschlossenen Wasserkreislauf, sodass kein verschmutztes Wasser mehr in den See gelangt. Bis 1995 soll die Produktion des Werkes auf die Herstellung von Möbeln umgestellt werden. Damit entstehen weniger Abwässer. Auch die Forstwirtschaft soll neu gestaltet werden. Der Holzeinschlag wird reduziert und abgeholzte Flächen sollen wieder aufgeforstet werden.

Bodenschätze vor Menschen?

Juri Okolelow arbeitet 250 m tief unter der Erde im größten Kohlebergwerk von Nowokusnezk. „Ich bin zwar noch nicht einmal 40, aber ich will weg von hier", erzählt er. „Sehr lange hält meine Gesundheit die Arbeits- und Lebensbedingungen nicht mehr aus." Kohlezechen, Metallfabriken und Aluminiumhütten stehen in Nowokusnezk inmitten der Wohnhäuser. Dreckiger roter Staub steigt aus den Schloten, Ruß sinkt auf die Dächer. Jährlich fallen rund 1 Mio t Giftstoffe auf die 620 000 Einwohner, eineinhalb Tonnen pro Person. Atemwegserkrankungen, Krebs, verlangsamtes Knochenwachstum sind die Folgen. An vielen Tagen dringt nur 60 % des Sonnenlichts durch die Rußschicht.

„Auch meine Frau ist ständig krank", klagt Juri. „Meine zwei Kinder sind einseitig ernährt. Die Kleine konnte meine Frau nicht stillen, die Muttermilch sei zu giftig, erklärte uns der Arzt."

Juri verschweigt nicht seine Angst: „Die Gesundheitsversorgung ist schlecht. Viele meiner Kumpel sind schon krank. Silikose (Staublunge), Nervenerkrankungen und Rheuma wurden festgestellt." Noch hat Juri Hoffnung, dass sich bald etwas an den Lebensbedingungen in Nowokusnezk ändert.

Und bei uns? Berichte in der Klasse über aktuelle Meldungen zum Thema „Umweltbelastungen" und „Schutzmaßnahmen für die Umwelt". Informiere dich über Umweltschutzorganisationen und deren Aktionen.

DAS BEISPIEL GUS

122.1 Arbeiterinnen auf einer Sowchose

Obwohl die russische Regierung eine Landreform beschlossen hat und sich die Zahl der einzelbäuerlichen Betriebe stets erhöht – nach wie vor sind Sowchosen und Kolchosen die Hauptbetriebsformen der Landwirtschaft. Sie wurden nach der Revolution 1917 gebildet.
Der **Kolchose** wurde der Boden vom Staat zur Nutzung übergeben. Dies gilt auch für Produktionsmittel wie Maschinen, Vieh und Gebäude. Kolchosen sind eine Art Genossenschaftsbetrieb. Allerdings wurden sie zwangsweise zusammengeschlossen. Zu festgelegten Preisen werden vom Staat festgelegte landwirtschaftliche Erzeugnisse gekauft. Überschüsse kann die Kolchose auf dem Markt verkaufen. 1990 gab es in den 13 000 Kolchosen 4 Millionen Beschäftigte. Insgesamt bewirtschafteten sie 850 000 km².
Sowchosen wurden als reine Staatsgüter gebildet. Die Landarbeiter sind den Industriearbeitern gleichgestellt und erhalten fest vereinbarte Löhne unabhängig vom Ertrag. Sowchosen sind stark spezialisierte Großbetriebe mit wenigen Produktionszweigen. Sie haben auch die Aufgabe, Forschung zu treiben (z. B. neues Saatgut zu entwickeln). In den 13 000 russischen Sowchosen waren 1990 5,5 Millionen Menschen beschäftigt. Sie bewirtschafteten eine landwirtschaftliche Nutzfläche von 1 170 000 km².

122.2 Kolchosen und Sowchosen

„Was wird aus unserer Sowchose?"

Pjotr Sjomkin, der Leiter der Sowchose „Thälmann" bei St. Petersburg, berichtet:
„In unserem Betrieb werden 8000 ha beackert; in den Ställen stehen 6000 Stück Vieh; insgesamt 1369 Menschen sind hier Ende 1993 beschäftigt. Wir haben ein Heizkraftwerk, eine Molkerei, eine Reparaturwerkstatt und 25 Pferde. Daneben unterhalten wir noch 4000 Wohnungen, zwei Kindergärten, zwei Schulen, eine Kantine und ein Kulturzentrum. Jahrelang ging hier alles seinen gewohnten Gang. Na gut, ich muss auch zugeben, dass vieles auf der Sowchose nicht funktioniert hat."
Inzwischen hat Pjotr Sjomkin einen neuen Mitarbeiter bekommen. Max Halser war früher in einer bayerischen Genossenschaft tätig, jetzt ist er pensioniert und arbeitet als Berater in Russland. „Es ist schon schlimm, die Milchproduktion ist um 50 % gesunken, auch bei Fleisch und Gemüse sind die Zahlen rückläufig. Doch keiner der Bauern hier möchte selbstständig werden. Von 1300 Beschäftigten haben nur zwei ein Interesse daran, selbstständig zu werden."
Kollege Sjomkin erwidert: „Wie soll man denn auch 150 Traktoren auf alle verteilen?" Max Halser hat schon einige Vorschläge zur Hand. „Ich habe empfohlen, die Wohnungen einfach den Mitarbeitern zu schenken. Die Werkstatt und das Kraftwerk sollen privatisiert werden, der Staat soll Schulen und Kultureinrichtungen übernehmen. So etwas gehört nicht in einen Landwirtschaftsbetrieb." Da stimmt Pjotr Sjomkin zu: „Wir können den Betrieb nicht an alle verteilen. Es müssen Großbetriebe von 2000 bis 3000 ha entstehen. Die können rentabel arbeiten."
„Das Problem in den russischen Betrieben", meint Max Halser, „ist die große Zahl an Arbeitskräften, für die nicht genug Arbeit da ist. Ein vergleichbarer Betrieb in Deutschland käme mit etwa 50 Arbeitskräften aus. Maschinen leisten bei uns einen großen Teil der Arbeit." „Die haben wir hier auch", sagt Sjomkin, „nur die Technik ist 30 Jahre zurück. Und von 100 Schleppern stehen 70 in der Werkstatt! Ersatzteile sind kaum zu bekommen. In der UdSSR ging das manchmal besser, aber das Werk für diese Teile ist in Lettland. Das ist jetzt Ausland!"
„Es ist nicht einfach für unsere Leute", fährt Sjomkin fort, „uns ist klar, unsere Landwirtschaft muss marktgerecht produzieren. Wir müssen Gewinne erwirtschaften. Aber die Menschen sind an die Arbeit im Kollektiv gewöhnt. Sie haben immer nach

DAS BEISPIEL GUS

123.1 Wirtschaftsgebäude der Sowchose Thälmann

Plan gearbeitet. Außerdem fehlen die finanziellen Mittel, um Maschinen, Saatgut oder Düngemittel zu kaufen. Woher sollen sie wissen, was sie produzieren sollen? Was soll also werden? Überall geht schon die Produktion zurück" (Abb. 123.3).

Max Halser tritt ein wenig beiseite, denn er möchte ein Problem ansprechen, das sein russischer Kollege sicher nicht so gerne hört. „Die Arbeitsleistung ist einfach geringer. Zwei Drittel schauen manchmal zu, wie ein Drittel arbeitet. Ich hab festgestellt, dass ein Zehntel der Mitarbeiter jeden Tag betrunken ist."

Früher wurden die Waren zu staatlich festgelegten Bedingungen verkauft, heute bereitet die selbstständige Vermarktung Probleme. Max Halser ist da ganz Manager: „Die müssen Werbung machen, ‚Hier verkauft die Sowchose Thälmann', das muss man schon von weitem sehen. In St. Petersburg wohnen 5 Mio Menschen. Die müssen doch jeden Tag essen!"

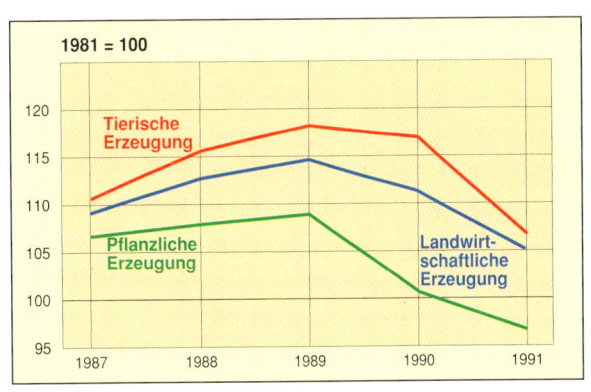

123.3 Landwirtschaftliche Erzeugung in Russland

	Sowchosen in Russland (1990)	Landwirtschftl. Betriebe der BRD (1992)
Anzahl der Betriebe	13 000	617 000
Arbeitskräfte (in Mio)	5,5	1,3
Nutzfläche (in Mio ha)	117,3	17,0
Rinder (in Mio)	23,4	18,3
Getreideernte (in Mio t)	53,6	34,8

123.2 Sowchosen und landwirtschaftliche Betriebe

Aufgaben

1. Vergleiche die Sowchosen mit den landwirtschaftlichen Betrieben der Bundesrepublik Deutschland (Abb. 123.2).
2. In Russland sind ca. 12 %, in Deutschland hingegen 48 % der Staatsfläche landwirtschaftlich genutzt. Begründe den Unterschied (Atlas).
3. Erläutere Probleme der Sowchose Thälmann.
4. Sammelt Nachrichten und Zeitungsberichte über Probleme der Landwirtschaft in Deutschland und den GUS-Staaten. Vergleicht.
5. Zur Produktion gehört der Verkauf. Welche Probleme stellen sich den russischen Erzeugern?

DAS BEISPIEL GUS

124.1 Privater landwirtschaftlicher Betrieb

	April 1990	April 1991	Januar 1992
Betriebe	230	13 600	50 000
Flächen (in 1000 ha)	12	605	2100
Durchschnittliche Betriebsgröße in ha	50	44	42

124.2 Entwicklung der Farmen in Russland

124.3 Verkaufsstand für landwirtschaftliche Produkte

Ein Kolchosmitglied wird Privatbauer

Walentin Nowikow gehört einem neuen Berufsstand an. Er ist Farmer. Können diese selbstständigen Landwirte die russische Landwirtschaft aus ihrem schlechten Zustand reißen?

Früher war Nowikow Leiter des Maschinenparks einer Kolchose und Vorsitzender der Dorfverwaltung. Die neue Selbstständigkeit wird von seiner Familie nicht einhellig begrüßt. Es ist eine Zeit der Unruhe. Ein Großteil der Bevölkerung leidet unter den Problemen, die der Übergang zur Marktwirtschaft mit sich bringt. So hat die Freigabe der staatlich festgelegten Preise zu enormen Preissteigerungen geführt. „Wer kann denn die teuren landwirtschaftlichen Erzeugnisse bezahlen?" fragt Walentins Frau Jelena. Sie hat eine Arbeitsstelle in der Leihbücherei des Dorfes, aber da es kaum Leser und noch weniger neue Bücher gibt, weiß sie auch nicht, wie es weitergeht.

Walentin Nowikow hat sich bemüht, einen Gewinn bringenden Verkauf seines Rindfleisches in Moskau zu arrangieren. „Da kommt man nicht durch. Auf den 400 km bis zur Hauptstadt werden die Transporte von Gangstern angehalten. Sie wollen Geld erpressen."

Nowikow gehörte zu den ersten, den Pionieren des neuen Farmertums. Im Zuge der Wirtschaftsreform

DAS BEISPIEL GUS

125.1 Ehemaliges Kolchosdorf

hat die Regierung bestimmt, dass Kollektivmitglieder mit einem Anteil an Land, Vieh und Geräten in die Selbstständigkeit gehen können. Allerdings ist auf eine weitergehende Unterstützung des Staates nicht zu bauen. Auch von den Banken gibt es kaum Geld, und wenn, dann nur kurzfristig und zu überhöhten Zinsen. Ein Traktor kostet jetzt im Juli 1993 aber schon hunderttausende Rubel, ein Liter Milch bringt höchstens zehn Rubel. 25 % des Ertrages könnte Walentin an den Staat verkaufen, aber es ist unsicher: „Wie soll der Vertrag über 11 000 l Milch, 600 Kilo Fleisch und vier Tonnen Getreide einmal erfüllt werden und welche Preise werden dann gelten?"

Nowikows Besitz liegt etwa 10 km außerhalb des Dorfes. Die schlechten Straßen sind im Herbst und Frühjahr kaum zu befahren. Walentin findet, dass es trotzdem vorangeht. Auf einer Waldlichtung lagert der Grundstock für den neuen Hof: Fertigbauplatten fürs Gebäude, Landwirtschaftsgerät aus der Kolchose und ein Autobuswrack zum Ausschlachten. Betonfundamente für den Stall sind auch schon angelegt. Eine kleine Herde Rinder weidet in der Nähe.

„Es waren schon Leute hier, die Urlaub machen und Bären jagen wollten. Eine Gruppe von deutschen Landwirten erkundigte sich bereits nach der Möglichkeit, biologischen Anbau zu betreiben. Doch keinen habe ich wieder gesehen!" lacht Walentin Nowikow. „Wir sind noch eine Minderheit. Im Nachbarkolchos gab es Streit, als einige Bauern austraten. Nach langem Kampf bekamen sie 100 ha zerstreut liegendes Land, zwei Traktoren, einen LKW, zwölf Kühe und 17 Kälber. Zum Beispiel geben unsere Kühe nur sieben Liter Milch am Tag. Im Jahr muss ich 4500 l Milch liefern. Und als selbstständige Bauern müssen wir Steuern zahlen. Aber in den Kolchosen sieht es nicht besser aus. Es gibt kein Kapital, um Erneuerungen zu finanzieren und die alten Parteimitglieder trauern der Zeit nach, als sie nur ‚dawaj', ‚los jetzt', zu sagen brauchten und alle sprangen auf. Da bin ich trotz meiner derzeitigen Schwierigkeiten lieber Farmer."

Aufgaben

1. Die Wirtschaftsreform bringt für die russische Landwirtschaft große Umstellungen. Vergleiche die Schwierigkeiten auf der Sowchose mit denen des Farmers Nowikow.
2. Landwirt Markhoff aus der Soester Börde erzeugt mit seinen 40 Kühen jährlich 250 000 Liter Milch. Vergleiche mit den Erträgen des Farmers Nowikow.

DAS BEISPIEL GUS

126.1 Möbelfabrik in St. Petersburg. Sie ist ein gemeinsames russisch-finnisches Unternehmen.

Es muss geholfen werden!

Zusammenarbeit und Hilfe in der Wirtschaft

Im Juli 1993 fand in Tokio ein Treffen statt, auf dem die sieben führenden westlichen Wirtschaftsnationen weitere Hilfe für den Aufbau in Russland verabredeten. Denn die Wirtschaft steckt in einer tiefen Krise. Viele Menschen wurden bereits arbeitslos oder verarmten durch die gewaltigen Preissteigerungen. Wächst die Unzufriedenheit der Bevölkerung, wird befürchtet, dass auch der eingeschlagene Weg zur Demokratie gefährdet ist.

Für die Krise der Industrie gibt es verschiedene Gründe:
- Wichtige Verbindungen zwischen den ehemaligen Teilrepubliken der Sowjetunion sind gerissen. Da sie jetzt durch Staatsgrenzen und neue Währungen getrennt sind, gibt es keinen ungehinderten Warenaustausch mehr.
- Die Rüstungsaufträge sind zurückgegangen, die geplante Umstellung von Rüstungsgütern auf Zivilgüter ist nicht gelungen. Noch arbeiten 6 Mio Menschen in der Rüstung (1993).
- Dringend benötigte Maschinenteile können aus Mangel an Devisen nicht mehr im Ausland beschafft werden.
- Die früher vom Staat subventionierten (gestützten) Energiepreise sind nach der allgemeinen Preisfreigabe stark angestiegen.
- Da in einigen Industriezweigen wenige Betriebe bis zu 100 Prozent der Gesamtproduktion erzeugen, können diese aufgrund ihrer marktbeherrschenden Stellung überhöhte Preise durchsetzen.
- Früher wurden um eine Zeche oder einen Großbetrieb ganze Städte errichtet. Auch wenn sie nicht rentabel sind, sie können nicht einfach geschlossen werden.
- Das Einkommen der Bevölkerung ist gesunken. Eine Nachfrage nach Konsumgütern findet deshalb kaum statt.
- Viele Industriebetriebe sind völlig veraltet und verschmutzen die Umwelt. Zahlreiche wurden schon stillgelegt.

Erst für 1998 rechnen Wissenschaftler mit einer Erholung der Wirtschaft. Bis dahin versuchen westliche Firmen, mit Know-how (Erfahrung) und Kapital zu helfen. Sie arbeiten mit russischen Firmen vorübergehend zusammen, um gemeinsame Projekte durchzuführen (Abb. 126.1).

Ein deutscher Schuhfabrikant produziert zum Beispiel gemeinsam mit einem russischen Kombinat. Die Angestellten werden jetzt nach Leistung bezahlt und sind sogar kündbar. Ein Teil der Schuhe wird an die Belegschaft verkauft. Ein Kombinat, das das Firmengebäude renovieren sollte, war dadurch zu gewinnen, dass es für seine Arbeiter preiswerte Schuhe bekam.

Zwei weitere Gemeinschaftsprojekte: eine Fast-Food-Kette aus den USA eröffnete in Moskau ein Restaurant und darf seit neuestem auch in einer Kaserne Hamburger an die Soldaten verkaufen. Gemeinsam mit einer Londoner Software-Firma vermarktet eine Moskauer Firma das aus Russland stammende Computerspiel „Tetris".

Weitere Hilfsprogramme sind geplant. So hat die EG angeregt, dass russische Führungskräfte in westlichen Betrieben die Grundregeln modernen Managements lernen. Auch Hilfen bei der Umstellung der Kernkraftwerke auf sichere Formen der Energieversorgung sind wichtig.

Wie lange die Änderungen in der Wirtschaft allerdings dauern werden, verdeutlicht der Ausspruch eines Politikers: „Wir suchen verzweifelt, in einem Riesenmeer ein paar Inseln anzulegen."

DAS BEISPIEL GUS

127.1 Sergejs Familie

127.2 Bauruinen

Ferien für Kinder aus Tschernobyl

„Holen Sie ihre Kinder aus dem Sandkasten!" – „Vermeiden Sie den Genuss von Pilzen und frischem Gemüse!" – „Kann man noch Milch trinken?"

Solche Warnungen erschreckten 1986 viele Menschen auch bei uns. Damals ereignete sich im Kernkraftwerk Tschernobyl ein Reaktorunfall. Große Mengen radioaktiver Substanzen wurden in die Luft freigesetzt. Der Wind trug die Stoffe rasch nach Westen bis zu uns. Schlimm waren die Folgen für die Menschen in der Nähe des Kraftwerkes. Viele starben oder leiden unter gefährlichen Krankheiten. In einer Pfarrei in Mönchengladbach organisiert Frau Kottmann Ferienaufenthalte für Kinder, die durch die Katastrophe in Tschernobyl gesundheitlich betroffen sind. Schüler der 8. Klasse interviewen sie.

Frage: Frau Kottmann, im Juli 93 kommen zum dritten Male Kinder aus Tschernobyl hierher. Sie wollen den Kindern in Gladbach ein paar Wochen Ferien ermöglichen. Wie kamen Sie auf die Idee?

Frau K.: Wir hatten von den krebskranken Kindern gehört, aber erst nach der Öffnung der Grenzen der GUS sahen wir die Chance, aktiv zu werden. Zunächst musste ich Gasteltern finden. Über die russische Botschaft wurde dann der Transport organisiert und ein Dolmetscher bereitgestellt. Unser Ferienkind, Sergej, kommt aus einem Dorf in Weißrussland. Dort haben radioaktive Niederschläge zur Erkrankung zahlloser Menschen geführt. Nach dem Unglück wurden zwar Häuser errichtet, damit Familien aus dem Katastrophengebiet umsiedeln konnten. Aber dann ging das Geld aus. Viele wollten auch gar nicht weg aus Tschernobyl. So blieben nur Bauruinen stehen (Abb. 127.2).

Frage: Hat Sergej noch Geschwister?

Frau K.: Er hat einen älteren Bruder. Der lebt in Kiew. Er war zur Zeit des Unglücks als LKW-Fahrer in Sibirien. Seine Schwester Irina erwartet ein Baby. Sie hat große Sorgen, ob das Kind gesund zur Welt kommt.

Frage: Konnten sich die Kinder in der ungewohnten Umgebung zurechtfinden?

Frau K.: Das ging mit Hilfe unserer Kinder ziemlich schnell. Unsere Gäste fanden es toll, draußen zu spielen oder durch den Wald zu streifen. Bei ihnen ist das recht gefährlich. Böden, Gewässer und Pflanzen werden jahrhundertelang verseucht sein.

Frage: Haben Sie erfahren können, wie die Kinder in ihrer Heimat leben?

Frau K.: Ja, im April 1992 hat eine Gruppe von uns Weissrussland besucht. Das Gebiet um Sergejs Dorf ist landwirtschaftlich genutzt. Es gibt kaum Straßen und nur wenige Fahrzeuge. In Kiew besuchten wir das Krebskrankenhaus, in dem Sergej behandelt wird. Das war bedrückend. Die Menschen waren überaus gastfreundlich und dankbar für unsere Hilfe. Ich kann sagen, dass wir dort echte Freunde gefunden haben.

■ Aufgaben

1. Erläutere Schwierigkeiten beim Umbau der Industrie in der GUS.
2. Berichte über Hilfsmaßnahmen in der GUS. Beziehe Meldungen aus den Medien mit ein.

DAS BEISPIEL GUS

128.1 Frauen beim Straßenbau

128.2 Kindergärtnerin

128.3 Schönheitswettbewerb – eine Hoffnung auf sorgenfreie Zukunft?

Frauen in Russland – Lastpferde der Volkswirtschaft?

In Moskau kursiert folgender Witz: „Worin liegt eigentlich der Unterschied zwischen einer Frau und einem Pferd? – Nur in einem: Das Pferd wird gefüttert, während die Frau sich ihr Futter suchen und es zubereiten muss."

92 % der Russinnen gehen arbeiten. Es gibt sogar mehr beschäftigte Frauen als Männer (in Deutschland sind von 100 Beschäftigten hingegen nur 40 Frauen). In der Industrie waren 1990 48 % aller Beschäftigten Frauen (BRD 28 %), im Bildungswesen 79 % (BRD 48 %), im Gesundheitswesen gar 83 %. Selbst im körperlich anstrengenden Bauwesen ist jeder vierte Arbeitnehmer eine Frau.
Frauen haben die gleichen Bildungschancen wie Männer. Unter den Erwerbstätigen mit Hoch- oder Fachhochschulabschluss sind 62 % Frauen. Doch liegt ihr Anteil an Führungskräften der Wirtschaft bei nur 7 %.
Haushalt und Kindererziehung sind Frauensache. Während die Frau arbeitet, werden die Kinder in Tagesstätten betreut. Auch für die Familienplanung ist die Frau zuständig. Oft ist ein Schwangerschaftsabbruch die einzige Geburtenkontrolle. Pro Jahr wurden in der UdSSR 1988 etwa 8 Millionen Abtreibungen durchgeführt (BRD: 84 000)!

Fatima, 24, Wirtschaftswissenschaftlerin, und Larissa, 28, Architektin, aus Moskau zieren die Titelseite eines Versandkatalogs von „Russian Connection". Dies ist eine Heiratsvermittlung in Kalifornien. Sie bringt Amerikaner mit russischen Bräuten zusammen. 70 % der Frauen sehen in ihrer Heimat keine Zukunft, sie versprechen sich ein besseres Leben in den USA. Den Männern werden die russischen Frauen so beschrieben: „Sie kochen gern, wollen einfach Mutter sein, sind nicht von der Gleichberechtigung besessen und haben nicht den unstillbaren Hunger nach neuer Kleidung und Luxus wie im Westen."

Aufgabe

Von wirklicher Gleichberechtigung sind die Frauen in Russland noch weit entfernt. Vergleiche mit der Situation in Deutschland. Sind bei uns die Frauen besser gestellt?

DAS BEISPIEL GUS

GEO-PRAXIS

Auswertung eines Zeitungstextes

Texte können unterhalten, informieren oder dich beeinflussen. Deshalb ist es wichtig, dass du mit den Informationen richtig umzugehen lernst.
Die Arbeitsschritte der Tabelle 129.1 können dir helfen, einen Sachtext auszuwerten. (Dabei könnt ihr in der Klasse aber auch die Vorteile der Arbeitsteilung nutzen!)
Werte nach dem Muster der Tabelle 129.1 den Zeitungstext aus. Dazu einige Arbeitsanregungen: Zu welchen Schritten der Auswertung kannst du nichts aussagen? Über welche Probleme, die im Text angesprochen wurden, hast du auf den S. 112–128 etwas gelesen? (Beziehe diese Informationen mit ein.) Stelle Vergleiche mit den Lebensverhältnissen bei uns. Was kostet umgerechnet ein Kilo Butter?

- Lies den Text zunächst einmal sorgfältig durch.
- Stelle anhand des Atlas oder der Wandkarte fest, von welchem Teil der Erde berichtet wird.
- Unterstreiche unbekannte Wörter und Begriffe. Kläre sie anhand eines Lexikons oder im Klassengespräch.
- Unterstreiche die wichtigsten Begriffe (keine Sätze und Satzteile!); benutze jeweils eine Farbe für Aussagen, die inhaltlich zusammengehören.
- Gib die Textaussage mit eigenen Worten wieder.
- Texte müssen immer den Zeitpunkt des Erscheinens und den Verfasser bzw. Herausgeber angeben. Versuche herauszufinden, ob der Text noch zeitgemäß ist.
- Wann immer möglich, ziehe zur Klärung der Textaussage oder zum Vergleichen zusätzliches Arbeitsmaterial (z. B. Karten, Bilder, Statistiken) hinzu.

129.1 Schritte zur Textauswertung

129.2 Straßenmarkt

Wie ein riesiger Flohmarkt

Moskau: Der Mann im gelben Taxi weiß, was er will. „Zum Hotel ‚Aerostar' bitte", sage ich. „Zehn Dollar", erwidert er. Auf meine Frage, ob er schlecht geschlafen habe, erhalte ich die Antwort, wer in einem so extravaganten Hotel wohne, habe auch zehn Dollar übrig. Dabei hätte der Normaltarif für die Fahrt zu dem etwas abgelegenen Hotel bestenfalls 600 Rubel betragen, gerade mal einen Dollar.
Aber was ist schon normal im GUS-Land der permanenten Reformen und Regierungswechsel, der Hyperinflation und der bittersten Armut, die einem in Gestalt von Bettlern und Straßenhändlern, die alles Mögliche anbieten, auf Schritt und Tritt begegnet?

Ich treffe mich mit Schenja K., Hauptabteilungsleiter in einem Ministerium. Er erzählt: „Ich verdiene monatlich 13 000 Rubel. Meine Frau nennt mich einen Egoisten, weil ich nicht irgendwo eine Verkaufsbude aufstelle oder mit Devisen handle. Ich solle doch an morgen denken und an unsere zwei Kinder." Mit dem „morgen" meint Schenja den erwarteten weiteren Währungsverfall und die Ankündigung, dass bald auch die Wohnungsmieten angehoben werden.
Schenjas Sekretärin erhält monatlich 5000 Rubel, die anderen Angestellten seiner Abteilung müssen sich mit 4000 zufrieden geben. „Für dieses Geld erhältst du ganze 4 Kilo Butter und wenn du umrechnest, verdienen die mal gerade elf Mark im Monat", erklärt Schenja. Noch stützt die russische Regierung den Preis für einige Grundnahrungsmittel wie Brot oder Milch, aber schon ein Kilo Hartwurst kostet um 2000 Rubel und wer gutes Fleisch haben will, kein Gefrierfleisch, wie es die staatlichen Läden anbieten, muss auf dem freien Markt 18 000 Rubel fürs Kilo hinblättern.

Die Kioske bieten fast nur noch westliche Ware an. Neben Bierbüchsen aus Deutschland, Schweden und Amerika stehen Gurken aus Hamburg, Wodka aus Los Angeles, Mineralwasser und natürlich Zigaretten fast aller westlichen Marken. Wie Bettler wirken da die kleinen Straßenhändler, Männer wie Frauen, die, wie auf Schnüren aufgereiht, der Winterkälte trotzend, von früh bis spät auf Käufer warten. Russland wird ausverkauft.
Ich habe immer noch das Bild der jungen Frau vor Augen, die in der Metro schüchtern Pläne des Metronetzes anbot. „Dreißig Rubel und es ist der neueste Plan mit allen Namensänderungen", sagte sie in akzentfreiem Englisch. Als ich ihr den Plan abkaufte, reichte sie mir die Hand. Dreißig Rubel, das waren umgerechnet knapp zehn Pfennig.

Süddeutsche Zeitung vom April 1993

DAS BEISPIEL GUS

GEO-WISSEN

Länder der GUS

Nachdem du in den vorhergehenden Kapiteln viel über Klima, Landschaften, Industrie und Landwirtschaft sowie über das Leben der Menschen in einigen Staaten der GUS erfahren hast, solltest du jetzt mit Karte 130.2 und mit Hilfe des Atlas einige Aufgaben lösen können.

1. Ordne den Ziffern 1–10 die Namen der Gewässer und den Buchstaben a–p die Ortsnamen zu.
2. Sicher weißt du noch, wie man mit den Angaben zum Maßstab umgeht. Miss die Entfernungen von West nach Ost und die Ausdehnung von Nord nach Süd. Vergleiche diese Angaben mit Entfernungen in Europa und den USA.
3. Welche Grenzlinien der GUS sind Küstenlinien? Nenne die jeweiligen Meere.
4. Benenne die Nachbarstaaten der GUS.
5. Stelle fest, welche der ehemaligen Republiken der Sowjetunion nicht zu der Gemeinschaft Unabhängiger Staaten gehören.
6. In die Karte sind vier Industriegebiete eingezeichnet. Bestimme mit Hilfe der entsprechenden Atlaskarte ihre Namen und gib die vorhandenen Bodenschätze und die Arten der Industrien an.
7. Von einigen Staaten der ehemaligen UdSSR hast du in diesem Buch nichts erfahren. Wähle einen Staat aus und versuche aus einem Lexikon Informationen zusammenzustellen. Tausche deine Erfahrungen mit deinen Mitschülern und Mitschülerinnen aus. Beziehet bei euren Berichten auch aktuelle Informationen aus den Medien ein.
8. Manchmal geben Ortsnamen, ins Deutsche übersetzt, Hinweise auf deren Bedeutung oder Entstehung. Du kannst die gesuchten Städte oder die Landschaften mit Hilfe der Entfernungsangabe von Moskau und des weiteren Hinweises ermitteln (Tab. 130.1).

Deutsche Bedeutung	Entfernung von Moskau	Weiterer Hinweis
Beherrsche den Osten	6300 km	Endstation der Transsib
Schlafendes Land	1500 km und weiter	der östliche Landesteil Russlands
Schwarzer Sand	2300 km	Wüstengebiet in Turkmenistan
Magnetische Gegend	1400 km	Industriestadt im südlichen Ural
Neuschmied	3100 km	Stadt in Sibirien in der Nähe von Steinkohlevorkommen

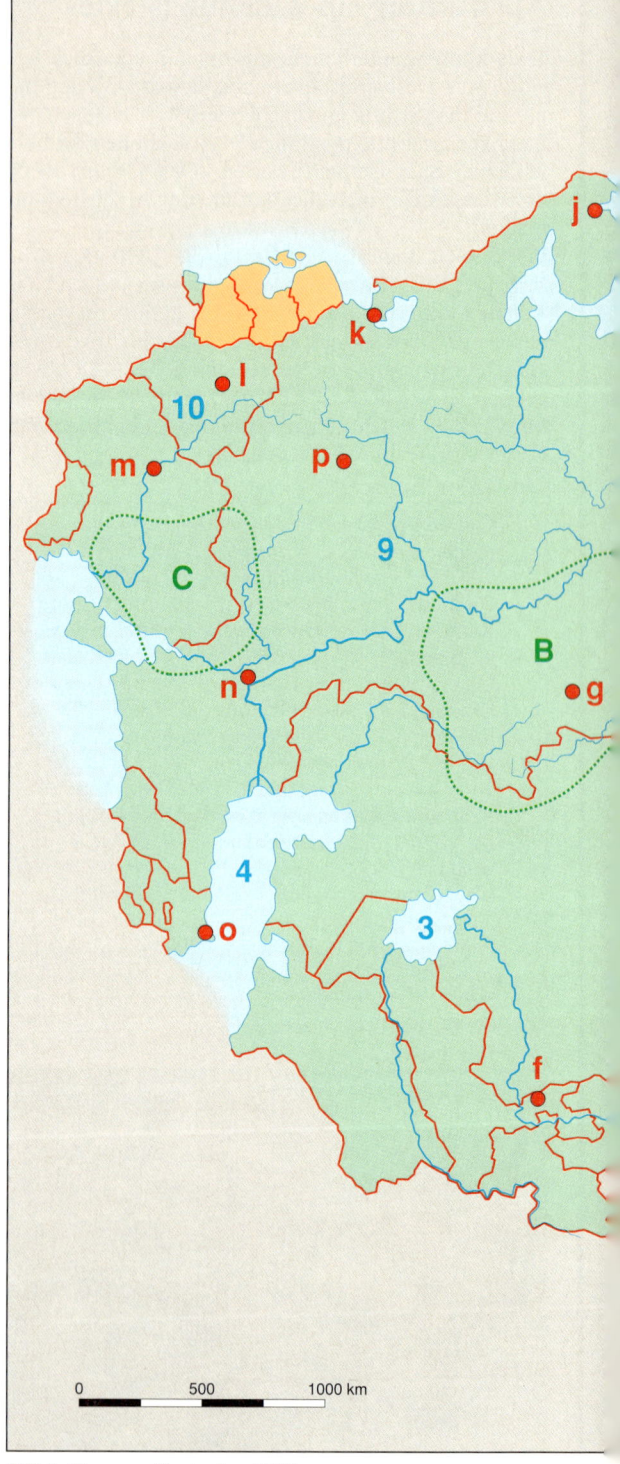

130.1

130.2 Stumme Karte der GUS

DAS BEISPIEL GUS

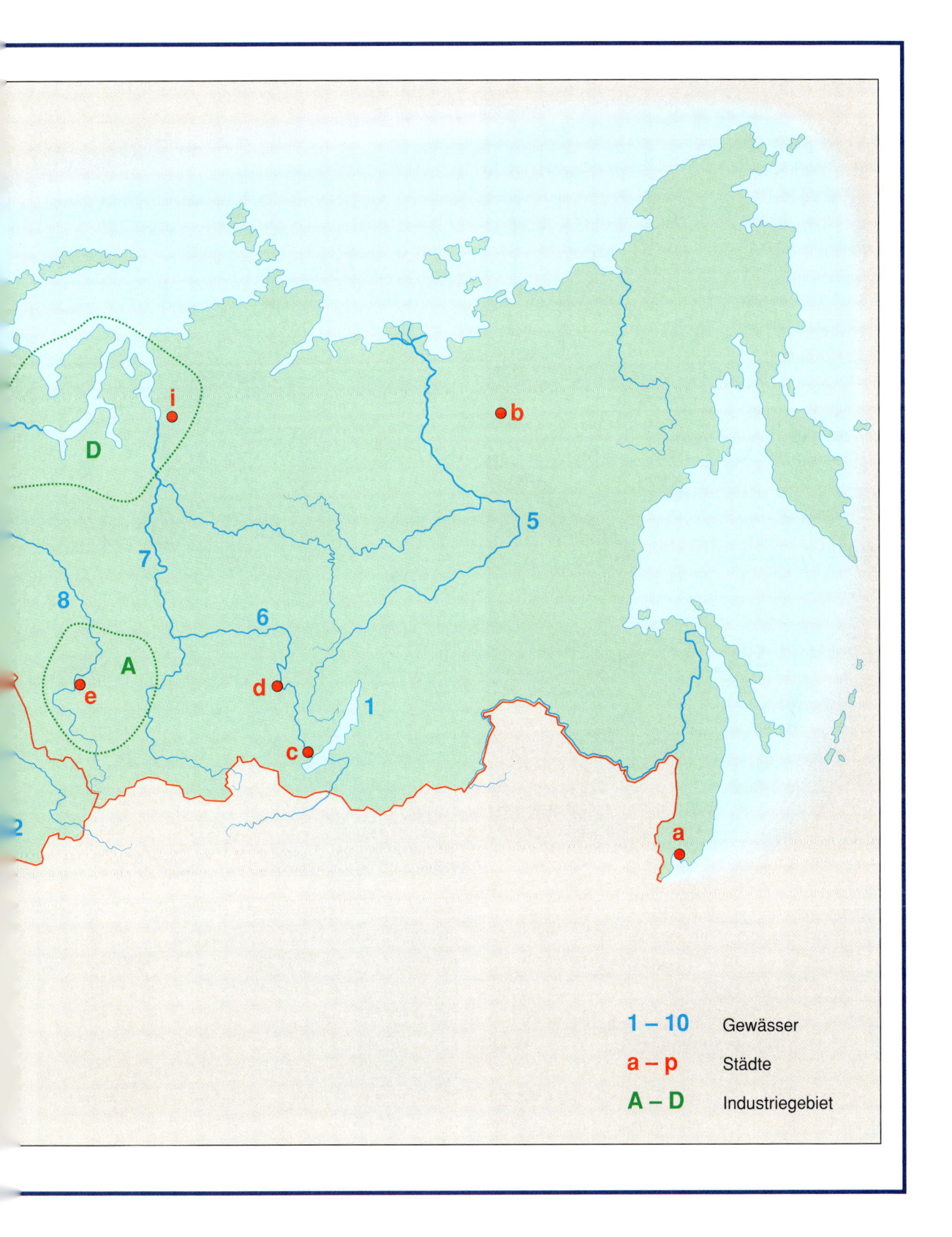

1 – 10	Gewässer
a – p	Städte
A – D	Industriegebiet

6 MENSCHEN PRÄGEN DEN RAUM

132.1 In einer Indianerreservation

132.4 Farm in Wisconsin

132.2 Rocky Mountains

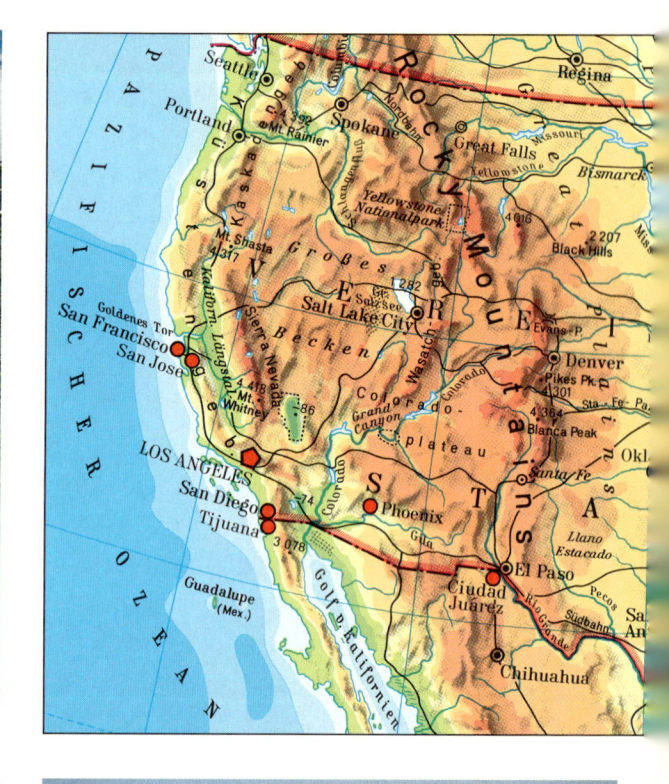

132.3 Mexikanische Wanderarbeiter in Kalifornien

132.5 Grand Canyon

DAS BEISPIEL USA

133.1 Die amerikanische Flagge im Wandel der Geschichte

133.3 Schwerindustrie am Eriesee

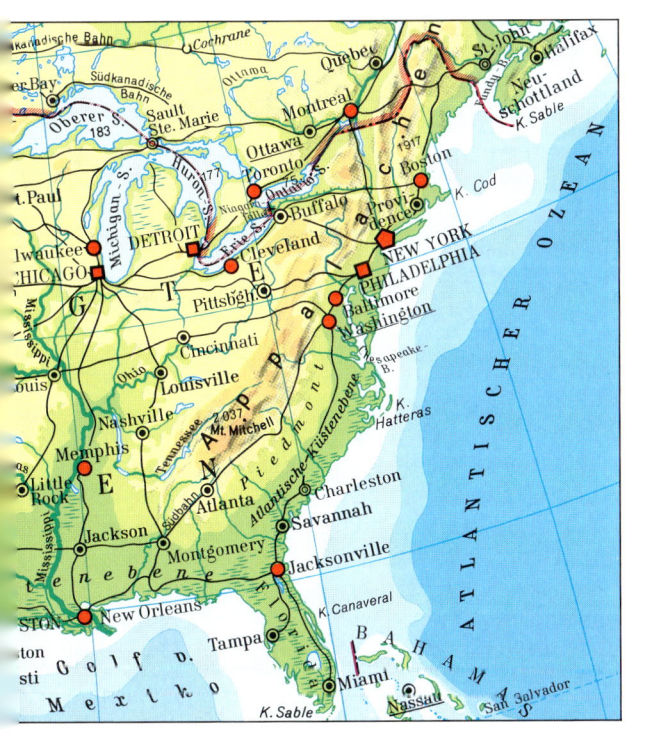

133.4 Wolkenkratzer in New York

133.2 Obdachloser in Atlanta

133.5 Palmenstrand in Florida

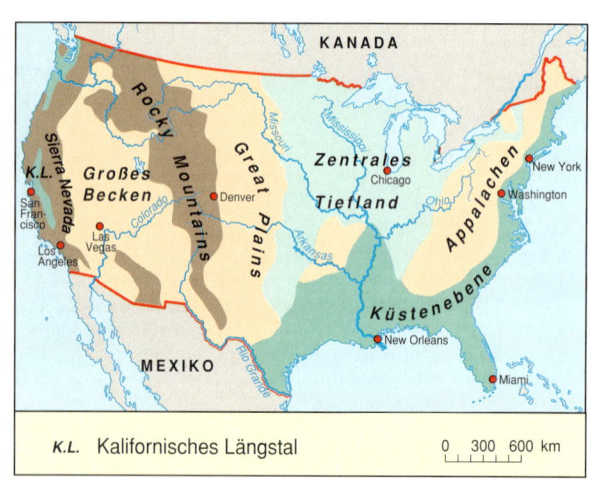

DAS BEISPIEL USA

134.1 Vielfältige USA: Landschaftliche Gliederung

Die USA: Einheit trotz Vielfalt

Die Vielfalt (Abb. 134.1–4), die jeder erlebt, der die USA bereist, findet sich bereits im Staatsmotto des Landes. Dieses lautet „E pluribus unum", auf deutsch: „Aus vielem Eines". Das zeigt die Zielsetzung, aus den vielen unterschiedlichen Elementen einen gemeinsamen Staat zu formen, der trotz seiner großen Unterschiede zu einem Ganzen zusammenwächst. Nachdem die ersten englischen Siedler 1607 an der Küste Virginias den Ort Jamestown gegründet hatten, dehnte sich der Siedlungsraum nach Westen aus und das ganze Land wurde in Besitz genommen. Leidtragende waren die Indianer, die so ihren angestammten Lebensraum verloren.

Vergleichbar der Bundesrepublik Deutschland mit den Bundesländern gibt es in den USA 50 Bundesstaaten mit eigenen Parlamenten, Regierungen und Gouverneuren. Außerordentlich vielfältig ist die Natur des Landes. Vom Hochgebirge der Rocky Mountains über die weiten Ebenen der Grasländer bis zur Wüste und zu subtropischen Feuchtwäldern in Florida reicht die Spannbreite. Die jeweiligen Zonen unterscheiden sich erheblich in ihrem Klima, ihren Böden und Nutzungsmöglichkeiten. Nimmt man Alaska und Hawaii hinzu, so erhält man noch größere Gegensätze.

Ebenso vielgestaltig ist die Zusammensetzung der Bevölkerung, die in den USA lebt (Abb. 134.4).

Auch in wirtschaftlicher und sozialer Hinsicht ist das Land durch große Gegensätze gekennzeichnet. Zwischen Arm und Reich, zwischen Stadt und Land, zwischen wirtschaftlich erfolgreichen Staaten und den ausgesprochen armen Regionen sind die Unterschiede größer, als wir es bei uns gewohnt sind.

„Amerika ist voller innerer Widersprüche und Brüche und das kann auch in keiner Weise überraschen, Amerika ist schließlich ein Kontinent. Allein vier Zeitzonen gibt es. Als ich diese Zeilen schrieb, war es in Washington ein heißer Sommertag und in Texas starben sechs Menschen im reißenden Wasser sintflutartiger Regenfälle. Es ist ein Stück Normalität in Amerika, dass man in Florida baden kann, während es in den Rocky Mountains schneit. Dass sich das Land aus einer Vielzahl ethnischer Gruppen und Menschen ganz unterschiedlicher Religionszugehörigkeit zusammensetzt, ist hinreichend bekannt. Wen wundert es also, dass die ‚WASPs', die weißen, angelsächsischen Protestanten, ein anderes Lebensgefühl haben als die Schwarzen in Atlanta oder die Hispanics in San Diego."
(Der Journalist Peter Staisch: „Mein Amerika", 1991).

134.2

134.3 Vielfältige USA: Schüler verschiedener Hautfarben

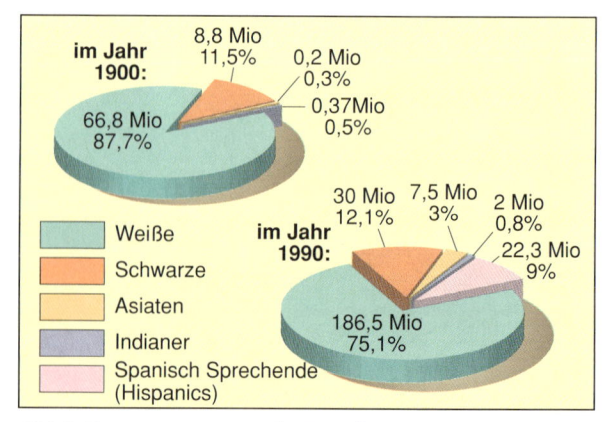

134.4 Zusammensetzung der Bevölkerung

im Jahr 1900:
- 66,8 Mio 87,7% Weiße
- 8,8 Mio 11,5% Schwarze
- 0,2 Mio 0,3% Asiaten
- 0,37 Mio 0,5% Indianer

im Jahr 1990:
- 186,5 Mio 75,1% Weiße
- 30 Mio 12,1% Schwarze
- 7,5 Mio 3% Asiaten
- 2 Mio 0,8% Indianer
- 22,3 Mio 9% Spanisch Sprechende (Hispanics)

DAS BEISPIEL USA

135.1 In den Great Plains

Aufgaben

1. Beschreibe, welche Großlandschaften man auf einer Reise von der Ost- zur Westküste der USA durchquert (Abb. 134.1, Atlas).
2. Ermittle die Ausdehnung der USA in nord-südlicher und ost-westlicher Richtung.
3. Die USA erstrecken sich über mehrere Klimazonen. Ermittle diese mit Hilfe von Abb. 135.2.
4. Vergleiche die naturräumlichen Bedingungen in den Great Plains mit denen in Mitteleuropa (135.3).
5. Beschreibe die Veränderung in der Zusammensetzung der US-amerikanischen Bevölkerung (Abb. 134.4).

Die Great Plains: ein ökologisch sensibler Großraum

Zwischen dem Mississippital und den Rocky Mountains erstreckt sich ein einheitlicher Großraum, der als Great Plains („Die großen Ebenen") bezeichnet wird. In diesem Raum findet man ein ausgesprochenes Kontinentalklima, das durch extreme Temperaturunterschiede zwischen Sommer und Winter gekennzeichnet ist. In den östlichen Bereichen fallen im Jahr durchschnittlich 800 mm Niederschlag, doch je weiter man nach Westen kommt, desto geringer wird die Regenmenge, die am Ostfuß der Rocky Mountains auf nur 300 mm absinkt. Die von Westen kommenden Winde prallen auf die Gebirgszüge und regnen sich ab, sodass die Gebiete weiter östlich im Regenschatten liegen. Von besonderer Bedeutung sind die starken Schwankungen der Niederschläge. In dem Ort Larned in Kansas, in dem die durchschnittliche Niederschlagsmenge 540 mm im Jahr beträgt, hat man Schwankungen von 239 bis 950 mm gemessen. Für die landwirtschaftliche Nutzung bereitet dies besondere Probleme. Ein Teil der Niederschläge geht bei Gewittern in sturzbachartiger Form nieder. Der Boden kann die Wassermengen nicht schnell genug aufnehmen, ein Großteil des Wassers fließt an der Oberfläche ab und führt häufig zu großen Schäden durch Bodenabspülung (Erosion). Es kommt durchaus vor, dass ein Drittel des durchschnittlichen Jahresniederschlags an nur einem Tag fällt, manchmal fällt ein Fünftel des Jahresniederschlags in nur einer Stunde.

135.3

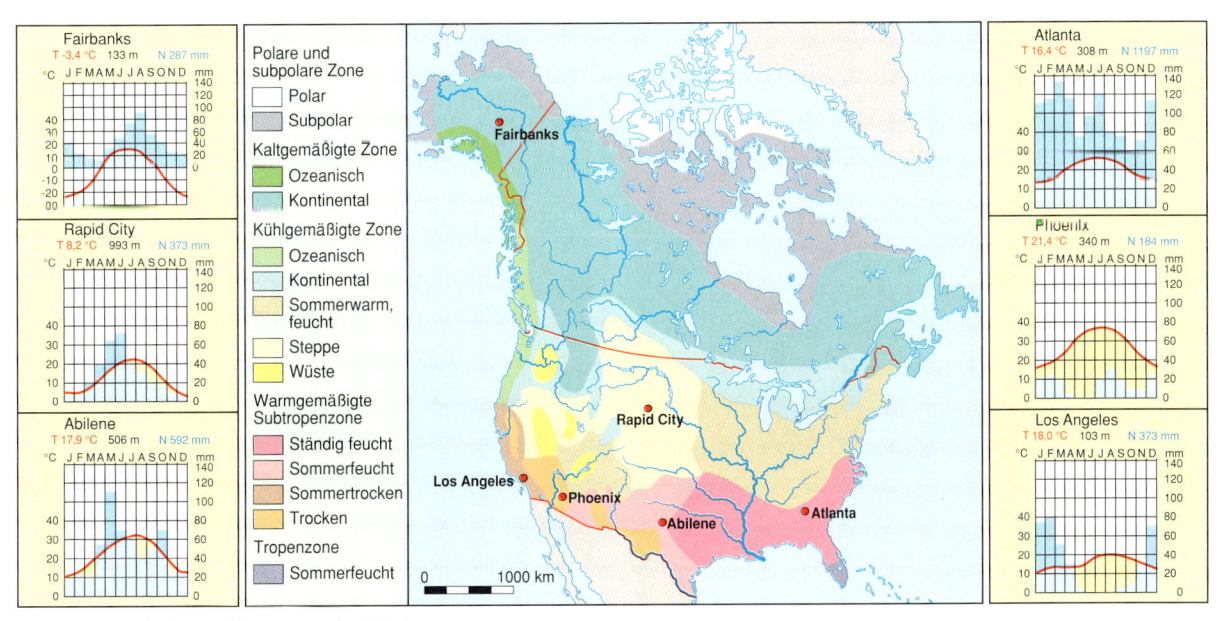

135.2 Klimatische Bedingungen der USA

DAS BEISPIEL USA

100 %
Mandeln, Datteln, Feigen, Kiwis, Nektarinen, Oliven, Pistazien, Granatäpfel, Backpflaumen, Walnüsse

Zwischen 75 % und 100 %
Brokkoli, Honigmelonen, Erdbeeren zur Frischvermarktung, Blumenkohl, Tomaten, Aprikosen, Avocados, Weintrauben, Zitronen, Pflaumen

136.1 Anteile Kaliforniens an der US-Produktion

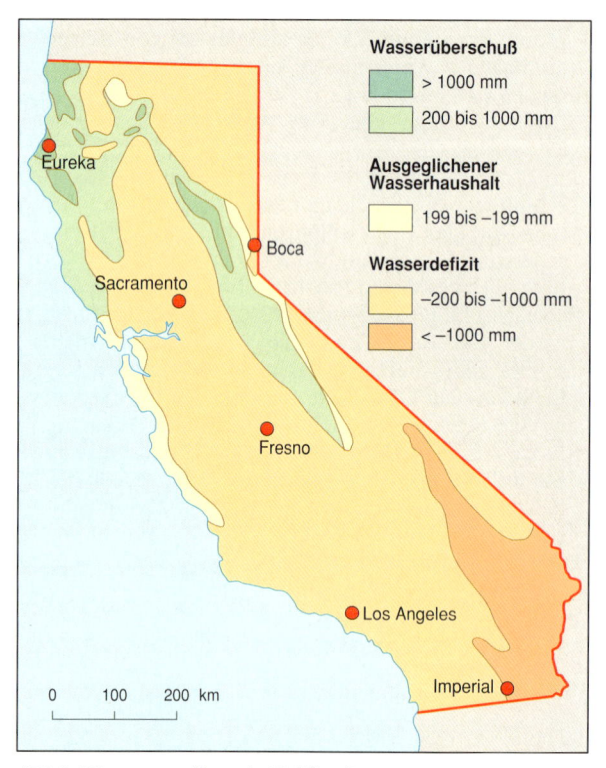

136.2 Wasserverteilung in Kalifornien

Kalifornien, Fruchtgarten der USA

Kalifornien steht in der landwirtschaftlichen Produktion mit weitem Abstand vor den anderen Bundesstaaten. Insbesondere sind es die pflanzlichen Erzeugnisse, die dem Staat zu dieser herausragenden Position verholfen haben. Über 250 Nutzpflanzen werden hier angebaut. Bei etwa 50 bis 60 davon nimmt Kalifornien eine führende Position in den USA ein (Abb. 136.1).

Die heutige intensive Landwirtschaft wurde in Kalifornien erst durch große technische Baumaßnahmen möglich. Das große kalifornische Längstal liegt im Regenschatten der Küstengebirge und erhält nur geringe Niederschläge (Abb. 136.2). Dort und in Südkalifornien herrscht ein heißes, trockenes Klima (Abb. 135.2). In den Gebirgen Nordkaliforniens regnet es dagegen sehr viel mehr. Aus diesem Grund sind 75 % des Oberflächenwassers nördlich von Sacramento zu finden. Dagegen erfolgen 80 % der Wassernachfrage südlich davon.

Um einen Ausgleich zu schaffen, wurden im Norden große Stauseen gebaut, in denen man das in den Wintermonaten niedergehende Regenwasser speichert. Über große Kanäle wird es dann bis zu 800 km weit nach Süden geleitet, wo es vor allem in der Landwirtschaft Verwendung findet. Ohne diese staatlichen Maßnahmen zur Wasserbereitstellung hätte Kalifornien nicht zum Fruchtgarten der USA aufsteigen können.

In den letzten Jahren wurden jedoch drastische Einschränkungen in der Wasserversorgung für die Landwirtschaft notwendig. Die seit mehreren Jahren zurückgehenden Niederschläge und das starke Anwachsen der Bevölkerung in Kalifornien führen zu immer größerer Wasserknappheit.

136.3 Natürliche Vegetation im Kalifornischen Längstal

136.4 Orangenplantage

DAS BEISPIEL USA

Mandeln aus Kalifornien

Ted Pratzer und seine beiden Söhne bewirtschaften eine 165 ha große Farm bei Fresno, auf der ausschließlich Mandeln angebaut werden. Außer den drei Betriebsinhabern arbeiten noch drei mexikanische Arbeiter auf der Farm. Die Erzeugung von Mandeln ist ein sehr spezialisierter und technisierter Zweig der Landwirtschaft. Die Mandelkulturen müssen regelmäßig bewässert werden, was kostspielige Bewässerungseinrichtungen notwendig macht. Während die Mandeln früher per Hand von den Bäumen geschüttelt oder gepflückt wurden, stehen heute für fast alle Arbeiten Spezialmaschinen zur Verfügung. Die Mandeln werden durch einen Schüttler (Preis 60 000 $) vom Baum geschüttelt und bleiben einige Tage auf dem Boden liegen, damit die Schale trocknet und weiter aufspringt. Dann werden sie mit mechanischen Rechen (Preis 25 000 $) zusammengekehrt und mit einer Sammelmaschine eingesammelt und abtransportiert.

Über die Vermarktung braucht sich Ted keine Gedanken zu machen. Er ist Mitglied einer großen Genossenschaft, der über 5000 Farmer angehören. Gemeinsam betreiben sie in Kalifornien die beiden größten Mandelverarbeitungsfabriken der Welt. Dort werden die Früchte gereinigt, sortiert und teilweise weiterverarbeitet.

Fast drei Viertel der in Kalifornien erzeugten Mandeln werden exportiert, also ins Ausland verkauft. Deutschland ist mit weitem Abstand der größte Abnehmer kalifornischer Mandeln.

137.1 Schüttelmaschine für Mandelbäume

137.2 Mandelplantage

Aufgaben

1. Verfolge anhand einer Atlaskarte den Weg des Bewässerungswassers von Nord- nach Südkalifornien. Wie heißen die größten Stauseen und wo liegen sie?
2. Warum ist Kalifornien in der Produktion bei so vielen pflanzlichen Erzeugnissen führend? Informiere dich, in welchen Produkten Mandeln enthalten sind.
3. Erläutere den Gegensatz zwischen den Abbildungen 136.3 und 4.
4. Stelle fest, welche landwirtschaftlichen Erzeugnisse aus den USA in unseren Lebensmittelgeschäften zu finden sind. Wofür stehen z. B. folgende Markennamen: Sun Maid, Sunkist, Dole, Del Monte, Uncle Ben's? Nenne weitere Produkte.

137.3 Markenzeichen der Kaliforn. Mandelgenossenschaft

DAS BEISPIEL USA

Eine Weizenfarm in den Great Plains

Die Farm der Gebrüder Lewis liegt ganz im Westen des Bundesstaates Oklahoma. Henry Lewis, der Manager, stellt die Farm vor:
„Ich bewirtschafte diese Farm zusammen mit meinen drei Brüdern, meinem Schwiegersohn und zwei landwirtschaftlichen Arbeitern. Mit 6550 ha gehört sie zu den größten in der Region. 4850 ha nutzen wir als Ackerland, 1700 ha als Weideland. Die Bewirtschaftung einer so großen Fläche ist nur mit modernster Technik möglich. Unser Maschinenpark hat einen Wert von über 1 Mio Dollar! Jährlich verkaufen wir Agrarprodukte im Wert von über 3 Mio Dollar. Auf dem Ackerland bauen wir Weizen und Mais an. Den Weizen verkaufen wir an Handelsunternehmen, den Mais an die großen Rindermastbetriebe in dieser Region, die ihn als Futtermittel benötigen.

Da bei uns im Jahr nur etwa 450 mm Niederschlag fallen, bewässern wir den größten Teil des Ackerlandes. Dazu haben wir 13 Anlagen zur Karussellbewässerung, die jeweils eine Fläche von 64 ha versorgen. Unsere größte Anlage schafft sogar 85 ha. Das notwendige Wasser gewinnen wir aus eigenen Tiefbrunnen, durch die wir ein unterirdisches Reservoir, den Ogallala Aquifer, anzapfen (▷ Geo Exkurs, S. 139).

Durch leistungsfähige Pumpen wurde es nach 1950 möglich, dieses Grundwasservorkommen nutzbar zu machen. Die bewässerte Fläche weitete sich seitdem sehr stark aus. In unserer County (eine County ist vergleichbar mit einem Landkreis in Deutschland) werden heute etwa 90 % der Bewässerungsfläche mit Hilfe von Tiefbrunnen bewässert.

Seit einigen Jahren müssen wir das Wasser aus immer größerer Tiefe heraufpumpen, was recht teuer ist. Da es immer schwieriger wird, genügend Wasser für den Maisanbau bereitzustellen, schränken wir den Maisanbau ein und werden ihn in wenigen Jahren wohl ganz aufgeben.

Zur Bewässerung des Weizens reicht das Wasser derzeit noch aus, aber ich fürchte, dass es in wenigen Jahren auch damit vorbei sein wird. Wir müssen uns dann auf Rinderweidewirtschaft umstellen. Da man in den Great Plains nur wenige Tiere pro ha halten kann, benötigt man dazu große Flächen. Somit werden nur wenige große Ranches übrig bleiben, die anderen Farmen müssen wohl aufgeben."

■ Aufgaben

1. Beschreibe die Lage und die klimatischen Verhältnisse im Westen Oklahomas (Atlas). Beziehe den Text S. 135 mit ein.
2. Erkläre, wodurch die Ausweitung des Bewässerungsfeldbaus möglich wurde.
3. Beschreibe, welche technischen Hilfsmittel die Bewirtschaftung der Farm der Gebrüder Lewis möglich machen.
4. Welche Probleme ergeben sich für die Rindermast, wenn die Farmer wegen Wassermangels keinen Mais mehr anbauen können?
5. Beurteile das Verhalten der Farmer, die den nicht erneuerbaren Wasservorrat des Ogallala Aquifers innerhalb weniger Jahrzehnte ausbeuten.
   Ziehe Vergleiche mit der Nutzung von Erdölvorräten.

138.1 Karussellbewässerung auf der Lewisfarm

138.2 Rindermast

DAS BEISPIEL USA

GEO-EXKURS

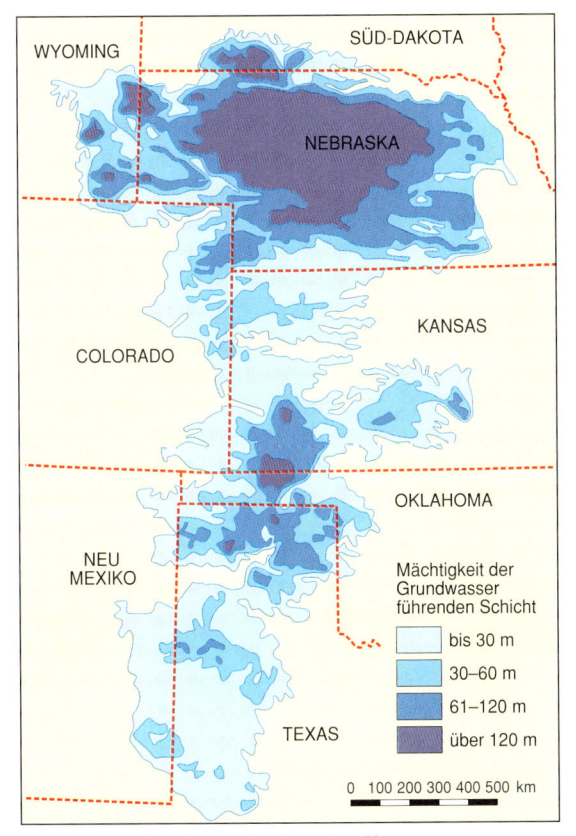

139.1 Mächtigkeit des Ogallala Aquifers

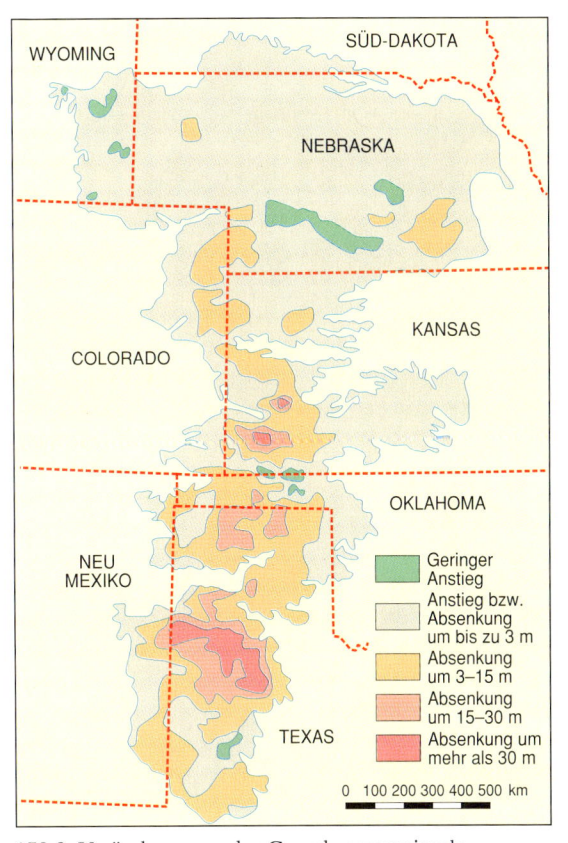

139.2 Veränderungen des Grundwasserspiegels

Der Ogallala Aquifer

Der Ogallala Aquifer ist eine Schicht unter der Erdoberfläche, die überwiegend aus Sand- und Kiesablagerungen besteht. Diese enthalten einen hohen Anteil an Wasser, das heraufgepumpt und für die Landwirtschaft nutzbar gemacht werden kann (Abb. 139.1).

Die Ausdehnung des Aquifers beträgt rund 450 000 km². Dies entspricht z. B. der 13fachen Fläche von Nordrhein-Westfalen. Rund 46 % des Aquifers haben eine Mächtigkeit (Dicke der Wasser führenden Schicht) von weniger als 30 Metern. Der Aquifer enthält schätzungsweise 4 Billionen m³ Wasser und liefert etwa 30 % des Grundwassers, das in den USA zu Bewässerungszwecken verwendet wird. (Die Biggetalsperre, die größte Talsperre Nordrhein-Westfalens, fasst 170 Mio. m³ Wasser).
Es handelt sich um ein Wasservorkommen, das sich vor langer Zeit im Untergrund angesammelt hat und sich nicht wieder erneuert (vergleichbar mit Ölvorkommen). Durch intensive Nutzung ist der Wasserspiegel in den letzten Jahren stark abgesunken (Abb. 139.2).
Über seine Forschungsergebnisse berichtet uns Professor Orlan Buller, Bewässerungsexperte von der Staatsuniversität in Kansas.

„Die Landnutzung im Bereich des westlichen Oklahoma und Kansas wird sich erheblich verändern. Im Augenblick beobachten wir eine Abkehr vom bewässerten Maisanbau hin zu bewässertem Weizen- oder Hirseanbau, weil es nicht mehr möglich ist, die Wassermengen für den Maisanbau heraufzupumpen. Mit weiter sinkendem Wasserspiegel wird man nur noch alle zwei Jahre bewässern können.
Es ist abzusehen, dass die Bewässerungslandwirtschaft in weiten Teilen der Great Plains in etwa 10 bis 30 Jahren (je nach Region) ihr Ende finden wird. Letztlich wird man weite Flächen wieder in Grasland überführen."

DAS BEISPIEL USA

140.1 Aufgegebene Farm

140.2 Hochmechanisierte Farm

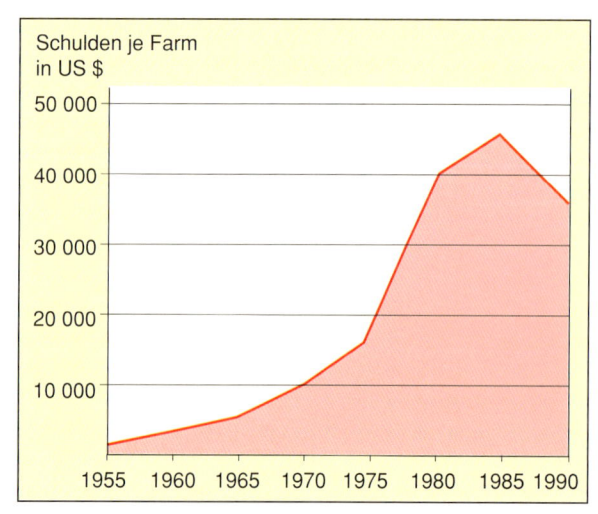

140.3 Schuldenlast je Farm

Das große Sterben der Farmen

„Hundert Jahre lang hat es diese Farm gegeben", sagt Jim Wylie, 52, als er eine Stunde nach Sonnenaufgang an seinen Eggen, Pflügen, Traktoren und Aussaatmaschinen entlanggeht. „Vor hundert Jahren hat mein Urgroßvater begonnen, hier Mais und Weizen anzubauen", murmelt der bullige Farmer, schiebt die geballten Fäuste in die Taschen seiner Daunenjacke und blickt finster über die Prärie, von der ihm 243 Hektar gehören. Seinen Maschinenpark aber wird er bald los sein. Nach 100 Minuten ist die Zwangsversteigerung beendet. 125 000 Dollar kommen zusammen. Bankdirektor Harvey Fife nimmt die Schecks entgegen. Der ersteigerte Betrag reicht nicht aus, Wylies Schulden abzudecken. Die belaufen sich nach der Auktion noch auf 75 000 Dollar und könnten den Farmer dazu zwingen, auch einen Teil seines Landes zu verkaufen.
(gekürzt nach: Der Spiegel Nr. 12/1985)

140.4

Wie war es zu dieser Krise gekommen?

In den frühen siebziger Jahren steigerten die Farmer ihre Produktion, weil sie ihre Erzeugnisse auf dem Weltmarkt sehr gut verkaufen konnten. Der niedrige Wert (Wechselkurs) des Dollar begünstigte dieses Vorhaben. Viele Farmer kauften Land hinzu, schafften sich neue Maschinen an und modernisierten ihre Farmgebäude. All dies finanzierten sie überwiegend mit Bankkrediten. Die Verschuldung der Farmen wuchs stark an (Abb. 140.3). Man glaubte, durch den Export ihrer Produkte das geliehene Geld rasch zurückzahlen zu können.

Die Farmer begaben sich dadurch in eine starke Export-Abhängigkeit. Zeitweise wurden bis zu zwei Drittel der Weizenernte ins Ausland verkauft. Anfang der achtziger Jahre veränderten sich jedoch die Bedingungen (Abb. 141.1). Es entstand ein Ungleichgewicht auf dem Weltmarkt, weil dem Überangebot von Agrarprodukten keine entsprechende Nachfrage mehr gegenüberstand. Außerdem wurden die amerikanischen Erzeugnisse teurer, weil sich der Wechselkurs des Dollar verändert hatte. Die Farmer konnten ihre Waren nicht mehr verkaufen und ihre Einnahmen sanken. Nun konnten sie ihre Bankschulden nicht mehr abbezahlen, zahlreiche Farmer gingen bankrott. Die unmittelbare Farmkrise ist heute zwar überwunden, doch setzt sich der Strukturwandel weiter fort. Vor allem die kleinen Farmen werden aufgegeben, weil sie mit den großen nicht mehr mithalten können.

DAS BEISPIEL USA

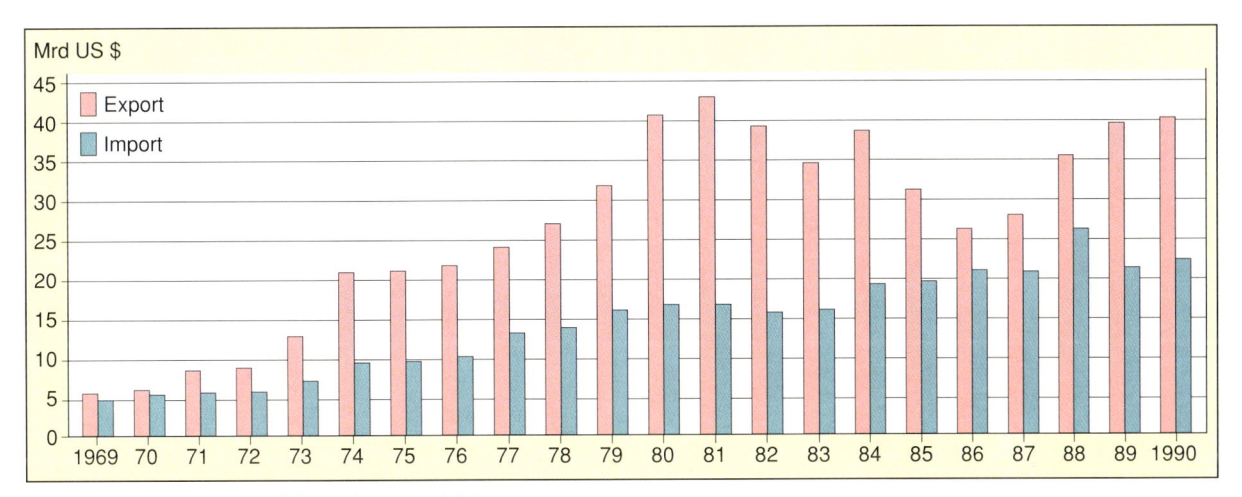

141.1 Außenhandel der USA mit Agrarprodukten

Jahr	Familienarbeits-kräfte		Lohnarbeits-kräfte		Gesamt		auf eine Arbeitskraft entfallen ha Fläche	
1930	9 307		3 190		12 497		31,7	
1950	7 597	(4 380)	2 329	(766)	9 926	(5 146)	46,8	(2,6)
1970	3 348	(1 750)	1 175	(84)	4 523	(1 834)	97,5	(7,0)
1990	1 928	(806)	833	(56)	2 761	(862)	144,7	(13,7)

141.2 Beschäftigte in der Landwirtschaft in 1000 (Vergleichswerte Bundesrepublik Deutschland)

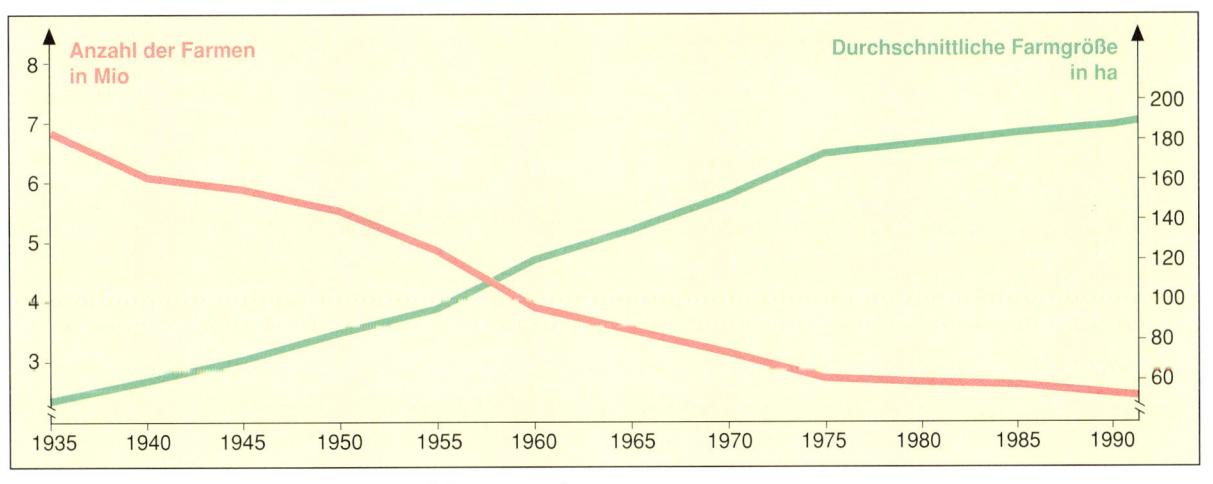

141.3 Anzahl der Farmen und durchschnittliche Farmgröße

Betriebe	1949	1960	1970	1980	1990
Anzahl (1000)	1647	1385	1083	797	630
Größe (ha)	8,1	9,3	11,7	15,3	18,7

141.4 Anzahl der landwirtschaftlichen Betriebe und durchschnittliche Betriebsgröße in der BR Deutschland

Aufgaben

1. Beschreibe anhand der Abbildungen 140.1, 141.2 und 3 den Wandel in der amerikanischen Landwirtschaft.
2. Nenne die Ursachen für diese Entwicklung.
3. Erstelle aus den Werten der Tabelle (Abb. 141.4) ein Diagramm. Vergleiche mit Abb. 141.3.

DAS BEISPIEL USA

142.1 Verlassener Industriebetrieb in Pittsburgh

142.2 Bürozentrum in Pittsburgh

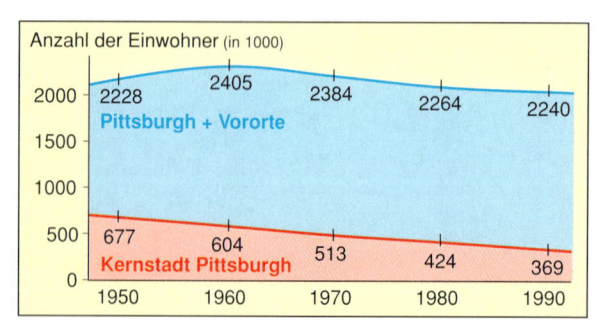

142.3 Bevölkerungsentwicklung in Pittsburgh

Wirtschaftsbereich	1970	1980	1987
Bergbau und Baugewerbe	5,9	6,2	5,6
Verarbeitendes Gewerbe	31,8	23,5	14,5
davon Metallerzeugung und -verarbeitung	16,2	9,3	4,3
Handel, Banken, Dienstleistungen	62,3	70,3	79,9

142.4 Beschäftigte in Pittsburgh (Angaben in %)

Pittsburgh: Von der Stahlschmiede zum Dienstleistungszentrum

Im Seydlitz-Erdkundebuch aus dem Jahr 1954 heißt es: „Bei Pittsburgh liegt das gewaltigste Industriegebiet der USA, das amerikanische Ruhrgebiet. Man findet dort Hochöfen, Stahlwerke, Walzwerke und Maschinenfabriken aller Art."

Heute ist dort kein einziger Hochofen mehr anzutreffen. Wie sind der Aufstieg und das Ende dieses Stahlstandortes zu erklären? Ein großer Standortvorteil für die Ansiedlung von Industrie war die besondere Eignung der dortigen Kohle für die Koksherstellung. Koks wiederum war Grundlage der Stahlerzeugung. Begünstigt wurde der wirtschaftliche Aufstieg im 19. Jh. durch die steigende Nachfrage nach Eisen und Stahl. Für die Erschließung des Westens benötigte man Schienen und Lokomotiven, neue Brücken wurden als Stahlkonstruktionen errichtet und in der Landwirtschaft wuchs der Bedarf an Maschinen und Stacheldraht.

Neben den großen Unternehmen der Stahlindustrie entwickelten sich auch der Maschinenbau und die Bankwirtschaft. Außerdem siedelten sich Unternehmen an, die Lebensmittelkonserven herstellten und die räumliche Nähe zur Stahl- und Glasproduktion (Verpackungsmaterial) suchten.

Die einseitige Ausrichtung der Region Pittsburgh auf die Stahlindustrie (man bezeichnet dies als Monostruktur) führte besonders nach dem Zweiten Weltkrieg zu Problemen. Damals entstanden neue und moderne Stahlwerke im Westen der USA. Außerdem verlor der für Pittsburgh wichtige Standortfaktor „Kohle" an Bedeutung, weil man durch den technischen Fortschritt immer weniger Kohle zur Stahlerzeugung benötigte. Durch den Einsatz von Großfrachtern konnte zudem Eisenerz aus Übersee günstig herbeigeschafft werden. Deshalb wurden Hüttenwerke an verkehrsgünstiger Stelle angelegt und sowohl das Erz als auch die Kohle dorthin transportiert. So entstanden Stahlstandorte an den Großen Seen, wie z. B. Cleveland in Ohio. Später rückte die Eisenhüttenindustrie in die Nähe ihrer Hauptabnehmer, der Automobilindustrie (z. B. Detroit).

Dieser Bedeutungsverlust Pittsburghs führte zur wirtschaftlichen Krise, die durch die Umweltbelastung noch verstärkt wurde. Immer mehr Menschen zogen aus der Innenstadt weg (Abb. 142.3).

Durch Maßnahmen der Umweltverbesserung und der Stadterneuerung konnte die Attraktivität der

DAS BEISPIEL USA

Stadt jedoch wieder erhöht werden. Die Erreichbarkeit des Stadtzentrums wurde durch neue Schnellstraßen verbessert und durch den Bau neuer Bürohäuser konnte man Firmen aus Handel und Dienstleistung dazu bewegen, sich in Pittsburgh anzusiedeln.

Diese Veränderungen vollzogen sich im Wesentlichen in den achtziger Jahren (Abb. 142.4). Schon 1987 wurde innerhalb der Stadtgrenzen kein Stahl mehr produziert. Die ehemalige „Stahlschmiede" der USA hat sich zu einem Dienstleistungszentrum gewandelt.

■ **Aufgaben**

1. Ermittle die Nord-Süd- und die Ost-West-Ausdehnung des Manufacturing Belt (Atlas, Abb. 143.1). Begründe, warum sich hier die bedeutendste Industrieregion der USA entwickelte.
2. Begründe die Standorte der Eisen- und Stahlerzeugung (Abb. 143.1). Erkläre dabei die Bedeutung des Kohleverbrauchs.
3. Erläutere Probleme und Ursachen des Strukturwandels in Pittsburgh (Abb. 142.1–4).

GEO-EXKURS

Der Manufacturing Belt

Als Manufacturing Belt bezeichnet man den Industriegürtel im Nordosten und im nördlichen Mittelwesten der USA. Hier werden rund 45 % der gesamten industriellen Güter der USA produziert. Der Manufacturing Belt lässt sich in mehrere Teilräume unterscheiden.

Ein solcher Teilraum ist der verstädterte Raum zwischen Boston und Philadelphia, Megalopolis genannt. Dort leben auf nur 12 % der Fläche etwa 40 % der Bevölkerung der USA. Neben zahlreichen Universitäten und anderen Forschungseinrichtungen hat sich eine Industriestruktur entwickelt, die elektronische Ausrüstungen, Raketen, Düsentriebwerke herstellt. Aufgrund des großen Absatzmarktes werden dort auch viele Druckereierzeugnisse, chemische Produkte und vieles andere mehr hergestellt.

Davon unterscheidet sich der Großraum Pittsburgh, dessen Grundlage einst die Eisen- und Stahlindustrie bildete. Noch heute ist diese Region durch weiterverarbeitende Betriebe der Metallindustrie sowie des Maschinen- und Fahrzeugbaus gekennzeichnet.

Im Großraum Detroit liegt der Schwerpunkt der US-amerikanischen Automobilindustrie mit den Zuliefererfirmen (z. B. Autoreifenproduzenten). Weitere Teilregionen kannst du in der Karte ermitteln.

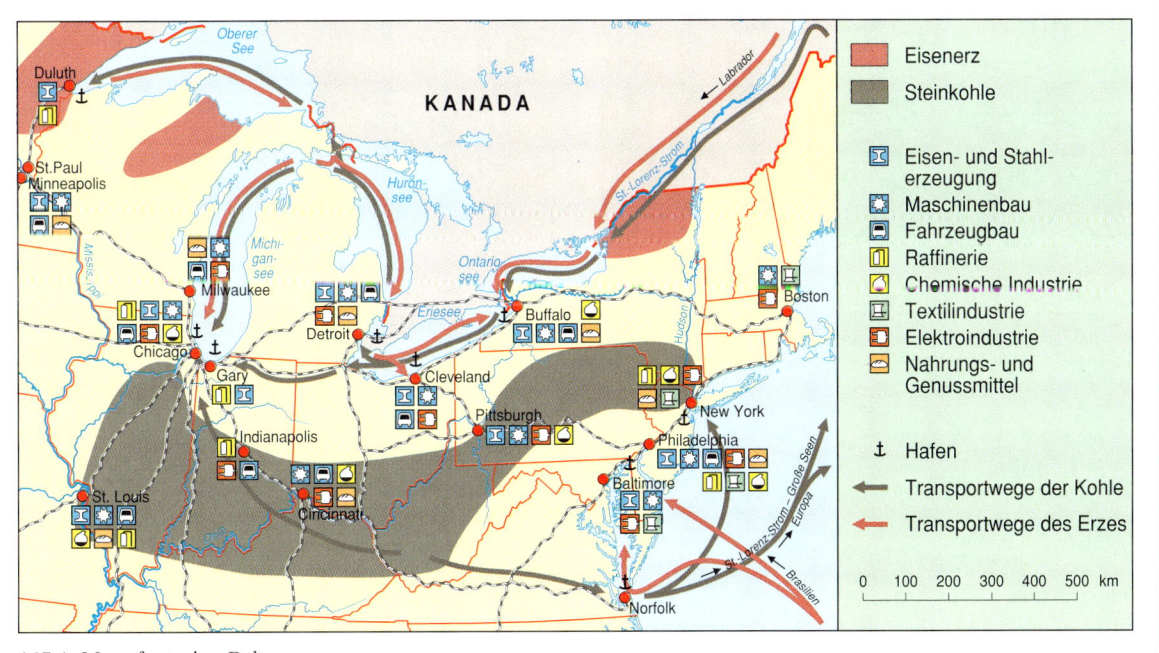

143.1 Manufacturing Belt

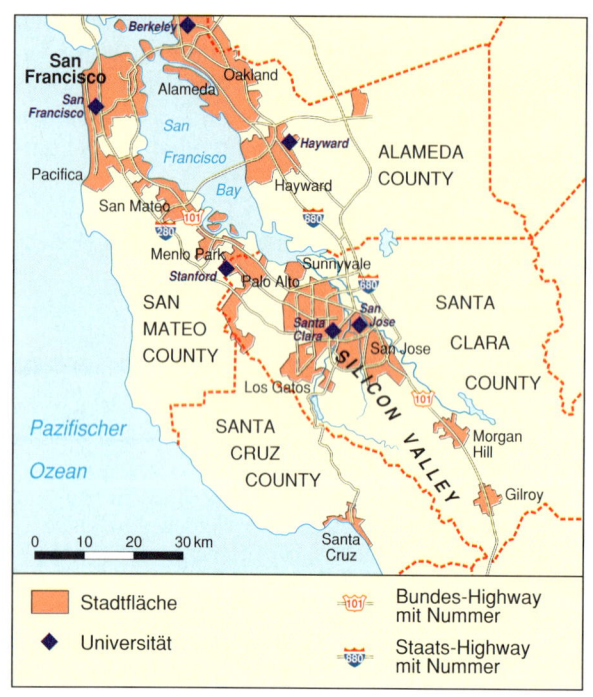

DAS BEISPIEL USA

144.1 Die Lage von Sunnyvale

„In der Kleinstadt Sunnyvale siedelte sich in unmittelbarer Nachbarschaft zu dem dortigen Marinefliegerhorst 1956 die Firma Lockheed mit ihrer Abteilung für Raketen- und Raumfahrttechnik an. Innerhalb von nur vier Jahren wuchs die Bevölkerung um fast 13 000 Personen. In den folgenden Jahren entstand eine Vielzahl von kleineren und größeren Betrieben der High-Tech-Industrie. Ein stetiger Zuwachs von Einwohnern war die Folge. Aus dem kleinen und ländlich strukturierten Ort wurde innerhalb weniger Jahre 'The heart of Silicon Valley'."

(Zeitungsbericht)

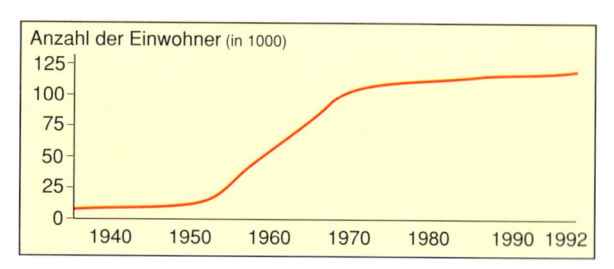

144.4 Bevölkerungsentwicklung der Stadt Sunnyvale

144.2 Die Firma Lockheed

144.5 Kleinerer High-Tech-Betrieb

Die größten Arbeitgeber in Sunnyvale	Beschäftigte	Produkte
Lockheed	19 220	Raketen
Amdahl	4 824	Computersysteme
Advanced Micro Devices	3 393	Integrierte Schaltungen
Westinghouse Electric Co.	2 550	Turbinen für die Marine
ESL	2 050	Elektroniksysteme
Hewlett Packard	2 000	Personalcomputer
Signetics	1 800	Integrierte Schaltungen
Loral Space & Range Systems	1 100	Kontrollsysteme für Satelliten
Argo Systems	1 053	Kommunikationssysteme
Mips Computers	800	Entwicklung von Computern
IBM	700	Computer

144.3 Sunnyvale – eine Stadt lebt von High-Tech

DAS BEISPIEL USA

High-Tech-Industrie im Silicon Valley

Als Silicon Valley (abgeleitet von Silicium) bezeichnet man einen Teil der Santa Clara County in Kalifornien (Karte S. 144). In diesem Bereich werden etwa ein Drittel aller Halbleiter (Chips, Hauptbestandteil Silicium) in den USA erzeugt, jeder sechste amerikanische Computer wird dort gebaut. Es ist das Zentrum der mikroelektronischen Industrie in den USA.

Dabei handelt es sich um eine relativ junge Industrieregion. Zuvor war es ein landwirtschaftlich geprägtes Gebiet.

Der Wandel trat etwa 1940 ein, als in Palo Alto eine Luftwaffenbasis errichtet wurde. 1946 ergab sich eine enge Zusammenarbeit mit der Stanford Universität in der militärtechnischen Forschung. Diese Universität verstärkte die Kontakte zur Industrie und eröffnete 1950 einen eigenen Industriepark zur Ansiedlung von High-Tech-Unternehmen. Im gleichen Jahr ließ sich die große Flugzeugfirma Lockheed dort nieder. Wenig später siedelten sich große Elektronikfirmen an. Auch die benachbarten Orte wiesen Industrieparks aus. Eine große Zahl kleinerer Firmen wurde gegründet. Die Unternehmen übernehmen heute Aufträge in der Forschung und Entwicklung und arbeiten als Zulieferer für die großen Konzerne.

Vergleicht man die Standortbedingungen, die zu diesem Industriegebiet geführt haben, mit denen anderer Industrieregionen, erkennt man bedeutende Unterschiede.

Weil bei der High-Tech-Industrie die Forschung herausragende Bedeutung hat, spielt der enge Kontakt zwischen den Firmen und den benachbarten Forschungseinrichtungen, vor allem den Universitäten, eine besondere Rolle. Für die gesamte Entwicklung in der Region waren die Aufträge der Regierung zu militärischer Forschung von großer Wichtigkeit. Über viele Jahre floss jeder vierte Dollar, der in den USA für die Verteidigung ausgegeben wurde, nach Kalifornien (Abb. 145.2).

Die industrielle Entwicklung zeigt im Silicon Valley aber auch negative Auswirkungen. Das große Bevölkerungswachstum führte zu hohem Verkehrsaufkommen und zu Smog. Die aufwendige Herstellung der Chips ist mit Wasserverschmutzung verbunden. Als besonderer Nachteil erweist sich nun die einseitige und große Abhängigkeit von den staatlichen Rüstungsaufträgen. So wird Kalifornien von den Kürzungen der Verteidigungsausgaben besonders stark getroffen. 107 000 Arbeitsplätze gingen bereits verloren und bis zum Jahre 1997 werden vermutlich weitere 60 000 eingespart. Die Aufwärtsentwicklung des Silicon Valley dürfte damit vorerst zu Ende sein.

145.1 Im Silicon Valley

Jahr	Wert (Mrd $)	Summe der Gehälter (Mrd $)	%-Anteil an den Rüstungsaufträgen in den USA
1979	11,7	4,6	17,8
1981	16,6	6,9	17,2
1983	26,4	8,3	22,2
1985	29,1	8,9	20,8
1987	24,4	9,6	18,4
1989	23,1	10,5	19,3
1990	24,3	14,0	19,5

145.2 Rüstungsaufträge in Kalifornien

Aufgaben

1. Stelle Faktoren zusammen, die zur Entwicklung des Silicon Valley als High-Tech-Gebiet geführt haben. Welche Faktoren sind in Karte 144.1 zu erkennen?
2. Beschreibe die Industriestruktur von Sunnyvale (144.3). Vergleiche mit Abb. 145.2.
3. Welche Probleme ergeben sich für die Region aufgrund der Einsparungen im Verteidigungshaushalt der USA?

DAS BEISPIEL USA

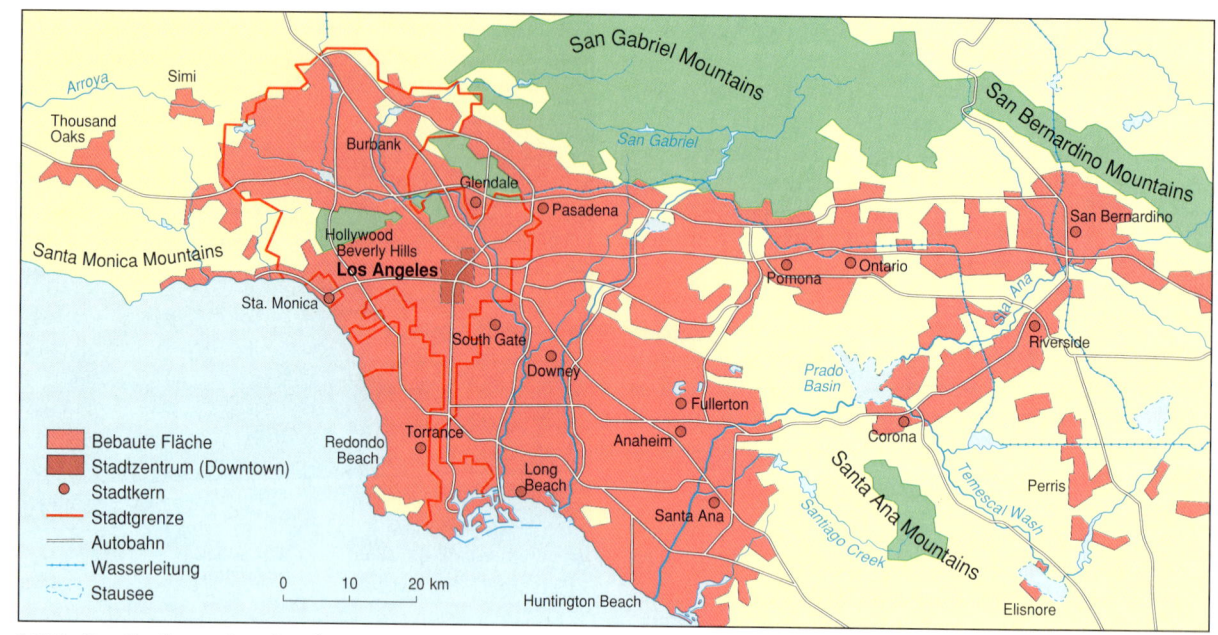

146.1 Der Großraum Los Angeles

146.2 Stadtlandschaft Los Angeles

Jahr	Großraum L.A.	davon: Los Angeles
1950	4 368 000	1 954 000
1960	6 733 000	2 479 000
1970	9 981 000	2 812 000
1980	11 498 000	2 969 000
1990	14 532 000	3 485 000

146.3 Bevölkerungsentwicklung in Los Angeles

Los Angeles: Fünfzig Städte und kein Zentrum

Wenn man von Los Angeles spricht, muss man zwischen der eigentlichen Stadt und dem Großraum unterscheiden (Abb. 146.1). Die Stadt, kurz L.A. genannt, macht mit „nur" 3,5 Mio Einwohnern lediglich einen kleinen Teil des Großraums L.A. aus, in dem 14,5 Mio Menschen leben. Der Großraum umfasst rund 50 eigenständige Städte, die fast nahtlos ineinander übergehen. Von diesen Städten haben 20 jeweils über 100 000 Einwohner. Ein eigentliches Zentrum fehlt.

Viele Berufstätige müssen täglich Fahrzeiten von einer oder sogar zwei Stunden zur Arbeitsstelle in Kauf nehmen. Abends benötigen sie noch einmal die gleiche Zeit für den Rückweg. Der starke Bevölkerungsanstieg (Abb. 146.3) ist vor allem auf Zuwanderung (▷ S. 152) zurückzuführen. Im Großraum Los Angeles wohnen mehr Mexikaner als in jeder mexikanischen Großstadt (mit Ausnahme von Mexiko-City). In manchen Schulen sprechen die Schüler bis zu 110 verschiedene Sprachen.

Das Zusammenleben der vielen Völkergruppen führt aber auch zu Problemen.

Hinzu kommen die Verkehrsbelastung durch verstopfte Freeways, Umweltverschmutzung durch Smog, die Wohnungsnot sowie Rauschgift- und Bandenkriminalität.

DAS BEISPIEL USA

Das Paradies verliert seinen Glanz

Mittlerweile haben die Probleme im Großraum von L.A. ein Ausmaß erreicht, dass viele Menschen die Region verlassen. Zwei Betroffene, Elaine Confer und Ted Vollmer, schildern das: Elaine Confer: „Ich bin Kinderärztin und habe 12 Jahre in L.A. gelebt. Im Mai vergangenen Jahres habe ich meine Arztpraxis aufgegeben und bin mit meiner Familie in eine Kleinstadt in Pennsylvania gezogen. Wir wollen dort ein anderes Leben führen als in L.A., mit weniger Luftverschmutzung, weniger Kriminalität und weniger Verkehrsstaus.
Wie abhängig die Menschen in Los Angeles vom Autoverkehr sind, hat sich beim Erdbeben im Januar 1994 gezeigt: Da wurden Straßenbrücken zerstört und unterbrachen den Verkehrsfluss völlig."

Ted Vollmer: „Ich bin Journalist und im März letzten Jahres von L.A. nach La Crosse in Wisconsin gezogen. Ich war es leid, mich mit den Problemen in L.A. herumzuplagen. Ich hatte zwar nur 4 $1/2$ Meilen von unserem Haus bis zu meiner Arbeitsstelle zu fahren, doch konnte dies wegen der chaotischen Verkehrssituation 10 oder auch 50 Minuten dauern. Mein Sohn musste jeden Tag zwei Stunden im Schulbus zubringen. In der Schule gab es immer wieder Gewalttätigkeiten und er ist mehrfach ernstlich bedroht worden. So haben wir unser Haus in L.A. für 275 000 $ verkauft und uns für nur 78 000 $ in La Crosse ein vergleichbares Haus wiederkaufen können. Ich verdiene jetzt zwar weniger als in L.A., doch hat sich unsere Lebensqualität beträchtlich verbessert."

Es ist zu erwarten, dass viele Bewohner von L.A. diesen Beispielen folgen werden. Dabei sind es vor allem die gut ausgebildeten, besser verdienenden Weißen, die wegziehen. Da hauptsächlich Hispanics und Asiaten zuwandern, wird der Anteil dieser Bevölkerungsgruppen weiter zunehmen. Diese sind jedoch zumeist schlechter ausgebildet und verdienen auch weniger. Die soziale Situation dürfte sich somit im Raum L.A. weiter verschärfen. Amerikaner, die die Entwicklung kritisch sehen, befürchten das Entstehen einer Zweiklassengesellschaft in Kalifornien: auf der einen Seite die Oberklasse mit Eigenheimbesitz, die den „California good life" lebt, und der sich stark ausweitenden Unterklasse andererseits, deren Angehörige schlecht ausgebildet sind und die Schwierigkeiten haben, bezahlbare Wohnungen zu finden.

147.1 Smog über Los Angeles

	Hispanics	Asiaten	Schwarze
Anaheim	31,4	9,4	2,5
East Los Angeles	94,7	1,3	1,4
El Monte	72,5	11,8	1,0
Garden Grove	23,5	20,5	1,5
Inglewood	38,5	2,5	51,9
Los Angeles	39,9	9,8	14,0
Pomona	51,3	6,7	14,4
Torrance	10,1	21,9	1,5

147.2 Bevölkerungszusammensetzung ausgewählter Großstädte im Großraum Los Angeles (in %)

Aufgaben

1. Ermittle die Ausdehnung des Großraums L.A. (Abb. 146.1).
2. Bewerte die Lebenssituation der Bewohner im Ballungsraum Los Angeles.
3. Beurteile die unterschiedliche Bevölkerungszusammensetzung der Städte im Großraum L.A. (Abb. 147.2).
4. Vergleiche das Leben der Menschen im Ballungsraum L.A. mit dem der Menschen im Ballungsraum Ruhrgebiet. Gibt es ähnliche Probleme? Erstelle eine Liste.

DAS BEISPIEL USA

GEO-PRAXIS

Wir orientieren uns in einer US-amerikanischen Stadt

Zu den charakteristischen Merkmalen der US-amerikanischen Städte gehört das Schachbrettmuster. Die Straßen sind wie in einem Gitternetz angeordnet und verlaufen in der Regel genau in nord-südlicher und ost-westlicher Richtung (Abb. 149.1). Diese Ausrichtung wurde in vielen Fällen selbst dort beibehalten, wo die Geländeformen eigentlich dagegen sprechen. So führen in San Francisco die Straßen schnurgerade über mehrere Hügel hinweg.

Der gleichförmige Grundriss und das einfache System der Nummerierung machen die Orientierung in den amerikanischen Städten sehr leicht. Häufig werden die in ost-westlicher Richtung verlaufenden Straßen Avenues genannt, die Straßen in nord-südlicher Richtung dagegen Streets. Dabei können von Stadt zu Stadt aber auch Abweichungen auftreten.

Von einem zentral gelegenen Straßenkreuz aus wird angegeben, in welcher Himmelsrichtung sich der Straßenabschnitt in Bezug auf das zentrale Achsenkreuz befindet, ob nördlich, südlich, östlich oder westlich. So entstehen Straßennamen wie „North Maple Street" oder „West Washington Avenue".
Die Hausnummern werden so gezählt, dass jeder Straßenabschnitt 100 Hausnummern erhält, gleichgültig wie viele Häuser es in dem Block tatsächlich gibt. Anhand der Hausnummern kann man erkennen, dass es sich um das dritte Haus im zweiten Straßenabschnitt handelt.

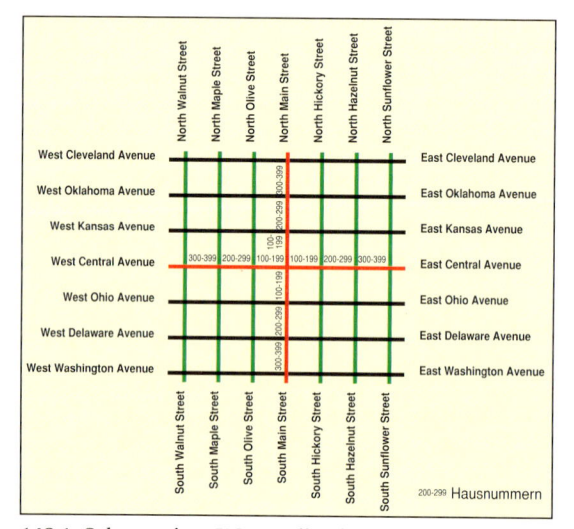

Mit Hilfe dieser Informationen kannst du jetzt auf dem Stadtplan (Abb. 149.1) folgende Adressen (ungefähre Lage) suchen:

    340 East Beach Avenue
    385 West James Avenue
    230 North Olive Street
    420 North Paris Street

Wie lauten die Adressen
- des Postamtes,
- der Hoover-Grundschule,
- der Stadtverwaltung,
- der Polizei?

148.2 Luftbild einer US-Kleinstadt

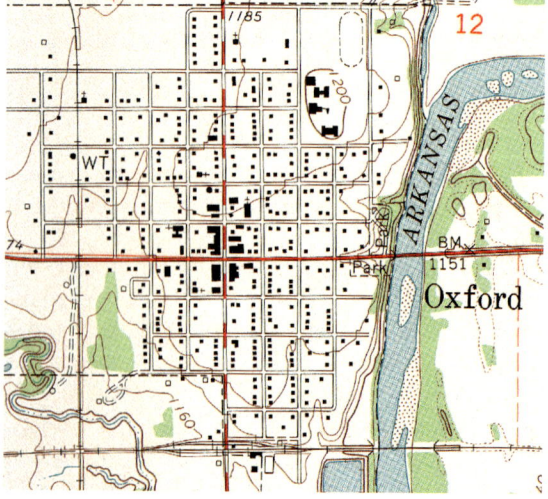

148.1 Schema einer US-amerikanischen Stadt

148.3 Ausschnitt einer topographischen Karte der USA

DAS BEISPIEL USA

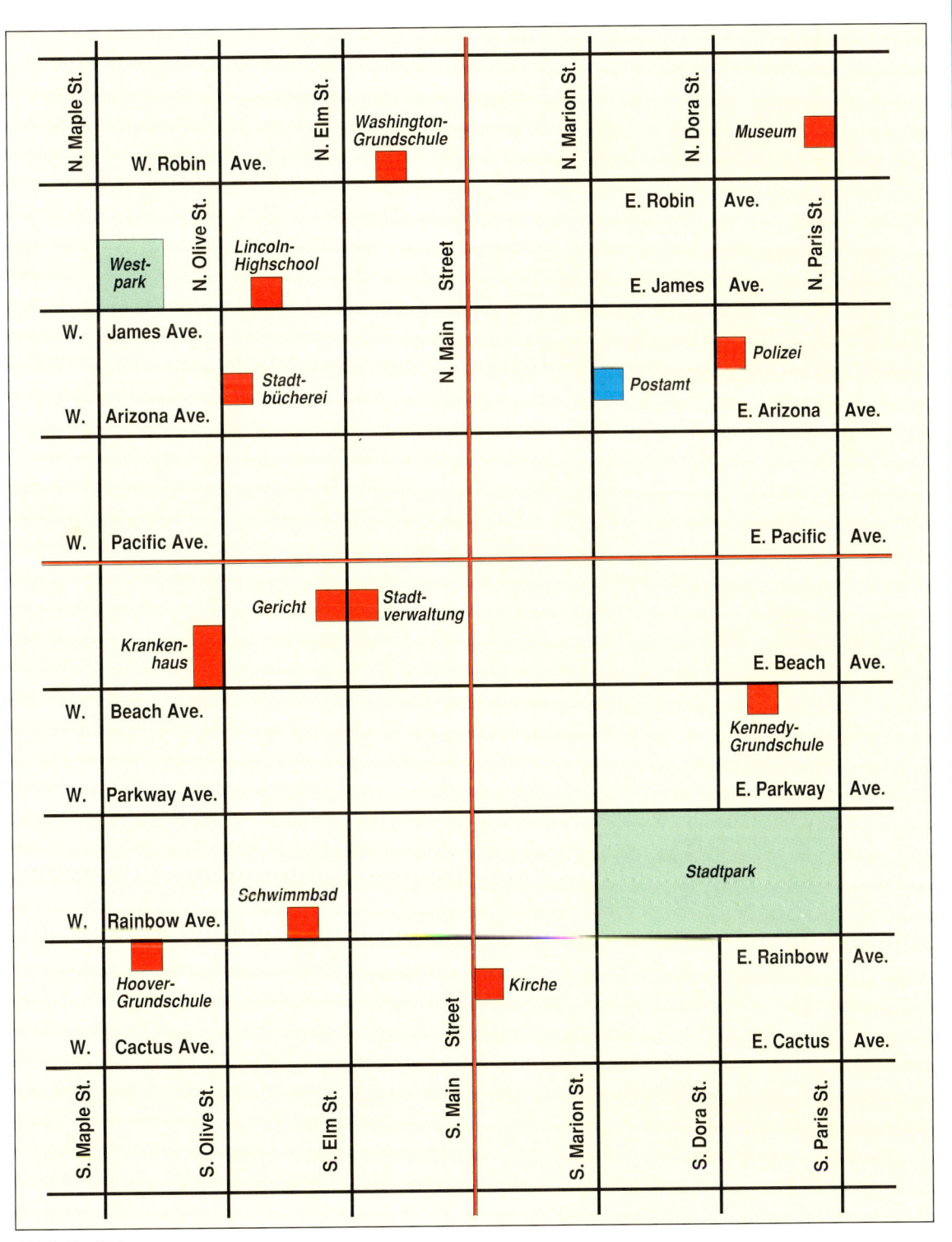

149.1 Stadtplan

DAS BEISPIEL USA

150.1 Suburbs von Phoenix

150.2 In einem Suburb von Phoenix

150.3 Downtown

Leben in einer amerikanischen Stadt

Charles Collins wohnt mit seiner Frau Debbie und seiner vierzehnjährigen Tochter Jennifer in einem typischen Einfamilienhaus in Phoenix. Es ist überwiegend aus Holz errichtet und war daher recht preisgünstig. Die Collins wohnen in einem Suburb, einem Wohnvorort. Diese Siedlungen im Grünen haben ausschließlich Wohnfunktion, Geschäfte fehlen völlig, sogar Fußwege sind eine Seltenheit.

Collins wohnen erst seit zwei Jahren in diesem Suburb. Wie viele Amerikaner sind sie schon öfter umgezogen. Die Mobilität der US-Amerikaner ist sehr hoch: Im Durchschnitt wird alle 5 Jahre umgezogen. Nach dem gemeinsamen Frühstück fährt Charles mit dem Auto zu seinem Arbeitsplatz, einer Bank in der Innenstadt, der Downtown. Dort sind die Geschäftsfunktionen der Stadt konzentriert. Banken, Büros und Verwaltungsgebäude prägen das Bild. Außerhalb der Geschäftszeiten ist die Innenstadt verlassen, denn es wohnt dort kaum jemand.

Debbie arbeitet in einem Anwaltsbüro. Da in Downtown Parkplätze knapp sind, wurde das Büro wegen der besseren Erreichbarkeit in einem Bürozentrum in den Außenbereichen der Stadt angesiedelt. Diese liegen in verkehrsgünstiger Lage an den Ausfallstraßen oder dort, wo sich wichtige Straßen kreuzen. Hier gibt es große Parkplätze. Auch Debbie benutzt für ihren Weg zum Arbeitsplatz das Auto, einen Zweitwagen. Nach Büroschluss fährt sie zu einem Shopping Center, um die Einkäufe des täglichen Bedarfs zu tätigen. Die großen Supermärkte und Shopping Center liegen verkehrsgünstig an den großen Ausfallstraßen.

Danach fährt Debbie nach Hause. Jennifer, die vierzehnjährige Tochter, hat ihren Weg zur Schule und zurück mit dem Schulbus zurückgelegt. Die Familie hatte bereits morgens verabredet, sich abends um sieben Uhr in der Shopping Mall (▷ S. 151) zu treffen. Die Collins benötigen für den Weg von der Wohnung zur Mall nur 30 Minuten, vorausgesetzt, sie geraten nicht in einen Verkehrsstau. Doch zum Auto gibt es keine Alternative. Von wenigen großen Städten abgesehen, ist das öffentliche Verkehrsnetz schlecht ausgebaut.

Bewohner kleinerer Städte und Dörfer müssen immer größere Distanzen fahren, um in der nächstgelegenen größeren Stadt ein Shopping Center aufzusuchen. Anfahrtzeiten von zwei bis drei Stunden für den Besuch einer Shopping Mall werden am Wochenende in Kauf genommen.

DAS BEISPIEL USA

In der Shopping Mall

Unter einer Mall versteht man ein großes Shopping Center, in dem viele Einzelgeschäfte unter einem Dach angesiedelt sind. Die Geschäfte liegen aufgereiht an einem zentralen Gang (Hauptachse, „Mall"), der die großen Kaufhäuser miteinander verbindet, die zu jeder Mall gehören. Es ist nicht ungewöhnlich, dass 100 Geschäfte in einer Mall anzutreffen sind.

Erst kürzlich wurde in Minneapolis die größte Mall der USA eröffnet, in der sich auf vier Stockwerken rund 330 Geschäfte befinden. Man erwartet täglich 100 000 Kunden. Der gesamte Bereich einer Mall ist durch Sitzgelegenheiten, Springbrunnen usw. attraktiv gestaltet und lädt zum Verweilen ein. Insbesondere an den Wochenenden verbringen viele amerikanische Familien etliche Stunden in den Malls und verbinden so Einkauf und Vergnügen miteinander.

■ Aufgaben

1. Schildere den Tagesablauf der Familie Collins. Vergleiche diesen mit dem in deiner Familie.
2. Warum legt Familie Collins ihre Wege mit dem Auto zurück?
3. Überlege, welche Probleme sich aus der räumlichen Trennung der Funktionen Wohnen, Arbeiten, Sich-Versorgen und Sich-Erholen ergeben. Vergleiche mit deiner Umgebung.
4. Ermittle aus Abb. 151.1, welche Waren in der Mall angeboten werden und welche Angebote dem Bereich Freizeit und Vergnügen dienen.
5. Fertige eine Kartenskizze der Geschäfte in einem Einkaufszentrum in deiner Umgebung an. Vergleiche mit Abb. 151.1.
6. Welche Verkehrsmittel würdest du benutzen, um in dieses Einkaufszentrum zu gelangen? Denke an die Umweltbelastung.

151.1 Karte einer Shopping Mall

DAS BEISPIEL USA

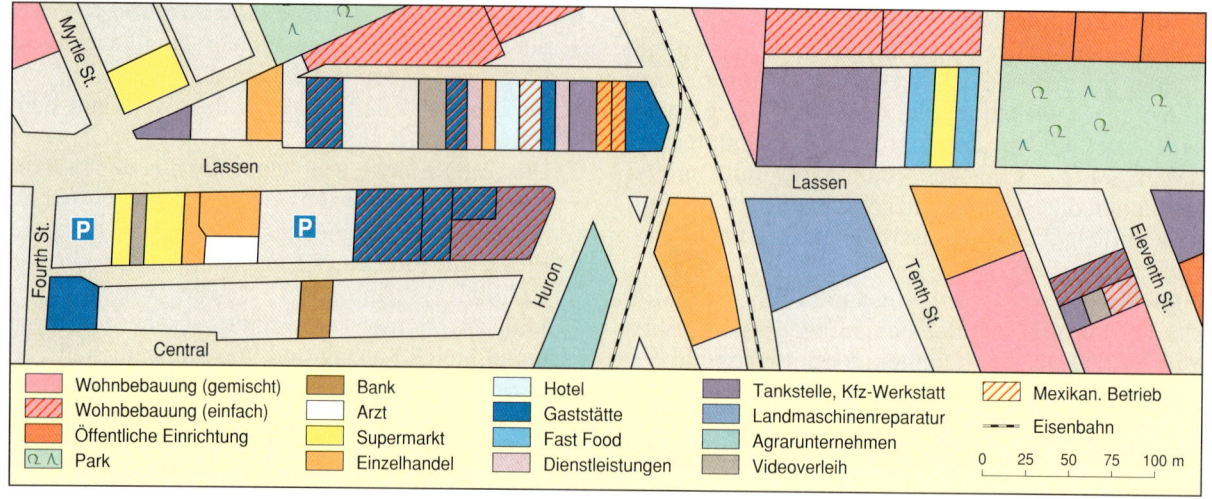

152.1 Das Zentrum von Huron

Legende:
- Wohnbebauung (gemischt)
- Wohnbebauung (einfach)
- Öffentliche Einrichtung
- Park
- Bank
- Arzt
- Supermarkt
- Einzelhandel
- Hotel
- Gaststätte
- Fast Food
- Dienstleistungen
- Tankstelle, Kfz-Werkstatt
- Landmaschinenreparatur
- Agrarunternehmen
- Videoverleih
- Mexikan. Betrieb
- Eisenbahn

Huron: ein Ort in MexAmerika

Hernando Martinez berichtet uns über die Besonderheiten im 4000 Einwohner zählenden Ort Huron (südlich von Fresno) in Kalifornien:
„Ich betreibe hier ein kleines Restaurant mit Namen ‚Mexican Cafe'. Ich bin mexikanischer Herkunft, habe aber seit mehreren Jahren die amerikanische Staatsbürgerschaft. Wie Sie sicherlich schon gehört haben, sind in den letzten Jahrzehnten immer mehr Menschen aus Lateinamerika, aus Puerto Rico, Kuba, aber vornehmlich aus Mexiko, in die USA gekommen. Man bezeichnet uns wegen unserer Herkunft als Hispanics, auch wenn wir einen US-Pass haben. Well, ich bin einer von ihnen.
Zum Teil handelt es sich bei den Hispanics um Saisonarbeiter, die für einige Monate in der Landwirtschaft arbeiten. Sie kehren mit dem ersparten Geld dann zu ihren Familien in Mexiko zurück. Viele von ihnen bleiben jedoch auf Dauer in den USA und holen ihre Familien nach. So habe ich es auch gemacht, nachdem ich die amerikanische Staatsbürgerschaft erhielt.
Durch legalen und illegalen Zuzug und den großen Kinderreichtum der Eingewanderten macht diese Gruppe mittlerweile einen großen Prozentsatz der Bevölkerung hier im Südwesten der USA aus.
Viele Hispanics sprechen fast ausschließlich Spanisch und die Siedlungen, in denen sie leben, sind mexikanisch geprägt. Das ist hier in Huron gut zu erkennen. Sie haben sicherlich schon bemerkt, daß die Umgangssprache überwiegend Spanisch ist.

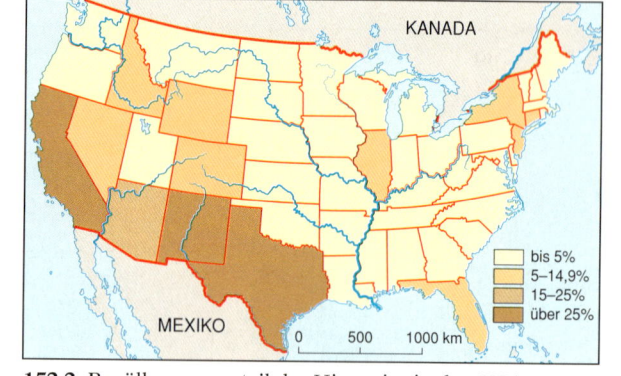

152.2 Bevölkerungsanteil der Hispanics in den USA

Alljährlich zur Erntezeit kommen viele Hundert mexikanische Wanderarbeiter hier nach Huron und wohnen in Arbeitercamps. Durch die dauerhafte Ansiedlung von Hispanics stellt diese Gruppe auch außerhalb der Erntezeit rund 80 % der Bevölkerung. Ja, wir sind hier in ‚Mex-Amerika'."

Aufgaben

1. Woran erkennst du, dass der Ort Huron durch die Hispanics geprägt ist (Abb. 152.1)?
2. Abb. 152.2 zeigt die Bundesstaaten mit einem hohen Bevölkerungsanteil an Hispanics. Benenne mit Hilfe des Atlas diese Bundesstaaten. Versuche zu ergründen, weshalb der Bevölkerungsanteil der Hispanics gerade in diesen Bundesstaaten größer ist als in den anderen.

DAS BEISPIEL USA

GEO-EXKURS

USA – Armut trotz Reichtum?

Obwohl in den Vereinigten Staaten der Lebensstandard allgemein sehr hoch ist, gibt es dennoch wachsende soziale Probleme. Über 35 Mio. Amerikaner sind nicht gegen Krankheit versichert, denn es fehlt eine gesetzliche Pflichtversicherung. Weitere 30 Mio Bürger sind zeitweilig ohne Versicherungsschutz oder gefährlich unterversichert. Unfallfolgen oder langwierige Erkrankungen stürzen zahlreiche Familien – auch solche mit gutem Einkommen – in den Ruin, da sie die hohen Behandlungskosten nicht tragen können.
Informiere dich über die soziale Absicherung in Deutschland und vergleiche dann mit den Verhältnissen in den USA.

Auch im Bildungswesen gibt es große Unterschiede innerhalb der USA. Einerseits bestehen hervorragende Ausbildungs- und Forschungsstätten, was sich z. B. in den zahlreichen Nobelpreisen ausdrückt, die in die USA vergeben wurden. Andererseits wird zunehmend über das insgesamt schwache Niveau vieler Schulen geklagt. Die Qualität der Bildung ist für ein Schulkind zum großen Teil vom Steueraufkommen der Gemeinde abhängig, in der es aufwächst. Es gibt also große Unterschiede zwischen „reichen" und „armen" Schuldistrikten.

Ein wachsendes Problem sind die zunehmenden Schwangerschaften von Teenagern, die eine geregelte schulische und berufliche Ausbildung erschweren. Jede zehnte junge amerikanische Frau im Alter von 15 bis 19 Jahren wird schwanger. 41 % der weißen und 63 % der farbigen Frauen haben im Alter von 20 Jahren mindestens eine Schwangerschaft gehabt. Viele dieser Frauen bilden „Restfamilien", bei denen der Vater fehlt und sich häufig auch seinen finanziellen Verpflichtungen entzieht.

Die Altersgruppen sind unterschiedlich stark von der Armut betroffen. So lebt eins von fünf Kindern (unter 18 Jahren) in den USA in Armut. Nach Bevölkerungsgruppen unterschieden, zeigt sich ein noch bedrückenderes Bild. Unterhalb der Armutsgrenze wuchsen im Jahr 1990 15,1 % der weißen Kinder, 39,7 % der Kinder von Hispanics und 44,2 % der schwarzen Kinder auf.

In besonders großem Umfang leben diese Kinder nicht in intakten Familien, wodurch zu den wirtschaftlichen noch soziale Probleme hinzukommen. Nicht zuletzt als Folge dieser Situation gilt jedes achte Kind in den Vereinigten Staaten als unterernährt.

153.1 Gegensätze in New York

153.2 Obdachlose

Zur Lösung der zuvor genannten Probleme wären große Geldsummen nötig, doch sind diese nicht verfügbar.

Was meint der Buchautor Aaron Shapiro (1993), wenn er schreibt: „Die Vereinigten Staaten sind reich und arm, medizinisch fortschrittlich und chronisch krank, hoch gebildet und höchst unwissend"?

Welche Probleme gibt es noch in den Vereinigten Staaten? In den Medien findest du regelmäßig Berichte dazu.

DAS BEISPIEL USA

GEO-WISSEN

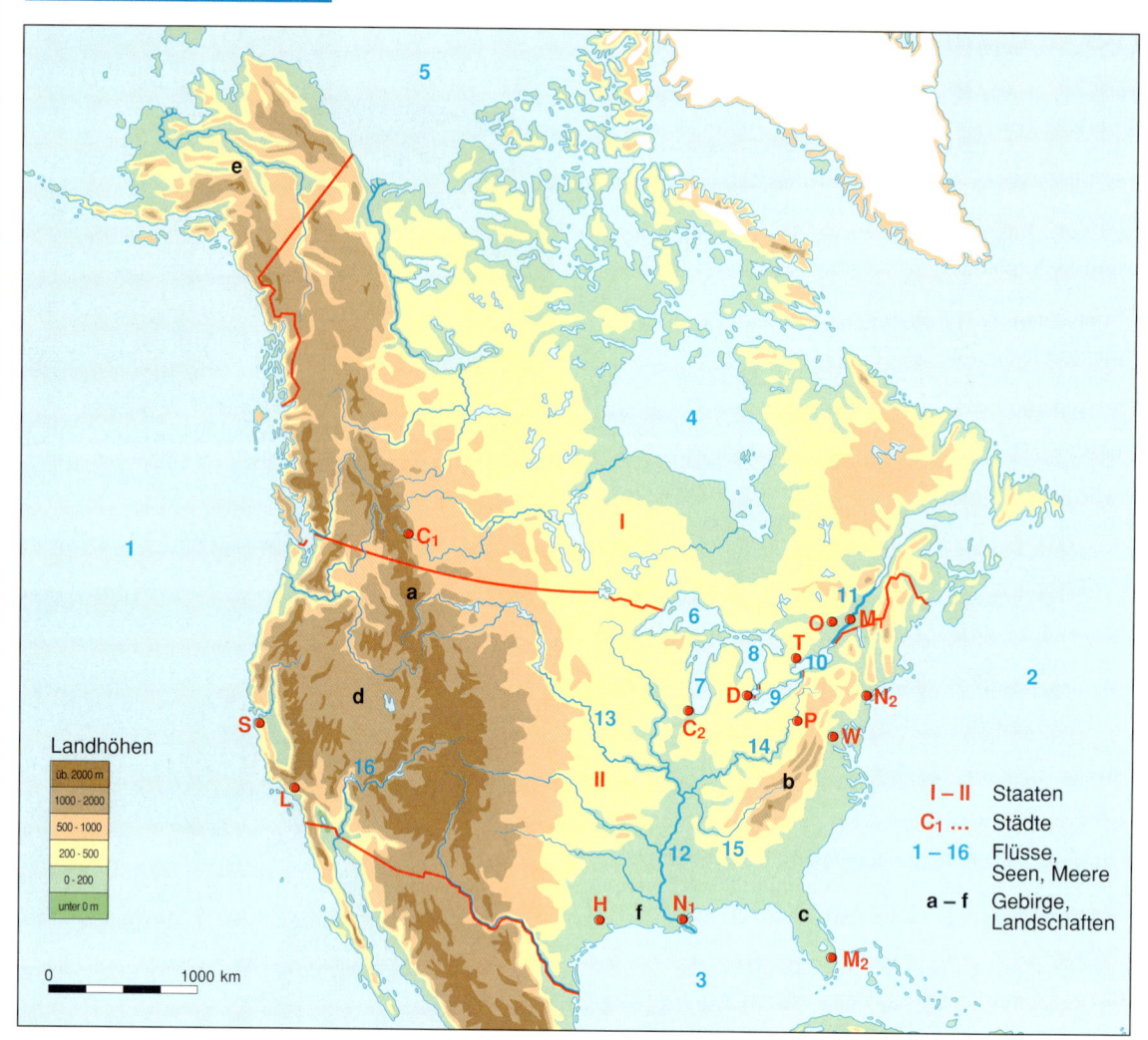

154.1

Kennst du dich in Nordamerika aus?

1. Fertige zu der stummen Karte (Abb. 154.1) eine Legende an.

Staaten
I ......
II ....

Gebirge, Landschaften
a ......
b ......
c ......
d ......
e ......
f ......

Städte
C_1 ......
T ......
O ......
M_1 ......
S ......
L ......
H ......
M_2 ......
N_1 ......
C_2 ......
D ......
P ......
W ......
N_2 ......

Flüsse, Seen, Meere
1 ......
2 ......
3 ......
4 ......
5 ......
6 ......
7 ......
8 ......
9 ......
10 ......
11 ......
12 ......
13 ...... 15 ......
14 ...... 16 ......

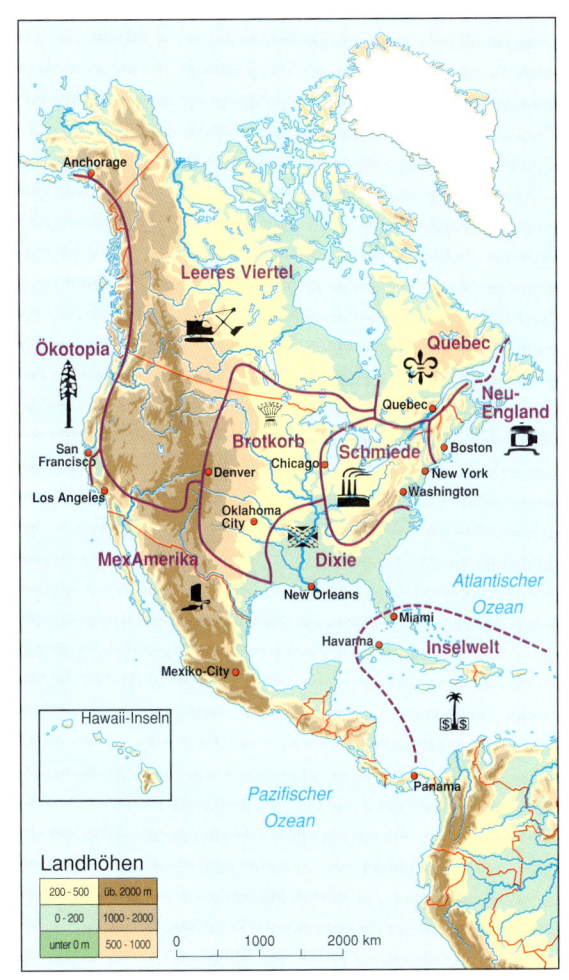

DAS BEISPIEL USA

155.1 Neunmal Nordamerika?

155.2

155.3

155.4

2. Berichte über die Völker verschiedener Hautfarbe und die Vielfalt der Lebensbedingungen in den USA.
3. Der Journalist Joel Garreau teilt Nordamerika in neun Regionen ein (Abb. 155.1). Über welche der dort unterschiedenen Regionen wird in diesem Kapitel berichtet?
4. Nenne typische Merkmale aus diesen Regionen.
5. Begründe, weshalb Garreau z. B. die Bezeichnung Brotkorb, Schmiede, Neu England und MexAmerika wählte.
 Was weißt du über die anderen Regionen?
6. In welchen Großlandschaften der USA liegen die von Garreau genannten Regionen (▷ Abb. 134.1)?
7. Ordne die Abbildungen 155.2–4 den Großlandschaften zu.
 Begründe deine Antwort.

155

7 MENSCHEN PRÄGEN DEN RAUM

156.1 Modernes und traditionelles Japan

156.2 Wohnviertel in Tokio

DAS BEISPIEL JAPAN

157.2 Kultstätte des Shintoismus (japanische Naturreligion)

157.3 Landwirtschaftliche Nutzung in Japan

157.1 Der Fudjijama, höchster Berg Japans

DAS BEISPIEL JAPAN

158.1 Japanische Firma in Deutschland

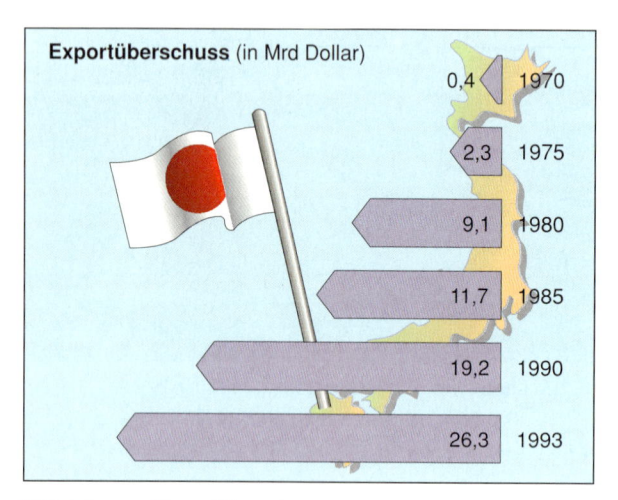

158.2 Japans Exportüberschuss

Exportüberschuss (in Mrd Dollar)
- 0,4 — 1970
- 2,3 — 1975
- 9,1 — 1980
- 11,7 — 1985
- 19,2 — 1990
- 26,3 — 1993

158.3 Die größten Industriekonzerne der Welt

Umsatz 1992 in Mrd DM
1. General Motors (USA) — 207
2. Exxon (USA) — 161
3. Ford (USA) — 157
4. Royal Dutch/Shell (NL, GB) — 154
5. Toyota (Japan) — 123
6. IRI (Italien) — 105
7. IBM (USA) — 101
8. Daimler-Benz (D) — 98
9. General Elektric (USA) — 97
10. Hitachi (Japan) — 96
11. BP (Großbritannien) — 92
12. Matsushita (Japan) — 90

Yoko oide kudasareta
(Willkommen in meinem Haus)

„Obwohl ich mich mit meiner Honda fürchterlich beeile, werde ich wohl die Liveübertragung im Fernsehen versäumen. Meine Seiko-Uhr piepst, es ist also schon 19.00 Uhr. Nur gut, dass ich vorsichtshalber den Panasonic-Videorekorder programmiert habe, so kann ich mir das Rockkonzert hinterher ansehen. Zu Hause angekommen, treffe ich auf meine Schwester. Während sie mit ihrem Nintendo Gameboy spielt, hört sie auf ihrem Sony die neuesten CDs.
Meine Mutter sitzt am PC, natürlich „Made in Japan", und schreibt einen Brief. Wenn sie fertig ist, werde ich mit dem Computer spielen. Eigentlich müsste ich mittlerweile perfekt japanisch sprechen; überall umgeben mich japanische Waren."
Noch vor 20 Jahren hätten die meisten Menschen in Deutschland die genannten Marken nicht gekannt. Von vielen Produkten hätten sie noch nie etwas gehört. Mittlerweile verkaufen sich japanische Produkte gut bei uns. So bezog Deutschland im Jahr 1990 Waren im Wert von 32 Mrd DM aus Japan. Umgekehrt führte Japan Waren aus Deutschland im Wert von 17 Mrd DM ein. Experten sprechen von einer positiven Handelsbilanz. Doch auch mit anderen Staaten ist die Bilanz positiv (Abb. 158.2). Wie ist zu erklären, dass Japan als größter Konkurrent auf dem Weltmarkt gesehen wird?

Japan und die Welt
Jahrhundertelang hatte sich das japanische Kaiserreich von der übrigen Welt isoliert. Erst 1853 erzwangen die Amerikaner durch ihr Ostindien-Geschwader die Öffnung japanischer Häfen. Sie hatten zum Ziel, den Handel zwischen Japan und den Vereinigten Staaten in Gang zu bringen.
Um 1930 erfolgte verstärkt der Ausbau der Schwerindustrie. Doch es fehlte an Rohstoffen, vor allem an Kohle, Eisenerz und Erdöl. Um sich eigene Rohstoffe zu sichern und um die Industrieerzeugnisse verkaufen zu können, forderten politische Gruppen eine Erweiterung des Lebensraumes. Japan plante einen großasiatischen Wirtschaftsraum unter seiner Herrschaft.
Die Folge war eine Kette kriegerischer Auseinandersetzungen, an deren Ende die Abwürfe der Atombomben auf die japanischen Städte Hiroschima und Nagasaki im Jahre 1945 standen. Aus den Ruinen des zerstörten Landes entwickelte sich

DAS BEISPIEL JAPAN

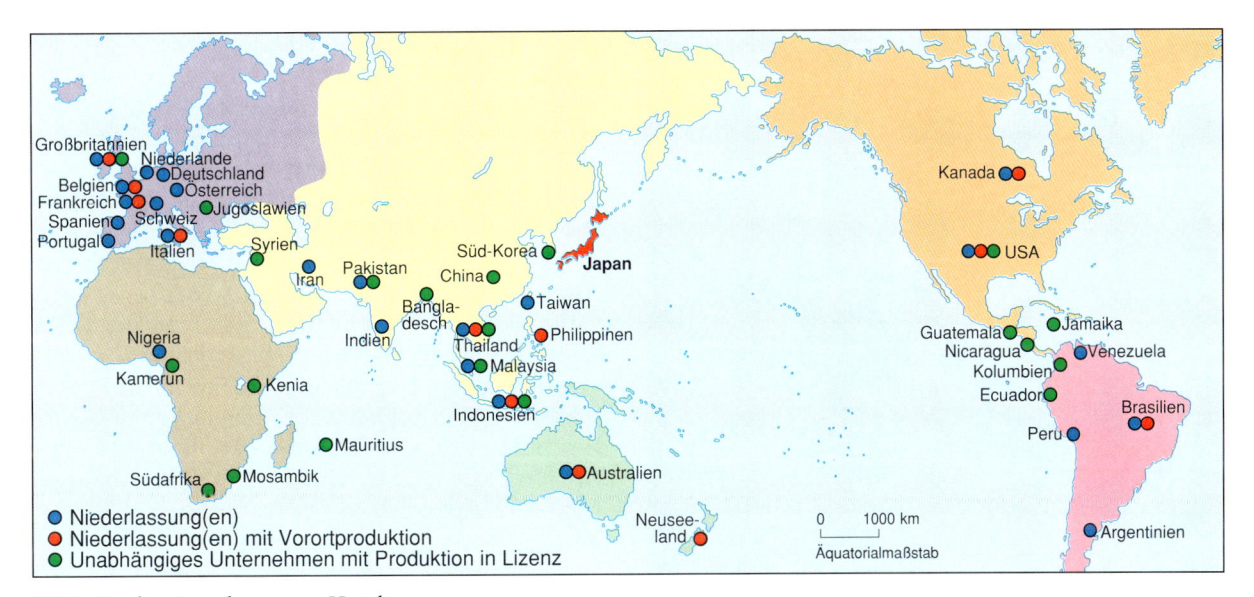

159.1 Zweigunternehmen von Honda

Japan neben Deutschland und den USA zu einer der bedeutendsten Wirtschaftsmächte.

Zunächst waren japanische Industrieerzeugnisse billige Nachbauten und Massenware. Später entwickelten die Japaner Verbesserungen der Kopien und bauten z. B. Unterhaltungselektronik, Uhren und Fotoapparate, die genauso gut, aber billiger als das Original waren. Heute setzen japanische Firmen weltweit gültige Standards in den unterschiedlichsten Branchen, zum Beispiel der Chipproduktion für Computer. Mittlerweile sind japanische Firmen in der ganzen Welt aktiv und gehören zu den größten der Welt (Abb. 158.3). Dies zeigen japanische Konzerne in den Werbesprüchen, die nicht nur das Produkt anpreisen, sondern auch Einblicke in die japanische Mentalität gewähren (▷ S. 157).

Aufgaben

1. Erstelle eine Liste von Produkten japanischer Hersteller bei dir zu Hause.
2. Informiere dich, woher die von Japan benötigten Rohstoffe kommen (Atlas, Nachschlagewerke).
3. Vergleiche die Rohstoffförderung und den Verbrauch von Rohstoffen in Japan, Deutschland und den USA (Abb. 159.2).
4. Erläutere anhand der Abb. 159.1 die Aussage: „Honda – ein Weltkonzern."
5. Was ist das Erstaunliche an der Industrialisierung Japans (Tab. 159.3 und 4)?

	Japan	D	USA
Eisenerz	–	0,1	56
Eisen	80	31	56
Stahl	110	42	79
Erdöl	–	3,4	422
Erdölverbrauch	251	134	757
Steinkohle	8	73	821
Koks	47	20	26

159.2 Rohstoffe und Endprodukte

Zur Erhöhung der Stahlproduktion	
von 15 auf 20 Mio t benötigte	Japan 1 Jahr
	Frankreich 10 Jahre
von 29 auf 40 Mio t benötigte	Japan 3,5 Jahre
	Deutschland 10 Jahre

159.3 Entwicklung der Stahlproduktion

	1950	1970	1990
Elektr. Strom	6.	3.	3.
Erdölprodukte	21.	3.	2.
Zement	6.	3.	2.
Papier	8.	3.	2.
PKW	9.	3.	1.
LKW/Busse	7.	1.	1.
Schiffe	4.	1.	1.
Kunststoffe	–	1.	3.
Fernsehgeräte	–	1.	3.
Unterhaltungselektronik	–	1.	1.

159.4 Japans Stellung in der Welt

DAS BEISPIEL JAPAN

160.1 In einer Elektronikfirma

Der Betrieb, eine große Familie

Beobachte einmal japanische Besucher: Mit Fotoapparat und Videokamera behangen, ein Auge immer am Sucher, wird geknipst, was vor die Linse kommt. „Vor Ort" (genba) beschaffen sie sich Informationen. Aus eigener Anschauung gewinnen sie „aktuelle Fakten" (genbutsu) und beurteilen die „Wirklichkeit" (gendschitsu) nach dem, was sich vor ihren Augen abspielt.

Unsere fernöstlichen Gäste haben oftmals diesen „Urlaub" als Gratifikation für besondere Leistungen an ihrem Arbeitsplatz erhalten. Zurück im Betrieb werden zum Beispiel bei der Firma Honda die „Urlaubseindrücke" ausgewertet.

Den drei Worten genba, genbutsu, gendschitsu ist jeder Mitarbeiter verpflichtet, Manager oder Fließbandarbeiter.

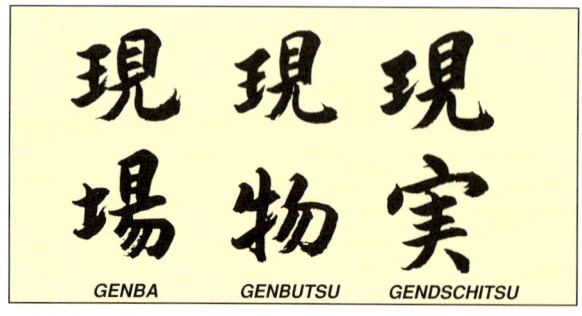

160.2 Mosaiksteinchen des japanischen Erfolgs

Ein Arbeitstag in einem Weltkonzern

Um 8.00 Uhr komme ich bei der Elektrofirma Matsushita an. In Reih und Glied sind die Betriebsangehörigen in einer Werkhalle angetreten. Wie jeden Morgen singen die Betriebsangehörigen vor Antritt der Arbeit das Firmenlied (Text 160.3) und werden auf die Arbeit eingestimmt. In der Farbe der Kittel ist kein Unterschied zwischen den Arbeitern und Angestellten zu erkennen.

Dann beginnt der Arbeitstag. Während der Pause findet Gymnastik statt. „Das stärkt das Wir-Gefühl", erklärt mir ein Arbeiter. Am Abend, nach Dienstschluss, werde ich noch zu einem gemeinsamen Umtrunk eingeladen. Das findet häufig statt, erfahre ich, und selbst dann wird über Produktverbesserung und Arbeitsabläufe gesprochen. Ich komme ins Gespräch mit Herrn Oshima.

„Jetzt arbeite ich schon über zwanzig Jahre bei Matsushita und fühle mich unter meinen Arbeitskollegen wie zu Hause. Die Firma sorgt für mich. Und wer einmal in die Betriebsfamilie aufgenommen wurde, hat eine lebenslange Anstellung sicher, da ist es doch selbstverständlich, dass ich gute Arbeit leiste."

„Und darum dienen Sie Ihrer Firma mit Hingabe", werfe ich ein. „Ich habe gelesen, dass in Japan von 20 zustehenden Urlaubstagen nur 7 bis 12 beansprucht werden."

„Das stimmt", lächelt Herr Oshima. „Hatten Sie nie den Wunsch, einmal die Firma zu wechseln?" frage ich etwas verwundert. Herr Oshima entgegnet: „Das wäre sehr unklug. Arbeiter, die den Arbeitsplatz wechseln, gelten als unzuverlässig. Außerdem steigt mein Lohn, je länger ich dem Betrieb angehöre. Und außerdem bin ich in meiner Firma Stammarbeiter…" „Stammarbeiter?" unterbreche ich.

„Als Stammarbeiter habe ich einen sicheren Arbeitsplatz. Neben meinem normalen Lohn be-

> Für den Aufbau eines neuen Japan
> strengen wir des Geistes und des Körpers Kräfte an,
> unser Bestes tun wir für die Steigerung der
> Produktion und schicken unsere Waren
> den Völkern in der ganzen Welt
> ohne Unterbrechung, immer weiter fort,
> so wie das Wasser aus der Quelle sprudelt.
> Die Industrie, sie wachse und gedeihe!
> Harmonie und Solidarität.
> Es lebe Matsushita-Elektrizität!

160.3 Firmenlied der Matsushita-Arbeiter

komme ich, wenn die Geschäfte gut gehen, noch den sogenannten Bonus. Im letzten Jahr wurden uns zusätzlich fünf Monatsgehälter ausbezahlt. Außerdem sichert mich meine Firma zum Beispiel gegen Krankheit und Unfall ab. Beim Bau meines Hauses hat mich meine Firma ebenfalls unterstützt. Als Zeitarbeiter ist man viel schlechter dran. Er hat keinen Anspruch auf Bonuszahlungen oder andere Vorteile der Stammarbeiter. Wenn es wirtschaftlich schlechter geht, wird ihm gekündigt. Vor allem bei den kleineren und mittleren Betrieben gibt es viele Arbeiter auf Zeit. Und es gibt viele Kleinbetriebe bei uns! Etwa 70 Prozent der japanischen Betriebe haben nur ein bis vier Beschäftigte. Vor allem Frauen werden oft als Zeitarbeiterinnen eingestellt."

„Gibt es denn in Japan keine Streiks?" frage ich dazwischen. „Natürlich", antwortet mein Gastgeber. „Aber unsere Streiks unterscheiden sich von denen in Deutschland. Sie müssen wissen, in Japan gibt es ungefähr 75 000 Gewerkschaften, denn sie sind nach Betrieben organisiert. Und die Gewerkschaft weiß natürlich, dass es uns allen gut geht, wenn es der Firma gut geht...

‚Hinaschi' bezeichnen wir in unserer Leistungsgesellschaft den schwierigen Prozess, möglichst harmonisch zusammenzuleben und zu arbeiten. Wir leben in der Gemeinschaft nach den Regeln der Gemeinschaft. So ist der Fehler des Einzelnen immer auch der Fehler der gesamten Gruppe, der Erfolg der Gruppe immer der Erfolg des einzelnen Mitarbeiters."

Aufgaben

1. Erläutere, warum japanische Stammarbeiter fast nie den Betrieb wechseln.
2. Entwickelt gemeinsam ein Gespräch über Arbeitsbedingungen zwischen Stamm- und Zeitarbeitern.
3. Vergleiche die Situation japanischer Schulkinder (Text 161.1) mit deiner eigenen.
4. Deute das Zitat des ehemaligen Ministerpräsidenten Mijasawa:
   „Unsere größte Kraft ist die Homogenität unserer Gesellschaft. Wir können miteinander kommunizieren, ohne viele Worte zu machen." (Beziehe auch Text 160.3 mit ein.)
5. Erläutere die folgende japanische Redewendung:
   „Ein Mann, der früh nach Hause kommt, hat keine gute Stellung."

Drill für die Bildung
In der offiziellen Liste der japanischen Schriftzeichen sind 2000 „kanji" aufgenommen. Einzelne Begriffe werden durch Kombination von Schriftzeichen zusammengesetzt, z. B. Nippon (der amtliche Staatsname Japans) = Quelle der Sonne. Um ihr Kind später in einer der Eliteschulen anmelden zu können, bringen viele Eltern schon ihren Vierjährigen die komplizierte Schrift bei. Bereits in den „guten" Kindergärten müssen Leistungsprüfungen abgelegt werden.
Wer einen Oberschulabschluss vorweisen will, und das sind 95 % aller Schüler, muss alle 2000 kanji beherrschen. Das Bildungsministerium setzt daher fest, welche kanji in welcher Schulstufe zu „pauken" sind. Ohne Drill ist man bei den Prüfungen, die den Zugang zur nächsthöheren Ausbildung eröffnen, nicht erfolgreich.
Wer einen „guten" Kindergarten besucht hat, wird in eine bestimmte Schule und später in eine angesehene Universität aufgenommen. Wie weit man dann nach oben kommt, hängt letztlich vom Namen, d. h. dem Ruf der Schule oder der Universität, ab. Nur die Besten studieren an der Todai, Tokios Universität, die vor mehr als 100 Jahren vom Tenno Meji gegründet wurde. Allerdings setzt dieser Erfolgsweg die Kinder unter großen Leistungsdruck.

161.1

161.2 Japanische Schüler

DAS BEISPIEL JAPAN

Die „Firma Japan"

„Keiretsu" – die Industriegiganten

Wer in Japan im Anschluss an seine Ausbildung (161.1) eine gut bezahlte Arbeit sucht, bemüht sich bei einem der Großkonzerne um Anstellung. Je erfolgreicher der Konzern auf dem Weltmarkt vertreten ist, desto höher ist das Einkommen (↗ S. 161).

Die größten der Wirtschaftsriesen sind auch heute noch im Besitz eines einzelnen Familienclans, Saibatsu: Fuji, Matsushita, Mitsui, Sumitomo, Yasuda. Mit ihnen durch geschäftliche Verträge verflochten sind weitere 69 „keiretsu", die nicht nur das japanische Wirtschaftsleben, sondern das in der ganzen Welt mitbestimmen.

Zum Beispiel ist der „Saibatsu" der Familie Iwasaki Besitzer des größten japanischen Konzerns Mitsubishi. Außer der Fahrzeugproduktion ist uns in Deutschland lediglich die Abteilung Akai Electric und die Photoabteilung Nikon bekannt. Mitsubishi liefert aber neben Nahrungsmitteln noch viele andere Erzeugnisse. Diese Großbetriebe können es sich auch leisten, Millionenbeträge für die Grundlagenforschung und für technische Neuentwicklungen auszugeben. Man sichert so bereits die Märkte in den Zukunftsindustrien.

Die wirtschaftlichen Aktivitäten Japans, auch die der „keiretsu", stimmt das MITI ab. Dieses Superministerium für internationalen Handel und Industrie bildet eine eigene Welt im Stadtteil Kasumigaseki in Tokio.

Nach dem Zweiten Weltkrieg wurde es bei seiner Gründung mit umfassenden Machtbefugnissen ausgestattet. Es ging um den Wiederaufbau der Wirtschaft, um die Rolle Japans in der Welt.

Wenn wir heute vom Wettrennen um einen noch leistungsfähigeren Computerchip oder Neuheiten auf dem Elektronikmarkt (Flachbettbildschirm, Mini-CD u. a.) hören, dann ist das MITI im Hintergrund daran beteiligt. Für den High-Tech-Sektor unterhält es eigene Forschungsinstitute. Hier arbeiten die Besten der Besten von der Elite-Universität Todai. Man befasst sich bereits mit der Zukunft (Abb. 162.2).

Im MITI werden auch finanzielle Mittel für die Forschung in den Firmen verteilt. Dabei werden Großunternehmen gegenüber Mittel- und Kleinunternehmen begünstigt. 1987 wurden z. B. die Konzerne Hitachi mit 6 Mrd Yen (ca. 72 Mio DM) und Toshiba Elektro mit 5,5 Mrd Yen (ca. 66 Mio DM) unterstützt. Alle Mittel- und Kleinunternehmen, in denen 80 % aller Beschäftigten arbeiten, erhielten zusammen nur 6 Mrd Yen.

Beauftragte des MITI, darunter auch Hausfrauen oder Studenten, reisen um die Erde. Sie prüfen, wo im Ausland interessante Entwicklungen zu beobachten sind. Das MITI entscheidet, ob diese weiterentwickelt werden und zur Markteinführung geeignet sind.

Das MITI fördert nicht nur zukunftsträchtige Industriezweige, sondern begleitet auch den Rückzug Japans aus Problembranchen. So wurden frühzeitig unrentable Stahlbetriebe geschlossen.

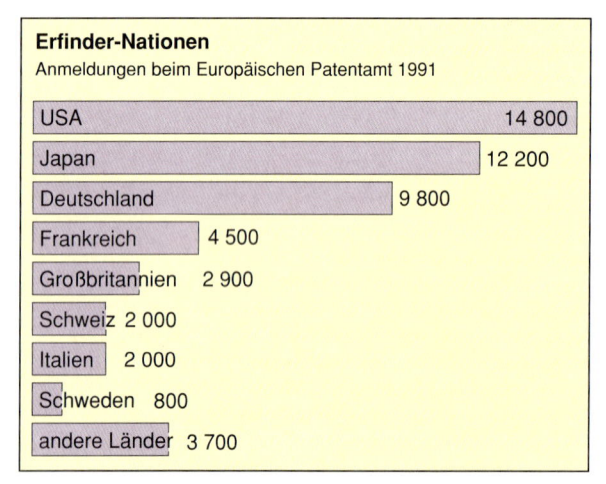

Erfinder-Nationen
Anmeldungen beim Europäischen Patentamt 1991

Land	Anmeldungen
USA	14 800
Japan	12 200
Deutschland	9 800
Frankreich	4 500
Großbritannien	2 900
Schweiz	2 000
Italien	2 000
Schweden	800
andere Länder	3 700

162.1 Erfindungsgeist

Jahr	Prognose
1996	Maschinen kommunizieren miteinander
1997	Heilmittel gegen AIDS gefunden
1999	Roboter sorgen für Kranke und Alte
2000	Supercomputer mit 10 Mrd Rechnungen pro Sek.
2001	Supraleitender Linearmotor-Zug mit 500 km/h in Betrieb
2003	Künstliches Ohr wird konstruiert
2004	Erfolgreiche Vorhersage von Vulkanausbrüchen
2008	Raumfahrt-Tourismus wird Wirklichkeit
2010	Wasser-Kraftstoff-Auto entwickelt

162.2 Prognosen des MITI

■ Aufgaben

1. Durch welche Maßnahmen fördert das MITI die Stellung des Standortes Japan?
2. Das MITI gibt kein Geld für den Erhalt unrentabler Betriebe, sondern fördert den Strukturwandel durch die Ansiedlung von Zukunftsunternehmen. Sammle Zeitungsberichte über den Strukturwandel im Ruhrgebiet und vergleiche.

DAS BEISPIEL JAPAN

GEO-EXKURS

Japan – Spielball von Naturgewalten?

Der japanische Inselstaat umfasst eine zwischen Ochotskischem und Ostchinesischem Meer gelegene 3800 km lange Inselkette. Zu ihr gehören über 3400 kleinere sowie die vier Hauptinseln Honschu, Hokkaido, Kiuschu und Schikoku mit einer Küstenlänge von insgesamt 30 000 km. Zum Vergleich: Auch der gesamte Kontinent Afrika hat eine Küstenlänge von 30 000 km.

Japan wird zu $4/5$ von Gebirgen geprägt. Diese sind nur die Gipfelregion eines untermeerischen Gebirges, das über 12 000 m vom Meeresboden aufsteigt. Vulkane und Erdbeben haben die Landoberfläche geprägt und gestalten sie heute noch (↗ S. 200). Jedes Jahr werden 5000 Erdbeben registriert. 80 Vulkane sind gegenwärtig tätig.

Von nahezu jedem Ort kann man die Berge sehen. Oft erreichen sie Höhen wie die Alpen. Dennoch liegt kein Ort mehr als 120 km vom Meer entfernt.

Erdbeben unter dem Meeresboden, also Seebeben, verursachen gefährliche Flutwellen, die Tsunamis. Sie rasen dann mit einer Geschwindigkeit von 750 km/h auf die Küsten zu und können in Meeresbuchten bis zu 30 m hohe Wellenkämme bilden. An den Küsten richten sie oft große Zerstörungen an.

Jahr für Jahr suchen Taifune (tropische Wirbelstürme) Japan heim. Sie entstehen als Tiefdruckgebiete über der bis auf 25 °C erwärmten Wasseroberfläche des Pazifischen Ozeans. Auf ihren Zugstraßen treffen sie vornehmlich im September auf die japanische Südküste (Abb. 163.1).

Verstärkt wird die zerstörerische Gewalt der Taifune durch Starkregen mit Niederschlagsmengen bis zu 400 mm pro Tag. Bergstürze und Erdrutsche sind die Folgen. Diese werden durch Rodungen und die Besiedlung der Hänge noch begünstigt.

Im Winter bedrohen oft katastrophale Schneefälle die Westküste Japans und die Insel Hokkaido. Dann versinken Dörfer im Schnee, gehen Lawinen zu Tal und legen Verkehrsverbindungen lahm.

Ist also das dicht besiedelte Japan ein Spielball von Naturgewalten? Um die Bevölkerung vor gefährlichen Naturkatastrophen zu warnen, wurden folgende Maßnahmen getroffen:

– Gründung einer Katastrophenschutzbehörde, die bei schweren Erdbeben auch Ratschläge zum Verhalten gibt,
– Einrichtung von Erdbebenmessstationen zur Voraussage von Erdbeben, Vulkanausbrüchen und Tsunamis,
– Verbesserung der wetterkundlichen Beobachtungen durch meteorologische Radargeräte, Wettersatelliten zur Vorhersage von Taifunen, Starkregen und außergewöhnlichen Schneefällen,
– Gebäudesicherung durch 1,20 m starke Stahlbetonmauern in erdbebengefährdeten Gebieten.

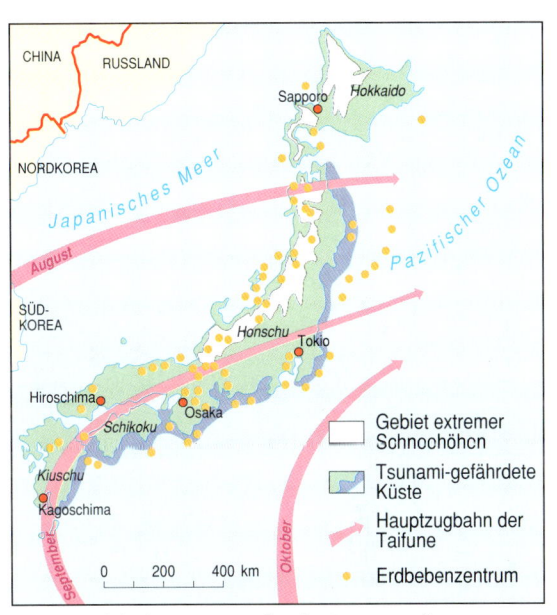

163.1 Gefährdung Japans durch Naturgewalten

163.2 Nach einem Seebeben (13. 7. 1993)

DAS BEISPIEL JAPAN

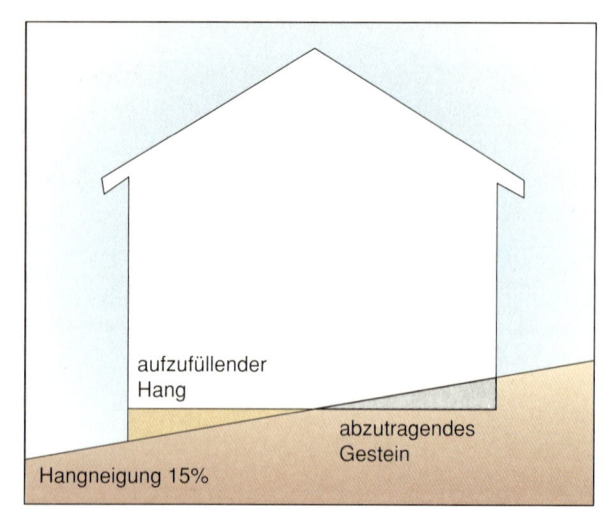

164.1 Hangneigung und Hausbau

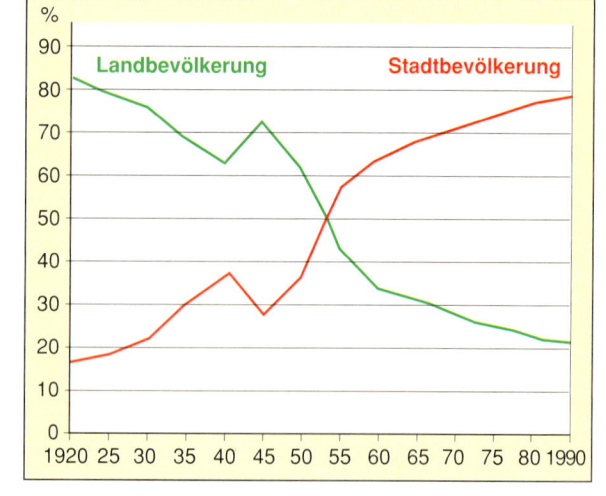

164.2 Bevölkerungsentwicklung in Japan

Wachstum braucht Platz

Gebirge und Ebenen gliedern den japanischen Lebensraum wie ein Mosaik. Nur ein Viertel des Landes weist eine Neigung auf, die geringer ist als 15 %. Kaum achtzig Ebenen sind größer als 100 km². Die größte ist mit 15 000 km² die Kanto-Ebene, in der auch Tokio liegt. Allein in dieser Ebene leben 30 Mio Menschen. (In NRW leben auf 34 000 km² 17 Mio Menschen.)

Stadt und Land
Die Menschen in Japan zog es von jeher hinunter in die Ebenen. Dort konnten sie ihre Häuser errichten (Abb. 164.1) und Terrassen für den Nassfeldbau anlegen. Früher gehörte das Land dem Tenno, der es sozial gerecht verteilte. Jeder Bauernfamilie wurde in seinem Herrschaftsbereich etwa ein halber Hektar (70 Meter im Quadrat) ebenes, bewässerbares Land für Hofstelle und Felder zugeteilt.
Wie klein auch heute noch die Felder der einzelnen Bauern sind, zeigt folgende Geschichte:
„Im Frühling, als die Reisfelder noch nicht bewässert sind, sitzt ein altes Bäuerlein nachdenklich auf einer Anhöhe und sagt: ‚Wie merkwürdig! Hier waren doch immer acht Reisfelder, ich zähle aber nur sieben.' Ein anderer Bauer antwortet: ‚Aber natürlich. Du sitzt ja auf dem achten Feld.'" (Die durchschnittliche Betriebsgröße beträgt in Japan heute 1,2 ha.)
Die alten japanischen Städte entstanden an Knotenpunkten der Handelsstraßen und im Umfeld der kaiserlichen Verwaltung. Sie übernahmen unterschiedlichste Aufgaben in Verwaltung, Handel und gewerblicher Entwicklung. Die Städte wurden wie ein Schachbrettmuster angelegt. Am deutlichsten ist es in Kioto erhalten, das bis 1867 Hauptstadt Japans war (Abb. 164.3).
Dann wurde die Hauptstadt in das von einer Burg beherrschte Edo, dem späteren Tokio, in der Kanto-Ebene verlegt. Die Stadt entwickelte sich schnell zum Zentrum des Landes. Sie uferte über die ehemaligen Grenzen hinaus in die benachbarten Städte aus. So entstand dort eine unüberschaubare Städteballung.

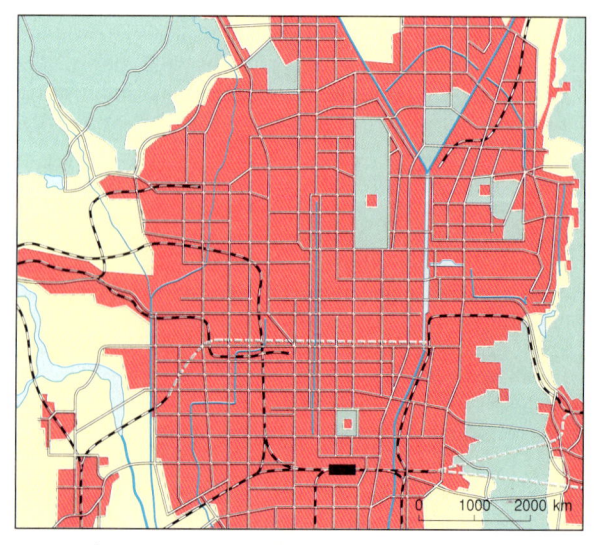

164.3 Kioto

Tokio – Umgestaltung einer Stadtlandschaft

1992 war in der Zeitung zu lesen, dass im Stadtzentrum von Tokio Grundstückspreise von einer halben Mio DM je m² erreicht werden. Auch die Kosten für eine Eigentumswohnung kann ein Normalverdiener kaum aufbringen. Die Wohnungen sind im Durchschnitt ohnehin halb so groß wie in Deutschland.

Der größte Teil der Beschäftigten Tokios wohnt außerhalb der Stadt. Über drei Mio Pendler „fallen" täglich in Tokio ein. Ohne das leistungsfähige Schienennetz aus Hochgeschwindigkeitszügen, Eisenbahnen und U-Bahnen (Abb. 165.2) wäre der Verkehrskollaps schon eingetreten. Mit einer Geschwindigkeit bis zu 300 km/h rast z. B. der Superschnellzug Schinkansen alle 10 Minuten von einem Stadtzentrum zum nächsten (▷ S. 167).

Schindschuku ist derzeitiger Spitzenreiter unter den Verkehrsknotenpunkten. Mehr als eine Million Fahrgäste steigen hier täglich ein und aus.

An diesem Knotenpunkt nahmen zwei private Eisenbahngesellschaften ihren Hauptsitz. Für ihre Kunden errichteten sie direkt neben dem Bahnhofsgebäude Luxuskaufhäuser. Andere Kaufhausketten zogen nach. Die Ginsa (Einkaufsstraße) von Schindschuku läuft der weltbekannten Ginsa in der Tokioter Innenstadt den Rang ab.

Hinzu kommen Freizeiteinrichtungen, die auf dem Heimweg zum Verweilen einladen, Wohnungen für 300 000 Bewohner werden gebaut. Die Entwicklung Shinjukus zur „Stadt in der Stadt" wird auch von der Tokioter Stadtverwaltung gefördert: Für 13 000 Bedienstete ließ sie ein 243 m hohes aus 45 Stockwerken bestehendes Rathaus errichten.

Das alte Stadtzentrum, das den Kaiserpalast, das Regierungsviertel, das alte Rathaus und den Hauptbahnhof umfasst, beherbergt dagegen nur noch 40 000 Einwohner. Viele zogen hier – wie auch in dem Geschäftsviertel Ginza – die Konsequenz aus den Schwindel erregenden Grundstücks- und Mietpreisen. Entlang der Eisenbahnlinie werden zur Entlastung des Stadtkerns neue Zentren gebaut. So entsteht im Süden in der Bucht von Tokio auf einer Aufschüttungsfläche Tokio-Teleport-Town, ein Zentrum für Telekommunikation für 110 000 Beschäftigte und 60 000 Einwohner. Im Norden wird die Wissenschaftsstadt Tsukuba mit ihren Forschungsinstituten, im Osten das Wohnviertel von Tama-New-Town für 400 000 Einwohner geplant. Schließlich soll aus dem Einkern-Raum Tokio ein Mehrkern-Raum entstehen (Abb. 165.1).

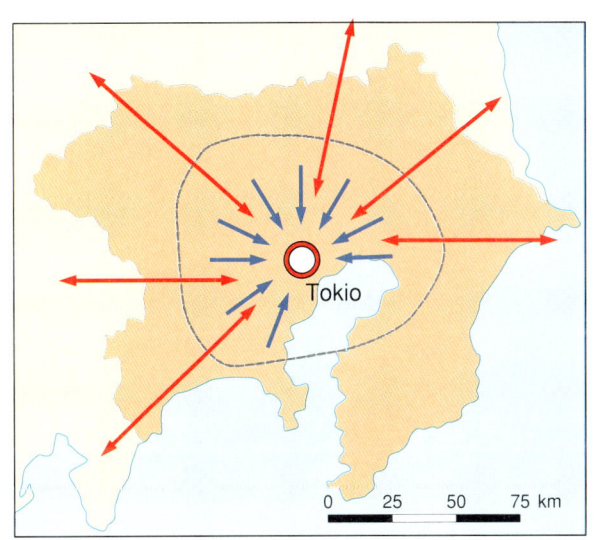

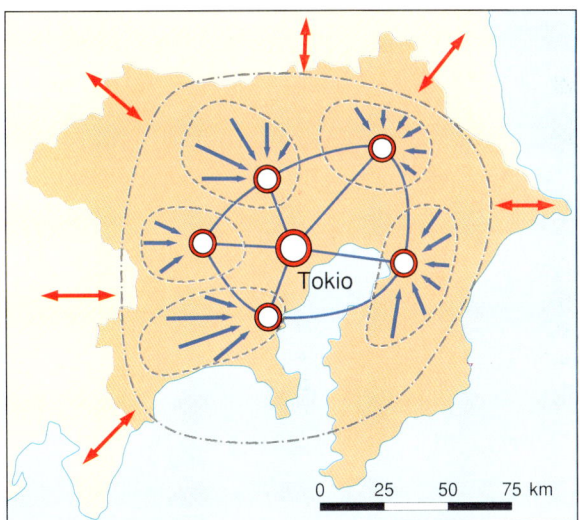

165.1 Vom Einkern- zum Mehrkern-Raum Tokio

165.2 Schnellbahn in Tokio

DAS BEISPIEL JAPAN

166.1 Aufschüttungsflächen im Hafen von Tokio

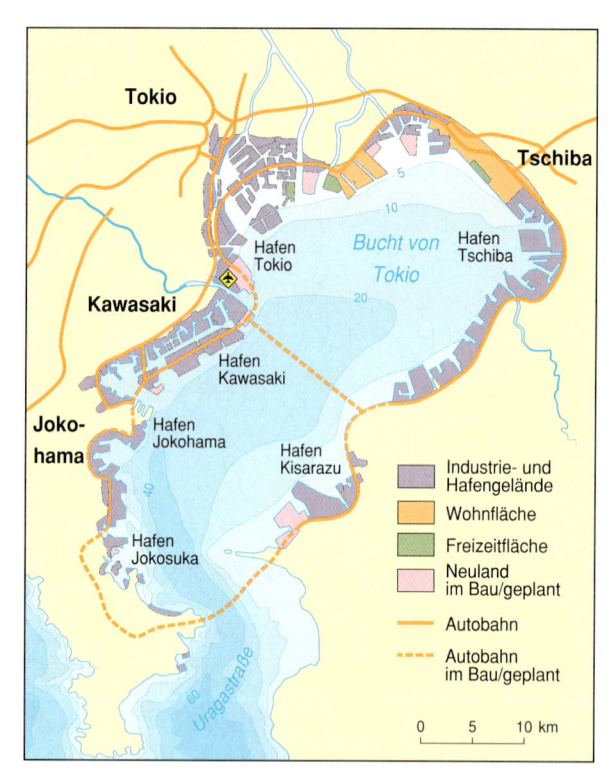

166.2 Neuland in der Bucht von Tokio

Neulandgewinnung

In den Verdichtungsräumen Japans sind fast alle bebaubaren Flächen genutzt. Trotzdem wachsen die vier Ballungsgebiete Tokio-Jokohama, Osaka-Kobe, Nagoja und Fukuoka-Kitakiuschu aufgrund ihrer Standortvorteile (Infrastruktur, Arbeitskräfte) ständig weiter. Stärker als in jedem anderen Land der Erde wird deshalb in Japan die natürliche Oberflächenform vom Menschen umgestaltet. Hierzu gehören die Neulandgewinnung oder die Anlage künstlicher Inseln, wie sie etwa in den Buchten von Tokio (Abb. 166.2) und von Kobe (↗ S. 167) geschaffen worden sind.

■ Aufgaben

1. Erläutere den Einfluss der Hangneigung auf den Hausbau und die Terrassierung der Felder.
2. Beschreibe, wie es zur Entwicklung von Städteballungen kam. Nenne die Standortvorteile.
3. Erkläre die Entstehung von Subzentren am Beispiel Schindschukus.
4. Erläutere, wie Japan die Raumnot zu meistern versucht.

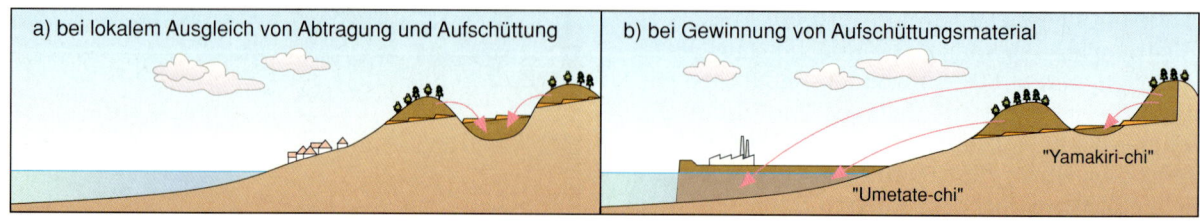

166.3 Landterrassierung

a) bei lokalem Ausgleich von Abtragung und Aufschüttung

b) bei Gewinnung von Aufschüttungsmaterial

"Umetate-chi"

"Yamakiri-chi"

DAS BEISPIEL JAPAN

GEO-EXKURS

Verkehrserschließung Japans

Für den Industriestaat Japan ist ein sicheres, dichtes und zuverlässiges Verkehrswesen lebensnotwendig. Ohne den Ausbau der großen Seehäfen (Abb. 167.1) hätte Japan nicht zum Exportland aufsteigen können. Für die anderen Verkehrsträger hat Japan allerdings als gebirgiger Inselstaat eine ungünstige Naturausstattung. Die Verkehrserschließung ist deshalb nur mit hohen technischen und finanziellen Anstrengungen möglich.

Werte dazu die Materialien 167.2–4 aus.

Güterumschlag von Seehäfen		
Rotterdam	(Niederlande)	291
Singapur		206
Kobe	(Japan)	174
Tschiba	(Japan)	164
Schanghai	(VR China)	140
Nagoja	(Japan)	137
Jokohama	(Japan)	122
Hongkong		105
Antwerpen	(Belgien)	101
Kitakiuschu	(Japan)	99
Osaka	(Japan)	99
Kawasaki	(Japan)	90
Zum Vergleich:		
Hamburg		65

167.1 Die größten Seehäfen der Welt (1991, in Mio t)

Probleme für Osakas neuen Flughafen
Seit Januar 1987 wird daran gearbeitet: Vor der Küste der Millionenstadt Osaka soll auf einer künstlichen Insel der neue internationale Flughafen Kansai entstehen. Einschließlich der Kosten für die Verkehrsanbindung durch Schnellbahn und Straße werden die Gesamtkosten auf eine Billion Yen (etwa 12 Milliarden Mark) geschätzt.
Aufgrund geologischer Untersuchungen des Meeresbodens ging man davon aus, dass sich durch die Aufschüttung der Meeresboden um nicht mehr als sieben Meter und danach nur noch um wenige Zentimeter jährlich senken würde. Die 5111 Hektar umfassende Aufschüttung, die ein Gewicht von rund 200 Millionen Tonnen hat, sinkt jedoch stärker als vorgesehen.
Es ist beabsichtigt, das weitere Absinken durch zusätzliche Aufschüttungen auszugleichen. Gebäude sollen angehoben werden.
Der Bau des neuen Flughafens soll den Luftverkehr in Japan entlasten helfen. Die beiden Großflughäfen Tokios, auch der neue Flughafen Narita, sind für die enorme Ausweitung des Luftverkehrs viel zu klein. Deshalb wurde neben Osaka auch eine Reihe anderer Flughäfen für den internationalen Verkehr geöffnet.
(vereinfacht nach Süddeutsche Zeitung vom 23. 1. 91)

167.3

167.2 Der Superschnellzug Schinkansen

Die 1988 für den Verkehr freigegebene „Große Inlandsee-Brücke" (sie verbindet die Inseln Hondo und Schikoku) umfasst sechs Brückenbauwerke, die sich über fünf Inseln ziehen.
Einige der Brückenpfeiler stehen auf 50 m hohen Unterwassersockeln und erreichen eine Höhe von jeweils 194 m. Durch diese Verankerung im Meeresgrund können die Brücken Windgeschwindigkeiten von 280 km/h und Erdbeben der Stärke acht auf der Richterskala widerstehen. Die Brücken sind zweistöckig konstruiert: Die untere Etage ist den Eisenbahnen, die obere den Autos vorbehalten. Das Befahren der Brücke ist für die Autofahrer nicht kostenlos: Selbst mit Ermäßigung für die Inselbewohner ist eine von der Streckenlänge unabhängige Gebühr von 3000 Yen zu zahlen, das sind umgerechnet rund 37,50 DM. Dieser Aufwand lohnt sich nur für geschäftliche Zwecke.
(Asahi Weekly, 10. 4. 1988)

167.4

DAS BEISPIEL JAPAN

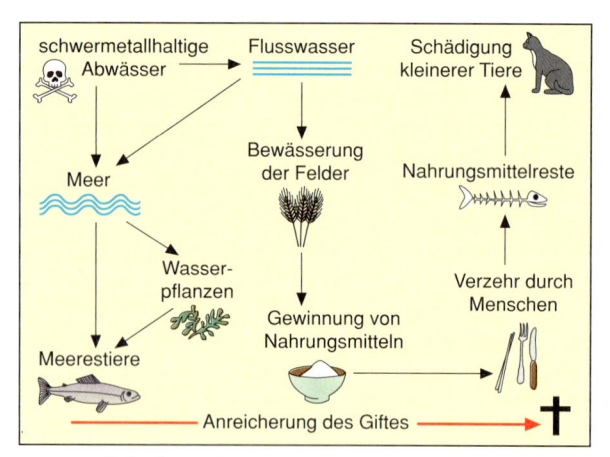

168.1 Gift in der Nahrungsquelle

168.3 Luftverschmutzung in Japan (1970)

Der Preis des Wachstums

Die ungeheure Ballung der Wirtschaft und der Bevölkerung hat zu einer starken Belastung der Umwelt geführt. Jahrzehntelang wurde der Umweltschutz nicht beachtet. Wirtschaftswachstum war wichtiger – bis es 1956 zu einer Katastrophe kam.
Die Bucht von Minamata (im Südwesten der Insel Kiuschu) war einst der „Garten des Meeres". Die Bewohner ernährten sich von dem, was das Meer ihnen bot.
Im Jahre 1908 ließ sich hier die Firma Nippon Tschisso nieder. Auf der Basis von Stickstoff wurden Kunststoffe erzeugt und die Abwässer ohne chemische Klärung in das Hafenbecken eingeleitet. Mit steigender Nachfrage wurde die Produktion erhöht. Mit der Firma wuchs die Stadt – und die quecksilberhaltige Abwässermenge. Dann begann das große Katzensterben und im Folgejahr waren zum ersten Mal auch Menschen betroffen.

Minamata-Krankheit: chronische Quecksilbervergiftung (z. T. mit tödlichem Ausgang) bei einem Teil der Bevölkerung von Minamata
Ursache: Genuss von Meeresfrüchten, die durch quecksilberhaltige Abwässer der örtlichen Industrie verseucht wurden
Symptome: zunächst Mattigkeit, Kopf- und Gliederschmerzen, Zahnausfall, Diarrhöe, Stimmungslabilität, Angst, Muskelzucken, Seh-, Hör-, Sprech- und Gangstörungen, Merkschwäche
(nach Pschyrembel: Klinisches Wörterbuch, Berlin/New York 1990)

168.2

Nur unter größten Schwierigkeiten konnte die Kette der Vergiftung bis zum Verursacher zurückverfolgt werden (vgl. Abb. 168.1).
Ähnlich wie den Fischern von Minamata erging es den Bauern von Tojama. Sie und ihre Familien wurden Opfer der Aua-Aua-Krankheit (jap.: itai-itai) – so genannt, weil die Berührung eines Patienten diesem unvorstellbare Schmerzen verursachte.
Schließlich kam es zu Prozessen, bei denen Firmen schuldig gesprochen wurden. Sie mussten hohen Schadenersatz zahlen. Aufgrund dieser Urteile erließ der Staat scharfe Umweltschutzgesetze. Durch folgende Maßnahmen wurde die Umweltbelastung verringert:
– Verbot von verbleitem Benzin,
– Geschwindigkeitsbegrenzungen,
– Einbau von Filteranlagen in Betriebe,
– Dezentralisierung der Industrie durch Erschließung neuer Aufschüttungsflächen,
– Emissionsabgaben von Industriebetrieben,
– Schadensregelungen bei Umweltunfällen.
Mittlerweile ist die japanische Industrie auch bei der Umwelttechnik führend.

■ Aufgaben

1. Fisch ist ein Hauptnahrungsmittel der Japaner. Erkläre, warum die Menschen dort durch die Vergiftung der Gewässer besonders bedroht werden (Abb. 168.1).
2. Stellt in der Klasse eine Tabelle über Arten und Folgen von Umweltverschmutzung auf, die euch bekannt sind.

DAS BEISPIEL JAPAN

GEO-WISSEN

169.1

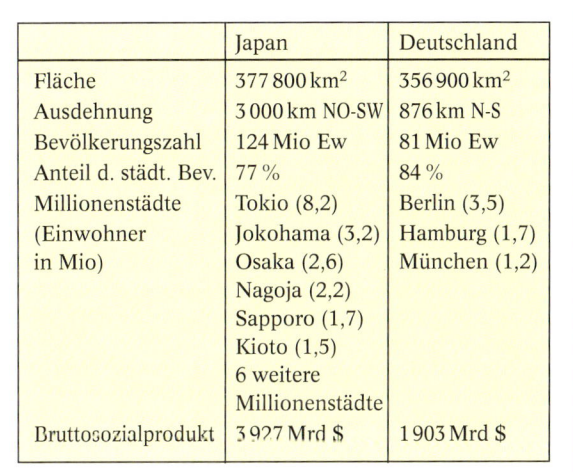

	Japan	Deutschland
Fläche	377 800 km²	356 900 km²
Ausdehnung	3 000 km NO-SW	876 km N-S
Bevölkerungszahl	124 Mio Ew	81 Mio Ew
Anteil d. städt. Bev.	77 %	84 %
Millionenstädte (Einwohner in Mio)	Tokio (8,2) Jokohama (3,2) Osaka (2,6) Nagoja (2,2) Sapporo (1,7) Kioto (1,5) 6 weitere Millionenstädte	Berlin (3,5) Hamburg (1,7) München (1,2)
Bruttosozialprodukt	3 927 Mrd $	1 903 Mrd $

169.2 Japan – Deutschland im Vergleich (1993)

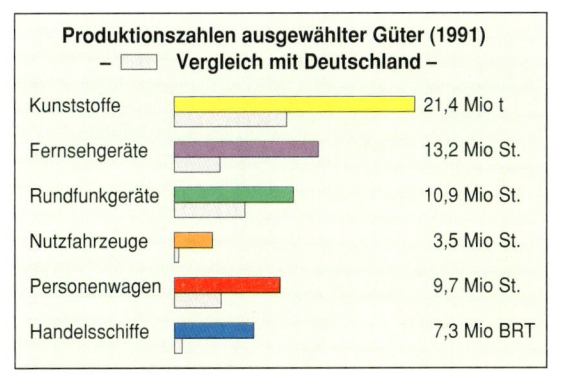

Produktionszahlen ausgewählter Güter (1991) – Vergleich mit Deutschland –

- Kunststoffe: 21,4 Mio t
- Fernsehgeräte: 13,2 Mio St.
- Rundfunkgeräte: 10,9 Mio St.
- Nutzfahrzeuge: 3,5 Mio St.
- Personenwagen: 9,7 Mio St.
- Handelsschiffe: 7,3 Mio BRT

169.3 Produktion ausgewählter Güter (1991)

Kennst du dich in Japan aus?

1. Benenne die vier Hauptinseln Japans, den höchsten Berg und die sechs größten Städte (Abb. 169.1).
2. Vergleiche die Breitenkreiserstreckung Japans und Deutschlands (Atlas).
3. Welche Städte liegen in Europa (Afrika) auf der geographischen Breite wie die Nordspitze der Insel Hokkaido und die Südspitze der Insel Kiuschu?
4. Vergleiche die statistischen Angaben aus Japan mit denen Deutschlands (Abb. 169.2). Stelle Beziehungen her (z. B. hat Japan rund 50 % mehr Einwohner als Deutschland).
5. Nenne Industriegüter aus Deutschland, die in starker Konkurrenz zu japanischen Produkten stehen (Abb. 169.3).
6. Beschreibe die unterschiedliche Verteilung der Exporte und Importe in Japan (Abb. 169.4) und begründe sie.

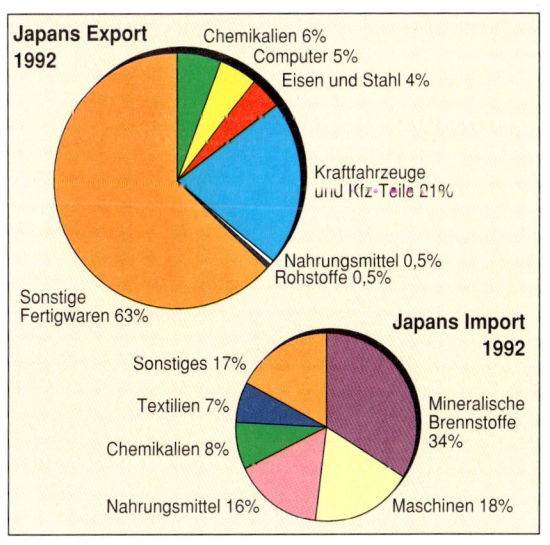

Japans Export 1992
- Chemikalien 6%
- Computer 5%
- Eisen und Stahl 4%
- Kraftfahrzeuge und Kfz-Teile 21%
- Nahrungsmittel 0,5%
- Rohstoffe 0,5%
- Sonstige Fertigwaren 63%

Japans Import 1992
- Sonstiges 17%
- Textilien 7%
- Chemikalien 8%
- Nahrungsmittel 16%
- Maschinen 18%
- Mineralische Brennstoffe 34%

169.4 Importe und Exporte Japans (1992)

8 MENSCHEN PRÄGEN DEN RAUM

170.1 Tiananmenplatz in Peking

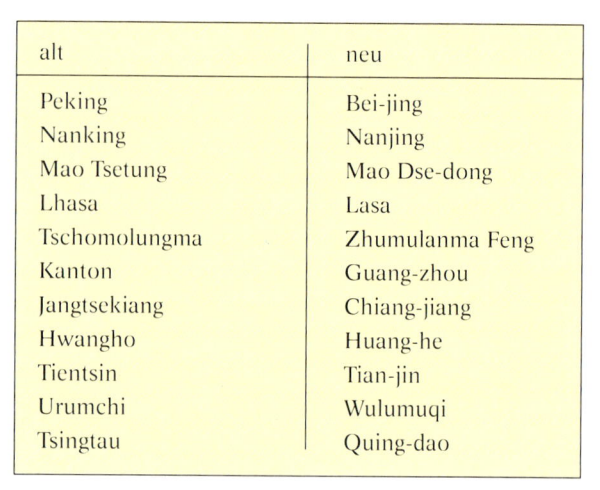

170.2 Banken in Hongkong

170.3 Chinesische Mauer

alt	neu
Peking	Bei-jing
Nanking	Nanjing
Mao Tsetung	Mao Dse-dong
Lhasa	Lasa
Tschomolungma	Zhumulanma Feng
Kanton	Guang-zhou
Jangtsekiang	Chiang-jiang
Hwangho	Huang-he
Tientsin	Tian-jin
Urumchi	Wulumuqi
Tsingtau	Quing-dao

170.4 Alte und neue Schreibweisen

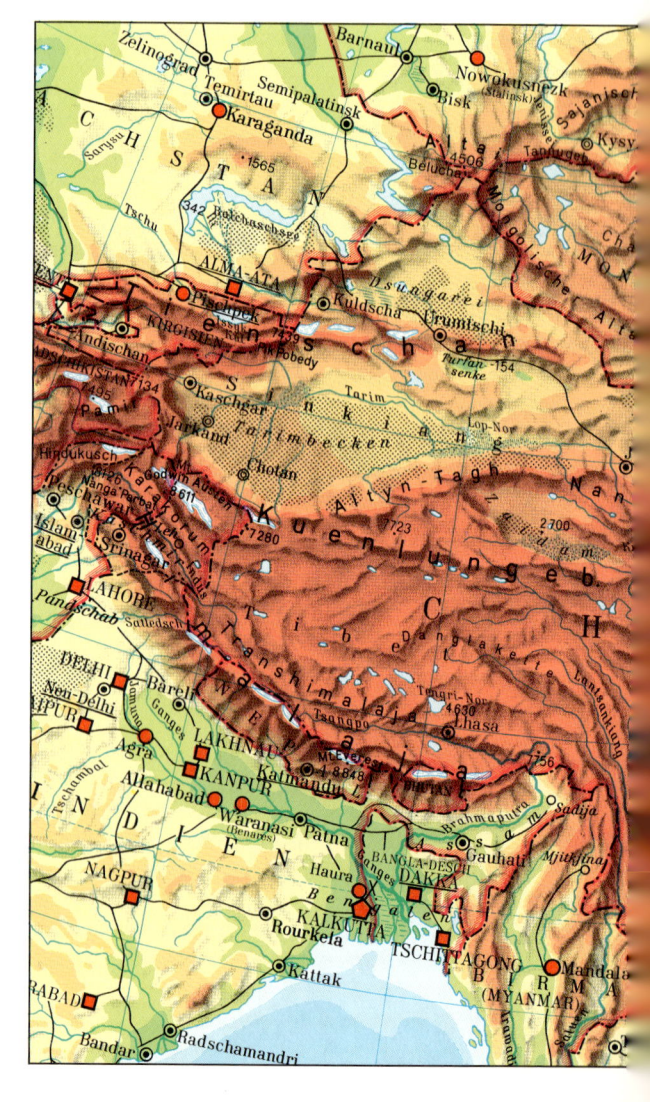

DAS BEISPIEL CHINA

171.1 Das Fahrrad, Chinas wichtigstes Verkehrsmittel

171.2 Dorfstraße im Lößgebiet

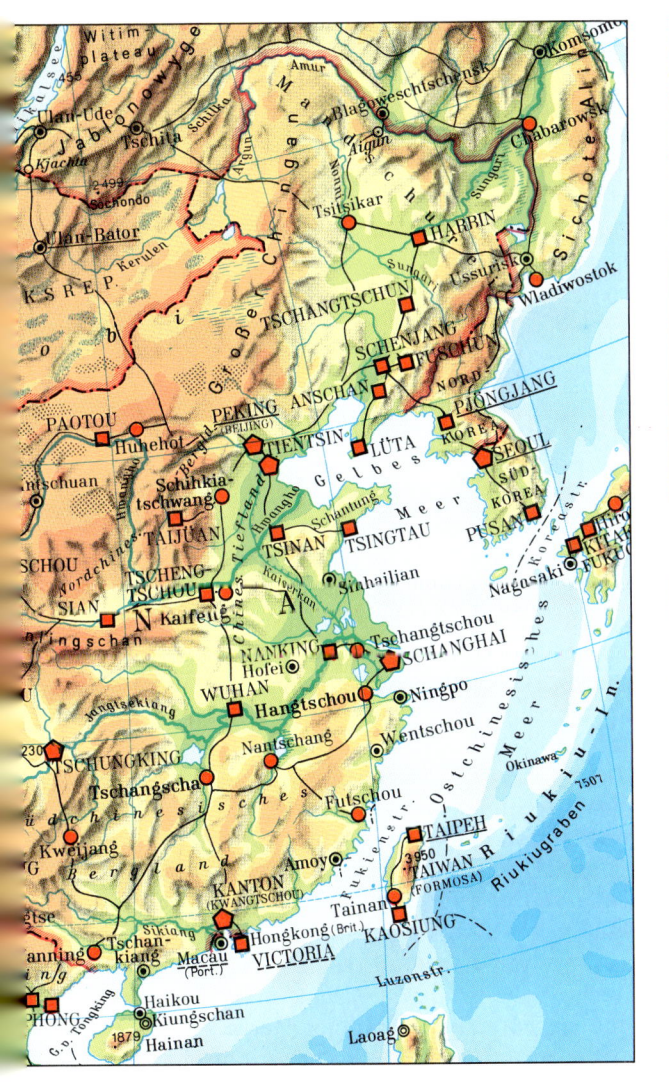

171.3 Mao Tsetung

171.4 Potala-Palast in Lhasa

DAS BEISPIEL CHINA

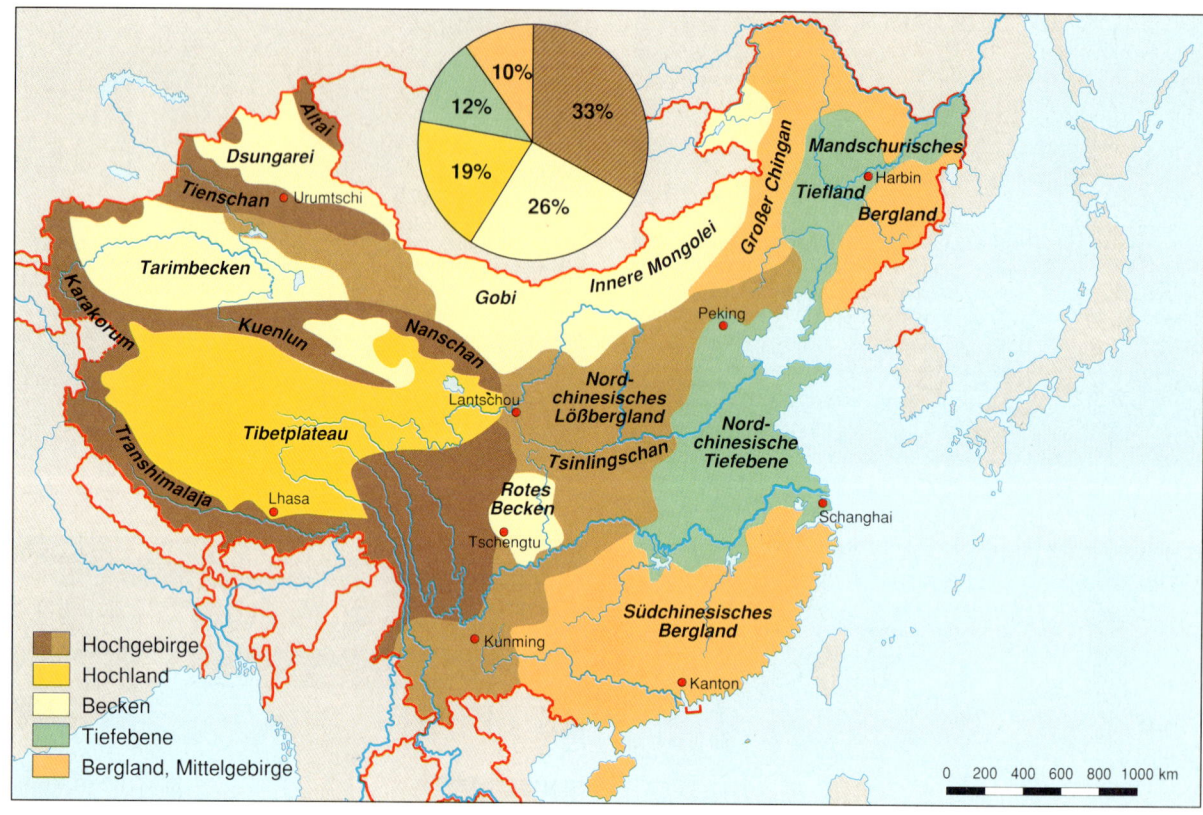

172.1 Oberflächenformen Chinas

China – Raum voller Gegensätze

Vom Dach der Welt zum Delta des Langen Flusses

Shan, das chinesische Wort für Berg, und sui, die Bezeichnung für Wasser, ergibt zusammengesetzt shan-sui, auf deutsch: Landschaft. Gibt es eine bessere Beschreibung des chinesischen Raumes als „Land der Berge und des Wassers"?
Vom Tschomolungma (Mount Everest), dem „Sitz der Götter", blicken wir hinab auf das kalte China. Hier entspringen die vier größten Flüsse Asiens: Ganges/Brahmaputra, Mekong, Jangtsekiang (chin. Langer Fluss) und Hwangho. Dessen Namen übersetzen wir mit „Gelber Fluss" wegen der aus den Bergen mitgeführten Lössmassen.
Auf der sich nach Osten hin anschließenden Hochfläche gründeten vor etwa 1500 Jahren tibetanische Mönche einen religiösen Staat. Auch heute noch ist dessen Oberhaupt der Dalai Lama. Allerdings ging er nach der gewaltsamen Einverleibung Tibets (1956) in das kommunistische Riesenreich der VR China ins Exil. Der Friedensnobelpreisträger verließ den Potala, seinen Palast in Lhasa. Er floh aus der höchstgelegenen Provinzhauptstadt der Welt (3600 m ü. M.) nach Indien.
Steil fällt das Gelände zum Roten Becken hin ab. Es liegt immerhin noch um 500 Meter hoch. Bis hierher reichte schon 2000 Jahre v. Chr. das Einflussgebiet der ersten chinesischen Herrscher.
Sanfter abfallend neigt sich das Gelände der chinesischen Tiefebene zu. Über Wuhan, dem wichtigsten Verkehrsknoten Chinas, und Nanking erreicht nach 6380 km der Jangtsekiang das Meer. Er ist Grenze zwischen Nord- und Südchina. In seinem Einzugsgebiet lebt ein Viertel aller Chinesen. Hier werden fast drei Viertel des chinesischen Reises geerntet und wird ein Drittel der chinesischen Baumwolle produziert.
Südlich des Mündungsdeltas des drittlängsten Flusses der Welt liegt der „Hafen am (chinesischen) Meer". Schanghai war schon im 19. Jahrhundert eine bedeutende Metropole. Heute ist die Stadt größtes Handels- und Wirtschaftszentrum Chinas.

DAS BEISPIEL CHINA

Aus der Wüste in das „Land der vier Ernten"
Im Nordwesten verläuft die älteste und längste Transportroute der Welt. Auf der Seidenstraße brachten schon im Mittelalter die venezianischen Gebrüder Polo chinesische Waren in den europäischen Raum: Seide, Porzellan, Schießpulver, Tee, Jade und Gewürze. Die entbehrungsreiche Reise durch das „trockengraue China" führte die Karawanen durch die Heimat der Mongolen.

Gegen die Reiter aus der mongolischen Steppe schützten die Chinesen sich und ihr fruchtbares Kernland durch das größte Bauwerk, das je ein Volk errichtet hat. Die Große Mauer führt bis vor die Tore Pekings. Dort ist ihre Krone so breit, dass ein kaiserlicher Streitwagen von einem Wachturm zum nächsten fahren konnte. Von diesen wurden Nachrichten durch Lichtzeichen übermittelt. Im Falle eines Angriffs konnte so der Hofstaat die Nördliche Hauptstadt, wie Peking übersetzt heißt, rechtzeitig verlassen und in Nanking, übersetzt Südliche Hauptstadt, Zuflucht suchen.

Tief haben sich die Wassermassen des Hwangho in den von eiszeitlichen Winden vor das chinesische Bergland gewehten Lössboden (vgl. S. 190) eingegraben. Was der Fluss am Oberlauf mit sich reißt, verliert er aufgrund seiner geringeren Fließgeschwindigkeit (▷ S. 192) am Unterlauf. Um sich vor drohenden Überschwemmungen zu schützen, baute die Bevölkerung Dämme. Das Flussbett verlandete allmählich. Nach und nach wurden die Dämme erhöht. Heute liegt das Flussbett wie ein Eisenbahndamm höher als das umgebende Land (Abb. 173.2).

Weiter südlich grenzt der Jangtse das „gelbe China" vom „grünen China" ab. Auf den Reisterrassen im Bergland, den Schwemmlandebenen des Jangtse und den fruchtbaren Becken kann zwei- bis viermal im Jahr geerntet werden (Abb. 173.3).

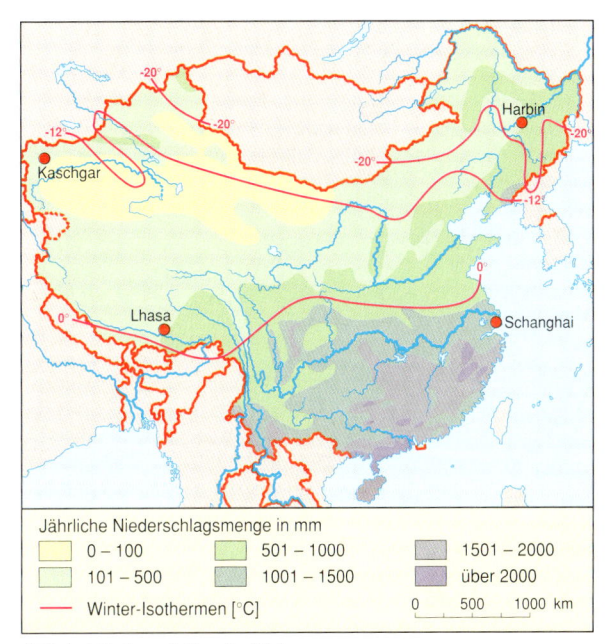

173.1 Niederschläge in China

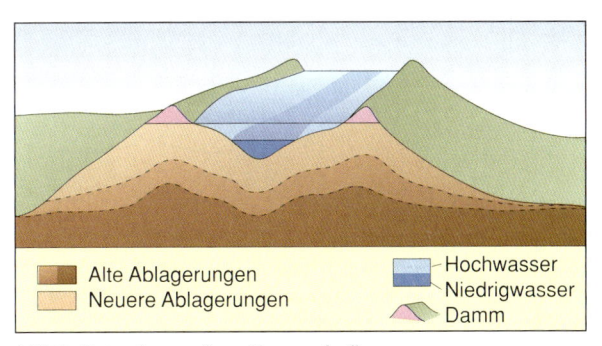

173.2 Entstehung eines Dammuferflusses

173.3 Reisanbau

Aufgaben

1. Zeichne die Umrisse der VR China ab und stelle mit entsprechenden Farben die Bereiche des „grauen", „gelben", „grünen" und „kalten" China dar (Atlas). Erkläre die Bezeichnungen.
2. Fertige ein Referat über die Seidenstraße an.
3. Erläutere die Entstehung eines Dammuferflusses (Abb. 173.2).
4. Informiere dich im Lexikon über den Dalai Lama und die Religion der Tibeter.

DAS BEISPIEL CHINA

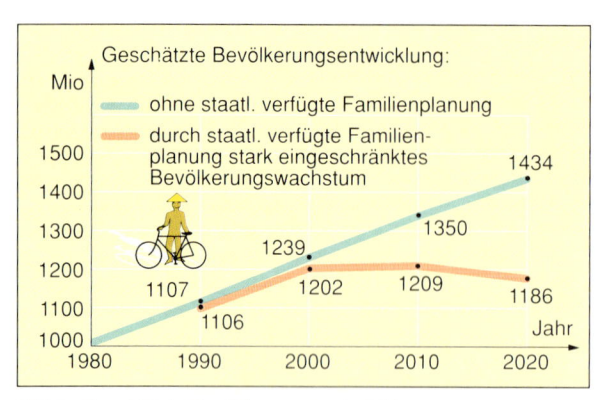

174.1 Geschätzte Bevölkerungsentwicklung

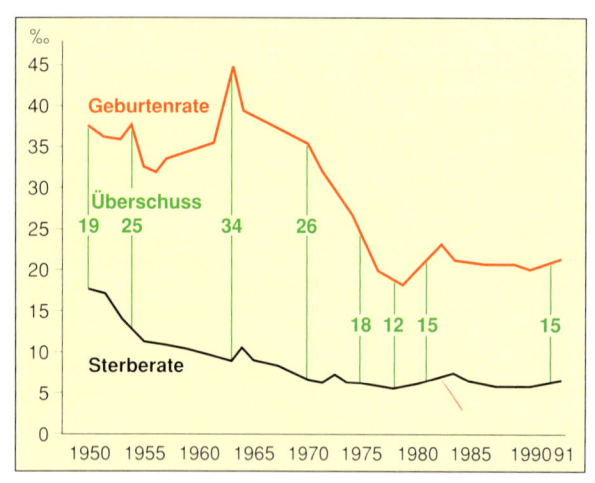

174.2 Jährliche Wachstumsraten in China

174.3 Werbung für die Ein-Kind-Familie

Was, wenn es ein Mädchen wird?

Li, 22 Jahre alt, und ihr Freund Wu, 24 Jahre alt, leben in der Stadt Kun-ming. Heiraten dürfen sie erst im kommenden Jahr, dann haben beide die gesetzlich verordneten Mindestalter für Eheschließungen. Wohnten sie auf dem Land, dann wären sie schon seit vier Jahren ein Ehepaar.
Welche Schande für die Familie, wenn ihr Sohn unehelich geboren würde. Und, dass es ein Sohn wird, steht außer Frage: „Und wenn es ein Mädchen wird?" wendet Wu ein. „... dann müssen unsere Familien zusammenlegen, um die Verwaltungsgebühr für ein vergessenes Kind zu entrichten", vollendet Li seine Gedanken. „Wie viel mag es wohl kosten, dass die staatlichen Stellen vergessen, die Geburt unserer Tochter zu registrieren?" „In Kanton verlangen sie bis zum 14fachen eines Monatslohns, auf dem Land mindestens das Dreifache."
Derzeit gibt es etwa 50 Millionen vergessene Kinder. Sie haben kein Anrecht auf den Besuch einer Schule, das Erlernen eines Ausbildungsberufes oder die Inanspruchnahme irgendeiner Sozialleistung wie Krankenkasse oder Rente.
Li und Wu leben im Zwiespalt der staatlich verordneten Geburtenregelung („Glücklich ist, wer nur ein Kind hat") und der konfuzianischen Tradition („Viele Söhne bringen viel Glück und Wohlstand"). Im landwirtschaftlich orientierten China zählte durch die Jahrhunderte nur die männliche Arbeitskraft. Seit Errichtung der VR China haben Frauen andere Aufgaben, als den Mann zu umsorgen und Kinder aufzuziehen.
Hier in der Stadt ist es schwieriger, ein zweites Kind zu haben. Die Kontrolle durch die Nachbarschaft ist größer. Medizinische Beratungen und kostenlose Verteilung von Verhütungsmitteln zeitigen Erfolge. Aufklärungskampagnen der „Staatlichen Kommission für Geburtenplanung" stoßen häufiger auf offene Ohren. Doch auf dem Land wirken staatliche Vergünstigungen für jede Ein-Kind-Familie nicht in der gewünschten, bevölkerungspolitischen Weise: Befreiung von den Kosten des Kindergarten- oder Schulbesuchs, kostenlose Abgabe von 50 kg Getreide und 50 Yuan Unterstützung im Jahr.
Nicht alle Eltern, deren erstes Kind eine Tochter war, hatten das Geld wie Li und Wu. Aufgrund ansteigender Kindsmorde ließ die Kommission in diesem Fall auf dem Land die Geburt eines zweiten Kindes zu und setzte das Mindestalter für Eheschließungen herab.

DAS BEISPIEL CHINA

Reichlich Platz im bevölkerungsreichsten Land?
In Kiutschüan, wo die Chinesische Mauer endete, hörte für die Chinesen auch die Zivilisation auf und das Land der Barbaren begann. Auch die Chinesin Huang empfindet diesen Übergang, als sie in den Osten aufbricht, um Arbeit zu finden.
Jetzt bringt sie der Zug aus der menschenleeren Steppe in eine ungewisse schillernde Zukunft. Im Osten, an der Küste, pulsiert das Leben. Sie hofft, in einem privaten Restaurant in ihrem erlernten Beruf als Köchin Arbeit zu finden. Nach und nach wird sie sich die Kenntnisse aneignen, um später selbst ein Restaurant – oder vielleicht ein Hotel – zu führen.
Der Aufschwung in den Handelszentren am Meer (Abb. 175.3), von Shenyang im Norden bis Kanton im Süden, beruht auf der Öffnung der chinesischen Wirtschaft für den Weltmarkt. Hierher kommen ausländische Geschäftsleute und Touristen. Hier siedeln sich neue private Betriebe an. In diese Zentren drängen die Chinesen aus den traditionell dicht bevölkerten Kernräumen auf der Suche nach Arbeit und Wohlstand. Dieser Sog erfasst auch die wenigen Menschen aus den schönen, aber unsagbar öden Gegenden des Landes.

▶ Aufgaben

1. Berichte über die Bevölkerungsentwicklung Chinas (Abb. 174.1 und 2).
2. Erstelle eine Liste der bevölkerungspolitischen Maßnahmen in der VR China. Begründe diese.
3. Vergleiche die Bevölkerungsentwicklung mit denen anderer Staaten (↗ S. 74).
4. Nenne Gründe für die ungleiche Bevölkerungsverteilung in China (Abb. 175.2).

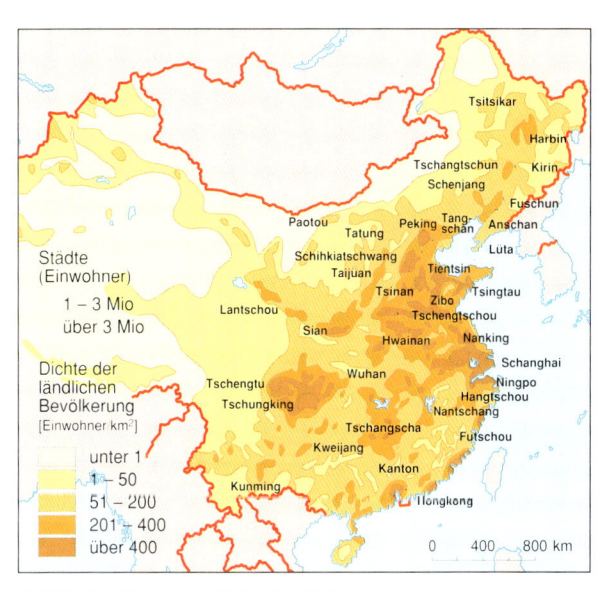

175.2 Bevölkerungsdichte in China

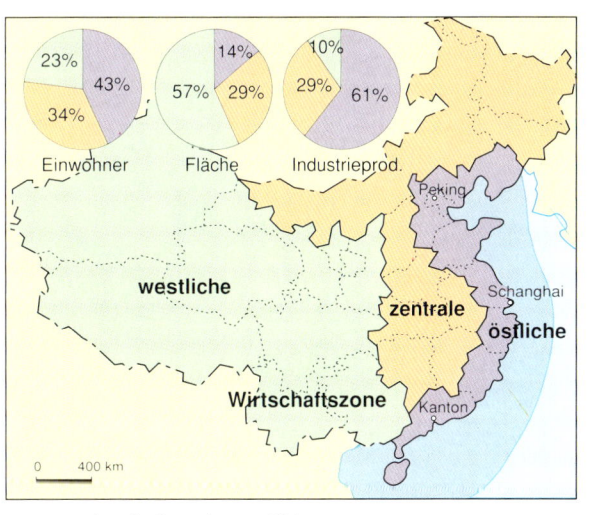

175.3 Wirtschaftsregionen Chinas

175.1 Dünn besiedeltes China: menschenleere Wüste Gobi

175.4 Dicht besiedeltes China: Menschen in Nanking

DAS BEISPIEL CHINA

1. 10. 1949:	Mao Tsetung gründet die „Volksrepublik".
1949–1953:	Agrarreform – unter dem Slogan „Das Land den Bauern" werden Großgrundbesitzer enteignet.
1954–1956:	Kollektivierung – aus 10 bis 15 Haushalten werden „Landwirtschaftliche Produktionsgenossenschaften".
1956–1958:	Volkskommunen – Privateigentum wird abgeschafft. Produziert wird nach staatlichen Vorgaben.
9. 9. 1976:	Tod Mao Tsetungs.
1977, 1984, 1987:	Reformschritte zur Umstrukturierung der Landwirtschaft.
ab 1990:	Entstehung von Agrargroßmärkten.

176.1 Agrarpolitische Entwicklungen in China

176.2 „Freier" Gemüsemarkt

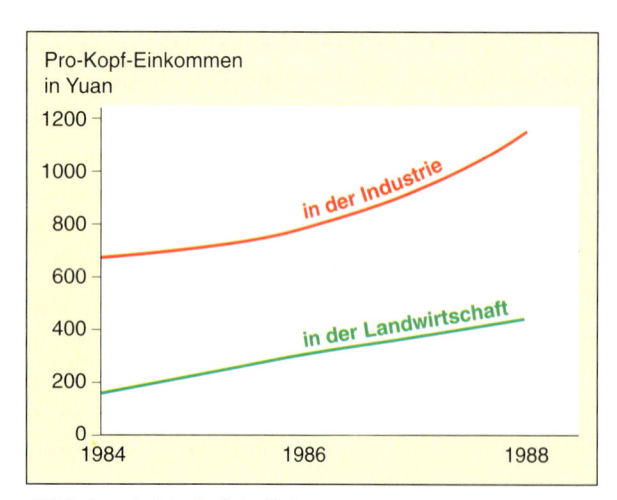

176.3 Landwirtschaft in China

Bauer Zeng lernt um

Seit zwei Jahren drückt Herr Zeng, 49 Jahre, noch einmal die Schulbank. Im Rahmen eines staatlich geförderten Programms bereitet er sich auf die eigenverantwortliche Führung seiner „Farm" vor. Er lernt, neueste Maschinen zu warten, moderne Methoden im Anbau von Getreide und Obst anzuwenden, jüngste wissenschaftliche Erkenntnisse der Viehhaltung zu verwerten, ökologische Zusammenhänge zu beachten, seine landwirtschaftlichen Erzeugnisse zu vermarkten und Einnahmen und Ausgaben gegeneinander abzuwägen.

Noch vor ein paar Jahren hätte Herr Zeng sich mit der Pflege der Schweine begnügen können. Staatliche Produktions- und Verwaltungsvorgaben nahmen ihm alles ab. Das Land gehörte dem Staat, das Vieh der Volkskommune, der Ertrag wanderte in die Gemeinschaftskasse. Von dort kam auch der Lohn, der für alle einheitlich festgesetzt war. Unter Aufsicht eines politischen Kommissars hatte er lediglich dafür Sorge zu tragen, dass die Arbeitsbrigade die Zahlen aus dem Plan erfüllte. Der wurde alle fünf Jahre gemäß den politischen Interessen festgeschrieben. Die „richtige" politische Einstellung zählte mehr als bäuerliches Wissen und Können.

Der Grund und Boden gehört zwar immer noch dem Staat, er ist „nur" Pächter, allerdings auf Lebenszeit. Endlich kann er seine Entscheidungen selbst treffen, seine Träume verwirklichen. Aus den Fischteichen liefert er Frischfisch in die Stadt. Er kann eine Schweine- und Geflügelzucht beginnen. Den anfallenden Dung streut er unter die Obstbäume. In Zukunft will er sogar seine Produkte bis nach Peking verkaufen.

Das seit den Tagen des kommunistischen Führers der VR China, Mao Tsetung, bevorzugte System der staatlichen Planwirtschaft war nicht in der Lage, eine zufrieden stellende Versorgung der stetig wachsenden Bevölkerung zu gewährleisten. Eine Steigerung der Hektar-Erträge lässt sich offenbar nur mit motivierten Bauern und nicht mit landwirtschaftlichen Befehlsempfängern erreichen.

▶ Aufgaben

1. Vergleiche den alten und neuen Wirtschaftskurs.
2. Suche in statistischen Quellen weitere Vergleiche bezüglich der chinesischen Landwirtschaft.

DAS BEISPIEL CHINA

„Goldener Hahn" (Schuhcreme) aus Tientsin,
„Pflaumenblüte" (Gläser) aus Tientsin,
„Stern" – Lichterkette aus Hangchou,
„Tian-quan" (Kühlschränke) aus Kanton,
„MTC"-Videobänder aus Tiensin,
„Xuefeng" oder „Hai-shi" – Federbälle aus Shenjiang,
„Paulownia" – Holzmöbel aus Chengchou,
„Xi-zi" (Glühbirnen) aus Shenjiang,
„Bei-jing" – Farbfernseher aus Tiensin,
„Fei-ye" – Fahrräder aus Shenjiang,
„Cherokee" – Jeeps aus Peking,
„Ke-yin" – Mikrocomputersysteme aus Peking,
„Xun-da" (Zündapp-Motorräder) aus Tsingtau.

177.1 Exportprodukte der VR China

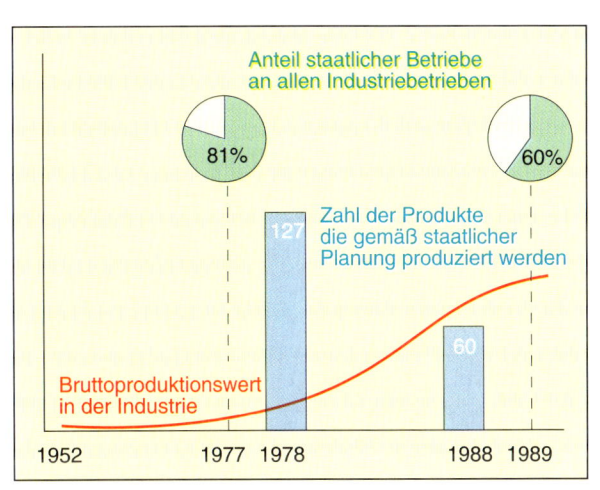

177.2 Industrie in China

- Anteil staatlicher Betriebe an allen Industriebetrieben: 81% (1977/78) → 60% (1988/89)
- Zahl der Produkte die gemäß staatlicher Planung produziert werden: 127 (1978) → 60 (1988)
- Bruttoproduktionswert in der Industrie (1952–1989)

Den Arbeitskittel mit dem Anzug vertauschen?

1977: Eine volkseigene Fabrik in Peking: Baumwollstoffe werden bedruckt. Die staatliche Vorgabe verlangt, dass jeden Tag eine bestimmte Menge Stoff die Werkshalle verlässt. Über Qualität und Muster steht nichts im Plan. Deshalb rattern tagein, tagaus, Woche um Woche und Monat für Monat die Stoffbahnen durch überalterte Maschinen und erhalten das immer gleiche Muster. Lustlos wechselt Arbeiter Bao die identische Druckplatte. Dafür hätte er nicht Druckplattenhersteller lernen müssen.

1991: Herr Bao begrüßt uns in seinem zweistöckigen Verkaufsgebäude. Hier kann der Kunde bunt bedruckte Stoffe in aktuellen Mustern vor dem Kauf prüfen. In seiner Fabrik lässt Herr Bao die Waren von Designern entwerfen, von Siebdruckern produzieren, von Packern versandfertig machen und von Fahrern in die Filialen oder zum Hafen transportieren. Zwanzig Angestellte arbeiten gerne für Herrn Bao, und nicht nur, weil der Lohn stimmt. Früher erhielten alle den gleichen Lohn. Es hieß: „Alle essen aus einem Topf".
Vier Gründe führt Herr Bao für seinen Erfolg an: „Wir liefern Qualitätsprodukte zu niedrigen Preisen. Auf unsere Waren erhält der Kunde eine Garantie. Unser Kundendienst ist schnell und zuverlässig. Wir entwickeln neue Designs und andere kunsthandwerkliche Produkte nach den Wünschen unserer Kundschaft. Alles in allem genießt unser Geschäft einen ausgezeichneten Ruf."

	1984	1987	1990
Strom (Mrd kWh)	496,0	543,0	618,0
Kunstdünger (Mio t)	17,0	17,7	20,1
Baumwollgarn (Mio t)	4,3	4,5	4,7
Stahl (Mio t)	56,0	59,2	66,3
Fernseher (Mio)	19,4	24,9	26,8
Pkw (Tsd.)	472,0	646,7	k. A.
Traktoren (Tsd.)	40,0	52,1	k. A.

177.3 Produktionsziffern der Industrie

Sorgen bereitet Herrn Bao weniger die eigene Belastung, er ist Designer, Techniker, Betriebsführer, Verwalter und Finanzexperte in einer Person.
Vielmehr beklagt er die Einmischung staatlicher Stellen in die Privatunternehmen. Und ein weiteres Problem lässt sich ebenfalls nicht von heute auf morgen lösen: Es fehlt in allen Bereichen an ausgebildeten Fachkräften, von der Industriemeisterin bis zum Außenhandelskaufmann. Deshalb ist Herr Bao froh, dass er in der Anfangsphase durch einen Experten aus Deutschland unterstützt wurde.

■ Aufgaben

1. Vergleiche die staatliche Planwirtschaft mit der beginnenden Privatwirtschaft.
2. Suche in Geschäften nach Produkten aus der VR-China und stelle einen Warenkorb zusammen (vgl. Abb. 177.1).
3. Vergleiche die Produktionsziffern der Industrie 1984 und 1990 (Abb. 177.3).

DAS BEISPIEL CHINA

Wirtschaftssonderzone Schenzhen

Herr Wei sitzt mit deutschen Gästen beim Geschäftsessen. Stolz weist er auf die abendliche Skyline der 2,4 Millionen Einwohner zählenden Stadt Schenzhen. „Können Sie sich vorstellen, dass dies hier noch vor zwanzig Jahren ein vergessenes Bauerndorf an der Grenze nach Hongkong war? Der Aufstieg unserer Stadt begann mit einem Beschluss der Zentralverwaltung in Peking. Dort wurde festgelegt, dass die wirtschaftliche Entwicklung Chinas zunächst in den Küstenregionen erprobt werden sollte. Dabei war die Abkehr von der bisherigen staatlichen Planwirtschaft unvermeidlich. So wurden Wirtschaftssonderzonen eingerichtet.
Seit Mai 1980 können wir in Schenzhen ausländischen Interessenten folgendes Angebot machen:
In den ersten fünf Jahren zahlen Sie für die Nutzung des Grundstücks keine Pacht und in den nächsten fünf Jahren nur die Hälfte, in deutscher Währung sind es nur 15 Pfennig pro Quadratmeter. In den ersten zwei Jahren entfällt die Besteuerung des Unternehmens und in den folgenden drei Jahren entrichten Sie nur die Hälfte des sonst üblichen Besteuerungssatzes. Allerdings müsste Ihre finanzielle Beteiligung mindestens fünf Millionen US-Dollar betragen. Außerdem erwarten wir den neuesten Stand der Produktionstechnik."
Herr Wei wartet einen Moment die Wirkung seiner Worte ab und fährt dann fort: „Anfangs waren wir an der Entwicklung der exportorientierten Kleinindustrie, Fächer, Gartengrillzubehör, T-Shirts – Sie wissen schon – interessiert. Heute benötigen wir Produktionsstraßen für Farbfernsehbildschirme, Arbeitsstraßen für die Prüfung von Minicomputern, Lackierroboter oder Satellitenempfangsanlagen. Übrigens, Ihre Exporterlöse sind ebenso von der Steuer befreit wie die Waren, die Sie für die Produktion oder Ihren eigenen Gebrauch benötigen.
Übernehmen Sie sogar das gesamte Unternehmen, so können Sie Arbeiter und Angestellte nach Ihren Erfordernissen einstellen oder kündigen. Arbeitskräfte gibt es mehr als genug. Dass der Lohn hier um mehr als die Hälfte niedriger ist als jenseits der Grenze in Hongkong, wissen Sie bestimmt schon."

	1979	1988
Neuer Wohnraum (in 10 000 m²)	13,01	321,99
Industrielle Produktion (in 100 Mio Yuan)	0,61	88,81
Landwirtschaftliche Produktion (in 100 Mio Yuan)	1,15	18,25
Exportvolumen (in 100 Mio US-Dollar)	0,09	18,49

178.2 Entwicklungen in Schenzhen

Aufgaben

1. Stelle die Vorteile für die chinesischen und deutschen Geschäftspartner gegenüber.
2. Überlege, welche Vor- und Nachteile sich für die einheimische Bevölkerung ergeben.
3. Erläutere, warum die „Öffnung" (Abb. 178.1) ein entscheidender Faktor der Wirtschaftsreformen in China ist.

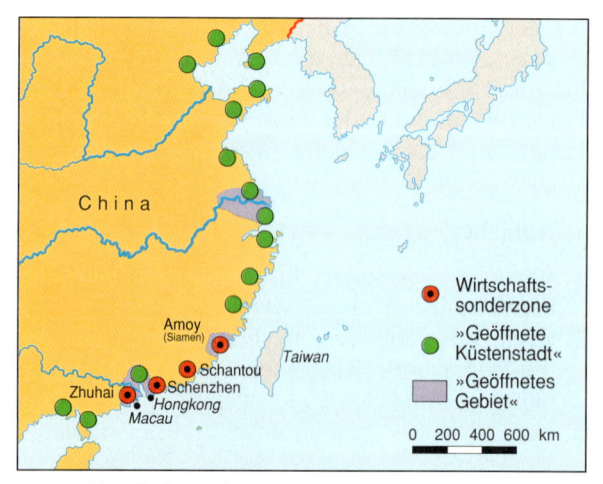

178.1 Wirtschaftssonderzonen

178.3 In Schenzhen

DAS BEISPIEL CHINA

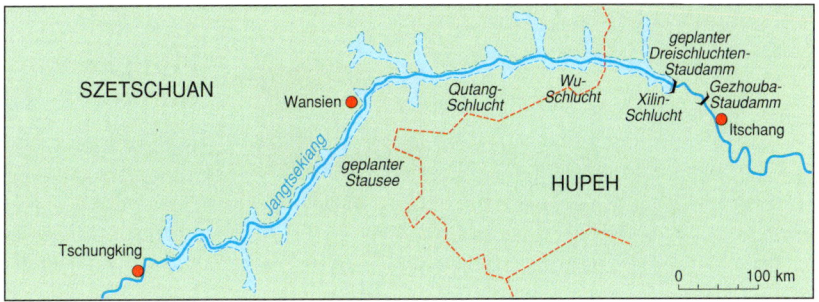

179.1 Lage des Drei-Schluchten-Staudammes

Drei Schluchten – ein Staudamm

Bereits Sun Yat-sen (1866–1925), erster Präsident der Republik China, träumte den Traum des Drei-Schluchten-Projekts. Alle nachfolgenden Regierungen wussten, dass die Entwicklung des rückständigen, landwirtschaftlich geprägten Riesenreiches zu einem modernen Industriestaat nur durch die Nutzung aller Ressourcen erreicht werden kann.

Einer dieser Vorräte sind die unvorstellbaren Wassermassen des Jangtse, die sich vom „Dach der Welt" hinunter in die chinesische Küstenebene stürzen. Dort lösen sie verheerende Überschwemmungen aus, z. B. 1991 mit mehr als 3000 Toten. Diesen „Drachen" gilt es zu zähmen.
In der Xilin-Schlucht unweit der Stadt Wuhan soll ein Damm den Jangtse bis auf 180 Meter Wassertiefe aufstauen. Der Rückstau reicht aus, um aus den oberhalb gelegenen Schluchten eine von großen Schiffen befahrbare Wasserstraße zu machen. Riesige Turbinen sollen Elektrizität erzeugen. Ein Kanalnetz wird zur Lebensader des trockenen Nordens.

Frau Zhang, eine Archäologin, befürchtet: „Mehr als 100 historische Stätten, zum Teil bis zu 10 000 Jahre alt, werden durch den Stausee überflutet." Wirtschaftsfachmann Chen weiß: „139 kleinere Kraftwerke und 657 Fabriken werden in den Fluten versinken." „Fruchtbarstes Ackerland geht verloren", wettert Bauer Liu. „Schätzungsweise 1,2 Millionen Menschen müssen anderswo eine neue Existenz aufbauen. Unsere gewohnte Produktion von Reis und Gemüse auf den guten Böden entlang des Jangtse müssen wir zugunsten des anspruchsloseren Tees und der Zitrusfrüchte aufgeben." Fischer Dong fürchtet um seinen Fang: „Viele Fischarten können ihre Laichwanderung nicht mehr bis zum Oberlauf fortsetzen." „Pflanzen- und Tierwelt werden verarmen", warnt Umweltschützer Zhao, „die Nahrungskette wird durch die mitgeführten Schlammmassen gestört." Selbst der Technikerin Han bereiten die Sedimente Sorgen: „Die Ablagerungen an der Staumauer können die Turbinen verstopfen. Der Druck der Wassermassen kann den Damm sprengen."

Trotz aller Bedenken soll das Projekt von nationalem Interesse im Jahr 2015 abgeschlossen sein.

Aufgaben

1. Stelle die Argumente für und gegen das Staudammprojekt in einer Übersicht zusammen.
2. Zeige ausgehend vom Begriff „Drei-Schluchten-Staudamm" mit Hilfe von Beziehungspfeilen, dass die einzelnen Argumente miteinander verflochten sind.

179.2 Qutang-Schlucht

DAS BEISPIEL CHINA

GEO-EXKURS

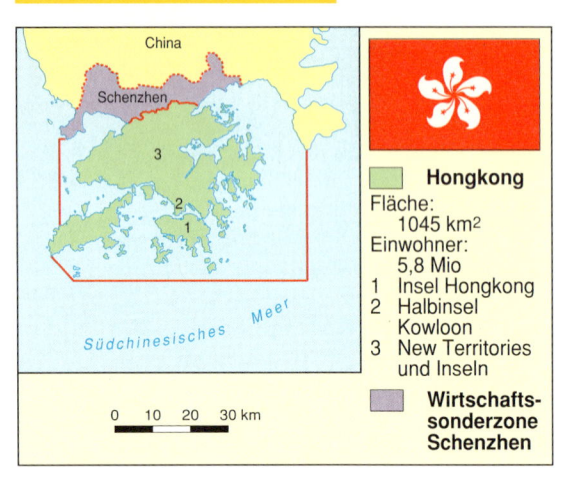

180.1 Hongkong

Hongkong
Fläche: 1045 km²
Einwohner: 5,8 Mio
1 Insel Hongkong
2 Halbinsel Kowloon
3 New Territories und Inseln

Wirtschaftssonderzone Schenzhen

180.2 Das „reiche"…

180.3 …und das „arme" Hongkong

Hongkong – Taiwan – Singapur – Südkorea, die „vier kleinen Tiger"

Im Jahr 1840 besetzte Großbritannien die Insel Hongkong. Die Halbinsel Kowloon sowie die New Territories (Abb. 180.1) wurden später für 99 Jahre von China hinzugepachtet. Dieser Pachtvertrag läuft im Jahr 1997 aus. Danach erlischt die britische Kronkolonie. Somit erhält die VR China eine weitere Wirtschaftssonderzone. In einem Vertrag wurden Übergangsregelungen vereinbart.

Die Bewohner Hongkongs werden Staatsbürger der VR China. Dennoch behalten die unter britischer Verwaltung entwickelten Gesetze ihre Gültigkeit. Chinesisch und Englisch werden gleichberechtigte Amtssprachen.

Größere Sorgen bereitet die Verschmelzung der unterschiedlichen Wirtschaftssysteme.

Einerseits hat die VR China ein Interesse daran, die Wirtschaftskraft Hongkongs zu erhalten. Fast der gesamte Außenhandel Chinas wird über Hongkong abgewickelt. Andererseits passt die Marktwirtschaft Hongkongs nicht zur bisher dominierenden staatlichen Planwirtschaft in der VR China.

Der Status einer Wirtschaftssonderzone garantiert jedoch für weitere fünfzig Jahre das Arbeiten nach dem bisherigen System. So wird der Hongkong-Dollar weiterhin gültiges Zahlungsmittel sein. Hongkong bleibt als internationales Finanzzentrum das drittgrößte der Welt.

Aus dem größten Umschlagplatz Asiens werden Kleincomputer, Radio- und TV-Geräte, Spielzeug, aber auch modische und alltägliche Kleidung in alle Welt versandt (Abb. 181.3).

Die Grundlage der Wirtschaftsstärke, der Status als Freihandelszone mit der Zollfreiheit für importierte und exportierte Waren, wird nicht angetastet.

Nicht nur der Selfmademilliardär Li Ka-Shing, dessen Lieblingsbeschäftigung es ist, „hart zu arbeiten und mehr Geld zu verdienen", kann beruhigt in die Zukunft blicken. Der Aufstieg Hongkongs zur Wirtschaftsmetropole lässt sich an der Höhe der Häuser und der Höhe der Mieten ablesen – 10 000 US-Dollar pro Monat für eine Geschäftssuite im Stadtzentrum nahe den Schaltzentralen von Industrie und Handel sind keine Seltenheit.

Auf der Schattenseite finden sich diejenigen wieder, die nicht das Glück des Herrn Ka-Shing haben. Sie sind froh, wenn sie auf den winzigen Hausbooten oder in einem der heruntergekommenen Wohnblocks (Abb. 180.3) ein Unterkommen finden.

DAS BEISPIEL CHINA

Mitte der 80er Jahre begannen – neben Hongkong – auch Taiwan, Singapur und Korea den Wirtschaftsriesen USA, Japan und Deutschland Konkurrenz zu machen.

Anfangs belächelten Wirtschaftsfachleute die Bemühungen, auf dem Weltmarkt Fuß zu fassen. Doch inzwischen sind beispielsweise in der deutschen Stahlindustrie die Lachfalten den Sorgenfalten gewichen. In Korea wird mittlerweile Eisen und Stahl zu konkurrenzlos günstigen Preisen erzeugt. Auch Großabnehmer des Stahls, wie die Werften, produzieren ihre Schiffe in Korea. Dabei war Korea der letzte der „kleinen Tiger", der seine Krallen zuerst nach Ostasien ausstreckte, um dann überall auf der Welt aufzutauchen.

Taiwans hoch entwickelte Landwirtschaft stellt z. B. Spargel, Champignons, Ananas auf unseren Tisch. Singapur, früher Zentrum des Kautschukexports, ist heute der zweitgrößte Hafen der Welt und der größte Erzeuger von Produkten auf Erdölbasis. Die Tabellen 181.1–4 zeigen Parallelen in der Wirtschaftsentwicklung.

Doch der gewaltige Sprung der kleinen Tiger fordert seinen Preis. Taiwan wurde von den portugiesischen Entdeckern (1590) „Ilha Formosa", auf deutsch schöne Insel, genannt. Bei der mehr als doppelt so hohen Bevölkerungsdichte wie in Deutschland und den ökologischen Problemen (Wasser- und Luftverschmutzung) würden die Portugiesen diesen Namen wohl nicht mehr vergeben.

Süd-Korea
Fläche: 99.016 km²
Einwohner: 43,7 Mio (1992)
Hauptstadt: Seoul

Exportvolumen (in Mrd US-$):

Exportprodukte (in % des Gesamtexports):

1975 – Textilien (50), Fisch, Früchte, Reis, Häute, Felle, Holz, Erze

1983 – Textilien (30), Maschinen, Chemikalien, Fisch, Früchte, Reis, Häute, Felle, Holz, Erze

1992 – Fertigwaren (43), Maschinen u. Transportausrüstungen (42), Chemikalien (6)

181.1 Süd-Korea

Hongkong
Fläche: 1.045 km²
Einwohner: 5,8 Mio (1992)

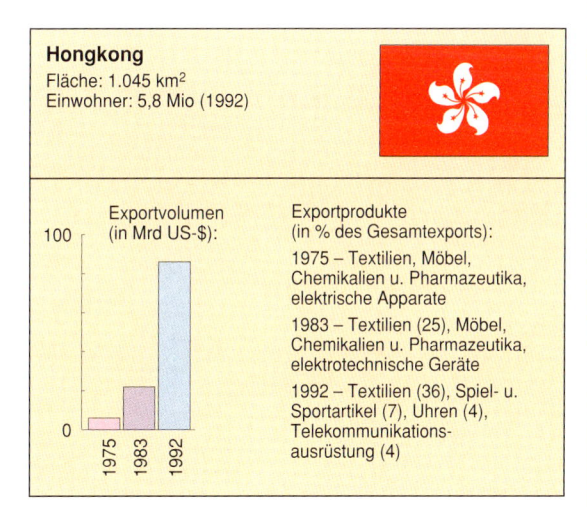

Exportvolumen (in Mrd US-$):

Exportprodukte (in % des Gesamtexports):

1975 – Textilien, Möbel, Chemikalien u. Pharmazeutika, elektrische Apparate

1983 – Textilien (25), Möbel, Chemikalien u. Pharmazeutika, elektrotechnische Geräte

1992 – Textilien (36), Spiel- u. Sportartikel (7), Uhren (4), Telekommunikationsausrüstung (4)

181.3 Hongkong

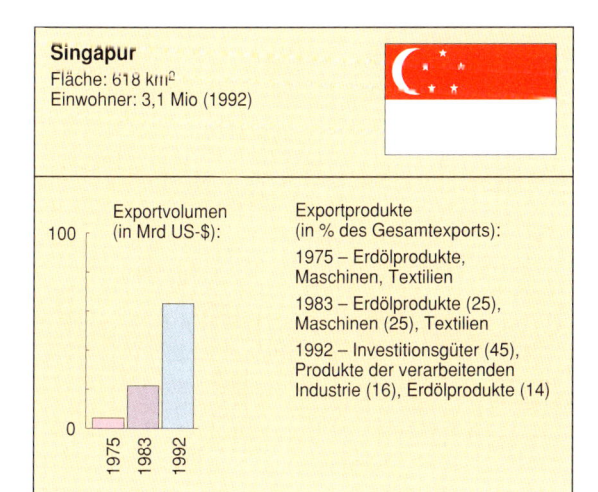

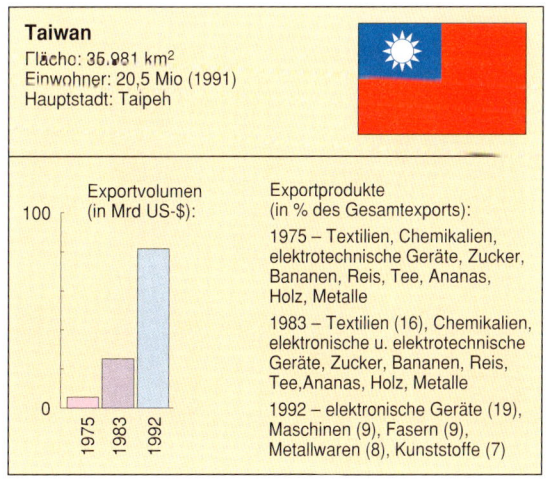

Singapur
Fläche: 618 km²
Einwohner: 3,1 Mio (1992)

Exportvolumen (in Mrd US-$):

Exportprodukte (in % des Gesamtexports):

1975 – Erdölprodukte, Maschinen, Textilien

1983 – Erdölprodukte (25), Maschinen (25), Textilien

1992 – Investitionsgüter (45), Produkte der verarbeitenden Industrie (16), Erdölprodukte (14)

181.2 Singapur

Taiwan
Fläche: 35.981 km²
Einwohner: 20,5 Mio (1991)
Hauptstadt: Taipeh

Exportvolumen (in Mrd US-$):

Exportprodukte (in % des Gesamtexports):

1975 – Textilien, Chemikalien, elektrotechnische Geräte, Zucker, Bananen, Reis, Tee, Ananas, Holz, Metalle

1983 – Textilien (16), Chemikalien, elektronische u. elektrotechnische Geräte, Zucker, Bananen, Reis, Tee, Ananas, Holz, Metalle

1992 – elektronische Geräte (19), Maschinen (9), Fasern (9), Metallwaren (8), Kunststoffe (7)

181.4 Taiwan

DAS BEISPIEL CHINA

GEO-WISSEN

182.1 Die APEC-Staaten

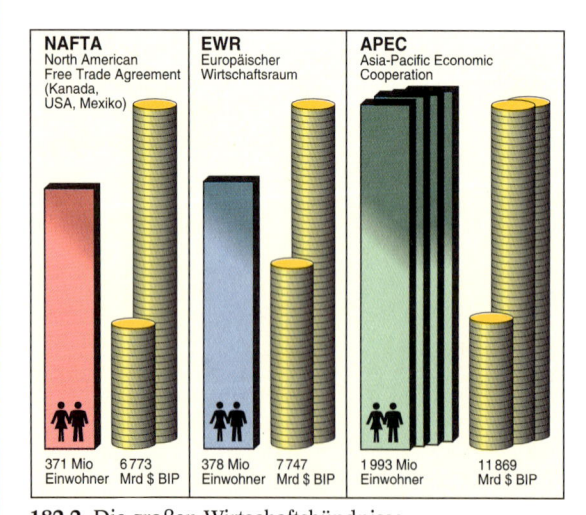

182.2 Die großen Wirtschaftsbündnisse

- NAFTA (North American Free Trade Agreement (Kanada, USA, Mexiko)): 371 Mio Einwohner, 6773 Mrd $ BIP
- EWR (Europäischer Wirtschaftsraum): 378 Mio Einwohner, 7747 Mrd $ BIP
- APEC (Asia-Pacific Economic Cooperation): 1993 Mio Einwohner, 11869 Mrd $ BIP

182.3

Der pazifische Raum

1. Benenne in der stummen Karte die Staaten A–K und die Städte 1–10 (Abb. 182.3).
2. Nenne die Mitgliedsstaaten (Abb. 182.1) des Wirtschaftsbündnisses APEC (**A**sia **P**acific **E**conomic **C**ooperation). Vergleiche mit dem Wirtschaftsraum EU (Abb. 182.2). Ermittle die jeweiligen Flächen und Einwohnerzahlen der APEC-Staaten aus dem Lexikon.
3. Die Tabellen 183.1 und 183.2 zeigen die 15 größten Ausfuhr- und Einfuhrländer der Welt. Welche Staaten liegen im pazifischen Raum?
Welche gehören weder zur EU noch zu den pazifischen Staaten?
4. Begründe die Einschätzung: „Der pazifische Raum wird im 21. Jahrhundert der führende Wirtschaftsraum auf der Erde sein."

DAS BEISPIEL CHINA

1 – 10　Städte
A – K　Staaten

1992	Einfuhr in Mrd US-$	
1.	USA	548,2
2.	Deutschland	408,5
3.	Frankreich	238,9
4.	Japan	233,5
5.	Großbritannien	222,6
6.	Italien	192,0
7.	Niederlande	134,4
8.	Belgien-Luxemburg	125,0
9.	Hongkong	123,4
10.	Kanada	122,4
11.	Spanien	101,1
12.	Rep. Korea (Süd-K.)	81,6
13.	VR China	80,3
14.	Singapur	72,2
15.	Rep. China (Taiwan)	72,0

1992	Ausfuhr in Mrd US-$	
1.	USA	447,8
2.	Deutschland	429,9
3.	Japan	340,4
4.	Frankreich	231,9
5.	Großbritannien	190,0
6.	Italien	175,0
7.	Niederlande	139,9
8.	Kanada	134,2
9.	Belgien-Luxemburg	123,0
10.	Hongkong	119,5
11.	VR China	84,6
12.	Rep. China (Taiwan)	81,4
13.	Rep. Korea (Süd-K.)	76,0
14.	Schweiz	65,7
15.	Singapur	63,5

183.1 und 183.2　Die führenden Welthandelsländer

9 UNRUHIGER PLANET

184.1 Erosion auf Hawaii

184.2 Gletscher in Norwegen

UNRUHIGER PLANET

185.1 Der Vulkan Popocatepetl (Mexiko)

185.2 Erdbebenschäden in Kampanien

GEO-PRAXIS

Wir führen Experimente zur Ablagerung und Abtragung durch

Auch im Klassenzimmer oder auf dem Schulgelände können wir Naturkräfte sichtbar werden lassen. Im kleinen modellhaften Experiment wollen wir nachahmen, was die Natur uns schon immer lehrte. Manches, was in der Schule zu viel Aufwand oder Unordnung verursachen würde, können wir ersatzweise an Baustellen beobachten.

In der Schule benötigen wir nur eine einfache Grundausstattung: feinen Quarzsand, einen transportablen Sandkasten oder die Sprunggrube des Schulsportplatzes, Wasser (aus der Gießkanne oder einem Schlauch), flache Grassodenstücke, Haartrockner (ersatzweise Fahrradluftpumpe) und einen rundlichen Feldstein (ersatzweise einen Pflaster- oder Mauerstein).

1. Wasser
Ein Feldstein wird mit Sand umkleidet, anschließend wird unser Miniberg beregnet (Abb. 186.1). Haltet das Ergebnis schriftlich fest.
Wiegt mit einer Briefwaage die Sodenstücke vor und nach der Beregnung. Wiederholt den Versuch, nachdem ihr euren Sandberg mit Grassoden (als Waldersatz) abgedeckt habt (Abb. 186.2). Wie deutet ihr den Gewichtsunterschied? Gibt es am Bergfuß vorher und nachher unterschiedliche Ergebnisse?
Mit Beobachtungen an Baustellen nach starken Regengüssen könnt ihr eure Ergebnisse ergänzen. Beschreibt, wie ein Kieshaufen und ein Sandhaufen nach dem Regen aussehen.

2. Wind
Mit einem Haartrockner oder einer Luftpumpe könnt ihr gleichfalls Miniaturberge verändern (Abb. 187.2). Je nach Stärke und Dauer des Luftstroms und je nach Feinheit des Sandes lagert er sich näher oder ferner wieder ab. Beschreibt eure Beobachtungen. Stellt in den Luftstrom ein kleines Hindernis und schildert das Ergebnis. Was hat dieser Versuch mit der Verbreitung des Löss (▷ S. 190) zu tun?

Die Verlagerung von Sand in der Natur zeigt dir auch Abb. 187.3.
Ähnlich wie beim Beregnungsversuch könnt ihr ausprobieren, den nackten oder den mit Grassoden bedeckten Modellberg abzublasen. Auch nachdem noch Sand über das Gras gestreut worden ist, könnt ihr als Windmacher eine zusätzliche Entdeckung machen. Beschreibt die Ergebnisse.

186.1

186.2

186.3

UNRUHIGER PLANET

Schon mancher Autofahrer, der sein Fahrzeug in Strandnähe parkte, erlebte eine unangenehme Überraschung durch Windkraft: Mit einem Stück Klebeband überlisten nicht nur Geographen die Natur (Abb. 187.4)!

Wir fassen das Ausprobierte und Erfahrene zusammen: Wind und Wasser sind zwei der starken Kräfte, welche die Landschaft formen.

1. Beide tragen linien- oder flächenhaft ab.
Erosion (lat. Ausnagung) ist das Fachwort für linienhafte Abtragung durch Wasser und für alle Abtragung durch Wind
Denudation (lat. Entblößung) bezeichnet die flächenhafte Abtragung.

2. Beide bauen aber das Abgetragene an anderer Stelle auch wieder auf.
Akkumulation (lat. Anhäufung) ist der Fachbegriff für die Aufschüttung von Gesteinsmaterial, z. B. durch Flüsse oder Gletscher (Moränen).
Sedimentation (lat. Senkung, Ablagerung) finden wir vor, wenn z. B. durch Wind oder Wasser bewegtes Material bei Nachlassen der Transportkraft abgesetzt wird (häufig in horizontalen Schichten).

Beurteile nun nacheinander noch einmal die Abbildungen dieser Seite danach, welche Bezeichnungen unter 1. und 2. am besten dazu passen.
Fertige eine Liste nach dem Muster der Tabelle 187.1 an.

Ergänze Ablagerungsformen, über die du etwas auf den Seiten 188–193 lesen kannst.

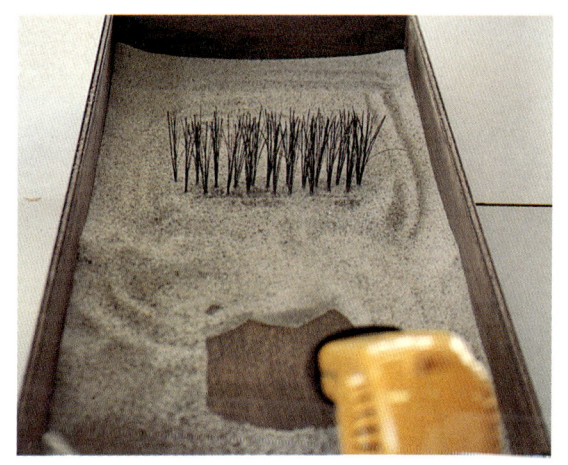

187.2

187.3 Sandverlagerung an der Küste

187.4 Ein nützliches Alltagsexperiment

Seite	Wasser/Wind			
	Erosion	Denudation	Akkumulation	Sedimentation

187.1

UNRUHIGER PLANET

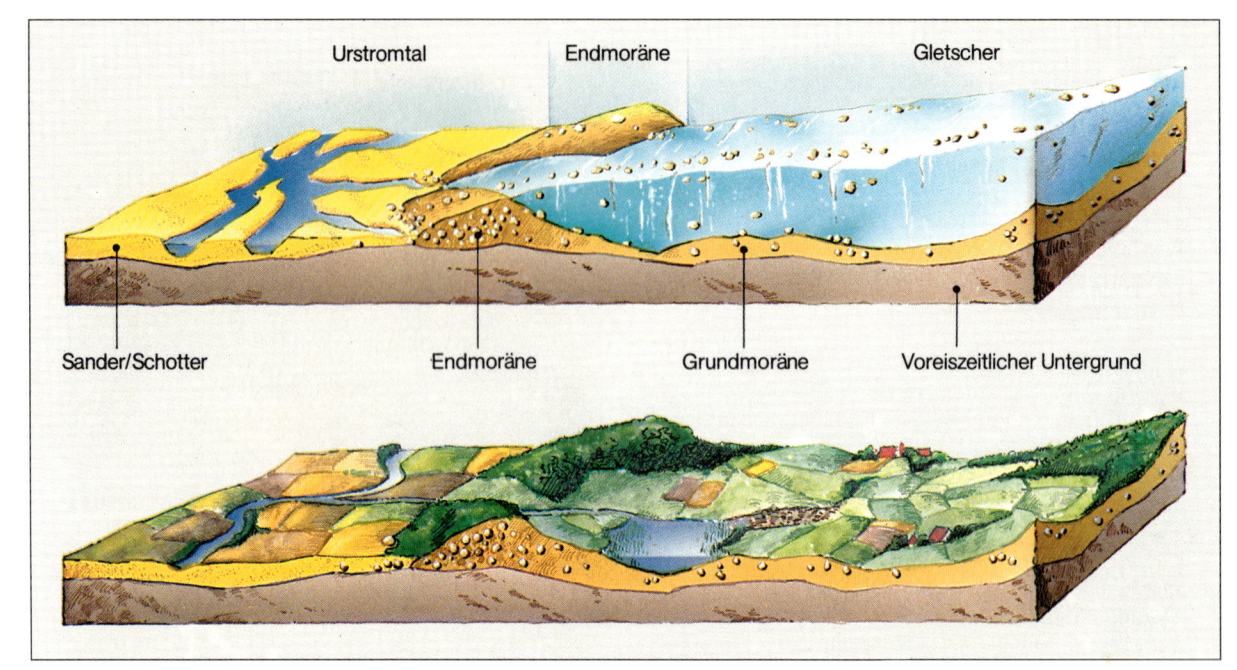

188.1 Norddeutschland während und nach der Eiszeit

Eis – Gestalter Norddeutschlands

Die glaziale Serie ist keine Fernsehreihe – aber dennoch viel abwechslungsreicher als manche davon. Anders als in TV-Serien spielt sich darin das Leben in großen Teilen Norddeutschlands wirklichkeitsnah ab, denn die Hinterlassenschaft des Eises prägt bis heute die Oberflächen (Abb. 188.1). Wer schrieb das Drehbuch der glazialen Serie?

Vor 800 000 Jahren setzten mehrfach weltweite Klimaänderungen ein. So sanken in den Kaltzeiten die Jahresmitteltemperaturen in Europa um 8–10 °C.

Die Niederschläge in Nordeuropa (und in den Alpen) fielen vorwiegend als Schnee. Die Schneedecke konnte nicht mehr abtauen und wuchs von Jahr zu Jahr. Mit zunehmendem Druck wurde aus dem Schnee Gletschereis. Es erreichte in Skandinavien eine Dicke bis zu 4000 m.

Infolge des Druckes wurde das Eis plastisch und begann langsam zu fließen. So kam es zu Eisvorstößen der skandinavischen Gletscher (Abb. 188.2) bis nach Norddeutschland. Die jüngste Eiszeit endete vor 10 000 Jahren, der weiteste Eisvorstoß war vor 130 000 Jahren.

Bei der Bewegung des Eises haben sich typische Ablagerungsformen (Grundmoränen, Endmoränen, Sander, Urstromtal) gebildet. Deren unterschiedliche Beschaffenheit bestimmen die land- und forstwirtschaftliche sowie die bergbauliche Nutzung (Abb. 189.1–5).

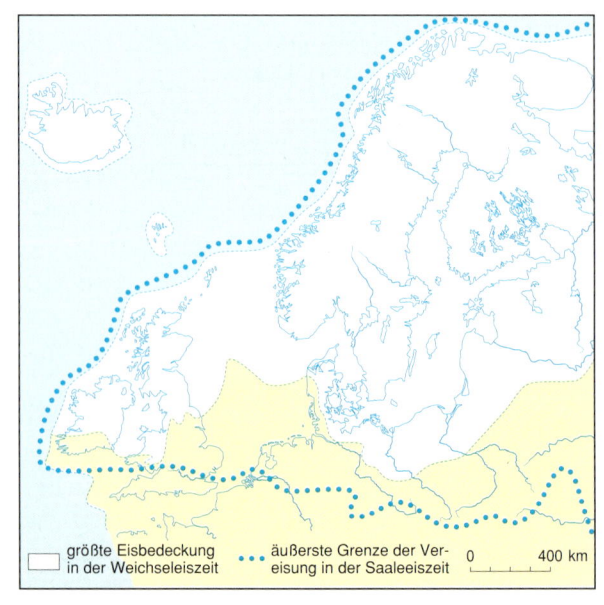

188.2 Eiszeiten im nördlichen Europa

UNRUHIGER PLANET

Aufgaben

1. Trage die typischen Oberflächenformen der glazialen Serie in einer Tabelle zusammen. Unterscheide, welche durch Gletscher und welche vor allem durch fließendes Wasser geschaffen wurden.
2. Beschreibe die Entstehung der glazialen Serie (Abb. 188.1).
3. Berichte über den unterschiedlichen Nutzen des Eiszeitmaterials.
4. Stelle die größte Ausdehnung der Eisbedeckung im nördlichen Europa fest (Abb. 188.2).
5. Berichte über eiszeitliche Spuren in Nordrhein-Westfalen (Atlas).

189.5 Kies, wertvoller Bodenschatz Norddeutschlands

Grundmoränen sind leicht wellige Hügel. Deren Material besteht aus einem Gemisch von Ton, Sand, Kies und Lehm, das die Gletscher am Untergrund mitgeführt haben. Es blieb beim Abtauen des Eises unsortiert liegen. Durch Verwitterung entstanden nährstoffreiche Böden, die landwirtschaftlich genutzt werden.

Endmoränen markieren die ehemalige Grenze des Eises oder vereinzelter Gletscherzungen. Diese wallartigen Hügelketten erreichen Höhen von mehr als 100 m. Sie bestehen aus Sand, Kies, vereinzelt auch Gesteinsblöcken. Hier fehlt eine ertragreiche Landwirtschaft, Wälder und Kiesgruben bieten andere Nutzung.

Sander wurden vom Schmelzwasser geformt. Dieses tritt zwischen den Endmoränen aus und lagert das mitgeführte Material vor dem Eisrand fächerförmig ab. Von Moränen unterscheiden sich Sander durch eine deutliche Schichtung, die vom fließenden Wasser verursacht wurde. Sie tragen nährstoffarme Böden und sind deshalb meist von anspruchslosen Kiefern bewachsen.

Urstromtal: Die am Eisrand austretenden gewaltigen Schmelzwassermengen sammelten sich schließlich in flachen, viele Kilometer breiten Tälern. (Heute fließen dort Flüsse wie Elbe und Aller.) Die so geschaffenen Niederungen sind sehr feucht und werden überwiegend als Weidegebiete genutzt. Auch Straßen und Eisenbahnen folgen häufig den Urstromtälern.

189.1–4 Ablagerungen der glazialen Serie

UNRUHIGER PLANET

GEO-EXKURS

190.1 Findling

190.2 Backsteingotik

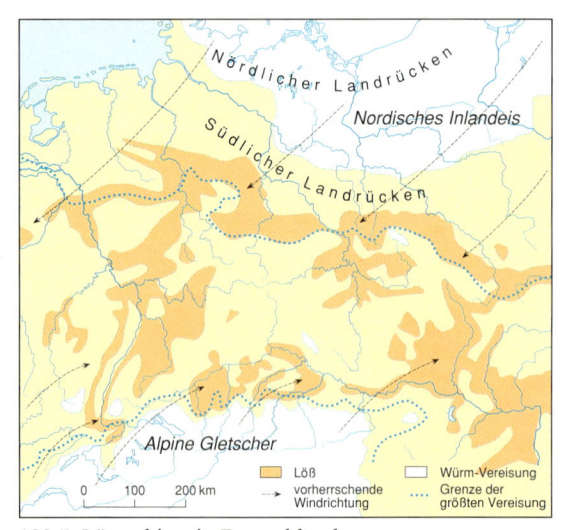

190.3 Lössgebiete in Deutschland

Spuren der Eiszeiten

Die Eisströme transportierten weitere wichtige Mitbringsel: Gesteinsbrocken von imponierender Größe (Abb. 190.1) und Feuersteine aus Kreidefelsen in Schweden, Dänemark und Rügen. Große Findlinge und kleine Feuersteinknollen waren von Bedeutung für unsere steinzeitlichen Vorfahren. Bereits vor 5000 Jahren bauten sie aus Findlingen bis 30 t Gewicht „Hünen"gräber. Keineswegs hünenhaft groß, sondern kleiner als wir, waren unsere Vorfahren dennoch in der Lage, mit einfacher Technik ihre Totenhäuser zu errichten.

Neben Werkzeugen aus Knochen und Holz stellten sie rasiermesserscharfe Feuersteingeräte her: Faustkeile, Äxte, Schaber, Speer- und Pfeilspitzen. Einige besonders seltene Fundstücke sind über 100 000 Jahre alt.

Die südlichste Verbreitung des Feuer- oder Flintsteins gilt als wichtiger Nachweis für Gletschervorstöße. Feuerfunken, die bei der Bearbeitung der Steine entstehen, dienten den Steinzeitmenschen zum lebenswichtigen Feuermachen. Mörderisch wirkte der Feuersteinfunken später bei Schießpulverwaffen. Noch heute benutzt man Flintpapier, bestreut mit zerriebenem Feuerstein, als Schmirgelwerkzeug.

Norddeutsche Bauwerke aller Epochen wären ohne Findlinge oder Tonlagerstätten der eiszeitlichen Ablagerungen undenkbar. Berühmte Kirchen, Schlösser und Rathäuser, z.B. in Schleswig, Lübeck, Rostock, Hamburg, Bremen oder Lüneburg, sind teilweise als „Backsteingotik" weltberühmt (Abb. 190.2). Der gebrannte („gebackene") Tonziegel sowie Fundamente und Mauern aus Findlingen prägen als Eiszeitmaterial bis heute das Bild aller Siedlungen.

Selbst im Rheinland, z.B. in der Jülich-Zülpicher Börde, wirken Gaben der jüngsten Eiszeit fort. Während des damals herrschenden kalten, trockenen Klimas wurden die Ablagerungen nicht durch Pflanzen festgehalten. So konnte der Wind in gewaltigen Staubstürmen mehlfeine Bestandteile über Hunderte Kilometer verfrachten und mehrere Meter dick ablagern (Abb. 190.3). Die lehmgelben Ablagerungen bezeichnen wir als Löss.

Die Verwitterung des Gemisches aus Quarz, Kalk und Feldspat ließ hier wie anderswo die fruchtbarsten Böden Deutschlands und Europas entstehen.
Die Ablagerungen geschahen dort, wo die Kraft des Windes durch ein Hindernis abgebremst wurde: am Rande der Mittelgebirge. So kannst du die Verbreitungsgebiete des Löss erklären (Abb. 190.3).

GEO-PRAXIS

Wir bauen ein Flussmodell

Dass Wasser Arbeit leistet, könnt ihr bei jedem starken Regen beobachten (oder im Versuch bei künstlicher Beregnung, ▷ S. 186). Um einem Fluss bei der Arbeit zusehen zu können, wollen wir ein Flussmodell bauen (Text 191.1).

Versuche zur Tiefenerosion

Zieht in der Mitte der Sand-Lehm-Unterlage eine etwa 5 cm breite und mehrere Zentimeter tiefe, gerade Rinne. Auf den Boden dieser Rinne gebt ihr eine Schicht Kakteensteinchen oder ein farbiges Pulver. Dann wird die Rinne mit 1–2 cm Sand und Lehm überdeckt. Wenn ihr sie genügend tief macht (ca. 8–10 cm), könnt ihr verschiedene solcher Farbschichten einbauen.

Nun könnt ihr das Wasser einleiten. Messt mit einer Uhr, wie lange das Wasser braucht, um die Farbschichten freizulegen. Wiederholt den Versuch mit einem stärkeren oder schwächeren Wasserstrahl. Vergleicht die Zeiten. Ist die Bachkiste breit genug, könnt ihr den Versuch an zwei Rinnen gleichzeitig ausführen.
Legt ein Versuchsprotokoll an.

Versuche zur Seitenerosion und Flussablagerung

Leitet den Wasserstrahl schräg auf eine Talwand der Rinne. Ihr seht, wie sich der Flusslauf verändert und sich Flussschlingen bilden. Dies kann allerdings mehrere Stunden dauern. Wenn ihr weniger Zeit habt, modelliert ein Bachbett mit Flussschlingen (Mäandern) vor.
Beschreibt, was am Außenufer (Prallhang) und am Innenufer (Gleithang) vor sich geht (▷ S. 192). Wo kommt es zu Ablagerungen, wo zu Erosion? (Markiert vorher die Prallhänge mit Fähnchen oder Stöckchen, dann könnt ihr die Veränderungen besser erkennen.) Messt die Wassertiefe am Prallhang und am Gleithang und zeichnet ein Profil von der Oberkante des Prallhangs über das Bachbett bis zur Oberkante des Gleithangs.

Gebt in einem weiteren Versuch beim Wassereinlaufen Kakteensteinchen bei.
Was geschieht mit den Steinen? Wie verändern sich die Bachhänge? Messt die Zeit und notiert die Veränderungen.

Werden nur $^2/_3$ der Länge der Kiste mit Sand und Lehm aufgefüllt, könnt ihr auch die Bildung eines Deltas beobachten.

„Bachkiste: Diese könnt ihr aus Brettern bauen (Abb. 191.2). Kleidet sie von innen mit einer Teichfolie aus und füllt sie mit einem Gemisch aus Sand und Lehm.
Wasser aus einem Schlauch: Es dient als Quelle für unseren Fluss. In einem Spalt am Ende der Kiste könnt ihr das Wasser in einer Wanne wieder auffangen.
Schwimmkörper: Holzstückchen, Papierschnitzel oder selbst gebaute Schiffchen zeigen den Weg des Wassers und ermöglichen, Geschwindigkeiten des fließenden Wassers zu ermitteln.
Ufermarkierungen: Fähnchen, Steine oder dürre Äste beweisen, ob das fließende Wasser den Flussverlauf verändert hat.

191.1 Was wir für unser Flussmodell brauchen

191.2 Flussmodell

UNRUHIGER PLANET

Von der Schlucht zum Schwemmland

Die Experimente auf den Seiten 186 und 191 haben dir gezeigt, dass die Arbeit eines fließenden Gewässers aus Abtragung, Transport und Ablagerung besteht. Dabei ist die „Flussarbeit" abhängig von der Wassermenge, der Fließgeschwindigkeit, aber auch dem Gesteinsuntergrund. In einem Idealprofil (Abb. 192.1) lassen sich je nach Flussabschnitt bestimmte Talformen und Auswirkungen der Flussarbeit feststellen.

Im Oberlauf führt der Fluss zwar nur eine geringe Wassermenge, aber wegen des großen Gefälles ist die Fließgeschwindigkeit hoch. Deshalb frisst sich der Fluss vorwiegend in die Tiefe (Tiefenerosion) und es entsteht ein tief eingeschnittenes, enges Tal. Hat es nahezu senkrechte Wände, nennen wir es Klamm, ist es V-förmig eingeschnitten, Kerbtal. Das wichtigste Werkzeug bei der Eintiefung sind Steine im Flussbett (Gerölle). Sie werden vom Wasser mitgerissen und mit der Zeit abgerundet. Teilweise liegen aber auch noch große kantige Felsbrocken im Flussbett.

Im Mittellauf verringert sich das Gefälle, darum nimmt die Tiefenerosion ab. Dafür erodiert der Fluss stärker seitwärts an den Ufern. Er untergräbt die Talwände, die dann nachrutschen, ins Flussbett stürzen und abtransportiert werden. So verbreitert der Fluss sein Bett und es entsteht ein Kasten- oder Sohlental. Wegen des längeren Transportes sind die mitgeführten Gerölle im Mittellauf bereits kleiner und stärker abgerundet als im Oberlauf.

Im Unterlauf ist das Gefälle noch geringer. Es findet fast keine Tiefenerosion mehr statt, da die Gerölle meist schon zu Sand zerkleinert sind. Nur noch feines Material wird mitgeschleppt, das gröbere ist bereits abgelagert.

Bei geringem Gefälle beginnt der Fluss zu pendeln. Dabei erodiert er in den Außenkurven, während an den Innenkurven abgelagert wird. So entstehen Prall- und Gleithänge, die die Ausbildung von Mäandern (▷ S. 191) begünstigen.

Mündet der Fluss in einen See oder ins Meer, so teilen sich die Wassermassen häufig in mehrere Flussarme auf. Das mitgeführte feine Material wird abgelagert und mit der Zeit wächst das Delta in das Mündungsgewässer hinaus.

Jede Flussmündung ist Ausgangspunkt (Basis) von Erosion: Von hier aus strebt jeder Fluss danach, den Höhenunterschied (das Gefälle) zur Quelle durch Abtragung auszugleichen.

Aufgaben

1. Welche Erosionsform überwiegt bei der Entstehung der verschiedenen Talformen (Abb. 192.1)?
2. Ordne die Talformen den entsprechenden Flussabschnitten (Abb. 192.1) zu.

192.1 Idealprofil und Talformen

UNRUHIGER PLANET

GEO-EXKURS

Fallbeispiel: der Rhein

Am Beispiel des Rheins lassen sich gut die verschiedenen Erosions- und Ablagerungsformen eines Flusses aufzeigen. Verfolgen wir ihn von der Quelle zur Mündung. (Lege dazu einen Atlas neben dich und suche die genannten Rhein-Abschnitte.)

Die Quellflüsse, der Vorder- und der Hinterrhein, entspringen im Hochgebirge der Alpen. Während der Eiszeit wurden hier Trogtäler ausgehobelt. Bevor sich die Quellflüsse zum Alpenrhein vereinen, durchbrechen sie kraftvoll, z. B. in der Via Mala, steinerne Hindernisse (Abb. 193.1). Der Blick aufwärts zu den senkrechten Felswänden und abwärts in die tosenden Wirbel des Wildwassers lässt den Betrachter erschaudern. Hier wird die linienhafte Abtragungskraft der Erosion besonders deutlich. Mit der Mündung in den Bodensee könnte der nun schon ruhigere Flusslauf bereits beendet sein. Bei nur noch geringem Gefälle gräbt und schürft das Wasser nicht mehr, sondern es lagert mitgeführtes Material ab. Jährlich schiebt der Alpenrhein sein Delta um 20 m weiter in den Bodensee hinein. Zwischen Bodensee und Basel, am Hochrhein, wird das Gefälle wieder stärker. Seine erneute Kraft beweist der Rhein durch erodierte Engtäler und den Rheinfall von Schaffhausen.

Zwischen Basel und Bingen wird der wieder ruhigere Fluss Oberrhein genannt. Wegen des geringen Gefälles schlängelte sich der Fluss noch im 19. Jh. in Mäandern. Danach wurden die meisten Flussschlingen begradigt, weil sie der aufkommenden Dampfschifffahrt hinderlich waren. Nach dem Ende des Ersten Weltkrieges leitete Frankreich einen Großteil des Rheinwassers in den Seitenkanal. Für das natürliche Rheinbett blieben nur kümmerliche und kraftlose Wasserreste.
Bei Bingen geschieht Seltsames: Der Rhein fließt scheinbar gegen das Naturgesetz in ein Gebirge hinein! Des Rätsels Lösung: Bevor das Rheinische Schiefergebirge aufstieg, war bereits der Urrhein da. Deshalb tiefte sich der Fluss erneut ein und durchbricht im eindrucksvollen Engtal als Mittelrhein das Gebirge (Abb. 193.2).

Bei Bonn verlässt der Fluss das Gebirge als Niederrhein und strömt der Nordsee zu (Abb. 193.3). In großen Mäandern dahinfließend, hat er mehrfach sein Bett geändert und mächtige Schwemmfächer aufgehäuft.
Versuche, mit den Informationen des Textes und Höhenangaben aus dem Atlas ein Gefälleprofil des Rheins zu zeichnen. Erkläre, warum dieses nicht wie das Idealprofil (Abb. 192.1) aussieht.

193.1 Via Mala

193.2 Mittelrhein (Loreley)

193.3 Niederrhein

UNRUHIGER PLANET

ÄTNA-REGION IN ANGST
Catania. Der Ätna hat seinen Ruf bestätigt, ein unberechenbarer Vulkan zu sein. Nach einem seit elf Tagen ruhig verlaufenden Ausstoß von Lava hat eine explosionsartige Eruption am Mittwochabend in weiten Teilen der süditalienischen Insel Ängste ausgelöst.
Aschenregen ging im Umkreis von 70 Kilometern nieder. In Catania brach der Verkehr zusammen. Der Flughafen war bis zum Donnerstag geschlossen. In Gemeinden in der Nähe des Vulkans war die schwarze, breiige Aschenschicht etwa 20 Zentimeter dick. Experten meinen, ein Lava-Pfropfen eines Nebenkraters auf 2800 Meter Höhe sei explodiert.
(dpa – Meldung 26. 9. 1986)

194.1

194.2 Lavastrom

Europas Feuerinseln: Sizilien und Island

Der Ätna, Europas höchster Vulkan

Die Sizilianer nennen den Ätna ehrfurchtsvoll „Mongibello" – Berg der Berge. Mit derzeit 3340 m ist er der höchste europäische Vulkan. Seit Menschengedenken stellt er eine Bedrohung dar.
Wie kommt es zu einem Vulkanausbruch? Unterhalb der Erdkruste herrschen Temperaturen von etwa 1200 °C. Bei dieser Hitze schmelzen die Gesteine. Diese glutflüssige Gesteinsschmelze, das Magma, dringt durch Risse und Spalten der Erdkruste nach oben. Eine dieser Spalten bildet den Vulkanschlot, in dem das Magma aufsteigt. Dabei entsteht ein gewaltiger Druck, der durch Dämpfe und Gase verstärkt wird. Wie der Pfropfen einer Sektflasche kann oftmals der gesamte Vulkangipfel in einer gewaltigen Explosion weggesprengt werden. Große Gesteinsbrocken (Bomben), kleinere Steine (Lapilli) und Asche werden viele 100 m hochgeschleudert. Dann quillt ein rot glühender Gesteinsbrei, die Lava, aus dem Hauptkrater oder kleineren Nebenkratern.
Die Lava fließt die Berghänge herab und verbrennt und vernichtet alles, was sich ihr in den Weg stellt. Aufgrund mehrfacher Ausbrüche wechseln Asche-

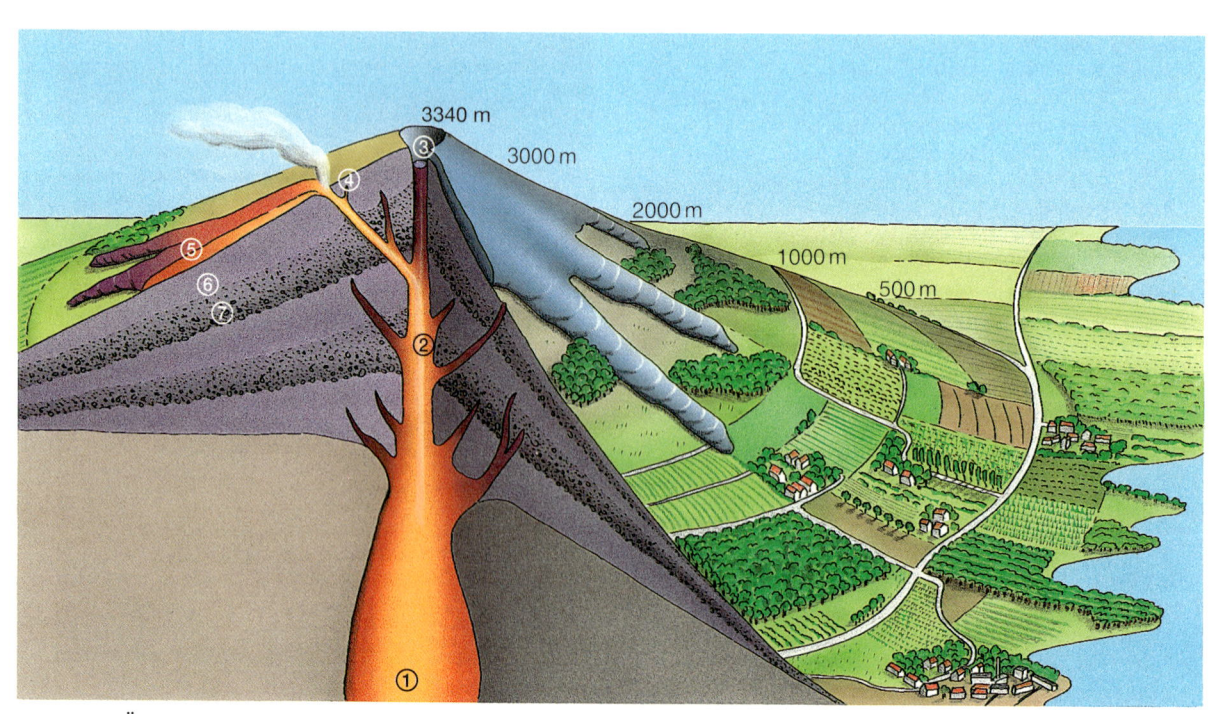

194.3 Der Ätna

UNRUHIGER PLANET

und Lavalagen. Deshalb wird ein solcher Vulkan als Schichtvulkan (Abb. 194.3) bezeichnet.

Obwohl der Ätna immer wieder umliegende Städte und Dörfer zerstört hat, haben die Menschen die Landschaft um den Ätna nicht verlassen. Im Gegenteil, man findet am Fuße des Ätna besonders viele Bauernhöfe. Unterhalb 500 m ü. M. breiten sich Apfelsinen- und Zitronenhaine aus, unterbrochen von Gärten mit üppig wachsenden Melonen, Gurken und Gemüsepflanzen. Bis 1100 m wachsen Getreide, Wein und Ölbäume. Während des jüngsten Ausbruchs im April 1992 sagte ein Mann aus Zafferana: „Ich liebe den Berg, obwohl er meinen Weinberg und mein Haus bedroht. Aber die Natur muss ihren Lauf nehmen." Die Feststellung wird verständlich, wenn man weiß, dass die Lavaströme rasch zu ertragreichen Böden verwittern.

Island, Inseln in Feuer und Eis

Vor über 1000 Jahren glaubten die Menschen Nordeuropas, der isländische Vulkan Hekla sei der Hölleneingang. Wir kennen heute die wirkliche Ursache: An der aufreißenden Naht zwischen den Erdplatten von Europa und Amerika (▷ S. 200) tritt Lava aus. Hier hat sich die Insel Island gebildet.

Einige isländische Vulkane sind von Gletschern bedeckt (Abb. 195.1). Wenn das isländische Vulkanfeuer mit dem bis zu 1000 m dicken Gletschereis kämpft, treten verheerende Gletscherläufe aus. Die Wassermassen, die dann aus den Gletschern hervorbrechen, werden durch die vulkanische Wärme aus den Gletschern herausgeschmolzen. Gebiete von der Größe Berlins (883 km²) werden in wenigen Tagen von gigantischen Wasser- und Steinschuttmassen verschüttet (Abb. 195.2).

Auch die Geburt der Vulkaninsel Surtsey (1963–67), heute 2,5 km² groß, und der Vulkanausbruch auf Heimaey (1973) erinnern daran, dass Island noch eine junge Insel ist (Abb. 195.3).

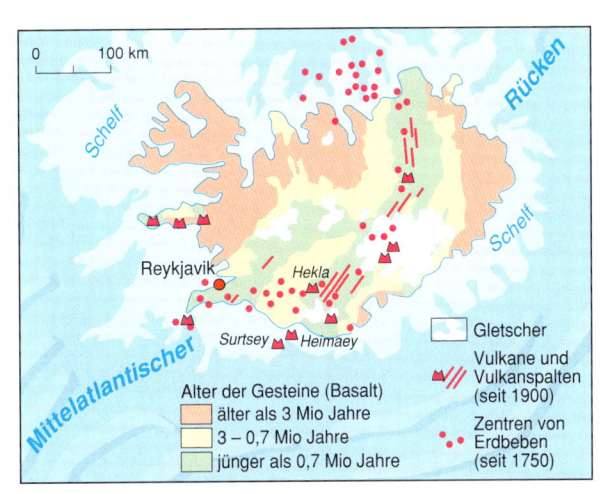

195.1 Island, „feurige" Eisinsel

195.2 Gletscherläufe auf Island

195.3 Vulkanausbruch auf Heimaey (1973)

Aufgaben

1. Beschreibe den Aufbau eines Schichtvulkans (Abb. 194.3) und erkläre die Ziffern 1–7.
2. Suche die Schwachstellen der Erde, die bei Island und Sizilien liegen (Abb. 199.1).
3. Warum heißt es im Text: Der Ätna ist derzeit 3340 m hoch?
4. Erkläre, warum Menschen trotz Bedrohung in Vulkannähe siedeln.

UNRUHIGER PLANET

Die Aschenregen des Vulkans Pinatubo haben auf den Philippinen eine neue Tragödie ausgelöst: Über 750 000 Menschen sind in den Notstandsprovinzen auf der Flucht vor Hochwasser und der wachsenden Gefahr eines gewaltigen Vulkanausbruchs, sagten Sprecher des zivilen Katastrophenschutzes in Manila. Nach heftigen Regenfällen hatten bis zu sechs Meter hohe Schlamm- und Geröllawinen mehr als 100 Ortschaften überrollt. Offiziell bestätigt wurde der Tod von 32 Personen.

Die schwarzgrauen Aschewolken, die der Vulkan unablässig ausstößt, versetzen die Menschen in Angst und Schrecken. In den fast hundert überfüllten Evakuierungszentren der Regierung herrschen Not und Verzweiflung. Die Zeltlager sind dem Massenansturm nicht gewachsen. Die Not ist inzwischen so groß, dass der Zoll angewiesen wurde, beschlagnahmtes Schmuggelgut wie Konserven und andere Nahrungsmittel an die leidende Bevölkerung weiterzugeben.

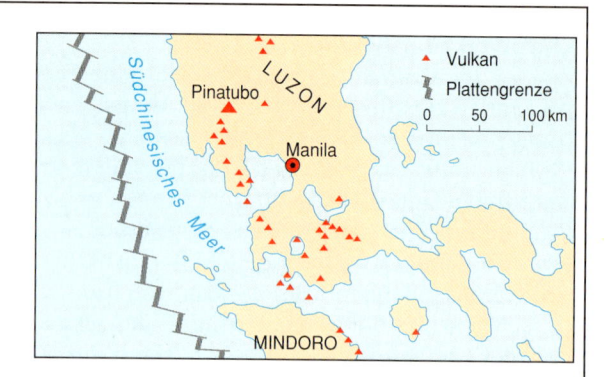

Wegen mangelhafter Hygiene greifen in Fluchtpunkten auf dem Gelände des früheren US-Luftwaffenstützpunktes Clark bereits Krankheiten um sich. Mindestens 500 Kinder, sagen dort eingesetzte Ärzte und Sanitäter, leiden an fiebrigen Durchfallerkrankungen und Beschwerden der Atemwege.

„Unser Hauptproblem ist, die wachsende Zahl von Evakuierten unterzubringen, die ihre verwüsteten Heimatorte verlassen mussten", meint der Gouverneur. Die Regierung in Manila sieht sich allein nicht in der Lage, gegen den durch Stürme und gewaltigen Monsunregen verursachten Notstand anzugehen. In einem dramatischen Aufruf hat Präsident Fidel Ramos „unsere ausländischen Freunde" um Hilfe gebeten.

Durch die Folgen von Vulkanausbrüchen des Pinatubo im Juni 1991 waren damals fast 850 Menschen umgekommen, ganze Landstriche wurden zerstört.
(Rheinische Post, 9. 9. 1992)

196.1

2. April 1991: Nach mehr als 450 Jahren Ruhe erste Explosion; Dampf- und Ascheausbrüche.
5. April: Errichtung einer provisorischen Erdbebenstation.
7. Juni: Erdbebentätigkeit steigt auf 1500 bis 2000 Beben pro Tag an;
9. Juni: 6.00–14.50 Uhr: Mit Asche beladene Dampfwolken werden ausgeworfen;
14.55 Uhr: Erste Lavamassen fließen in Flusstälern die Hänge hinunter;
15.15 Uhr: Höchste Alarmstufe wird ausgerufen; die Gefahrenzone wird auf 20 km um den Berg ausgedehnt.
12. Juni: 8.51 Uhr: Erste Serie von drei mächtigen Explosionen; riesige graue Wolke steigt bis 20 km auf; Asche, Bims und größere Gesteinsteile gehen nieder;
22.52–23.05 Uhr: Zweite Serie starker Explosionen, die von Beben begleitet wird; graue Wolke erreicht Höhe von 25 km.
13. Juni: 8.41 Uhr: Heftiger Ausbruch löst schwere Aschenregen aus.
15. Juni: Nachts zwei Explosionen; weiß glühende Lava fließt mit einer Geschwindigkeit von 70–80 km/h nach SW. Ausbruch schleudert Asche in 40 km Höhe.
16. Juni: Die Kuppe des Pinatubo (1745 m) ist zusammengebrochen und um mehr als 300 m abgetragen worden; neuer Krater ist entstanden; vulkanische Tätigkeit lässt nach.
August/September 1992: Explosionen, Aschenregen, meterhohe Schlammlawinen bedrohen das Leben von 750 000 Menschen in einem Gebiet so groß wie Schleswig-Holstein.

196.2 Tagebuch des Vulkanausbruchs

UNRUHIGER PLANET

750 000 Menschen auf der Flucht vor dem Pinatubo

Vulkane und Erdbeben bedrohen den Lebensraum

1991 und 1992 gingen immer wieder Meldungen vom Vulkanausbruch des Pinatubo (Philippinen) um die Welt (Text 196.1). Die Folgen der Ausbrüche sind in einem Tagebuch festgehalten (Text 196.2). Glücklicherweise konnten viele Betroffene die bedrohten Gebiete noch verlassen. Trotzdem kostete 1991 der Ausbruch des Pinatubo 847 Menschen das Leben. Doch genauere Voraussagen von Katastrophen sind nicht möglich (Text 197.1).

Darüber hinaus wurde das Leben von mehr als 1,2 Mio Menschen beeinträchtigt, da Ackerflächen durch eine bis zu 30 cm dicke Ascheschicht, durch Bimsniederschläge oder durch Lavaströme vernichtet wurden.
Die durch den Monsunregen (▷ S. 205) ausgelösten Schlammfluten (Abb. 197.2) zerstörten vor allem Strom- und Wasserleitungen, Straßen und Brücken. Häuser und Hütten brachen unter der Last der Asche oder durch Erdbeben ein.

Satellitenfotos zeigen, dass bereits einen Monat später die feinen Asche- und Staubteilchen besonders in den Tropen rund um die Erde verteilt waren. Diese Wolken können zu niedrigeren Temperaturen an der Erdoberfläche führen. Wahrscheinlich werden sich diese Wolken erst in drei bis vier Jahren aufgelöst haben.

197.2 Schlammfluten

■ Aufgaben

1. Beschreibe die Lage des Pinatubo (Abb. 196.1, Atlas). Ermittle die Entfernung zur 7 Millionen Einwohner zählenden Stadt Manila.
2. Stelle in einer Übersicht Schäden zusammen, die durch den Ausbruch des Pinatubo angerichtet worden sind.
3. Beurteile die Möglichkeiten zur Vorhersage von Erdbeben und Vulkanausbrüchen (Text 197.1).

Nach Jahren der Beschäftigung mit Naturkatastrophen befürchtet der Geowissenschaftler Zschau, dass sich der „uralte Menschheitstraum Erdbebenvorhersage" nie erfüllen lassen wird. „Entgegen vieler Zeitungsberichte können wir nichts vorhersagen", sagt er lapidar und denkt dabei auch an Vulkane: „Es hat Fälle gegeben, wo man den Vulkan gar nicht als solchen erkannt hat und dann ist er ausgebrochen. Jeder Vulkan verhält sich anders."
Ähnlich hilflos sind Seismologen bei Erdbeben. „Man sieht hier noch viel seltener Vorläuferphänomene als bei Vulkanen." Dennoch sollten seiner Ansicht nach Desasterforscher nicht nur versuchen, Beben vorherzusagen.
Schnellere und wirksamere Warnungen könnte nach Zschaus Vorstellung ein „Echtzeit-Frühwarnsystem" ermöglichen: Über dem Erdbebenherd zeichnen Seismographen Bebenwellen auf und schicken via Satellit Kommandos an Empfangsgeräte in gefährdeten Regionen. Ohne das fehlerträchtige Zutun des Menschen schalten die Empfangsanlagen Ampeln vor großen Brücken auf Rot, legen Atomkraftwerke lahm oder stoppen gefährliche Prozesse in Chemiefabriken. Anlagen ähnlichen Prinzips haben in Mexiko City bereits U-Bahnen gestoppt. Sollen derartige Systeme weltweit arbeiten, müssen Techniker noch an den Geräten feilen. Industrielle werden ihre Produktion nur dann automatisch stoppen lassen, wenn ausgeschlossen ist, dass harmlose Erschütterungen durch vorüberfahrende Lastkraftwagen beispielsweise Atom- oder Chemiereaktoren abschalten.
(Gekürzt nach „Die Zeit", 2. 7. 1993)

197.1 Probleme bei der Vorhersage von Naturkatastrophen

UNRUHIGER PLANET

Grollende Rheinschiene

Ja, die Zeit. Keine 15 Sekunden hat das Beben gedauert, aber jedem, der es gespürt hat, wird es wie eine Ewigkeit vorgekommen sein.
15 Sekunden mit diesem dumpfen Grollen. Überall auf der „Rheinschiene" – wie es die Geologen nennen – gingen am Montagmorgen um 3.20 Uhr die Lichter an. Überall liefen erschreckte Menschen auf die Straße oder schalteten ihre Radiogeräte an.
Bald schon hatte jemand herausgefunden, dass es das stärkste Beben seit 250 Jahren in dieser Gegend war. Keiner hatte das Beben erwartet, die hochsensiblen Geräte in den Seismographischen Instituten hatten keine Signale aufgefangen, nur ein Herr Stratmann, der sich – wie viele Menschen – später im Radio äußern wird, dieser Herr Stratmann sah, wie sein Vogel Beo „nicht mehr richtig tickte". Das Zentrum des Bebens lag im deutsch-niederländischen Grenzgebiet um Heinsberg.
(Süddeutsche Zeitung, 14. 4. 1992)

198.1

Forscher zählen oft 1 Million Erdbeben im Jahr. Die meisten sind jedoch so schwach, dass wir nichts davon spüren. Besonders erdbebengefährdet sind die Schwächezonen (▷ S. 201) der Erdkruste, wo sich die Erdplatten verzahnen.
Wo sich zwei Platten verhaken und die aufgestauten Spannungen lösen, entstehen ruckartige Bewegungen: Die Erde bebt.
Oft liegt der Ausgangspunkt eines Erdbebens (Erdbebenherd) mehrere Kilometer unter der Erdoberfläche. Von dort aus breiten sich die Erschütterungen wie Wellen nach allen Richtungen aus. Wir sprechen von Erdbebenwellen.
Die Erdoberfläche wird am stärksten direkt über dem Erdbebenherd erschüttert. Man nennt diesen Bereich Erdbebenzentrum. In größerer Entfernung davon können nur noch Messgeräte (Seismographen) die Erderschütterungen aufzeichnen. Zur Einteilung der Erdbebenstärke wurden besondere Messskalen entwickelt, z. B. die Richterskala.

198.3

Erdbeben – auch bei uns?

Am 13. 4. 1992 schreckten viele Menschen im Rheinland, in Belgien und den Niederlanden aus dem Schlaf (Text 198.1). Ein Erdbeben!
Die Bilanz: 58 Verletzte, davon 31 in Deutschland, ein tödlicher Herzschlag infolge des Schreckens und 100 Mio DM Gebäudeschäden (Abb. 198.2).
Die Vorgeschichte dieser Schrecksekunden begann vor 450 Mio Jahren. Zwischen Skandinavien und Nordafrika begann sich die Erdkruste (▷ S. 200) zu heben und zu wölben. Gebirge stiegen auf, z. B. der Harz, das Rheinische Schiefergebirge, der Schwarzwald und die Vogesen. Mittendrin und an den Gebirgsrändern brachen Gräben und Schollen ein, z. B. der Oberrheingraben und die Niederrheinische Bucht. Man bezeichnet diese Grabenzonen nach den durchfließenden Flüssen als Rhein-Rhône-Graben. Großbeben machten den Weg frei für Vulkane, die ihrerseits kleinere vulkanische Begleitbeben verursachten. Die noch nicht als erloschen geltenden jungen Eifelvulkane mögen vor acht- bis zehntausend Jahren mit Eruptionen und Begleitbeben unsere steinzeitlichen Vorfahren am Ende der letzten Eiszeit geängstigt haben. Die Explosionstrichter sind heute teils mit Wasser gefüllt und als Eifelmaare bekannt.

198.2 Gebäudeschäden in Heinsberg

▎Aufgaben

1. Nenne erdbebengefährdete Gebiete in Deutschland. Begründe, weshalb diese Gebiete besonders gefährdet sind (vgl. Abb. 199.2).
2. In Zeitungsberichten erfährst du einiges über Erdbeben. Sammle Berichte und werte diese aus. Wie lange hat das Erdbeben gedauert? Welche Auswirkungen hatte es auf Bauwerke und Verkehr? Welche Hilfsmaßnahmen wurden eingeleitet?

UNRUHIGER PLANET

GEO-EXKURS

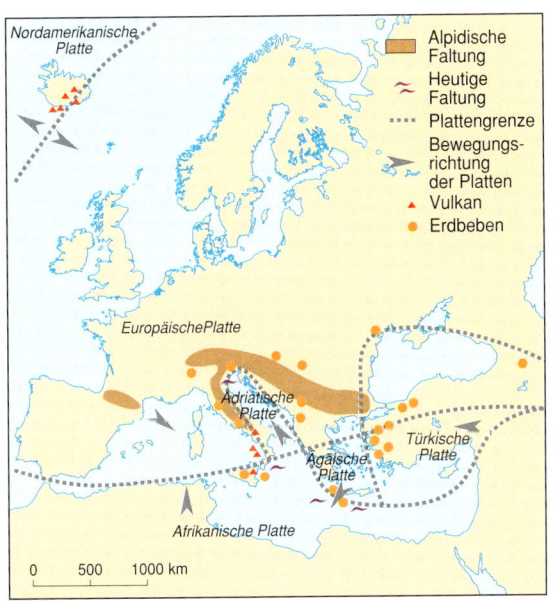

199.1 Europa heute…

199.2 …und in Zukunft?

Zur Erdbebengeschichte Europas

Fast alle katastrophalen Erdbeben finden an den auseinander brechenden oder zusammenprallenden Rändern der Kontinentalplatten statt. Deutschland liegt im Zentrum der europäischen Platte. Eigentlich müsste diese Mittellage recht erdbebensicher sein, was aber nicht immer zutrifft (▷ S. 198). Zudem zeigen die Alpen als junges Faltengebirge, wie weit bis in Europas Mitte die Stauchkraft der andriftenden afrikanischen Platte reicht. Ein warnender Hinweis darauf war das Beben in Friaul (1976) mit über 1000 Toten.

Müssen wir deshalb auch in Europa in ständiger Erdbebenfurcht leben? Im Durchschnitt der letzten 100 Jahre kamen auf der Welt durch Erdbeben jährlich 10 000 Menschen ums Leben. Der Weltvergleich beruhigt uns wieder: „Nur" 130 000 Menschenopfer (= 8 %) beklagt Europa im Weltvergleich der letzten 100 Jahre.

Voraussage und Warnung bleiben ungewiss trotz des Satelliten, den die Raumfähre Columbia im Oktober 1992 aussetzte. Millimetergenaue Verschiebungsmessungen enthalten nämlich keine genaue Voraussage über den Zeitpunkt der ruckartigen Entspannungen (= Beben) am Gefahrenort.
Wenn wir vor dem nächsten Beben nicht vom Auto überfahren werden (und diese Wahrscheinlichkeit ist viel höher), sind wir am sichersten in alten Fachwerk- oder in neuen Stahlbetonhäusern. Falls wir dort unter Türstürzen oder Tischen zunächst überleben, so hoffen wir auf Verschonung durch Brand und Überschwemmung. Acht von zehn Menschen fallen nämlich diesen Bebenfolgen zum Opfer.

Und was fällt uns ein, wenn wir an das am 13. 4. 1992 wegen des Erdbebens abgeschaltete Kernkraftwerk Biblis denken?

Wie sieht das zukünftige Europa aus?
Die Fortsetzung der Erd- und damit Erdbebengeschichte Europas ist so vorstellbar:
Mitteleuropa nördlich der Mittelgebirge sinkt weiter ab. Im Bereich des Rhein-Rhône-Grabens sinkt es besonders stark und wird breiter. Bei nur 0,1 mm Jahressenkung fließen nach 1,5 Mio Jahren Nord- und Ostsee über Dänemark zusammen. In Richtung des Grabens kann sich bereits nach weiteren 10–15 Mio Jahren das Meer fortgesetzt haben.
Möglicherweise wäre im Bereich des Mittelmeeres auch ein neues Faltengebirge entstanden. Aufgrund des fortgesetzten Drucks der afrikanischen Platte würde dies von schwersten tektonischen Beben und Vulkanismus begleitet. Nach 200 Mio Jahren wäre Europa schließlich mit Afrika vereint. Du kannst die voraussichtlichen Entwicklungen in Europa auf den Abbildungen 199.1 und 2 verfolgen.

UNRUHIGER PLANET

GEO-EXKURS

Die Erdkruste – ein großes Puzzle?

Die Erdkruste – auf der wir leben – ist nur scheinbar fest. Katastrophen wie Vulkanausbrüche (S. 198) und Erdbeben (S. 196) machen uns das immer wieder bewusst. Auch nach fast 5 Milliarden Jahren ist also die Entwicklung der Erde nicht abgeschlossen. Im Laufe der Erdgeschichte haben sich die Oberflächenformen ständig – nicht nur mit katastrophalen Begleiterscheinungen – verändert.

Ursachen sind Kräfte, die aus dem Erdinnern (endogene Kräfte) kommen oder von außen auf die Erdoberfläche einwirken (exogene Kräfte). So verwittern Gesteine durch Einwirkung von Temperatur und Niederschlag, schaffen Flüsse tiefe Täler (S. 192), lagern Gletscher mächtige Moränen (S. 188) ab. Gebirgszüge werden in Jahrmillionen herausgehoben oder wieder völlig abgetragen.
Für die Verteilung von Land und Meer sind maßgeblich endogene Kräfte verantwortlich. Um diese Vorgänge zu verstehen, schauen wir einmal in das Innere der Erde hinein.

Schalenaufbau der Erde

Direkte Untersuchungen über die Beschaffenheit des Erdkörpers sind nur begrenzt möglich. Selbst bei einer der tiefsten Bohrungen der Erde (die bei Windischeschenbach in der Oberpfalz 15 km erreichen soll) ist nur ein kleiner Teil zugänglich – bei einem Erdradius von 6370 km. Aussagen über den Aufbau der Erde sind folglich wissenschaftlich begründete Vermutungen, also Theorien. Dennoch liefern Untersuchungen von Erdbebenwellen gesicherte Erkenntnisse: Die Erde ist kein einheitlich fester Körper, sondern schalenförmig aufgebaut (Abb. 200.1). Man kann sie mit einem Pfirsich vergleichen.

Die Erdkruste (Pfirsichhaut) ist im Bereich der Kontinente 60 km dick, unter den Ozeanen nur 6–8 km. Der Erdmantel (Pfirsichfleisch) hat eine Stärke von ungefähr 2900 km, der Erdkern (Pfirsichkern) ist etwa 3500 km mächtig.

Plattentektonik

In Südamerika und Afrika wurde eine enge Verwandtschaft vieler dort vorkommender Tier- und Pflanzenarten festgestellt. Es gibt Ähnlichkeiten im Gesteinsaufbau an der Westküste Afrikas und der Ostküste Südamerikas. Zudem hat eine sehr frühe Eiszeit Spuren sowohl in Amerika, Afrika, Australien als auch in der Antarktis hinterlassen. Bildeten also die heutigen Kontinente einst einen zusammenhängenden Urkontinent? So entwickelten Wissenschaftler wie der deutsche Geologe Alfred Wegener (1880–1930) die zunächst belächelte Theorie der Plattentek-

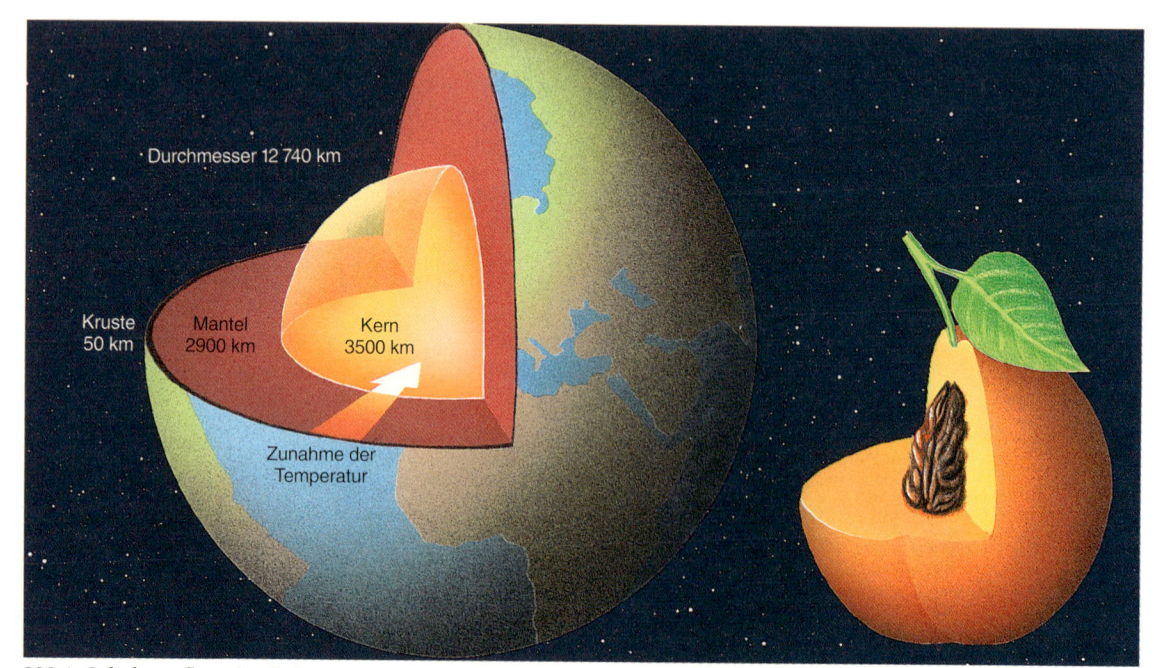

200.1 Schalenaufbau der Erde

UNRUHIGER PLANET

tonik. Demnach setzt sich die Erdkruste aus einzelnen Platten zusammen, die auf dem zähflüssigen oberen Erdmantel schwimmen. Später zerbrachen diese Platten und drifteten auseinander (Abb. 201.1).
Beschreibe anhand der Karte die Bewegungen der Kontinente im Laufe der Erdgeschichte.
Die Plattenränder sind entscheidende „Nahtstellen" der Erde. In diesen Schwächezonen entstehen Grabenbrüche, neuer Ozeanboden, werden Gebirge gefaltet und herausgehoben, sind Vulkane und Erdbeben zu beobachten.

Mitten durch den Atlantischen Ozean verläuft eine Grenze zwischen solchen Platten. Immer wieder reißt sie auf. Aus dem Erdinnern quillt Magma empor und bildet ein Gebirge unter dem Meer. Auch Island (S. 195) ist ein Teil dieses sogenannten Mittelatlantischen Rückens.

In dem flüssigen Gestein unterhalb der Erdkruste bilden sich – ähnlich wie in einem mit Wasser gefüllten Kochtopf – Wärmeströmungen: Heißeres Material steigt nach oben, kühleres sinkt herab. Durch diese Strömungen bewegen sich die darüber befindlichen Platten auseinander oder aufeinander zu. Diese Prozesse dauern bereits seit 180 Mio. Jahren an. Der Atlantische Ozean verbreitet seinen Meeresboden immer mehr, die Kontinente Afrika und Südamerika ent-

fernen sich ebenso wie Europa und Nordamerika voneinander. Wollte Kolumbus erst heute, also 500 Jahre später, die „Neue Welt" entdecken, müsste er schon 30–40 Meter weiter segeln.

Wenn sich aber in den Weltmeeren ständig neuer Boden bildet, muss an anderen Stellen feste Erdkruste verschwinden. Das geschieht genau dort, wo Grenzen von Platten sind, die sich aufeinander zubewegen. Dadurch wird eine der Platten zum Abtauchen unter die andere gezwungen. In diesem Bereich entstehen Tiefseegräben. Sie sind besonders rings um den Pazifik ausgebildet, beispielsweise der Atacamagraben vor der Westküste Südamerikas. Im Marianengraben im westlichen Pazifischen Ozean liegt die tiefste gemessene Stelle mit 11 022 m.

In den Tiefen vor den Kontinentalblöcken werden Sedimente abgesenkt, unter starkem Druck und Hitze gefaltet und als Gebirge herausgehoben. So sind Faltengebirge rings um den Pazifik, wie die Anden, aber auch die ostasiatischen Inselbögen entstanden. Begleitet werden diese Vorgänge von Erdbeben und Vulkanismus. Ein trefflicher Ausdruck für die Ränder dieser Krustenplatten um den Pazifik ist deshalb „Pazifischer Feuergürtel". Du kannst ihn in der Karte 201.1 verfolgen. Suche auch andere durch Vulkanismus und Erdbeben gefährdete Räume.

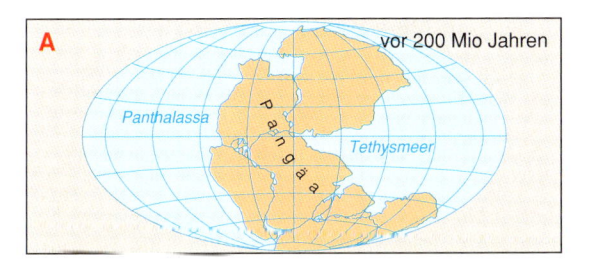

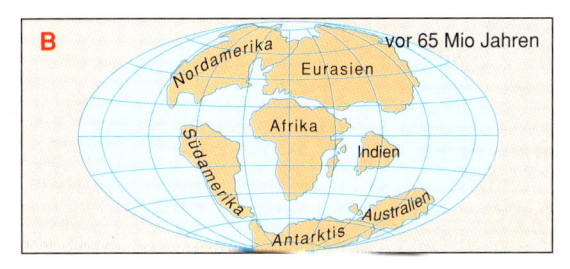

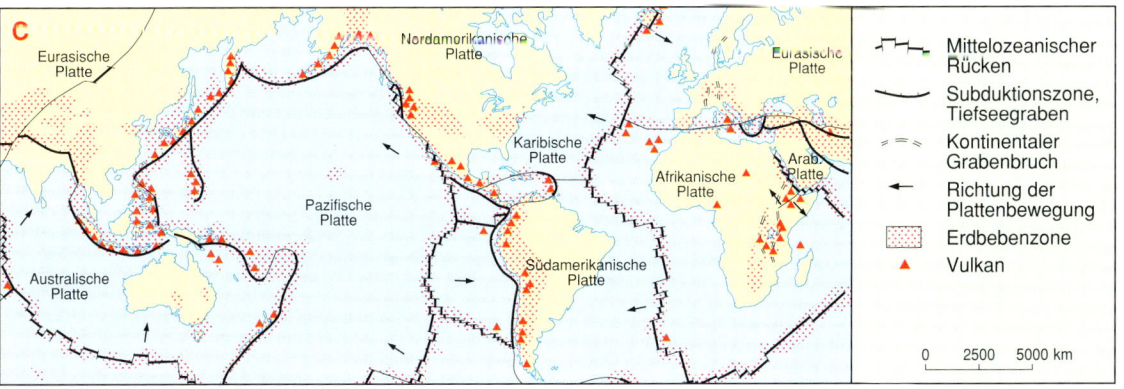

201.1 Kontinentalverschiebung

UNRUHIGER PLANET

202.1 Zerstörungen durch den Hurrikan Andrew

Hurrikan Andrew wirbelt in Florida

Immer wieder hören wir in den Nachrichten von verheerenden tropischen Wirbelstürmen. John Koshek hat einen miterlebt.

„Alles war in Alarmbereitschaft, als sich am Sonntag, dem 23. August 1992, Hurrikan Andrew der Küste Floridas näherte. Wir waren auf vieles gefasst, doch die Stärke des Hurrikans war dennoch überraschend. Schon Stunden vorher hatten Radio und Fernsehen Warnmeldungen gesendet, während der Orkan sich Hunderte von Kilometern vor der Küste befand. Als er dann die Küste traf, wurden Schiffe und Fahrzeuge wie Spielzeug durch die Luft gewirbelt. Stürme mit einer Geschwindigkeit von 230 km/h fegten Autos von der Straße, drückten Flugzeughallen ein, wirbelten am Boden stehende Flugzeuge durch die Luft und Stromleitungen zerrissen wie Bindfäden. Wo der Wirbelsturm durchzog, sah es aus wie nach einem Bombenangriff. Häuser wurden zu Ruinen und Hab und Gut der Bewohner über große Entfernungen zerstreut. Ich habe gesehen, wie der Hurrikan das Haus meiner Eltern mit einem einzigen mächtigen Stoß anhob und es mehrere Meter durch die Luft segeln ließ. Am Ende waren wir und eine Million Menschen ohne Strom und Wasser."

Doch obwohl es der schwerste Sturm seit 1926 war, hatte er nur 12 Menschenleben gefordert. Aufgrund der Sturmwarnung hatte sich fast die gesamte Bevölkerung in sichere Unterkünfte begeben oder war in Gebiete gefahren, die laut Vorhersage weniger gefährdet waren. Den Sturmgeschädigten wurde von der amerikanischen Regierung staatliche Hilfe zugesagt.

Wie entstehen Wirbelstürme?
Hurrikans oder Taifune entstehen über tropischen Meeren, wenn die Wassertemperatur über 27 °C beträgt. Warme, feuchte Luft steigt bis zu 15 km wie in einer Art Schornstein in die Höhe. In 500 m Höhe kondensiert das Wasser, dabei wird Wärme freigesetzt und die Luft noch mehr aufgeheizt. Die Luft steigt weiter auf. Unten entsteht ein Gebiet mit tiefem Druck, in das große Mengen Luft in einer spiralförmigen Bahn hineinströmen.
Schließlich entsteht ein Wirbelsturm mit einem Durchmesser von bis zu 2000 Kilometer, der sich immer schneller dreht und dabei nach Westen wandert. Im Inneren der Luftsäule, dem Auge, herrscht fast völlige Windstille, rings um das Auge hat der Wirbel die größte Geschwindigkeit. Sie erreicht bis zu 300 km/h.
Diese Wirbel nähern sich mit 10–30 km/h dem Festland. Verbunden mit dem Sturm sind heftige Regenfälle und Flutwellen. Auf dem Festland erlahmt die Kraft eines Wirbelsturms zum Glück sehr rasch. Es fehlt der Nachschub an feuchtwarmer Luft.

Gegen diese Stürme ist man auch heute noch machtlos.
Wettersatelliten, Radaranlagen und Flugzeuge beobachten aber die Entstehung und die Zugbahnen der Wirbelstürme, um möglichst früh die Bevölkerung zu warnen. Daneben sind sichere Unterkünfte und rasche Hilfe nach einer solchen Katastrophe alles, was getan werden kann.

▶ **Aufgaben**

1. Erkläre die Entstehung von Wirbelstürmen mit Hilfe des Textes und der Abbildung 203.1.
2. Beschreibe die Wirkung von Wirbelstürmen.
3. Verfolge den Weg von Andrew in Karte 203.2 und im Atlas.
4. Welche Vorsorge- und Hilfsmaßnahmen können die Folgen solcher Naturkatastrophen mildern?

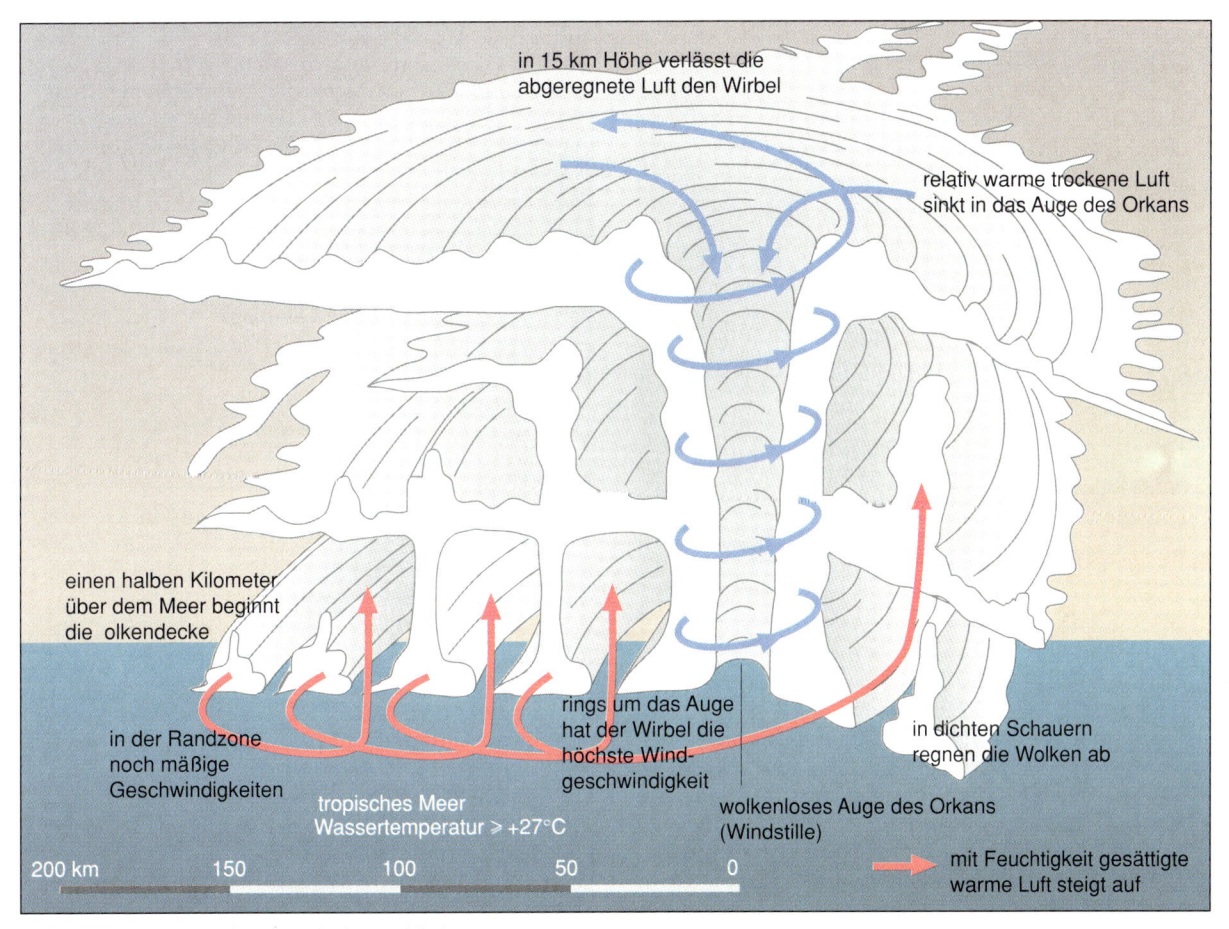

UNRUHIGER PLANET

in 15 km Höhe verlässt die abgeregnete Luft den Wirbel

relativ warme trockene Luft sinkt in das Auge des Orkans

einen halben Kilometer über dem Meer beginnt die Wolkendecke

in der Randzone noch mäßige Geschwindigkeiten

rings um das Auge hat der Wirbel die höchste Windgeschwindigkeit

in dichten Schauern regnen die Wolken ab

tropisches Meer Wassertemperatur ≥ +27°C

wolkenloses Auge des Orkans (Windstille)

mit Feuchtigkeit gesättigte warme Luft steigt auf

200 km | 150 | 100 | 50 | 0

203.1 Schnitt durch einen tropischen Wirbelsturm

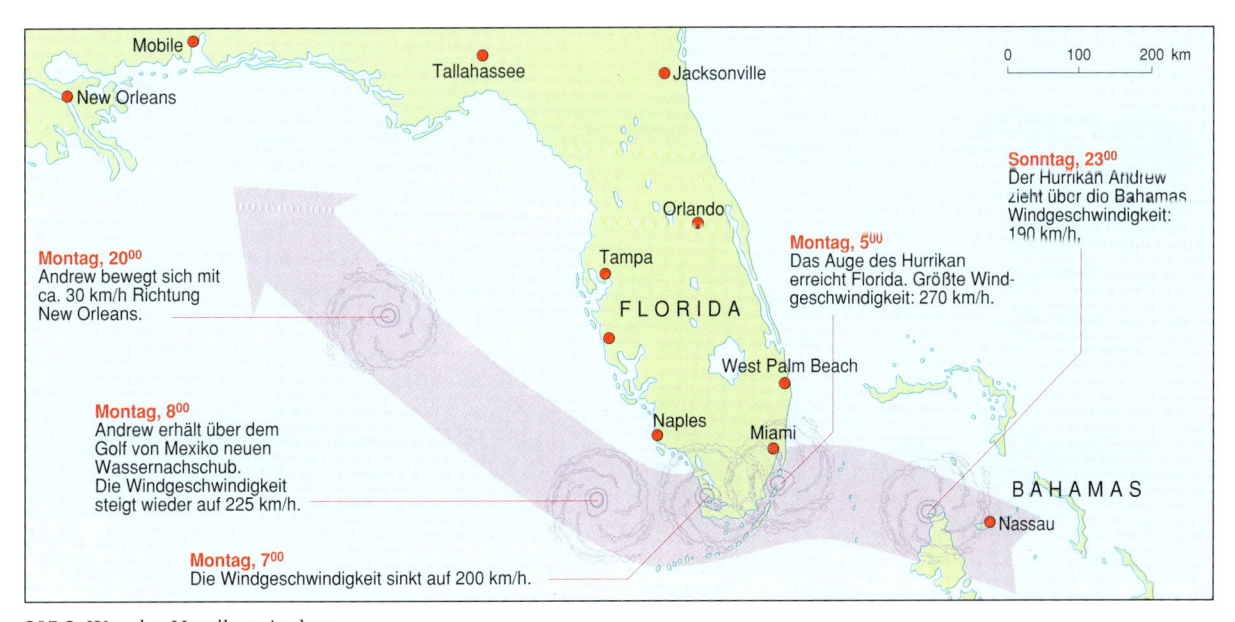

Sonntag, 23:00
Der Hurrikan Andrew zieht über die Bahamas. Windgeschwindigkeit: 190 km/h.

Montag, 20:00
Andrew bewegt sich mit ca. 30 km/h Richtung New Orleans.

Montag, 5:00
Das Auge des Hurrikan erreicht Florida. Größte Windgeschwindigkeit: 270 km/h.

Montag, 8:00
Andrew erhält über dem Golf von Mexiko neuen Wassernachschub. Die Windgeschwindigkeit steigt wieder auf 225 km/h.

Montag, 7:00
Die Windgeschwindigkeit sinkt auf 200 km/h.

203.2 Weg des Hurrikan Andrew

UNRUHIGER PLANET

Die Sintflut kam nicht unerwartet. Schon am 25. April 1991, fünf Tage vor der Nacht des Grauens, wusste Khan Chowdhury, der Leiter des Wetterdienstes von Dakka, dass sich über dem Indischen Ozean Unheilvolles zusammenbraute: Ein rasch rotierendes Tiefdruckgebiet nahm Kurs auf den Golf von Bengalen. Auf dem Weg Richtung Bangladesch sog die strudelnde Masse immer mehr Wasserdampf aus dem warmen Meer auf, legte dramatisch an Gewalt und Geschwindigkeit zu und wuchs auf den Satellitenfotos zu einem Killer-Orkan heran. Am Abend des 28. April – vorsichtshalber zwölf Stunden früher, als es der offizielle Notfallplan von Bangladesch vorsieht – schlug Chowdhury Alarm. Wer konnte, suchte Zuflucht in den wenigen auf Betonstützen errichteten Schutzräumen oder zog mit Vieh und Familie auf die „Killas", die künstlich aufgeschütteten Erdhügel.

Dann kam der Orkan. Mit Spitzengeschwindigkeiten bis zu 235 km/h wütete er acht Stunden lang über den Inseln vor der Küste und erreichte um ein Uhr in der Nacht das Festland bei Chittagong. Kleinere Inseln riss der Sturm förmlich von der Landkarte. Bis zu sechs Meter hoch türmten sich die Wogen. Die ohnehin dürftigen Funk- und Telefonverbindungen in der Hauptstadt Dakka brachen zusammen, sodass die Welt erst sehr viel später von dem wahren Ausmaß der Katastrophe erfuhr.

Mufizur Rahman, ein 55-jähriger Bauer von der Insel Kutubdia, sah in der finsteren Nacht Wellen „hoch wie Berge" über sich hereinschlagen, dann verlor er das Bewusstsein. Als er wieder zu sich kam, waren seine Frau und vier Kinder in den Fluten ertrunken und das Dorf, in dem er einst wohnte, lag in Trümmern.

Wie viele Menschen ihr Leben verloren – offizielle Stellen sprechen von etwa 150 000 –, bleibt ungewiss, denn viele der vermissten Fischer und Inselbewohner hatte das Meer regelrecht verschlungen.

Für die Überlebenden begann das Grauen oft erst, nachdem der Sturm sich gelegt hatte. Viele schleppten sich tagelang durch das schlammige Brackwasser – und fanden kaum sauberes Wasser zum Trinken. Prompt breiteten sich die Cholera und andere Epidemien aus.
(Vereinfacht und gekürzt nach: GEO, 24. 6. 1991)

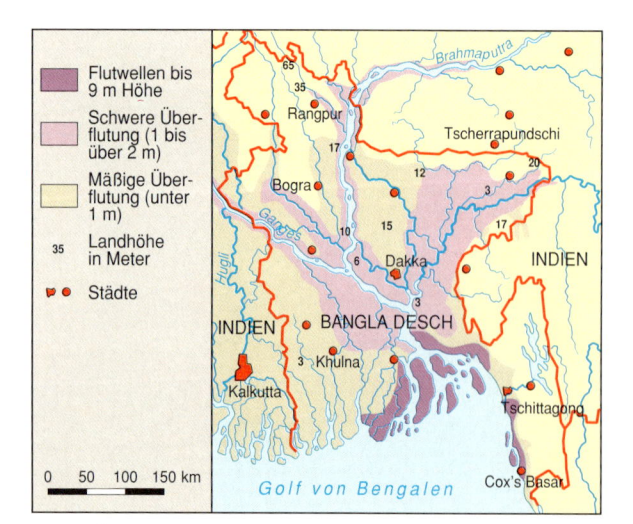

204.1 Mit dem Monsun kam die Sintflut (Zeitungsbericht)

204.2 Überschwemmungen in Bangladesch (1991)

Sintflut in Bangladesch

Stürme, Überschwemmungen und Flutkatastrophen gehören in Bangladesch fast zum Alltag. In unregelmäßigen Abständen erfährt die Welt von diesen Ereignissen – vor allem dann, wenn viele Opfer zu beklagen sind. So kamen 1970 nach Schätzungen eine Million Menschen als Folge der Überschwemmungen um.

Dennoch gehört Bangladesch, das Mündungsgebiet von Ganges, Brahmaputra und Meghna, zu den am dichtesten besiedelten Gebieten der Erde. 1992 lebten hier pro km² 830 Menschen (▷ S. 107)! Diese hohe Bevölkerungsdichte ist auch damit zu erklären, dass das fruchtbare, wasserreiche Land drei Ernten im Jahr erlaubt.

UNRUHIGER PLANET

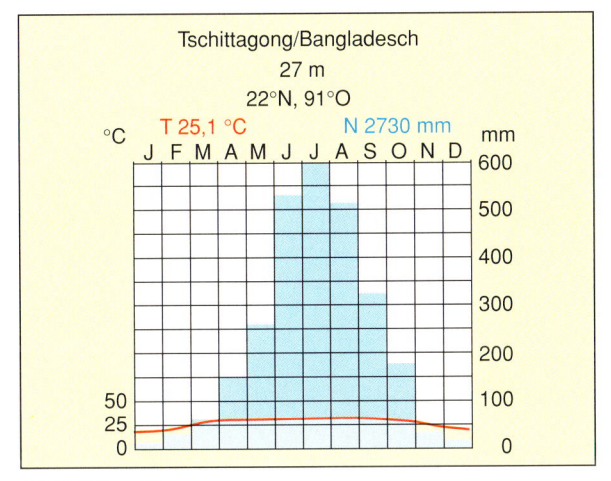

205.1 Klimadiagramm

Warum Bangladesch besonders gefährdet ist

Genaugenommen besteht der größte Teil des Landes aus Schwemmland, also aus Sedimenten, die die Flüsse ins Meer geschwemmt haben. So liegt fast das ganze Land nur wenige Meter über dem Meeresspiegel. Berge oder größere Erhebungen gibt es kaum. Die Menschen, die ständig vom Wasser bedroht sind, bemühen sich, solche Erhebungen selbst zu schaffen, um sich bei Überflutungen retten zu können. Da jedoch die Bevölkerung nur über geringe technische Mittel verfügt (vgl. Florida ▷ S. 202), sind hier die Menschen den Fluten oft schutzlos ausgesetzt.

Bangladesch erhält (wie Indien) fast nur im Sommer Niederschläge (Abb. 205.1). Ursache ist der Monsun (arabisch Mausim = Jahreszeit). Er ist ein stetiger Wind mit halbjährlichem Richtungswechsel. Der Wintermonsun weht als trockener Wind aus Nordosten vom Land zum Meer (Abb. 205.2) und der Sommermonsun als Regenbringer aus Südwesten vom Meer zum Land. Dabei kommt es immer wieder zu Überschwemmungen. Doch zusätzlich liegt Bangladesch im Zuggebiet gewaltiger Wirbelstürme aus dem Golf von Bengalen (Abb. 205.3). Deshalb ist dieser Raum für Flutkatastrophen besonders anfällig.

▪ Aufgaben

1. Suche Bangladesch im Atlas und beschreibe Lage und Oberflächenformen.
2. Trotz guter Wetterbeobachtung und Vorhersagen ist es schwer, die Menschen in Bangladesch zu warnen. Erkläre.
3. Im östlich von Bangladesch gelegenen indischen Staat Assam fällt manchmal in 24 Stunden so viel Regen wie in Deutschland in 2 Jahren. Die Wassermassen fließen in den Flüssen ab.
   Was bedeutet dies für die Einwohner von Bangladesch?
4. Nenne Gründe für die dichte Besiedlung dieser Region.
5. In Bangladesch spielen für den Transport von Gütern und Menschen die Wasserwege eine wichtige Rolle.
   Erläutere die Aussage: Wasser ist Segen und Fluch zugleich.

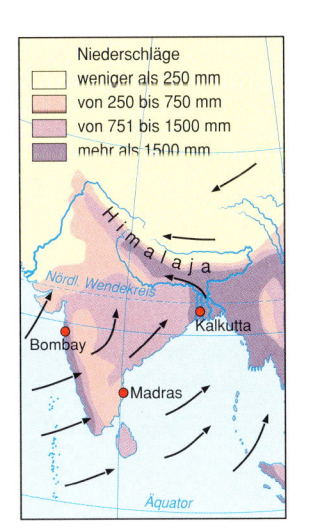

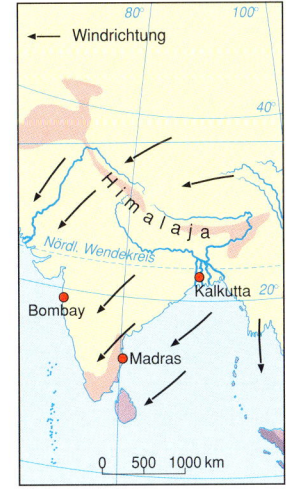

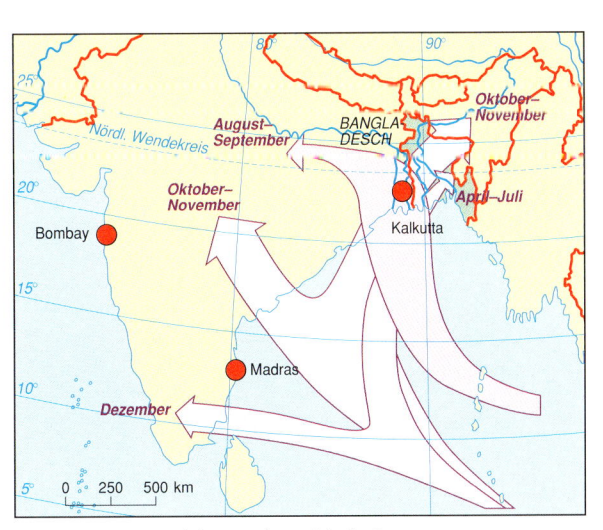

205.2 Wintermonsun – Sommermonsun

205.3 Hauptzugrichtung der Wirbelstürme

UNRUHIGER PLANET

GEO-WISSEN

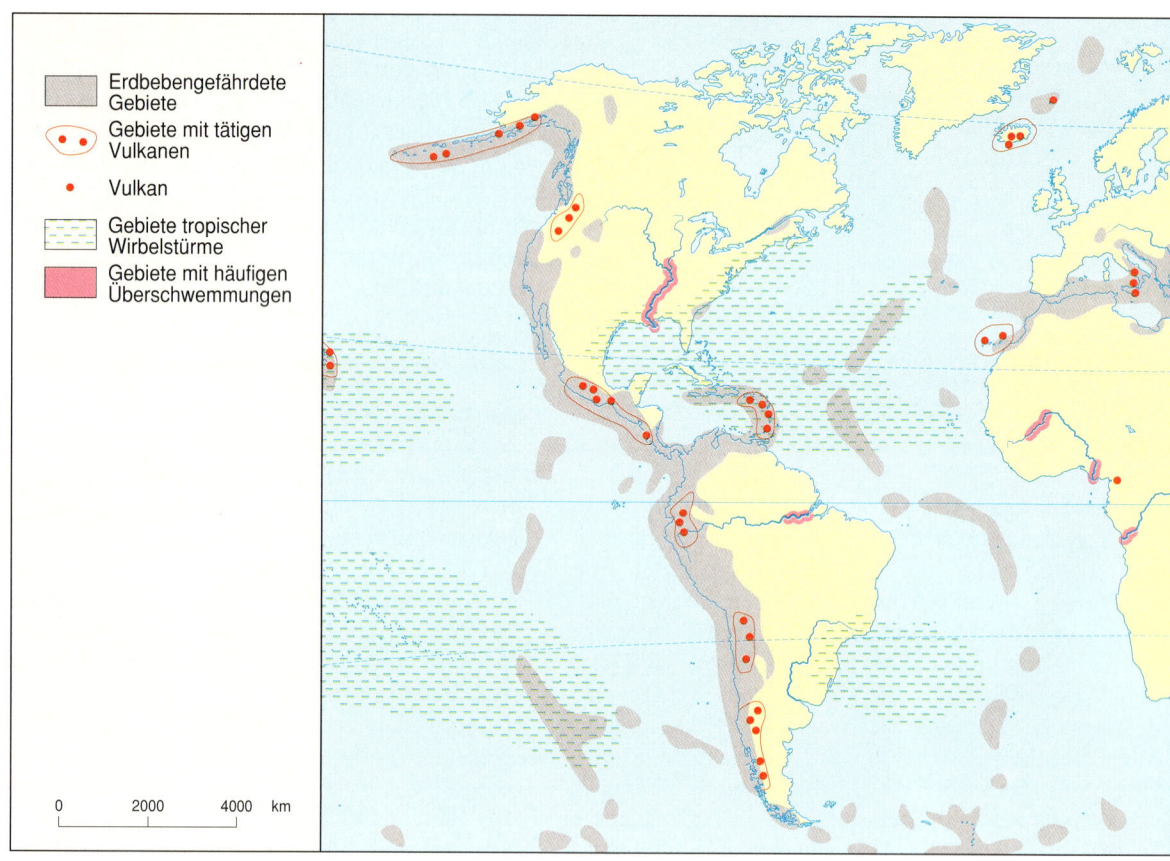

- Erdbebengefährdete Gebiete
- Gebiete mit tätigen Vulkanen
- Vulkan
- Gebiete tropischer Wirbelstürme
- Gebiete mit häufigen Überschwemmungen

206.1 Verbreitungsgebiete von Erdbeben und tätigen Vulkanen

Ort	Jahr	Anzahl der Todesopfer
Sizilien	1693	60000
Lissabon, 12 m hohe Flutwelle	1755	32000
San Francisco, Feuersbrünste und Flutwelle	1906	1000
Kansu (China)	1920	200000
Tokio/Jokohama (Japan) Flutwelle, Landhebungen und -senkungen	1923	145000
Anatolien (Türkei)	1939	45000
Tangshan (China)	1976	240000
Guatemala	1976	22500
Mindanao (Philippinen)	1976	3000
Iran	1990	30000
Indien	1993	10000
Kobe	1995	6000
Sachalin (Russland)	1995	2500

206.2 Erdbebenkatastrophen

Ort	Jahr	Erscheinungen/ Verwüstungen
Vesuv (Italien)	79	Ascheregen, Schlammströme vernichten drei Städte
Island	1783	Lava trat aus einer 30 km langen Spalte
Krakatau (Sundanesien)	1883	Vulkan explodierte 33 km hohe Aschesäule 30 m hohe Flutwelle
Mt. Pelée auf Martinique (Karibik)	1902	Glut und Aschewolken
Besjimianni (Kamtschatka/ Ostsibirien)	1955	Ascheregen und -wolke lösten absolute Finsternis aus
Insel Heimaey (Island)	1973	Lava- und Aschenstrom schuf in 2 Tagen 215 m hohen Berg
Pinatubo (Philippinen)	1991 /92	Ascheregen, Schlammfluten

206.3 Vulkanausbrüche

UNRUHIGER PLANET

Schwächezonen der Erde

In bestimmten Zonen unserer Erde sind Erdbeben und Vulkanausbrüche seit alters her besonders häufig. Dies kannst du bei einem Vergleich der Verbreitungsgebiete von Erdbeben und tätigen Vulkanen feststellen (Abb. 206.1).

1. Ordne die Orte der Erdbeben (Abb. 206.2) und der Vulkanausbrüche (206.3) den einzelnen Erdteilen zu.
   Nenne Zonen, in denen immer wieder solche Naturkatastrophen auftreten.
2. Erkläre den Begriff Schwächezone.
3. Die Abbildungen 207.1–4 zeigen Folgen von Erdbeben bzw. Vulkanausbrüchen. Beschreibe.
4. Ordne folgende Begriffe den Abbildungen 207.1–4 zu:
   Magma, Aschenregen, Epizentrum, Lava, Richterskala, Verwerfungslinie, Bims, Gase, Krater, Seismograph.

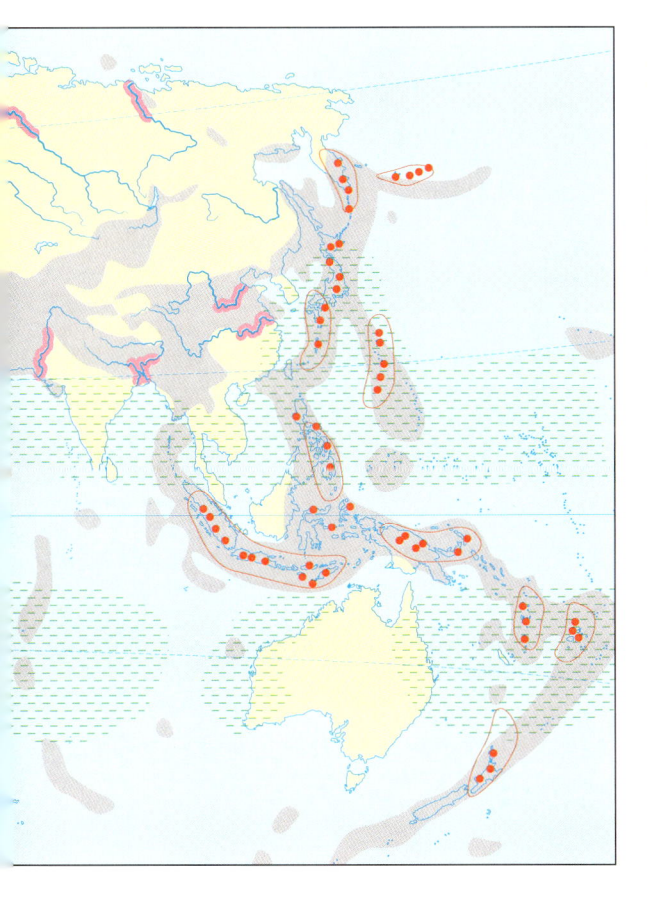

207.1–4 Folgen von Erdbeben bzw. Vulkanausbrüchen

Karten- und Graphikverzeichnis

Güttler, Berlin: 6.1, 16.1, 16.3, 21.1, 21.2, 26.1, 26.4, 28.1, 32.1, 36.3, 40.1, 40.2, 45.1, 50.1, 56.1, 56.2, 61.1, 61.4, 67.1, 68.3, 68.4, 71.1, 84.1, 86.1, 91.1, 94.1, 97.3, 107.1, 108.1, 109.1, 110/111, 112.1, 114.3, 118.2, 119.2, 120.1, 121.1, 123.3, 130.2, 134.1, 135.2b, 136.2, 139.1, 139.2, 143.1, 144.1, 146.1, 148.1, 149.1, 151.1, 152.1, 152.2, 154.1, 155.1, 159.1, 163.1, 164.3, 165.1, 166.2, 169.1, 169.3, 169.4, 172.1, 173.1, 175.2, 178.1, 179.1, 180.1, 181.1, 181.2, 181.3, 181.4, 182.1, 182.2, 182.3, 188.2, 190.3, 195.1, 195.2, 196.1, 199.1, 199.2, 201.1, 203.2, 204.2, 205.2, 205.3, 206.1; Lange, Karlsfeld: 194.3, 200.1; Schimmel, München: 101.1; Voll, Fürstenfeldbruck: 6.2, 9.1, 10.2, 11.2, 15.4, 18.2, 19.1, 19.2, 20.1, 20.2, 20.3, 22.3, 25.2, 29.1, 30.4, 30.5, 31.1, 31.2, 32.3, 32.4, 33.2, 33.3, 35.1, 36.1, 37.1, 37.2, 38.2, 44.2, 45.2, 46.3, 47.1, 47.2, 47.3, 48.1, 48.2, 49.1, 49.2, 50.2, 51.1, 52.1, 52.3, 53.1, 53.3, 54.1, 55.1, 67.2, 71.2, 74.2, 74.3, 74.4, 74.6, 75.2, 79.2, 79.4, 80.1, 80.2, 80.3, 81.1, 82.6, 83.1, 83.2, 83.3, 85.2-4, 86.3, 89.1, 89.2, 100.3, 102.2, 103.1, 103.3, 104.3, 115.1, 116.1, 116.2, 116.3, 117.1, 134.4, 135.2a, 140.3, 141.1, 141.2, 141.3, 142.3, 144.4, 158.2, 158.3, 162.1, 164.1, 164.2, 166.3, 168.1, 173.2, 174.1, 174.2, 175.3, 176.3, 177.2, 192.1, 203.1, 205.1; Welt, Hamburg: 24.2; 4.1, 4.2, 23.3, 27.2, 33.1, 33.4, 142.2, 178.3, 193.3; Mülders, Geldern: 127.1, 127.2; Müller, Berlin: 171.3, 173.3; Nawa, Hannover: 171.1, 175.4; NOAA (Geological Survey), Vancouver: 82.5b, 196.1b, 197.2; Nowosti, Bonn: 111.3; Rappen-Röhlen, Schwalmtal: 94.3, 95.1, 95.2, 95.3, 96.1, 96.2, 97.1, 97.2, 98.1, 98.2, 98.3, 99.1, 99.2; Reinhardt, Pinneberg: 19.3, 27.3, 187.4; Ring, Bonn: 41.2; Schmidtke, Melsdorf: 7.1, 7.2, 7.3, 8.1, 10.1, 11.1, 12.1, 12.2, 13.1, 13.2, 13.3, 14.1, 14.2, 15.1, 15.2, 15.3, 16.2, 17.1, 17.2, 17.3, 18.1, 22.1, 22.2, 27.1, 38.1, 39.1, 39.2, 42.1, 43.1, 43.2, 51.2, 57.1, 57.2, 57.3, 60.1, 61.2, 61.3, 63.1, 72.1, 72.2, 72.3, 73.1, 74.1, 74.5, 75.1, 75.3, 76.1, 76.2, 77.1, 79.1, 79.3, 81.2, 82.1a, 82.3a, 83.4, 83.5, 84.2, 84.3, 84.4, 85.1, 87.1, 87.2, 88.1, 90.2, 90.4, 92.1, 92.2, 93.1, 93.2, 93.3, 93.4, 102.1, 103.2, 104.1, 104.2, 105.2, 105.3, 106.2, 106.3, 109.2, 109.3, 109.5, 133.5, 158.1, 184.1, 184.2, 184.3, 185.1, 186.1, 186.2, 186.3, 187.2, 187.3, 189.1, 189.2, 189.3, 189.4, 189.5, 190.1, 190.2, 194.2, 207.1; Siemens, Erlangen: 106.1; Starke, Dresden: 111.2, 115.1, 121.1; Transglobe Agency, Hamburg: 145.1; Vista Point, Köln: 146.2, 147.1; Wein, Kaarst: 120.2; Windhorst, Vechta: 140.2, 142.1; Wostok, Bonn: 117.2

Das Buch entstand unter Mitwirkung von M. Bütow, W. Englert und W. Knitschky.

Bildquellen

ATC Expert (Australisches Fremdenverkehrsamt): 8.3, 46.1; Bavaria Bildagentur, Gauting: 37.1, 156.1, 160.1, 185.2; Berkemann, Bad Nenndorf: 8.2, 133.1; Bochow, Weimar: 113.1, 113.2; Bricks, Erfurt: 53.4; Broscheit, Lünen: 68.1, 68.2; Bütow, Greifswald: 54.2, 114.2, 133.3, 133.4, 134.3, 153.1, 153.2; Cech, Vechta: 157.2, 157.3, 166.1; Deutsche Welthungerhilfe, Bonn: 82.2a; dpa, Frankfurt/Main: 5.2, 25.3, 31.3, 58.1, 58.2, 59.2, 62.3, 64.1, 64.2, 64.3, 65.1, 83.6, 91.2, 126.1, 128.3, 157.1, 161.2, 163.2, 180.3, 198.2, 204.1; Englert, Freiburg: 191.2, 193.1; Fiedler, Güglingen: 59.1, 62.1, 102.3, 123.1, 124.3, 128.1, 170.2, 171.1, 171.2, 174.3, 176.2, 207.2; Flüchter, Bochum: 156.2; FWU Grünwald: 23.2; Gebel, Mönchengladbach: 111.1, 170.1, 180.2; Härle, Wangen: 25.1; Hanauer, Neukichen am Brand: 110.3, 119.3, 119.4, 124.1, 125.1, 128.2, 129.3; Helfer, Saarbrücken: 52.2, 170.3, 171.4, 179.2; Hellige, Iserlohn: 167.2; Henkel, Edingen: 81.1; IFA-Bilderteam, Taufkirchen: 30.1, 34.3, 36.2, 132.1, 132.2, 202.1, 204,4; Jahn, Breidenbach: 53.2; Kirner, Baldham: 42.2, 52.4, 109.4; Klohn, Vechta: 57.5, 73.2, 132.3, 132.4, 132.5, 133.2, 136.3, 136.4, 137.1, 137.2, 137.3, 138.1, 138.2, 140.1, 144.2, 144.5, 148.2, 150.1, 150.2, 150.3, 155.2, 155.4; Kluge, Chemnitz: 57.4, 110.1, 110.2, 114.1, 115.2, 175.1; Kohlhepp, Tübingen: 23.1; Krzemien, Hannover: 135.1, 155.3; Landesbildstelle Rheinland-Pfalz, Koblenz: 192.2; Mauritius, Mittenwald:

ISBN 3-507-52442-2

© 1995 Schroedel Schulbuchverlag GmbH, Hannover

Alle Rechte vorbehalten. Dieses Werk sowie einzelne Teile desselben sind urheberrechtlich geschützt. Jede Verwertung in anderen als den gesetzlich zugelassenen Fällen ist ohne vorherige schriftliche Zustimmung des Verlages nicht zulässig.

Druck A [6] [5] /Jahr 2001 2000

Alle Drucke der Serie A sind im Unterricht parallel verwendbar, da bis auf die Behebung von Druckfehlern untereinander unverändert. Die letzte Zahl bezeichnet das Jahr dieses Druckes.

Gedruckt auf Papier, das nicht mit Chlor gebleicht wurde. Bei der Produktion entstehen keine chlorkohlenwasserstoffhaltigen Abwässer.

CHLORFREI